Investigação Criminal pelo Ministério Público

Comentários à Resolução 181 do Conselho Nacional do Ministério Público

---

Dados Internacionais de Catalogação na Publicação (CIP)

I62 Investigação criminal pelo Ministério Público : comentários à Resolução 181 do Conselho Nacional do Ministério Público / Douglas Fischer, Mauro Fonseca Andrade (organizadores) ; Airton Pedro Marin Filho ... [et al.]. 2. ed., rev. e atual. de acordo com a Resolução 183/2018, do CNMP – Porto Alegre : Livraria do Advogado, 2019.

320 p. ; 23 cm.

Inclui bibliografia.

ISBN 978-85-9590-063-9

1. Investigação criminal. 2. Brasil. Ministério Público. I. Fischer, Douglas. II. Andrade, Mauro Fonseca. III. Marin Filho, Airton Pedro.

CDU 343.1

CDD 345.052

Índice para catálogo sistemático:

1. Investigação criminal : Brasil. Ministério Público 343.1

(Bibliotecária responsável: Sabrina Leal Araujo – CRB 8/10213)

Douglas Fischer
Mauro Fonseca Andrade
(organizadores)

Investigação Criminal pelo Ministério Público

Comentários à Resolução 181 do Conselho Nacional do Ministério Público

Airton Pedro Marin Filho
Alexander Araujo de Souza
Antonio Henrique Graciano Suxberger
Bruno Calabrich
Charles Emil Machado Martins
David Medina da Silva
Douglas Fischer
Fauzi Hassan Choukr
Henrique da Rosa Ziesemer
José Ricardo Fernandes
Luiza Cristina Fonseca Frischeisen
Marcellus Polastri Lima
Mauro Fonseca Andrade
Pedro Lucas de Vargas
Rodrigo da Silva Brandalise
Samuel Sales Fonteles

2ª EDIÇÃO – revista e atualizada de acordo com a Resolução 183/2018, do CNMP

livraria DO ADVOGADO editora

Porto Alegre, 2019

(edição finalizada em setembro/2018)

Capa, projeto gráfico e diagramação
Livraria do Advogado Editora

Revisão
Rosane Marques Borba

Rua Riachuelo, 1300
90010-273 Porto Alegre RS
Fone: 0800-51-7522
editora@livrariadoadvogado.com.br
www.doadvogado.com.br

Impresso no Brasil / Printed in Brazil

Apresentação à 2ª edição

A publicação de um texto regulatório, seja ele de natureza legal ou administrativa, sempre provoca certo impacto no meio ao qual ele está destinado. Seguindo o curso da natureza humana, há quem com ele concorde de forma integral, e há quem aponte falhas, às vezes voltadas à melhoria daquele texto, mas às vezes voltadas a simplesmente desprezar ou denegrir o intento regulatório. Com a Resolução nº 181, de 2017, do Conselho Nacional do Ministério Público, essa realidade não foi diferente.

Não por acaso, esse Conselho soube muito bem diferenciar a intenção de cada crítica formulada, e, demonstrando o espírito democrático que permeia aquele ambiente, ele não foi avesso às críticas construtivas, razão pela qual, na sua 23ª Sessão Ordinária do ano de 2017, foi aprovada a Proposição nº 1.00927/2017-69, destinada a alterar diversos artigos daquela resolução. Como resultado disso, veio à luz a Resolução nº 183, de 2018, publicada em 30 de janeiro deste ano.

Para nosso júbilo, várias questões que, na visão dos autores que convidamos, mereciam uma reapreciação por parte do Conselho Nacional do Ministério Público, foram por ele levadas em consideração quando dos debates que motivaram a criação da Resolução nº 183, de 2018. Portanto, não vemos nenhum inconveniente em afirmar que a primeira edição da presente obra já fez história, não só por seu intento de contribuir para o aperfeiçoamento da atuação do Ministério Público nacional, senão também, por haver sido ouvida pelo destinatário das críticas sempre construtivas. Tal é a grandeza de nossos autores e a qualidade de seus apontamentos.

A segunda edição destes comentários não poderia deixar de seguir uma linha de abordagem que já demonstrou seu acerto: plena liberdade de manifestação aos autores convidados, análise estritamente técnica das questões presentes na reformada Resolução nº 181, de 2017, e apresentação de sugestões ainda não devidamente consideradas pelo Conselho Nacional do Ministério Público.

Esperamos, pois, que a história continue a ser construída. Setembro de 2018.

Douglas Fischer
Mauro Fonseca Andrade
Organizadores

Apresentação à 1ª edição

Foi longo o caminho trilhado até se chegar ao reconhecimento, em solo brasileiro, não só da possibilidade de o Ministério Público investigar criminalmente, senão também, da constitucionalidade da apuração criminal presidida por ele.

Ainda que, em âmbito internacional, essa possibilidade haja sido reconhecida, por vez primeira em um texto legal, pelo Código de Instrução Criminal francês de 1808, a doutrina nacional somente começou a se ocupar do assunto por volta da década de 70 do século passado. Quase 3 décadas depois, começaram a aparecer os primeiros estudos de certo fôlego, que deram apoio a uma forte discussão que tomou conta dos meios acadêmico e jurisprudencial.

Por envolver matéria constitucional, por certo que essa discussão começou a chegar ao nosso Supremo Tribunal Federal, seja pela via do recurso extraordinário, seja pela via do *habeas corpus*. Uma das críticas feitas à investigação criminal presidida pelo Ministério Público era a alegada ausência de garantias, dada a inexistência de sua previsão legal, se comparada, por certo, com a investigação presidida pela autoridade policial.

Para dar mostras de que a investigação criminal presidida pelo acusador público brasileiro deveria se sujeitar a regras e observar as mesmas garantias aplicáveis à investigação policial, o Conselho Nacional do Ministério Público publicou a Resolução nº 13, de 2 de outubro de 2006. Embora setores da doutrina nacional, naquele primeiro momento das discussões, apontassem a desnecessidade de uma regulamentação própria para investigação criminal do Ministério Público, como justificativa para a sua validade em âmbito nacional, não há como negar o fato de que aquela resolução, antes de ser um instrumento de importância jurídica, foi um texto de inegável impacto político. Sua intenção, sem meias palavras, foi dar a certeza, a todos os níveis de operadores do direito nacional, que a investigação criminal do Ministério Público não era nem melhor, nem pior que a investigação policial, pois apenas se colocava como outra via para evitar a impunidade frente àquelas infrações não apuradas pela polícia judiciária. De igual modo, procurou-se garantir que a investigação criminal do Ministério Público não se prestava como meio para a usurpação de direitos das pessoas investigadas, justamente pela instituição que maior confiança recebeu por parte da Constituição Federal de 1988.

Foram necessários quase 10 anos para que o Plenário do Supremo Tribunal Federal reconhecesse, em caráter definitivo, a constitucionalidade da investigação criminal do Ministério Público (Recurso Extraordinário n. 593.727). No entanto, embora houvesse o reconhecimento de sua constitucionalidade, um claro recado foi dado por nosso Tribunal Maior, no sentido de que era necessária a sujeição daquela investigação criminal aos termos das normas constitucionais, supralegais e infraconstitucionais, em específico, no que diz respeito aos direitos e garantias da pessoa investigada e da vítima, bem como, das prerrogativas dos defensores públicos ou constituídos.

A necessidade de uma regulamentação para a investigação criminal do Ministério Público voltou a dominar as discussões, mas, agora, não só por iniciativa do meio acadêmico, pois também, e principalmente, houve essa preocupação por parte do Ministério Público nacional.

Foi em razão dessa realidade que o Conselho Nacional do Ministério Público instaurou o *Procedimento de Estudos e Pesquisas nº 1/2017*, que tinha, por objetivo, levantar sugestões e apresentar propostas de melhorias: a) para o exercício mais efetivo da função orientadora e fiscalizadora das Corregedorias do Ministério Público, com o objetivo de aprimorar a investigação criminal presidida pelo Ministério Público; e b) da sua Resolução nº 13, com o objetivo de tornar as investigações mais céleres, eficientes, desburocratizadas, informadas pelo princípio acusatório e respeitadoras dos direitos fundamentais do investigado, da vítima e das prerrogativas dos advogados.

Concluídos aqueles estudos, o Conselho Nacional do Ministério Público entendeu por revogar a Resolução nº 13, sobrevindo, em razão disso, a Resolução nº 181, de 7 de agosto de 2017, que passou a *melhor* regular detalhes dos procedimentos de investigação criminal realizados pelo Ministério Público.

Exatamente como forma de procurar analisar cada uma dessas novas regras (muitas delas mantidas, a partir da redação originária da Resolução nº 13) é que surgiu a ideia consolidada no presente livro: o desenvolvimento de uma abordagem técnico-jurídica à luz da doutrina e dos precedentes jurisprudenciais (especialmente de nossas Cortes Superiores), como forma de auxiliar os aplicadores do direito para que sejam observadas integralmente as regras fundamentais na realização das investigações criminais pelo Ministério Público.

Vários foram os autores incorporados a esse projeto de indiscutível natureza acadêmico-institucional, todos eles com notória especialização na área, que apresentam suas considerações para a comunidade jurídica. Alguns textos, inclusive, são fruto das pesquisas feitas no Grupo de Pesquisa "O Processo de Formação e Desenvolvimento dos Princípios e Garantias Processuais Penais. Tensões entre a História do Direito e as Posições Doutrinária e Jurisprudencial Contemporâneas", a cargo de Mauro Fonseca Andrade, professor do corpo docente permanente do Programa de Pós-Graduação *Stricto Sensu* (Mestrado) da Fundação Escola Superior do Ministério Público do Rio Grande do Sul – FMP.

A obra está desenvolvida em capítulos, de acordo com os artigos da referida resolução. Malgrado a multiplicidade de autores e respectivas atribuições, fácil visualizar que a obra está bem amalgamada entre os vários pontos que apresentam correlação.

Evidente que, a partir de considerações críticas, surgirão novos pontos a serem enfrentados e debatidos. É isso que esperam os autores e os organizadores, para que possamos aperfeiçoar os modos de realizações de investigações de cunho criminal, garantindo a proteção de *todos* os direitos e deveres fundamentais presentes na Constituição da República.

Outubro de 2017.

Douglas Fischer
Mauro Fonseca Andrade
Organizadores

Sumário

Resoluções nºs 181 e 183 do CNMP – Considerandos

RESOLUÇÃO Nº 181, DE 07 DE AGOSTO DE 2017

Dispõe sobre instauração e tramitação do procedimento investigatório criminal a cargo do Ministério Público.

O CONSELHO NACIONAL DO MINISTÉRIO PÚBLICO, no exercício de suas atribuições conferidas pelo artigo 130-A, § 2º, da Constituição da República Federativa do Brasil de 1988 e com fundamento nos artigos 147 e seguintes do Regimento Interno do Conselho Nacional do Ministério Público – RICNMP, nos autos da Proposição n° 1.00578/2017-01, julgada na 4ª Sessão Extraordinária, realizada no dia 7 de agosto de 2017;

CONSIDERANDO o disposto nos artigos 127, caput, e 129, incisos I, II, VIII e IX, da Constituição da República Federativa do Brasil, bem como no artigo 8º da Lei Complementar nº 75/1993 (LOMPU) e no artigo 26 da Lei nº 8.625/1993 (Lei Orgânica Nacional do Ministério Público);

CONSIDERANDO as conclusões do Procedimento de Estudos e Pesquisas nº 01/2017, instaurado com o objetivo de levantar sugestões e apresentar de propostas de aperfeiçoamento: a) para o exercício mais efetivo da função orientadora e fiscalizadora das Corregedorias do Ministério Público, com o objetivo de aprimorar a investigação criminal presidida pelo Ministério Público; e b) da Resolução n. 13-CNMP (que disciplina o procedimento investigatório criminal do Ministério Público), com o objetivo de tornar as investigações mais céleres, eficientes, desburocratizadas, informadas pelo princípio acusatório e respeitadoras dos direitos fundamentais do investigado, da vítima e das prerrogativas dos advogados;

CONSIDERANDO que o Plenário do Supremo Tribunal Federal, fixou, em repercussão geral, a tese de que o "Ministério Público dispõe de competência para promover, por autoridade própria, e por prazo razoável, investigações de natureza penal, desde que respeitados os direitos e garantias que assistem a qualquer indiciado ou a qualquer pessoa sob investigação do Estado". (STF – RE 593727, Relator(a): Min. CÉZAR PELUSO, Relator(a) p/Acórdão: Min. GILMAR MENDES, Tribunal Pleno, julgado em 14/05/2015, ACÓRDÃO ELETRÔNICO REPERCUSSÃO GERAL – Mérito Dje-175 DIVULG 04-09-2015 PUBLIC 08-09-2015);

CONSIDERANDO que, como bem aponta o Ministro Roberto Barroso, em julgamento do Tribunal Pleno do Supremo Tribunal Federal, "a Constituição de 1988 fez uma opção inequívoca pelo sistema acusatório – e não pelo sistema inquisitorial – criando as bases para uma mudança profunda na condução das investigações criminais e no processamento das ações penais no Brasil" (Corpo do Acórdão

– STF – ADI 5104 MC, Relator(a): Min. ROBERTO BARROSO, Tribunal Pleno, julgado em 21/05/2014, PROCESSO ELETRÔNICO Dje-213 DIVULG 29-10-2014 PUBLIC 30-10-2014);

CONSIDERANDO a necessidade de permanente aprimoramento das investigações criminais levadas a cabo pelo Ministério Público, especialmente na necessidade de modernização das investigações com o escopo de agilização, efetividade e proteção dos direitos fundamentais dos investigados, das vítimas e das prerrogativas dos advogados, superando um paradigma de investigação cartorial, burocratizada, centralizada e sigilosa;

CONSIDERANDO a carga desumana de processos que se acumulam nas Varas Criminais do país e que tanto desperdício de recursos, prejuízo e atraso causam no oferecimento de Justiça às pessoas, de alguma forma, envolvidas em fatos criminais;

CONSIDERANDO, por fim, a exigência de soluções alternativas no Processo Penal que proporcionem celeridade na resolução dos casos menos graves, priorização dos recursos financeiros e humanos do Ministério Público e do Poder Judiciário para processamento e julgamento dos casos mais graves e minoração dos efeitos deletérios de uma sentença penal condenatória aos acusados em geral, que teriam mais uma chance de evitar uma condenação judicial, reduzindo os efeitos sociais prejudiciais da pena e desafogando os estabelecimentos prisionais.

RESOLVE, nos termos do artigo 130-A, § 2º, I, da Constituição Federal, expedir a seguinte RESOLUÇÃO:

Henrique da Rosa Ziesemer

Doutorando em Ciência Jurídica
Mestre em Ciência Jurídica
Especialista em Direito Processual Penal e Direito Administrativo
Professor da Escola do Ministério Público de Santa Catarina
Promotor de Justiça/SC

- **O CONSELHO NACIONAL DO MINISTÉRIO PÚBLICO, no exercício de suas atribuições conferidas pelo artigo 130-A, § 2º, da Constituição da República Federativa do Brasil de 1988 e com fundamento nos artigos 147 e seguintes do Regimento Interno do Conselho Nacional do Ministério Público – RICNMP, nos autos da Proposição n° 1.00578/2017-01, julgada na 4ª Sessão Extraordinária, realizada no dia 7 de agosto de 2017;**

Com amplos poderes conferidos pelo Constituinte derivado, o Conselho Nacional do Ministério Público (CNMP) vem ganhando espaço o exercício do controle externo da atividade do Ministério Público (MP). O exercício das atividades do Conselho é de natureza plural, adentrando em vários campos de natureza administrativa dos Ministérios Públicos. Exatamente por esta razão o CNMP deve ter redobrada cautela quando de sua atuação, a fim de não invadir seara destinada ao Ministério Público.

Soa extreme de dúvidas que o CNMP trouxe inegável avanço ao Ministério Público brasileiro, mas também é igualmente sabido que o órgão é propício a excessos e desvios em razão do pouco controle que há sobre ele, aliado à baixíssima taxa de contestação.

Não se pretende, nessas linhas iniciais, pura e simplesmente criticar a Resolução que ora se apresenta e que se traduz em inegável avanço de cunho institucional, uma vez que fortalece o exercício da atividade-fim do Ministério Público. Busca-se, contudo, chamar a atenção para a necessidade de limites institucionais, a fim de se fazer valer a prerrogativa que cada MP possui de legislar sobre si próprio, o que cada vez mais vem sendo mitigado pelo Conselho Nacional.

Outro ponto importante que se observa na vida forense é que as resoluções emanadas pelo CNMP não raras vezes desconsideram a estrutura física e humana de cada unidade ministerial. Com efeitos, os membros do MP, via de regra, são apenas bacharéis em direito e nos diversos rincões do país, faltam-lhes equipamentos básicos e servidores auxiliares. É também neste campo que se espera a devida sensibilidade institucional pelo CNMP.

O art. 130-A, § 2º, I, da Constituição Federal, mencionado acima, é o que autoriza o Conselho Nacional do MP a editar atos regulamentares no âmbito de sua competência. A Constituição não dotou o CNMP de nenhuma função institucional, ou mesmo dos poderes inerentes ao art. 129. As competências do CNMP são absolutamente administrativas, sem qualquer possibilidade de ingerência na atividade fim do Ministério Público.

De qualquer sorte, a presente resolução se ampara na possibilidade de o Conselho Nacional expedir atos administrativos no âmbito de suas competências, no caso concreto, no exercício da atividade regulamentar em matéria administrativa.

Em segundo, é de se esclarecer que atividade de investigação promovida pelo Ministério Público é prevista e autorizada pela Constituição Federal e pela Legislação infraconstitucional. Com efeito, nada mais fez o CNMP que regulamentar internamente uma prática legítima e reconhecida pelo Poder Judiciário.

Todos os atos praticados pelo Ministério Público, no intuito de se levar a efeito uma atividade prevista em lei, são praticados pela instituição em atividades procedimentais para serem, posteriormente, levadas ao processo judicial. Dessa forma, a Resolução nº **181/2017** se traduz em legítima ferramenta de regulamentação.

Também é de se ponderar que o poder regulamentador do CNMP é limitado (assim como qualquer outro), e encontra suas balizas na

Constituição, nas leis, inclusive nas legislações que regulamentam outras categorias de agentes processuais do processo penal.

Nesse sentido, o entendimento deste autor:

> Como órgão público, o CNMP igualmente se sujeita aos ditames da Constituição Federal e das leis, não podendo extrapolar seus limites. Deve ser observado ante os princípios da administração pública elencados no art. 37 da Carta Magna, assim como das diferentes leis orgânicas que regem os ramos dos Ministérios Públicos. Especialmente no que tange à legalidade, o CNMP deve zelar pela correta aplicação da lei, o que será tratado mais adiante.[1]
>
> Com essas reflexões, considera-se que o Conselho Nacional do Ministério Público regulamentou primariamente o tema sobre investigação criminal conduzida pelo Ministério Público da forma correta, respeitando os limites impostos pela Constituição e pelas leis, contudo, ao alterar o diploma como ora exposto (Resolução nº 181/2017), enfraqueceu em alguns pontos a autonomia do Ministério Público, abrindo margem desnecessária para desvirtuar-se o foco da questão.

- **CONSIDERANDO o disposto nos artigos 127, *caput*, e 129, incisos I, II, VIII e IX, da Constituição da República Federativa do Brasil, bem como no artigo 8º da Lei Complementar nº 75/1993 (LOMPU) e no artigo 26 da Lei nº 8.625/1993 (Lei Orgânica Nacional do Ministério Público);**

Desde sua criação em 2004 e instalação em 2005, o Conselho Nacional do Ministério Público (CNMP), inicialmente visto com desconfiança, foi moldando sua identidade ao longo dos quase doze anos de atividades. Não que todo este tempo tenha lhe trazido a necessária maturidade administrativa, até porque se trata de um organismo extremamente novo, inclusive se comparado a seu objeto, mas sim que sua natureza e a composição plural contribuem para a oxigenação de ideias constantemente.

Há, sim, problemas dos mais variados com o CNMP, problemas estes que vão desde a formatação constitucional, passando pela hipertrofia da União em detrimento dos Estados, até a sobreposição de atuações. Contudo, tais distorções podem ser corrigidas com alterações constitucionais e sobretudo, pela firme atuação do Ministério Público (MP), na busca dos limites do CNMP, o que é a tônica de todos os órgãos públicos, indistintamente.

O Conselho Nacional do Ministério Público possui como primeira missão constitucional o zelo pela autonomia do Ministério Público (Art. 130-A, § 2º, I, da CF).[2] Esta autonomia, duramente conquistada na

[1] Ziesemer, Henrique da Rosa. *Direito Institucional. Comentários ao Regimento Interno do Conselho Nacional do Ministério Público.* Rio de Janeiro. Lumen Juris, 2014. p. 10.

[2] Art. 130-A. § 2º, I, zelar pela autonomia funcional e administrativa do Ministério Público, podendo expedir atos regulamentares, no âmbito de sua competência, ou recomendar providências;

Constituição Federal, somente pode ser respeitada se o órgão de controle externo, ao exercer seus misteres, laborar dentro de um contexto político institucional. Isso não significa que o CNMP deva ser corporativo ou omisso, mas sim que, em estando o Conselho Nacional posto na mesma seção constitucional do Ministério Público, a essência de ambos se torna comum.

É desta maneira que o CNMP deve voltar seu trabalho para o Ministério Público e zelar para que este cumpra a contento seu papel social. Nesse espectro, não há espaço para vaidades classistas (decorrente da composição heterogênea), devendo haver uma conjunção de esforços decorrentes do mesmo tronco constitucional.

Se por um lado uma das justificativas de criação do CNMP foi a necessidade de aprimorar o Ministério Público, também mediante reclamações de que a instituição muitas vezes agia de forma corporativista, por outro, a gama de incumbências a que o CNMP está inserto o torna, do mesmo modo, responsável pelo fortalecimento do Ministério Público.

É justamente neste epicentro que atuou o CNMP, ao editar a Resolução nº 181/2017, que trata da investigação criminal levada a efeito pelo Ministério Público. A presente resolução revoga a anterior, nº 13/2006, a qual disciplinava a mesma temática. Contudo, passados mais de dez anos de sua edição, era necessária sua atualização e modernização.

Antes de adentrar na temática, mister se faz conhecer um pouco mais sobre o principal objeto desta resolução, investigação criminal. De forma técnica, investigação pode ser considerada como um conjunto de atos destinados a apurar a ocorrência de um fato, para que se chegue ao mais próximo possível do que realmente aconteceu, no fato tratado.

Ainda dentro do tecnicismo do conceito de investigação, este não se exaure na prática de atos, mas também deflagra consequências jurídicas e políticas no mundo exterior. E mais. Em um concebido Estado Democrático de Direito,[3] toda esta atividade, que pode ser também vista como necessidade social, só tem sentido e pode ser levada a efeito quando formatada dentro de regras que permitam que este Estado Democrático de Direito faça sentido em sua própria essência. Em suma, criar um sistema de investigação criminal em um Estado totalitário é bem diferente de criar o mesmo sistema em um modelo de Estado como o brasileiro. Submissão às leis, regras, transparência, freios e contrapesos, respeito às instituições e aos Poderes são tópicos inerentes ao

[3] Constituição Federal: Art. 1º A República Federativa do Brasil, formada pela união indissolúvel dos Estados e Municípios e do Distrito Federal, constitui-se em Estado Democrático de Direito e tem como fundamentos:

Estado brasileiro, onde a investigação criminal deve necessariamente levar em consideração tais premissas.

Sabe-se que o tema é tormentoso, alvo de críticas e também de propostas legislativas que objetivam retirar do MP esta relevante função, já reconhecida pelo Supremo Tribunal Federal (STF):[4]

> Embargos de declaração no recurso extraordinário com agravo. 2. Decisão monocrática. Embargos de declaração recebidos como agravo regimental. 3. Art. 90 da Lei 8.666/93 (fraude à licitação). Condenação. 4. Violação dos princípios do contraditório, da ampla defesa, dos limites da coisa julgada e do devido processo legal. Ausência de repercussão geral da matéria (Tema 660). 5. **O Ministério Público tem poder de promover a investigação criminal, observados direitos e garantias constitucionalmente assegurados às pessoas submetidas à investigação pelo Estado (tema 184).** 6. A existência de inquéritos policiais ou de ações penais sem trânsito em julgado não pode ser considerada como maus antecedentes (tema 129). Agravo em recurso extraordinário parcialmente provido. 7. Ausência de argumentos capazes de infirmar a decisão agravada. 8. Agravo regimental a que se nega provimento.

Com efeito, a via escolhida, qual seja a resolução, trata-se de um ato administrativo de caráter interno que se destina a regular alguma atividade ou situação, contudo, somente produzindo efeito intramuros.

Sobre o tema, colhe-se novamente do entendimento deste autor:[5]

> A resolução é um ato administrativo, de caráter normativo, expedido por órgãos administrativos colegiados, cuja finalidade é regulamentar matéria de sua atribuição. No caso do CNMP, a resolução se traduz na mais importante ferramenta de atuação administrativa do órgão, havendo, no caso concreto, dezenas delas a regulamentar as mais diferentes matérias.

O Regimento Interno do Conselho Nacional do Ministério Público foi criado por Resolução, sendo o atual, a Resolução nº 92, de 13 de março de 2013, já diversas vezes alteradas via emendas regimentais.

No caso da investigação criminal levada a efeito pelo Ministério Público, a ementa da Resolução nº 181/2017 buscou demonstrar que o documento veio a regulamentar os dispositivos infraconstitucionais que dão azo à investigação criminal, tanto no âmbito do Ministério Público da União (MPU), quanto dos Ministérios Públicos dos Estados. Contudo, não é livre de excessos os quais não condizem com a verdadeira função do CNMP.

Também é de mencionar que a presente resolução é recente e que a anterior, sobre o mesmo tema, era alvo da Ação Direta de Inconsti-

---

4 BRASIL. Supremo Tribunal Federal. EMB. DECL. NO RECURSO EXTRAORDINÁRIO COM AGRAVO. ARE 925299 ED/SP – SÃO PAULO. Relator: Min. GILMAR MENDES. Julgamento: 01/12/2015. (grifo)

5 ZIESEMER, Henrique da Rosa. *Direito Institucional. Comentários ao Regimento Interno do Conselho Nacional do Ministério Público.* Rio de Janeiro. Lumen Juris, 2014. p. 17.

tucionalidade (ADI) 3.836,[6] ajuizada pela Ordem dos Advogados do Brasil (OAB) perante o Supremo Tribunal Federal. A ADI se encontra sob a relatoria do Ministro Edson Fachin, e ainda não foi julgada até o fechamento desta edição, contudo, é de se ponderar que seu objeto se extinguiu.

De qualquer sorte, a ferramenta escolhida pelo CNMP para regulamentar a investigação criminal pelo Ministério Público foi a Resolução. E assim foi feito, porquanto previamente já existiam dispositivos constitucionais e legais que autorizavam o Ministério Público a investigar. Sem embargo de posicionamentos contrários, a investigação criminal pelo MP é sim, legítima, sendo regulamentada internamente pelo Conselho Nacional do Ministério Público, como se vê.

Houve, com a edição da revogada Resolução nº 13/2006, assim como na atual, um significativo fortalecimento da atividade investigatória do Ministério Público. Isso porque, no começo da década, as críticas à instituição foram se incrementando no sentido de que o MP investigava criminalmente e denunciava sem previsão legal, bem como as decisões judiciais que amparavam o Ministério Público eram bastante tímidas.

A Resolução em apreço, em que pese ser possivelmente criticada e questionada, como a anterior, centrou o foco da questão jurídica e regulamentou aquilo que a Constituição e as leis já autorizavam, mesmo que de forma indireta.

Também é esperado pela comunidade jurídica em geral um posicionamento mais firme do Legislativo sobre o tema. Algumas propostas avançam a passos lentos no Congresso Nacional, dentre as quais se destaca a proposta que versa sobre o novo Código de Processo Penal, atualmente na Câmara dos Deputados.[7]

Destarte, ao editar a resolução sobre investigação criminal pelo Ministério Público, o CNMP, de forma indireta, supriu uma lacuna deixada pela lei, dando fôlego aos órgãos de execução do Ministério Público em suas tarefas investigativas, sem embargo da discussão institucional sobre autonomia. Foram estabelecidas rotinas, formas de controle, respeito a prerrogativas, assim com prazos e protocolos, os quais serão adiante comentados.

A investigação criminal pelo Ministério Público é hoje uma realidade, sendo a Resolução em apreço um marco histórico político nesse sentido.

---

[6] BRASIL. Supremo Tribunal Federal. ADI 3.836. Número de Protocolo 2006/196621. Data de entrada no STF, 20/12/2006. Rel. Min Edson Fachin.

[7] BRASIL. Câmara dos Deputados. Projeto de Lei nº 8.045/2010. Institui o Código de Processo Penal e dá outras providências.

É de ressaltar, contudo, que passados mais de dez anos do ajuizamento da ADI retro sobre a Resolução nº 13/2006, esta ainda não foi julgada (e provavelmente nem será em razão da nova regulamentação), e o poder investigatório criminal do Ministério Público vem sendo cada vez mais reconhecido, inclusive pelo Supremo Tribunal Federal.

Quando se trata de fundamentar a edição de uma resolução, a análise das premissas (Considerandos) é de suma importância, pois através destas é que se verifica a intenção do Conselho Nacional do MP, assim como pode-se delimitar o alcance hermenêutico da norma regulatória. Os questionamentos que surjam no exercício da atividade regulamentada podem ser dirimidos pelas premissas apresentadas. Vale dizer, lacunas, dúvidas de interpretação e também o alcance da investigação. Por esta razão, antes de se formular uma regra, deve-se atentar, com igual ou até maior importância para aquilo que se deseja regulamentar, e mais, as razões que vão fundamentar a regulamentação constituem uma verdadeira carta de intenções do órgão emissor, que deve nortear, doravante toda a atuação do Ministério Público no campo escolhido.

A presente premissa (Considerando) só faz sentido quando conjugada de forma sistêmica. Traz as bases constitucionais da investigação criminal pelo Ministério Público.

De qualquer sorte, importante separar as premissas, para que melhor se estudem os fundamentos e após, as ferramentas. Para que ocorra uma investigação criminal do Estado sobre alguém, é necessário que esta atividade possua uma razão de existir, e mais que isso, bases sólidas que justifiquem a invasão do Estado na vida da sociedade. Entender-se o contrário seria prestigiar o denuncismo puro, ou autorizar que o Estado vasculhe indevidamente a vida de alguém.

Também por estas razões, o Ministério Público foi formatado pela Constituição de 1988, em um modelo bem diferente do modelo da Constituição de 1967. Nessa ideia, importante trazer à baila informação jornalística da época da Assembleia Constituinte, em 1987, a qual, embora imprecisa tecnicamente, relata o nascimento do modelo de Ministério Público atual:

> A sociedade brasileira, em razão do seu avanço cultural, econômico e tecnológico, está a exigir um Ministério Público que, acompanhando este desenvolvimento, atue de forma eficiente. Para atingir esta eficiência é necessário que a instituição possua independência funcional e autonomia administrativa e financeira.
>
> A independência funcional dos agentes do Ministério Público constitui a pedra fundamental na qual se assentará toda a estrutura orgânica da instituição. Esta independência somente será obtida de forma plena se a chefia da instituição for confiada a membro da carreira, eleito por seus integrantes em lista tríplice, para um mandado certo.

Pelo fato de a instituição ainda estar na busca de um perfil mais definido que não permita confundi-la seja com o Judiciário, seja com o Executivo, é tolerável proposta legal que estabeleça ser a lista tríplice submetida à chefia do Executivo para a escolha do nome que ocupara o cargo de procurador-geral. Porém, é de notar-se que este fato constitui uma ingerência indevida, somente aceita como etapa de uma transição que futuramente será vista como expressão de interferência na sua plena independência funcional a administrativa.

No que diz respeito ao Ministério Público Federal, verifica-se nos diversos projetos surgidos na Constituinte a forte tendência de transformá-lo, exclusivamente, em fiscal da lei, sem deter mais as atribuições de advogado dos poderes públicos, função que deverá ser desempenhada por uma pro curadoria judicial.

Com isto. a instituição federal se dedicará, especificamente, à fiscalização da aplicação da lei e à promoção das ações públicas civis e criminais. Dentro desta nova estrutura, o procurador-geral da República deixará de ser o coordenador das ações e procedimentos judiciais de interesse dos entes públicos, para passar a exercer a alta função de representante da sociedade nacional perante a Suprema Corte.

Em virtude das novas funções, se faz necessário desvinculá-lo da interferência direta do Executivo não só porque deixará de ser o mais alto advogado do poder público, mas porque passará a ser, efetivamente, o fiscal de seus atos. Nesta condição caber-lhe-á investigar e processar senadores da cúpula do poder e, em razão disto, deverá estar revestido de todas as garantias que lhe permitam o exercício pleno e eficaz de suas atribuições.

De outra parte, é de observar-se que sua atuação reflete-se diretamente sobre a instituição que dirige e, reflexamente, sobre as demais instituições federais e estaduais, dai porque é fundamental, para o amadurecimento do Ministério Público Federal, que o procurador-geral da República seja escolhido do universo dos membros que integram a carreira, cerca de trezentos procuradores da República. Desta forma, se estará dando perfil definido à instituição e evitando-se o cíclico desequilíbrio que sofre com a ocupação de sua chefia por pessoas que lhe são estranhas e que trazem, a maior das vezes, um estilo de administrar vinculado mais a seus projetos pessoais do que ao interesse da sociedade. Dentro desta linha, haja efetiva independência dos agentes do Ministério Público, se faz necessário revesti-los das garantias funcionais consistentes na vitaliciedade, inamovibilidade e irredutibilidade de vencimentos. Ademais, constitui corolário desta independência a autogestão e a dotação de recursos orçamentários próprios.

O substitutivo Bernardo Cabral retoma o caminho da independência e autonomia do Ministério Público Nacional, inaugurado por Campos Salles. Qualquer mutilação nos princípios gerais que nele foram traçados redundará no apoucamento da instituição, na limitação da forma de agir de seus membros e, consequentemente, na frustração da sociedade brasileira. Fiquem atentos os democratas, para isso: o medo de um Ministério Público independente reflete, ineludivelmente, o desejo de impunidade.[8]

E foi desta forma que o Ministério Público como conhecemos hoje foi concebido. Dentro desta mesma ideia que foi editada a Resolução nº 181/2017, qual seja, a de fortalecer a autonomia da instituição (o que

---

[8] SETTI, Arnaldo. Autonomia do Judiciário. *Jornal do Brasil*. Rio de Janeiro/RJ. 27.09.1987. ANC 88. Pasta 26 a 30. Setembro/87. 047.

não se concebe em sua totalidade, como dito acima), bem como lhe conferir a necessária regulamentação interna para realizar seus misteres. Assim, um dos pontos invocados na presente premissa, a qual justifica a edição da Resolução em apreço, é o art. 127, *caput*, da Constituição:

> Art. 127. O Ministério Público é instituição permanente, essencial à função jurisdicional do Estado, incumbindo-lhe a defesa da ordem jurídica, do regime democrático e dos interesses sociais e individuais indisponíveis.

Sem embargo da fundamentação invocada, deveria o CNMP considerar também o parágrafo único do art. 127, pois este trata dos princípios institucionais do MP, dentre os quais se destaca a independência funcional. Considera-se que, sem a necessária independência funcional, nenhuma investigação criminal é completa. Omissão do Conselho Nacional do Ministério Público, que poderia contribuir para o texto.

Por outro lado, o art. 127 consagra a essência do Ministério Público, servindo de amparo ao texto. Como instituição permanente e essencial à função jurisdicional do Estado, deve-se entender que onde há Poder Judiciário, deve haver Ministério Público. No contexto da investigação criminal, é o MP que leva ao Judiciário o resultado de suas apurações. De nada adianta haver juiz, sem haver um órgão que leve as situações até o órgão julgador. Também o caráter permanente do MP assegura solidez e impessoalidade à sua atuação. Como dito, não se pode admitir que o Estado vasculhe a vida do cidadão e, por esta razão, a atividade investigatória deve estar amparada em sólidas bases que fundamente uma instituição preparada para tanto.

Já no que tocam às incumbências do Ministério Público, sempre levando em consideração o contexto da investigação criminal, a defesa da ordem jurídica deve ser compreendida num macrossistema, onde o MP deve zelar pela correta aplicação da lei. Defender a ordem jurídica significa defender a expressão democrática do parlamento, que se manifesta por meio da edição de leis, sendo esta, em última análise, a vontade do povo brasileiro (todo poder emana do povo). Com efeito, a investigação criminal se traduz em atividade legítima para averiguar o cumprimento da lei. No mesmo sentido, a atuação em relação à defesa do regime democrático, formatado em nosso Estado. O regime democrático assegura a participação popular nas decisões do Estado, restando claro que o Ministério Público se afigura como claro defensor da sociedade.

Ainda, "considerando" a defesa dos interesses sociais e individuais indisponíveis, estes devem ser ponderados, levando-se em conta a atividade de investigação criminal ora tratada. Os interesses sociais e individuais indisponíveis demandam a atuação do Ministério Público. Quando a ocorrência de um crime deflagra a necessidade de apuração do fato e de seu autor, surge a atuação do Ministério Público, instituição permanente e munida de ferramentas institucionais para investigar. Evita-se, com isso, a ocorrência de vingança privada. A solução de um crime e suas consequências interessa a toda uma sociedade, que é submetida às mesmas regas de conduta. Questões referentes à Segurança Pública, direitos das vítimas, do próprio réu, aplicação da lei penal e segurança jurídica, por exemplo, são circunstâncias que acionam o Ministério Público enquanto órgão agente. Disso decorre a necessidade de uma investigação criminal, atribuída também ao Ministério Público (dentre outros agentes).

Não se pretende, por óbvio, adentrar em temas como função do direito penal, ou da pena, mas sim instigar as razões pelas quais o art. 127 da Constituição fundamenta uma resolução sobre atividade investigatória criminal.

Também fundamenta a edição da Resolução o art. 129, incisos, I, II, VIII e IX, da Constituição. O artigo em destaque cuida das funções institucionais do Ministério Público, assim consideradas atividades-fim da instituição.

O art. 129 e seus incisos traduzem a verdadeira essência das atividades ministeriais, ou a perfeita descrição daquilo que o Ministério Público foi idealizado para fazer, atuar e realizar. De tão importantes, o *caput* e seus incisos, por constituírem atividade-fim, não pode ser alvo de ingerência do Conselho Nacional do Ministério Público, passando somente pelo controle do Poder Judiciário, até porque todo este trabalho, em especial, a atividade de investigação criminal, deságua no Poder Judiciário, seja para deflagrar o devido processo legal, seja para arquivamento.

Assim, de forma acertada, o CNMP editou o Enunciado nº 6,[9] com o seguinte teor:

> Os atos relativos à atividade-fim do Ministério Público são insuscetíveis de revisão ou desconstituição pelo Conselho Nacional do Ministério Público.

A primeira função institucional do Ministério Público a embasar a presente resolução é a prevista no inciso I do art. 129, ou a promoção privativa da ação penal pública, na forma da lei.

Possivelmente seja esta a função institucional mais conhecida em gênero, porquanto representa a atividade do membro do Ministério Público mais visível à população, assim como uma das que mais chama a atenção, em especial no Tribunal do Júri.

---

[9] BRASIL. Conselho Nacional do Ministério Público. Enunciado nº 6, de 18 de maio de 2009. *Portal do Conselho Nacional do Ministério Público*, Atos e Normas, Brasília, maio 2009. Disponível em: <http://www.cnmp.mp.br/portal/images/stories/Normas/Enunciados/enunciado6.pdf>. Acesso em: 15 abr. 2017.

Como titular privativo da ação penal pública que é, o Ministério Público torna-se razoável admitir-se que quem pode levar a efeito uma acusação criminal, também pode praticar atos destinados a levantar elementos para tanto.

Nesse sentido, já decidiu o Supremo Tribunal Federal:[10]

> [...] 6. O art. 129, inciso I, da Constituição Federal, atribui ao parquet a privatividade na promoção da ação penal pública. Do seu turno, o Código de Processo Penal estabelece que o inquérito policial é dispensável, já que o Ministério Público pode embasar seu pedido em peças de informação que concretizem justa causa para a denúncia. 7. Ora, é princípio basilar da hermenêutica constitucional o dos "poderes implícitos", segundo o qual, quando a Constituição Federal concede os fins, dá os meios. Se a atividade fim – promoção da ação penal pública – foi outorgada ao parquet em foro de privatividade, não se concebe como não lhe oportunizar a colheita de prova para tanto, já que o CPP autoriza que "peças de informação" embasem a denúncia. 8. Cabe ressaltar, que, no presente caso, os delitos descritos na denúncia teriam sido praticados por policiais, o que, também, justifica a colheita dos depoimentos das vítimas pelo Ministério Público. 9. Ante o exposto, denego a ordem de habeas corpus.

O inciso em apreço consagra o sistema penal acusatório, tornando clara a separação entre julgador e acusador. Desta forma, para que o mínimo de elementos possa ser indicado pelo órgão acusador, para que se deflagre o devido processo legal contra o infrator, é necessária uma investigação prévia. Daí decorre a utilização desta função institucional como premissa para a edição da Resolução nº 13 de 2006.

O inciso II[11] do art. 129 coloca o Ministério Público como órgão eminentemente agente, enquanto responsável por zelar que os Poderes Públicos e os serviços de relevância pública assegurem os direitos constitucionais. Nesse contexto (da investigação criminal), pode-se incluir a segurança pública, tarefa do Executivo, a legalidade, a efetiva punição aos que infringem a lei penal, à probidade na Administração Pública, e a proteção a todos os bens jurídicos penalmente tutelados que o Estado brasileiro escolheu tratar, dentre outros.

Importante também mencionar que o inciso em destaque dispõe que o Ministério Público deve promover as medidas necessárias a esta missão. Por medidas necessárias, no contexto de investigação criminal, deve-se entender que ao Ministério Público compete apurar, criminalmente (se for o caso), as falhas, omissões e desrespeitos decorrentes da relação entre os Poderes Públicos e os direitos assegurados na Consti-

---

[10] BRASIL. Supremo Tribunal Federal. HC 91661/ PE – PERNAMBUCO. Relator (a): Min. ELLEN GRACIE. Julgamento: 10/03/2009. Órgão Julgador: Segunda Turma. Publicação. DJe-064 DIVULG 02-04-2009 PUBLIC 03-04-2009.

[11] Constituição Federal: Art. 129, II – zelar pelo efetivo respeito dos Poderes Públicos e dos serviços de relevância pública aos direitos assegurados nesta Constituição, promovendo as medidas necessárias a sua garantia.

tuição. Essas medidas são formalizadas por meio das ferramentas que serão tratadas no item seguinte.

Nesse ponto, mais uma vez o entendimento da Suprema Corte:[12]

> Legitimidade do órgão ministerial público para promover as medidas necessárias à efetivação de todos os direitos assegurados pela Constituição, inclusive o controle externo da atividade policial (incisos II e VII do art. 129 da CF/1988). Tanto que a CR habilitou o Ministério Público a sair em defesa da ordem jurídica. Pelo que é da sua natureza mesma investigar fatos, documentos e pessoas. Noutros termos: não se tolera, sob a Magna Carta de 1988, condicionar ao exclusivo impulso da Polícia a propositura das ações penais públicas incondicionadas; como se o Ministério Público fosse um órgão passivo, inerte, à espera de provocação de terceiros.

Destarte, o inciso II do art. 129 da Carta Magna se traduz em importante alicerce para a atividade investigatória.

Ainda em se tratando de funções institucionais que servem de amparo à Resolução em comento, o CNMP inseriu nas premissas o inciso VIII[13] do art. 129 da Constituição.

De fato, de nada adianta possuir legitimidade para investigar criminalmente, se não se possuem os poderes necessários para tanto. A requisição de diligências se traduz em uma ordem legal, emanada pelo membro do Ministério Público, no exercício da função. As diligências em questão podem ser das mais variadas, como perícias, documentos, laudos, etc. Ficam resguardadas aquelas que possuem caráter sigiloso, que somente podem ser obtidas mediante ordem judicial, como as movimentações bancárias. Importante mencionar que a requisição de diligências somente pode ocorrer quando o membro do Ministério Público se encontra no exercício formal da função. Este tema em específico será mais bem detalhado no decorrer da obra.

Por fim, cita o CNMP o inciso IX[14] do art. 129 da Constituição como "Considerando" para a edição da presente resolução. Este inciso cuida de interpretação analógica institucional. É a situação de fato que deve ser interpretada e moldada ao art. 127 da Constituição, mas sempre com previsão legal. Vale dizer, há função institucional que não está prevista neste rol exemplificativo, mas que pode ensejar a atuação do Ministério Público, extreme de dúvidas. O caso clássico é o do velamento das fundações, em que apenas a lei ordinária dispõe sobre esta

---

[12] BRASIL. Supremo Tribunal Federal. HC 97.969, Rel. Min. Ayres Britto, j. 1º-2-2011, 2ª T, DJE de 23-5-2011. Extraído de: <http://www.stf.jus.br/portal/constituicao/constituicao.asp>. p. 1.132.

[13] Constituição Federal. Art. 129, VIII – requisitar diligências investigatórias e a instauração de inquérito policial, indicados os fundamentos jurídicos de suas manifestações processuais;

[14] Constituição Federal. Art. 129, IX – exercer outras funções que lhe forem conferidas, desde que compatíveis com sua finalidade, sendo-lhe vedada a representação judicial e a consultoria jurídica de entidades públicas.

atribuição do Ministério Público, mas autorizada e interpretada pela Constituição.

Como efeito, no contexto da investigação criminal, o inciso IX deve ser interpretado em conjunto com o inc. I, extraindo-se daí o sentido da investigação levada a efeito pelo Ministério Público.

Já no que tocam aos instrumentos infraconstitucionais, o presente "Considerando" traz, de fatos, as ferramentas práticas que dispõe o Ministério Público na condução da investigação criminal. São duas leis em questão: a do Ministério Público da União e a que dispõe sobre normas gerais dos Ministérios Públicos dos Estados. Ambas possuem funções semelhantes, mas na essência, o mesmo objetivo.

Antes ainda de abordar ambas as legislações, deve-se conferir relevo ao parágrafo único do art. 4º do Código de Processo Penal, que assim dispõe, em seu Título II, que versa sobre o inquérito policial, forma tradicional de investigação da polícia judiciária:

> Art. 4º A polícia judiciária será exercida pelas autoridades policiais no território de suas respectivas circunscrições e terá por fim a apuração das infrações penais e da sua autoria. (Redação dada pela Lei nº 9.043, de 9.5.1995)
>
> Parágrafo único. A competência definida neste artigo não excluirá a de autoridades administrativas, a quem por lei seja cometida a mesma função.

O texto do atual Código de Processo Penal é claro em afirmar que a competência para promover a investigação criminal não é exclusiva da polícia judiciária. Considerando o crime ser um fato, várias instituições podem apurar fatos. Receita Federal, Tribunais de Contas, Vigilância Sanitária, bem como o Ministério Público podem apurar fatos. Ressalta-se que o inquérito policial não é indispensável ao oferecimento da denúncia. Desta forma, quaisquer das instituições acima, e várias outras, podem apurar fatos no âmbito de suas competências, em procedimentos administrativos próprios (o inquérito policial é um tipo de procedimento administrativo) e encaminhar ao MP para oferecimento da denúncia.

Também o art. 28 do Código de Processo Penal menciona que outras formas de investigação criminal podem ser processadas, aí incluídas as do Ministério Público. Assim, na redação do citado dispositivo:

> Art. 28. Se o órgão do Ministério Público, ao invés de apresentar a denúncia, requerer o arquivamento do inquérito policial ou de quaisquer peças de informação, o juiz, no caso de considerar improcedentes as razões invocadas, fará remessa do inquérito ou peças de informação ao procurador-geral, e este oferecerá a denúncia, designará outro órgão do Ministério Público para oferecê-la, ou insistirá no pedido de arquivamento, ao qual só então estará o juiz obrigado a atender.

Então, na redação do art. 28, além do inquérito policial, quaisquer peças de informação que apurem fatos, em tese, considerados criminosos, podem ser levados ao Poder Judiciário, e suas decorrências. A expressão "peças de informação" aparece em vários contextos das leis processuais penais no ordenamento jurídico brasileiro, o que deixa evidente a possibilidade de investigação pelo Ministério Público. Destacam-se os artigos 67, I, do Código de Processo Penal, e o art. 54 da Lei 11.343 de 2006 (lei de drogas).

Por fim, é de se mencionar a Lei 12.830, de 20 de junho de 2013, portanto, bem posterior à resolução em comento. Esta lei dispõe sobre a investigação criminal conduzida pelo delegado de polícia, e ao ser publicada, trouxe uma mensagem de veto parcial:

> MENSAGEM Nº 251, DE 20 DE JUNHO DE 2013. Senhor Presidente do Senado Federal,Comunico a Vossa Excelência que, nos termos do § 1º do art. 66 da Constituição, decidi vetar parcialmente, por contrariedade ao interesse público, o Projeto de Lei nº 132, de 2012 (nº 7.193 na Câmara dos Deputados), que "Dispõe sobre a investigação criminal conduzida pelo delegado de polícia".
>
> Ouvidos, o Ministério do Planejamento, Orçamento e Gestão e a Advocacia-Geral da União manifestaram-se pelo veto ao seguinte dispositivo: **§ 3º do art. 2º** "§ 3º O delegado de polícia conduzirá a investigação criminal de acordo com seu livre convencimento técnico-jurídico, com isenção e imparcialidade." **Razões do veto** "Da forma como o dispositivo foi redigido, a referência ao convencimento técnico-jurídico poderia sugerir um conflito com as atribuições investigativas de outras instituições, previstas na Constituição Federal e no Código de Processo Penal. Desta forma, é preciso buscar uma solução redacional que assegure as prerrogativas funcionais dos delegados de polícias e a convivência harmoniosa entre as instituições responsáveis pela persecução penal" Essas, Senhor Presidente, as razões que me levaram a vetar o dispositivo acima mencionado do projeto em causa, as quais ora submeto à elevada apreciação dos Senhores Membros do Congresso Nacional.[15]

Destarte, os dispositivos trazidos foram bem utilizados pelo CNMP, ao considerá-los como premissas válidas a editar uma resolução que viesse a regulamentar a investigação criminal pelo Ministério Público.

Ainda, o Conselho Nacional do MP justifica a edição da Resolução nº 13 de 2006, na redação do art. 8º da Lei Complementar nº 75 de 1993, e do art. 26 da Lei 8.625 de 1993. Trata-se, como dito alhures, das leis orgânicas do Ministério Público da União e da Lei Orgânica que dispõe sobre normas gerais dos Ministérios Públicos dos Estados.

Colhe-se das redações do art. 8º da Lei Complementar nº 75 e do art. 26 da Lei 8.625/93, respectivamente:

> Art. 8º Para o exercício de suas atribuições, o Ministério Público da União poderá, nos procedimentos de sua competência:

---

[15] Disponível em <http://www.planalto.gov.br/ccivil_03/_ato2011-2014/2013/Msg/VEP-251.htm>. Acesso em 15/8/2017.

I – notificar testemunhas e requisitar sua condução coercitiva, no caso de ausência injustificada;

II – requisitar informações, exames, perícias e documentos de autoridades da Administração Pública direta ou indireta;

III – requisitar da Administração Pública serviços temporários de seus servidores e meios materiais necessários para a realização de atividades específicas;

IV – requisitar informações e documentos a entidades privadas;

V – realizar inspeções e diligências investigatórias;

VI – ter livre acesso a qualquer local público ou privado, respeitadas as normas constitucionais pertinentes à inviolabilidade do domicílio;

VII – expedir notificações e intimações necessárias aos procedimentos e inquéritos que instaurar;

VIII – ter acesso incondicional a qualquer banco de dados de caráter público ou relativo a serviço de relevância pública;

IX – requisitar o auxílio de força policial.

Lei 8.625/93:

Art. 26. No exercício de suas funções, o Ministério Público poderá:

I – instaurar inquéritos civis e outras medidas e procedimentos administrativos pertinentes e, para instruí-los:

a) expedir notificações para colher depoimento ou esclarecimentos e, em caso de não comparecimento injustificado, requisitar condução coercitiva, inclusive pela Polícia Civil ou Militar, ressalvadas as prerrogativas previstas em lei;

b) requisitar informações, exames periciais e documentos de autoridades federais, estaduais e municipais, bem como dos órgãos e entidades da administração direta, indireta ou fundacional, de qualquer dos Poderes da União, dos Estados, do Distrito Federal e dos Municípios;

c) promover inspeções e diligências investigatórias junto às autoridades, órgãos e entidades a que se refere a alínea anterior;

II – requisitar informações e documentos a entidades privadas, para instruir procedimentos ou processo em que oficie;

III – requisitar à autoridade competente a instauração de sindicância ou procedimento administrativo cabível;

IV – requisitar diligências investigatórias e a instauração de inquérito policial e de inquérito policial militar, observado o disposto no art. 129, inciso VIII, da Constituição Federal, podendo acompanhá-los;

V – praticar atos administrativos executórios, de caráter preparatório;

[...]

Observa-se que em ambos os dispositivos legais, há o uso do plural, nas palavras "atribuições" e "funções". Tanto as atribuições como as funções remetem necessariamente às funções institucionais previstas no art. 129 da Constituição em rol exemplificativo. Outra interpretação não faria sentido, pois as atribuições e funções somente podem ser levadas a efeito para o cumprimento das missões institucionais. Vale dizer, a razão da atuação do Ministério Público ocorre por conta do art. 129, que se vale de seus procedimentos para materializar sua atuação, no caso, a investigação criminal.

- **CONSIDERANDO as conclusões do Procedimento de Estudos e Pesquisas nº 01/2017, instaurado com o objetivo de levantar sugestões e apresentar de propostas de aperfeiçoamento: a) para o exercício mais efetivo da função orientadora e fiscalizadora das Corregedorias do Ministério Público, com o objetivo de aprimorar a investigação criminal presidida pelo Ministério Público; e b) da Resolução n. 13-CNMP (que disciplina o procedimento investigatório criminal do Ministério Público), com o objetivo de tornar as investigações mais céleres, eficientes, desburocratizadas, informadas pelo princípio acusatório e respeitadoras dos direitos fundamentais do investigado, da vítima e das prerrogativas dos advogados;**

Chama a atenção a rapidez com que o Conselho Nacional do Ministério Público deflagrou, instruiu e concluiu o processo de edição da nova resolução, restando tudo concluído, inclusive a aprovação da novel regulamentação, até agosto de 2017 (de janeiro a agosto de 2017). Entende-se que o debate deveria ser ampliado, com o específico estudo de números, estatísticas, entrevistas com membros, visitas a unidade do Ministério Público com atuação na área criminal, enfim, a remodelação de uma resolução deste porte não deveria utilizar conceitos genéricos, como tratado mais adiante.

Contudo, não foi o que se verificou do Procedimento de Estudos e Pesquisas nº 01/2017,[16] pois este se limitou à consulta de autoridades que reputou convenientes, ultimando-se o término dos trabalhos para 12 de maio de 2017. Destarte, foram desconsiderados aspectos relevantes de estudo, como análises empíricas, dados gerais, específicos, e ampla consulta a membros do Ministério Público, sobretudo àqueles que todos os dias trabalham com procedimentos de investigação criminal. Igualmente foram desconsiderados no despacho de instauração, a possibilidade de avaliação da estrutura física e humana do Ministério Público, que é quem será em última análise o responsável por ficar na linha de frente de toda a investigação criminal e também o que será cobrado e exigido por todos os lados.

Com efeito, é de se ponderar que com maior grau de certeza seria atingido objetivo elencado na letra "b" do presente "Considerando", se a nova resolução fosse efetivamente precedida de dados sólidos que

[16] Disponível em <http://www.cnmp.mp.br/portal/images/Despacho_inaugural_-_PEP_01-2017.pdf>. Acesso em 28/7/2017.

servissem de alicerce à realidade institucional, e não apenas (ou em sua esmagadora maioria) a utilização de conceitos doutrinários e trabalho jurídico de natureza doutrinária. Desta forma, não se pode ter nem ideia se a presente resolução é melhor que a anterior ou que efeitos terá na prática. Há apenas estudos e apontamentos doutrinários os quais não refletem a realidade dos procedimentos de investigação criminal instaurados nas diversas promotorias e procuradorias no Brasil.

Da deflagração do Procedimento de Estudos citado, houve um pronunciamento final dos estudos realizados. Sem olvidar do empenho e da qualidade do trabalho realizado, as críticas são necessárias, a fim de que haja ao menos reflexão sobre o tema e que este deveria ser mais aberto ao diálogo e ao trabalho de campo. Do referido pronunciamento, colhe-se:

> Inicialmente, pretende-se assentar-se, desde logo, duas características essenciais de uma investigação orientada pelo princípio do acusatório. A investigação deve ser sumária e desburocratizada. A sumariedade é característica fundamental da investigação, já que esta busca tão somente apresentar elementos de informação que sujam suficientes para que o Ministério Público constate eventualmente a aparência da prática de uma infração penal.[17]

Com efeito, tem-se que as conclusões do referido pronunciamento final estão colocadas de forma rasa, partindo de premissas não sólidas e questionáveis do ponto de vista jurídico. Afirmar que uma investigação deve ser sumária equivale a desprezar toda a complexidade do tema, a gama de direitos que o envolve, assim como a existência de sofisticadas organizações criminosas, em maior ou menor grau, cuja investigação pode levar meses ou até anos. Isso sem falar em complicadas análises de dados bancários, financeiros, cruzamento de dados, identificação de "laranjas", dentre outros problemas que ocorrem no curso das investigações. Assim, mencionar a sumariedade como **característica fundamental** da investigação é tratar o tema de forma simplória. O próprio projeto de Código de Processo Penal estabelece prazos elásticos e prorrogáveis para as investigações criminais. Ao se ter a sumariedade como premissa posta, esta pode ser utilizada contra o Ministério Público na tentativa de se anularem investigações complexas e responsabilizar pessoalmente o órgão de execução.

Dizer também que investigação busca **tão somente** apresentar elementos que constate a aparência da prática de uma infração penal, é desconsiderar todas as medidas que podem advir de uma investigação, como cautelares das mais diversas e inclusive estancar ações criminosas.

---

[17] Disponível em <http://www.cnmp.mp.br/portal/images/Pronunciamento_final.pdf>. Acesso em 29/8/2017. p. 5.

Destarte, a investigação criminal é bem mais ampla do que concluída no estudo, merecendo uma atenção mais profunda.

- **CONSIDERANDO que o Plenário do Supremo Tribunal Federal, fixou, em repercussão geral, a tese de que o "Ministério Público dispõe de competência para promover, por autoridade própria, e por prazo razoável, investigações de natureza penal, desde que respeitados os direitos e garantias que assistem a qualquer indiciado ou a qualquer pessoa sob investigação do Estado". (STF – RE 593727, Relator(a): Min. CÉZAR PELUSO, Relator(a) p/Acórdão: Min. GILMAR MENDES, Tribunal Pleno, julgado em 14/05/2015, ACÓRDÃO ELETRÔNICO REPERCUSSÃO GERAL – Mérito Dje-175 DIVULG 04-09-2015 PUBLIC 08-09-2015);**

O presente considerando ampara sua pretensão no óbvio jurídico. A atuação em prazo razoável já é prevista em vários dispositivos, sejam eles de natureza constitucional ou legal, assim como isso é o mínimo que a sociedade espera do Ministério Público. Da mesma forma, respeitar os direitos e garantias de quem se investiga é dever não só do Ministério Público, por sua própria essência prevista no art. 127 da Constituição, mas também de qualquer outro órgão envolvido, como Poder Judiciário, Polícia, etc.

Assim, não se vê fundamento a invocar quando o trecho do acórdão do STF que reflete o que o Ministério Público já deve fazer desde sempre, como premissa para se remodelar uma Resolução sobre investigação criminal. Aliás, estas mesmas premissas já existiam juridicamente e já eram utilizadas mesmo na resolução anterior, de modo que o Ministério Público também foi formatado como se encontra hoje, justamente para garantir direitos das pessoas, sejam elas investigadas, ou não.

- **CONSIDERANDO que, como bem aponta o Ministro Roberto Barroso, em julgamento do Tribunal Pleno do Supremo Tribunal Federal, "a Constituição de 1988 fez uma opção inequívoca pelo sistema acusatório – e não pelo sistema inquisitorial – criando as bases para uma mudança profunda na condução das investigações criminais e no processamento das ações penais no Brasil" (Corpo do Acórdão – STF – ADI 5104 MC, Relator(a): Min. ROBERTO BARROSO, Tribunal Pleno, julgado em 21/05/2014, PROCESSO ELETRÔNICO Dje-213 DIVULG 29-10-2014 PUBLIC 30-10-2014);**

O sistema processual penal acusatório está inserido no art. 129, I, da Constituição. Como bem asseverado pela premissa, a opção pelo referido sistema demanda uma guinada de interpretação sobre o processo penal brasileiro. Contudo, o CNMP se ampara em trecho corpo de Acórdão do STF, trecho este que pode deixar conclusões em aberto, para dar suporte a pretensões diversas.

A opção pelo sistema acusatório é processual, e não procedimental. Há que se ter cuidado quando se tenta aplicar um conceito ao outro, pois transformar a investigação criminal em "processo acusatório" equivale de certa forma a trabalhar com dois processos na prática, sendo um administrativo e o outro judicial, gerando o primeiro, efeitos no segundo. Vale dizer, há que se tomar cuidado para que não se inviabilize a análise do mérito da causa, ou seja, a própria infração penal, gerando-se nulidades formais no bojo da investigação. Ao mesmo tempo em que a Constituição estabelece o sistema processual acusatório, também menciona em seu artigo 5º:

> LV – aos litigantes, em processo judicial ou administrativo, e aos acusados em geral são assegurados o contraditório e ampla defesa, com os meios e recursos a ela inerentes;

Como se sabe, não há litígio em investigação, de modo que os conceitos de processo e procedimento são distintos. Ademais, qualquer outro procedimento que não o tradicional Inquérito Policial ou mesmo este Procedimento de Investigação Criminal no âmbito do Ministério Público pode ser levado ao titular da ação penal para o oferecimento de denúncia. Então, é de se questionar se uma sindicância em uma câmara de vereadores, que não está atrelada nem ao rito do Inquérito Policial, tampouco ao Procedimento ministerial, estaria sujeita às mesmas regras, com as mesmas consequências? Ou poderia o membro do Ministério Público, de posse da investigação administrativa, desde já, oferecer denúncia?

Reconhece-se que o tema é polêmico e demanda análise doutrinária aprofundada, contudo, o que se pretende é provocar a reflexão.

- **CONSIDERANDO a necessidade de permanente aprimoramento das investigações criminais levadas a cabo pelo Ministério Público, especialmente na necessidade de modernização das investigações com o escopo de agilização, efetividade e proteção dos direitos fundamentais dos investigados, das vítimas e das prerrogativas dos advogados, superando um paradigma de investigação cartorial, burocratizada, centralizada e sigilosa;**

Estabeleceu o CNMP que deveria regulamentar o procedimento investigatório criminal no âmbito de todo o Ministério Público. Isso aconteceu incialmente em um momento de contestação sobre a validade da investigação criminal pelo MP, e veio a fortalecer o Ministério Público como um todo.

A ausência de legislação específica sobre o tema, aliado às pressões de segmentos jurídicos contra o instituto, impulsionou o CNMP a regulamentar a questão. De fato, acertou o Conselho Nacional, pois a importância do tema reflete diretamente na segurança jurídica e poderia trazer sérias consequências ao combate ao crime, sobretudo o crime organizado.

A regulamentação do tema trouxe unidade à investigação criminal produzida pelo Ministério Público, o que era, de fato, necessário. Não havia como conviver com situações tão díspares pelo Brasil todo. A ausência de uma regulamentação mínima colocava em risco ações penais já deflagradas, investigações complexas em curso, além de dificultar o controle sobre os atos do Ministério Público, no sistema de freios e contrapesos.

Passados mais de dez anos da edição da primeira resolução, era tempo do Conselho Nacional do MP ouvir os Ministérios Públicos (o que acabou não acontecendo a contento), atentar para a as novas legislações e entendimentos jurisprudenciais, e aperfeiçoar o instituto. Deve fazê-lo sempre como forma de fortalecer a autonomia do Ministério Público, e não para atender às situações classistas externas, como é o caso.

Também é importante ressaltar que não deve uma resolução editada pelo CNMP tratar de prerrogativas de advogados, por exemplo, ou mesmo de juízes, defensores, ou delegados, por faltar absoluta legitimidade constitucional para tanto. Deve-se entender uma resolução, como a presente, como um instrumento de fortalecimento interno, precisamente amparado pela Constituição, e não como uma normativa a privilegiar categorias externas. Estas já possuem leis próprias e devem ser respeitadas.

Não se olvida da importância do advogado no Estado Democrático de Direito, tampouco no sistema processual penal. Suas prerrogativas devem ser entendidas como uma garantia do cidadão e também uma garantia de acesso ao Poder Judiciário. As prerrogativas dos advogados devem ser respeitadas, porém podem ser contestadas e também confrontadas com outras, como as do Ministério Público. As prerrogativas previstas no Estatuto da OAB não são absolutas e possuem limites estabelecidos na Constituição Federal, em seu art. 133,[18] bem como nas diversas leis infraconstitucionais, inclusive nas que regem outras categorias classistas, sejam elas jurídicas, ou não (os médicos, por exemplo).

A atividade do Conselho Nacional do Ministério Público deve-se dirigir ao próprio MP e não se afigura como razoável que seja editada uma resolução para regulamentar a atividade ministerial, também

[18] Art. 133. O advogado é indispensável à administração da justiça, sendo inviolável por seus atos e manifestações no exercício da profissão, **nos limites da lei**. (Grifo não original)

por conta de uma alteração no Estatuto da OAB. O Estatuto da OAB já merece respeito por si, não havendo razão para que o CNMP amarre o Ministério Público àquele diploma. Aliás, foi publicada e se encontra em vigência, a Lei 12.830, de 20 de junho de 2013, que cuida da investigação criminal conduzida por Delegado de Polícia. Nem por isso o CNMP editou resolução para incluir nas atividades do Ministério Público o respeito às disposições atinentes aos delegados. Também não há ato normativo semelhante em relação à LOMAN[19] (Lei Orgânica da Magistratura Nacional), ou mesmo em relação à Defensoria Pública, mas somente aos advogados.

É de se ressaltar que o confronto e embate entre prerrogativas é algo extremamente saudável, pois ao mesmo tempo em que dá suporte, oxigena o Estado Democrático de Direito, fazendo com que as instituições funcionem em sua plenitude. Atrelar o Ministério Público ao Estatuto da Advocacia, por ato interno destinado ao Ministério Público, cria uma sobreposição de prerrogativas, quando o correto é que estas caminhem lado a lado. Os advogados, doravante, passarão a defender sua atuação com base em um ato normativo do Ministério Público, como se uma instituição ditasse os rumos da outra. Entende-se que esta prática deve ser revista, pois nociva à autonomia do Ministério Público, cuja defesa é atribuída ao CNMP.

Aproveitando o tema, as prerrogativas de cada instituição jurídica poderiam sem mais bem tratadas, se a OAB tivesse na composição de seu Conselho Federal, ao menos, um membro do Ministério Público, e um da Magistratura. Isto porque há advogados ocupando cadeiras no Conselho Nacional de Justiça e do Ministério Público, e a recíproca não é verdadeira. Como todos fazem parte de um mesmo sistema, a OAB deveria ter também uma forma de controle externo, para o melhor equilíbrio. Contudo, a OAB é extreme de controle, posicionamento este que merece uma autorreflexão e novas provocações à Suprema Corte.

Não se sabe qual será o resultado da ADI 3.836, mas até em razão de a ação ter sido intentada no ano de 2006, assim como após isso, o STF já ter-se pronunciado sobre o tema, bem como a revogação de seu objeto, espera-se que o resultado seja a improcedência.

O CNMP nada mais fez do que regulamentar uma prática já existente, legítima e necessária. Atribuir a investigação criminal somente aos órgãos policiais constitui um grande retrocesso e um risco ao país. A polícia judiciária pertence ao Poder Executivo, é sujeita a ingerências políticas externas, além do fato de que caso haja esta exclusividade, os

---

[19] BRASIL. Lei Complementar nº 35, de 14 de março de 1979. Dispõe sobre a Lei Orgânica da Magistratura Nacional. Disponível em: <http://www.planalto.gov.br/ccivil_03/leis/LCP/Lcp35.htm>. Acesso em 14/8/2017.

atos policiais ficariam sem controle, o que é inadmissível. Várias instituições possuem o poder de investigar fatos, que podem, ou não, ser considerados crimes. A própria Constituição abre exceção para as comissões parlamentares de inquérito.

Pondera-se que, em que pese a necessidade sempre permanente de aperfeiçoamento, o texto atende às necessidades do Ministério Público, e o auxilia a conseguir resultados em prol da sociedade. Também é sabido da existência de projetos de lei sobre o tema, mas que avançam a passos muito lentos. De qualquer sorte, toda atividade desenvolvida, seja pelo CNMP, ou por qualquer outro segmento público, deve-se dar dentro do respeito ao Estado Democrático de Direito.

As críticas que se fazem ao longo dessas linhas são absolutamente impessoais, visando ao aprimoramento do texto, e da atuação do Ministério Público. Melhor seria se o tema viesse trabalhado em legislação, o que fulminaria discussões secundárias.

Os tópicos específicos da investigação criminal serão desenvolvidos no decorrer desta obra.

- **CONSIDERANDO a carga desumana de processos que se acumulam nas Varas Criminais do país e que tanto desperdício de recursos, prejuízo e atraso causam no oferecimento de Justiça às pessoas, de alguma forma, envolvidas em fatos criminais;**

Esta premissa invocada pelo CNMP ao editar a resolução encontra-se equivocada em sua gênese. Em primeiro, termos coloquiais como "desumana" carga de processos não condizem com a tecnicidade necessária para se formular um ato administrativo que prescinde de sólidos fundamentos constitucionais. Ao tecer, de forma rasa, tal premissa, desconsidera o CNMP a realidade individual das diversas unidades do Ministério Público brasileiro, com atribuição na área criminal, bem como desprestigia o árduo trabalho que é realizado diariamente por seus membros. A grande maioria dos Promotores e Procuradores trabalha em seu limite físico e mental, sempre com prazos, réus presos, situações urgentes, audiências, júris e tendo que dar conta de infindáveis relatórios exigidos, tanto pelas Corregedorias, quanto pelo Conselho Nacional.

Não se vê o CNMP sequer mencionando as razões de tal acúmulo, o que se sabe ocorrer, em sua maioria, pela falta de estrutura física e material do Ministério Público. Problemas de falta de pessoal, de ordem financeira e orçamentária constituem entraves a serem lentamente superados, os quais atravancam o incremento da instituição.

Com maior razão estaria o Conselho Nacional se mencionasse que a carga "desumana" é de problemas que chegam ao Poder Judiciário (algo que já ultrapassa 110 milhões de feitos em andamento no Brasil), e não de "processos que se acumulam nas varas judiciais". Se isso realmente ocorre (e é sabido que sim), os olhares deveriam estar voltados para outro campo do conhecimento humano, em especial a sociologia política. Não se pode, nem de longe, imaginar que uma instituição formada por seres humanos seja plenamente responsável por corrigir os rumos de um país inteiro.

É evidente que há falhas no Ministério Público, assim como em qualquer outra instituição, contudo, tais falhas são pontuais e muitas delas se dão em razão de um sistema político e social que já se encontra viciado há mais de século. Destarte, depositar a boa parte, ou quase toda a responsabilidade por corrigir tais vícios em uma instituição apenas, equivale a desprezar o sistema constitucional e desconsiderar os limites humanos de seus membros, além de reconhecer uma transferência de responsabilidade para o MP, de ações que seriam de outros órgãos públicos.

Ademais, não se vê relação jurídica ou mesmo política entre o acúmulo de processos e a edição de uma resolução sobre investigação criminal.

- **CONSIDERANDO, por fim, a exigência de soluções alternativas no Processo Penal que proporcionem celeridade na resolução dos casos menos graves, priorização dos recursos financeiros e humanos do Ministério Público e do Poder Judiciário para processamento e julgamento dos casos mais graves e minoração dos efeitos deletérios de uma sentença penal condenatória aos acusados em geral, que teriam mais uma chance de evitar uma condenação judicial, reduzindo os efeitos sociais prejudiciais da pena e desafogando os estabelecimentos prisionais.**

O último "Considerando" reflete a preocupação do CNMP com a celeridade na resolução de casos menos graves. Preocupa-se também com a priorização dos recursos financeiros e humanos do Ministério Público para os casos mais graves.

Em que pese a boa intenção desta premissa, esta exigência já se encontra prevista na Lei 9.099/95, assim como em diversas outras leis que preveem institutos despenalizadores. Como já ocorre no âmbito do Ministério Público, as investigações criminais não ocorrem para qualquer caso, muito menos para os delitos considerados menos graves (há que se adotar o conceito legal). Contudo, o que não se pode passar ao largo é o volume invencível de procedimentos de delitos de menor potencial ofensivo que tomam por demais tempo e energia dos órgãos de execução. Repete-se o que foi dito acima, no sentido que o que precisa ser feito é diminuir o número de demandas que chegam ao Poder Judiciário e demais órgãos do sistema de justiça. A continuar a crescente incrementação da demanda, não há lei ou reforma processual que dê conta de uma prestação célere, levando a sociedade ao colapso.

O sistema de justiça brasileiro não pode ser o responsável por corrigir os rumos de um país. Há outros poderes e instituições que devem trabalhar também por isso, fomentando as mais diversas políticas públicas. Quando se deposita em um dos atores a responsabilidade por corrigir o rumo de todo o contexto, é sinal que a sociedade precisa ser revista.

RESOLUÇÃO Nº 183, DE 24 DE JANEIRO DE 2018

Altera os arts. 1º, 3º, 6º, 7º, 8º, 9º, 10, 13, 15, 16, 18, 19 e 21 da Resolução 181, de 7 de agosto de 2017, que dispõe sobre a instauração e tramitação do procedimento investigatório criminal a cargo do Ministério Público.

O CONSELHO NACIONAL DO MINISTÉRIO PÚBLICO, no exercício da competência fixada no artigo 130-A, § 2º, da Constituição Federal, com fundamento nos arts. 147 e seguintes de seu Regimento Interno, e na decisão proferida nos autos da Proposição 1.00927/2017-69, julgada na 23ª Sessão Ordinária, realizada no dia 12 de dezembro de 2017;

CONSIDERANDO o disposto nos arts. 127, *caput*, e 129, incisos I, II, VIII e IX, da Constituição da República Federativa do Brasil, bem como no artigo 8º da Lei Complementar nº 75/1993 (Lei Orgânica do Ministério Público da União – LOMPU) e no artigo 26 da Lei nº 8.625/1993 (Lei Orgânica Nacional do Ministério Público - LONMP);

CONSIDERANDO as preocupações externadas pela Associação dos Magistrados Brasileiros e pelo Conselho Federal da Ordem dos Advogados do Brasil, respectivamente, nos autos das ações diretas de inconstitucionalidade nos. 5.790 e 5.973, em trâmite no Supremo Tribunal Federal, sob relatoria do Exmo. Ministro Ricardo Lewandowski, bem assim pelas entidades que pleiteiam ingresso nos referidos processos a título de amicus curiae;

CONSIDERANDO que o Plenário do Supremo Tribunal Federal, fixou, em repercussão geral, a tese de que o "Ministério Público dispõe de competência para promover, por autoridade própria, e por prazo razoável, investigações de natureza penal, desde que respeitados os direitos e garantias que assistem a qualquer indiciado ou a qualquer pessoa sob investigação do Estado". (RE 593727, Repercussão Geral, Relator: Min. CÉZAR PELUSO, Relator para Acórdão: Min. GILMAR MENDES, julgamento em 14/5/2015, publicado em 8/9/2015);

CONSIDERANDO que, como bem aponta o Ministro Roberto Barroso, em julgamento do Tribunal Pleno do Supremo Tribunal Federal, "a Constituição de 1988 fez uma opção inequívoca pelo sistema acusatório – e não pelo sistema inquisitorial – criando as bases para uma mudança profunda na condução das investigações criminais e no processamento das ações penais no Brasil" (ADI 5104 MC,

Relator: Min. ROBERTO BARROSO, julgamento em 21/05/2014, publicação em 30/10/2014);

CONSIDERANDO a necessidade de permanente aprimoramento das investigações criminais levadas a cabo pelo Ministério Público, especialmente na necessidade de modernização das investigações com o escopo de agilização, efetividade e proteção dos direitos fundamentais dos investigados, das vítimas e das prerrogativas dos advogados, superando um paradigma de investigação cartorial, burocratizada, centralizada e sigilosa;

CONSIDERANDO a carga desumana de processos que se acumulam nas Varas Criminais do País e que tanto desperdício de recursos, prejuízo e atraso causam no oferecimento de Justiça às pessoas, de alguma forma, envolvidas em fatos criminais;

CONSIDERANDO os reclamos de racionalização do sistema punitivo, máxime por meio do aprimoramento institucional, tal como externados nas Regras Mínimas Padrão das Nações Unidas para a Elaboração de Medidas Não Privativas de Liberdade (regras de Tóquio) e no julgamento da ADPF 347 (MC), rel. Min. MARCO AURÉLIO, julgamento em 9/9/2015, publicação em 19/2/2016;

CONSIDERANDO, por fim, a exigência de soluções alternativas no Processo Penal que proporcionem celeridade na resolução dos casos menos graves, priorização dos recursos financeiros e humanos do Ministério Público e do Poder Judiciário para processamento e julgamento dos casos mais graves e minoração dos efeitos deletérios de uma sentença penal condenatória aos acusados em geral, que teriam mais uma chance de evitar uma condenação judicial, reduzindo os efeitos sociais prejudiciais da pena e desafogando os estabelecimentos prisionais, RESOLVE:

- **O CONSELHO NACIONAL DO MINISTÉRIO PÚBLICO, no exercício da competência fixada no artigo 130-A, § 2º, da Constituição Federal, com fundamento nos arts. 147 e seguintes de seu Regimento Interno, e na decisão proferida nos autos da Proposição 1.00927/2017-69, julgada na 23ª Sessão Ordinária, realizada no dia 12 de dezembro de 2017;**

A edição de Resoluções está amparada pelo Regimento Interno do Conselho Nacional do Ministério Público. As propostas de alteração podem ser motivadas das mais variadas formas. No caso em apreço, dois Conselheiros Nacionais do Ministério Público apresentaram a proposição retro, no intuito de modificar a Resolução 181/2017, o que resultou na Resolução 183/2018. As modificações foram reputadas necessárias em razão de ajustes pontuais no texto, como se observa da ementa, por conta de preocupações de ordem formal, assim chamada de crise de legalidade. No caso concreto, de acordo com a ementa proferida pelo próprio CNMP, no julgamento da proposição, eram necessárias as alterações efetuas, como se confere:

PROPOSIÇÃO. RESOLUÇÃO QUE ALTERA OS ARTIGOS 9º E 15 DA RESOLUÇÃO Nº 181, DE 7 DE AGOSTO DE 2017, QUE DISPÕE SOBRE A INSTAURAÇÃO E TRAMITAÇÃO DE PROCEDIMENTO INVESTIGATÓRIO CRIMINAL NO ÂMBITO DO MINISTÉRIO PÚBLICO. ADEQUAÇÃO À LEI Nº 13.245/16. CRISE DE LEGALIDADE. PRESERVAÇÃO DE DIREITOS DO ADVOGADO E DO INVESTIGADO. ACOLHIMENTO DA PROPOSIÇÃO PARA CONSTAR, EXPRESSAMENTE, AS ALTERAÇÕES

PROMOVIDAS PELA LEI Nº 13.245/16 JUNTO À LEI Nº 8.906/94. POSTERIORES SUGESTÕES DE ALTERAÇÃO POR INSTITUIÇÕES REPRESENTATIVAS, BEM COMO PROPOSTA DE EMENDA POR CONSELHEIRO, ALTERANDO DIVERSOS DISPOSITIVOS. NECESSIDADE DE ESTENDER O OBJETO DA PROPOSIÇÃO INICIAL. ALTERAÇÕES PROMOVIDAS TAMBÉM NOS ARTIGOS 1º, 3º, 6º, 7º, 8º, 10, 13, 16, 18, 19 e 21, CALCADAS, EM VIAS GERAIS, NA NECESSIDADE DE APRIMORAMENTO DE REDAÇÃO, NO EXPRESSO RECONHECIMENTO DAS PRERROGATIVAS DE AUTORIDADES INVESTIGADAS PELA PRÁTICA DE DELITO, NA PREVISÃO DE DIREITOS E GARANTIAS INDIVIDUAIS DO INVESTIGADO, NO RESPEITO ÀS HIPÓTESES DE RESERVA CONSTITUCIONAL DE JURISDIÇÃO E NO CONTROLE PRÉVIO JUDICIAL DO ACORDO DE NÃO PERSECUÇÃO PENAL.[20]

Desta forma, o próprio CNMP, por iniciativa sua, teve por bem fazer os ajustes, a fim de que o texto da Resolução 181/2017 não colidisse com textos legislativos que tratavam de prerrogativas de outras categorias jurídicas. De fato, não tem o CNMP o poder constitucional ou legal de, por meio de Resolução, alterar aquilo que a lei criou, em especial de outras instituições que não se submetem ao Conselho Nacional do Ministério Público. A Resolução 183/2018 foi aprovada, entrou em vigor, e seu teor é objeto de estudo e análise desta obra. O CNMP, apesar de ter corrigido alguns excessos, ainda permanece com outros.

- **CONSIDERANDO o disposto nos arts. 127, *caput*, e 129, incisos I, II, VIII e IX, da Constituição da República Federativa do Brasil, bem como no artigo 8º da Lei Complementar nº 75/1993 (Lei Orgânica do Ministério Público da União – LOMPU) e no artigo 26 da Lei nº 8.625/1993 (Lei Orgânica Nacional do Ministério Público - LONMP);**

Aqui, remetemos o leitor aos comentários que fizemos aos *Considerandos* da Resolução nº 181, de 2017, pois a Resolução nº 183, de 2018, não inovou nesse ponto.

- **CONSIDERANDO as preocupações externadas pela Associação dos Magistrados Brasileiros e pelo Conselho Federal da Ordem dos Advogados do Brasil, respectivamente, nos autos das ações diretas de inconstitucionalidade nos. 5.790 e 5.973, em trâmite no Supremo Tribunal Federal, sob relatoria do Exmo. Ministro Ricardo Lewandowski, bem assim pelas entidades que pleiteiam ingresso nos referidos processos a título de amicus curiae;**

Na verdade, como se verifica do "Considerando" acima, não se tratam de preocupações externadas pela Associação dos Magistrados Brasileiros (AMB) ou pela Ordem dos Advogados do Brasil (OAB) que motivaram a alteração da Resolução 181/2017. As duas ações diretas

[20] Conselho Nacional do Ministério Público. PROPOSIÇÃO nº 1.00927/2017-69. Relator. Lauro Machado Nogueira. Julgado em 12/12/2017.

de inconstitucionalidade apontaram diversas impropriedades no texto da Resolução primária, de modo que foram reconhecidas pelo CNMP. Não se altera um texto normativo por meras preocupações ou críticas externas, mas sim quando se observa a necessidade de correções ou aprimoramentos importantes. Tanto a AMB quanto a OAB apontaram muito mais inconstitucionalidades do que a proposição que resultou na Resolução 183/2018 e estão sob análise do Supremo Tribunal Federal. É de ressaltar que, no âmbito das ações diretas de inconstitucionalidade apontadas no "Considerando", instadas a se manifestarem, tanto a Câmara dos Deputados quanto a Advocacia-Geral da União lançaram posicionamento pela inconstitucionalidade da Resolução 181/2017, por inúmeras razões que serão abordadas no decorrer desta obra. Também é de se ponderar que mesmo após a Resolução 183/2018 que, em tese, corrigiria pontos da Resolução 181/2017, a OAB e a AMB aditaram suas respectivas ações diretas de inconstitucionalidade, insistindo e reforçando o pedido em relação à Resolução original e à Resolução alteradora. Sem querer adiantar o teor dos comentários que se seguem, ambas as resoluções padecem de vícios de constitucionalidade e de legalidade, os quais devem ser corrigidos pelas vias legais.

- **CONSIDERANDO que o Plenário do Supremo Tribunal Federal, fixou, em repercussão geral, a tese de que o "Ministério Público dispõe de competência para promover, por autoridade própria, e por prazo razoável, investigações de natureza penal, desde que respeitados os direitos e garantias que assistem a qualquer indiciado ou a qualquer pessoa sob investigação do Estado". (RE 593727, Repercussão Geral, Relator: Min. CÉZAR PELUSO, Relator para Acórdão: Min. GILMAR MENDES, julgamento em 14/5/2015, publicado em 8/9/2015);**

Também aqui, remetemos o leitor aos comentários que fizemos aos Considerandos da Resolução nº 181, de 2017, pois a Resolução nº 183, de 2018, não inovou nesse ponto.

- **CONSIDERANDO que, como bem aponta o Ministro Roberto Barroso, em julgamento do Tribunal Pleno do Supremo Tribunal Federal, "a Constituição de 1988 fez uma opção inequívoca pelo sistema acusatório – e não pelo sistema inquisitorial – criando as bases para uma mudança profunda na condução das investigações criminais e no processamento das ações penais no Brasil" (ADI 5104 MC, Relator: Min. ROBERTO BARROSO, julgamento em 21/05/2014, publicação em 30/10/2014);**

Também aqui, remetemos o leitor aos comentários que fizemos aos *Considerandos* da Resolução nº 181, de 2017, pois a Resolução nº 183, de 2018, não inovou nesse ponto.

- **CONSIDERANDO a necessidade de permanente aprimoramento das investigações criminais levadas a cabo pelo Ministério Público, especialmente na necessidade de modernização das investigações com o escopo de agilização, efetividade e proteção dos direitos fundamentais dos investigados, das vítimas e das prerrogativas dos advogados, superando um paradigma de investigação cartorial, burocratizada, centralizada e sigilosa;**

Também aqui, remetemos o leitor aos comentários que fizemos aos *Considerandos* da Resolução nº 181, de 2017, pois a Resolução nº 183, de 2018, não inovou nesse ponto.

- **CONSIDERANDO a carga desumana de processos que se acumulam nas Varas Criminais do País e que tanto desperdício de recursos, prejuízo e atraso causam no oferecimento de Justiça às pessoas, de alguma forma, envolvidas em fatos criminais;**

Também aqui, remetemos o leitor aos comentários que fizemos aos *Considerandos* da Resolução nº 181, de 2017, pois a Resolução nº 183, de 2018, não inovou nesse ponto.

- **CONSIDERANDO os reclamos de racionalização do sistema punitivo, máxime por meio do aprimoramento institucional, tal como externados nas Regras Mínimas Padrão das Nações Unidas para a Elaboração de Medidas Não Privativas de Liberdade (regras de Tóquio) e no julgamento da ADPF 347 (MC), rel. Min. MARCO AURÉLIO, julgamento em 9/9/2015, publicação em 19/2/2016;**

O "Considerando" em questão é formalmente coerente e válido, mas se torna uma falsa motivação para a edição da resolução 183/2018, pois tenta justificar uma intenção que não foi mencionada quando da criação da resolução 181/2017, em especial seu art. 18. As chamadas regras de Tóquio não constavam nos "Considerandos" primários, sendo somente inseridos agora, na regra alteradora, por contas das críticas e das ações de inconstitucionalidade ajuizadas. Ao que parece, foram descobertas tardiamente, pois seu teor mais se adequa ao nascimento da Resolução 181/2017, do que à sua alteração pela Resolução 183/2018.

Tanto esta afirmação procede que, da atenta leitura do julgamento da proposição 1.00927/2017-69, a palavra Tóquio aparece uma única vez, apenas quando trazido o texto final que se pretende aprovar. É mencionada apenas no "Considerando", de maneira que nenhuma discussão ou fundamentação em relação às referidas regras aparece no julgamento. As regras de Tóquio apenas ilustram o "Considerando" em apreço. Ao consultar as regras de Tóquio[21], no sítio eletrônico do Conselho Nacional de Justiça, verificou-se que esta dispõe de forma diferente do que apregoam as Resoluções 181 e 183.

De acordo com as citadas regras:

> 1.5 Os Estados-Membros devem desenvolver em seus sistemas jurídicos medidas não privativas de liberdade para proporcionar outras opções e assim reduzir a utilização do encarceramento e racionalizar as políticas de justiça criminal, levando em consideração a observância aos direitos humanos, as exigências da justiça social e as necessidades de reabilitação dos infratores.

Com a devida vênia, em que pese a boa intenção do CNMP, este órgão não é Estado-Membro, tampouco representa ou tem poderes para representar Estado-Membro, de modo que a discussão sobre a política criminal em questão deve ser tratada pelo Estado Brasileiro, no âmbito do Congresso Nacional, pois os debates, seus efeitos e consequências dizem respeito a toda a sociedade, não sendo esta uma tarefa do CNMP. O debate tem que ser feito pelo parlamento com a participação de setores do Executivo e sociedade civil organizada, Ministério Público, Judiciário, OAB, etc. Aliás, o item 3.2 menciona que:

> 3. Garantias jurídicas
>
> 3.1 A adoção, a definição e a aplicação de medidas não privativas de liberdade devem ser prescritas por lei.

As próprias regras de Tóquio estipulam, a título de garantia jurídica, que as medidas nela previstas devem ser prescritas por lei. O CNMP não é órgão legislativo e ao dispor em Resolução algo que lei deveria fazer, subtraiu atribuição do Congresso Nacional e privou a sociedade do debate.

A ADPF mencionada refere-se a vários outros temas, aqui usada para tentar (mas não conseguir) justificar todas as inconstitucionalidades levantadas. A ADPF 347 trata de temas como o fundo penitenciário nacional, audiência de custódia, superlotação carcerária e integridade física e moral dos presos.

- **CONSIDERANDO, por fim, a exigência de soluções alternativas no Processo Penal que proporcionem celeridade na resolução dos casos menos graves, priorização dos recursos financeiros e humanos do Ministério Público e do Poder Judiciário para processamento e julgamento dos casos mais graves e minoração dos efeitos deletérios de uma sentença penal condenatória aos acusados em geral, que teriam mais uma chance de evitar uma condenação**

[21] Conselho Nacional de Justiça. Regras de Tóquio: regras mínimas padrão das Nações Unidas para a elaboração de medidas não privativas de liberdade/Conselho Nacional de Justiça; Coordenação: Luís Geraldo Sant'Ana Lanfredi - Brasília: CNJ, 2016.

judicial, reduzindo os efeitos sociais prejudiciais da pena e desafogando os estabelecimentos prisionais, RESOLVE:

Também aqui, remetemos o leitor aos comentários que fizemos aos *Considerandos* da Resolução nº 181, de 2017, pois a Resolução nº 183, de 2018, não inovou nesse ponto.

■ Bibliografia.

BRASIL. Conselho Nacional do Ministério Público. Enunciado nº 6, de 18 de maio de 2009. *Portal do Conselho Nacional do Ministério Público*, Atos e Normas, Brasília, maio 2009. Disponível em: <http://www.cnmp.mp.br/portal/images/stories/Normas/Enunciados/enunciado6.pdf>. Acesso em: 15 abr. 2017.

SETTI, Arnaldo. Autonomia do Judiciário. *Jornal do Brasil*. Rio de Janeiro/RJ. 27.09.1987. ANC 88. Pasta 26 a 30. Setembro.

ZIESEMER, Henrique da Rosa. Direito Institucional. Comentários ao Regimento Interno do Conselho Nacional do Ministério Público. Rio de Janeiro. Lumen Juris, 2014.

——; ZOPONI, Vinícius Secco. *Ministério Público: Desafios e Diálogos Interinstitucionais*: Atuação – Prerrogativas – Administração Pública – Conselhos Nacionais. Rio de Janeiro: Lumen Juris, 2017.

Resolução nº 181 do CNMP – artigo 1º

Capítulo I
DA DEFINIÇÃO E FINALIDADE

Art. 1º O procedimento investigatório criminal é instrumento sumário e desburocratizado de natureza administrativa e investigatória, instaurado e presidido pelo membro do Ministério Público com atribuição criminal, e terá como finalidade apurar a ocorrência de infrações penais de natureza pública, servindo como preparação e embasamento para o juízo de propositura, ou não, da respectiva ação penal.
§ 1º O procedimento investigatório criminal não é condição de procedibilidade ou pressuposto processual para o ajuizamento de ação penal e não exclui a possibilidade de formalização de investigação por outros órgãos legitimados da Administração Pública.
§ 2º A regulamentação do procedimento investigatório criminal prevista nesta Resolução não se aplica às autoridades abrangidas pela previsão do art. 33, parágrafo único, da Lei Complementar nº 35, de 14 de março de 1979.

MAURO FONSECA ANDRADE

Doutor em Direito pela Universidad de Barcelona/Espanha
Professor Titular de Direito Processual Penal da FMP
Professor Adjunto de Direito Processual Penal da UFRGS
Promotor de Justiça/RS

■ Da Previsão na Resolução 13/2006.

Art. 1º O procedimento investigatório criminal é instrumento de natureza administrativa e inquisitorial, instaurado e presidido pelo membro do Ministério Público com atribuição criminal, e terá como finalidade apurar a ocorrência de infrações penais de natureza pública, servindo como preparação e embasamento para o juízo de propositura, ou não, da respectiva ação penal.
Parágrafo único. O procedimento investigatório criminal não é condição de procedibilidade ou pressuposto processual para o ajuizamento de ação penal e não exclui a possibilidade de formalização de investigação por outros órgãos legitimados da Administração Pública.

■ **Da Previsão na Versão Original da Resolução 181/2017.**

Art. 1º O procedimento investigatório criminal é instrumento sumário e desburocratizado de natureza administrativa e inquisitorial, instaurado e presidido pelo membro do Ministério Público com atribuição criminal, e terá como finalidade apurar a ocorrência de infrações penais de natureza pública, servindo como preparação e embasamento para o juízo de propositura, ou não, da respectiva ação penal.

§ 1º O Membro do Ministério Público deverá promover a investigação de modo efetivo e expedito, evitando a realização de diligências impertinentes, desnecessárias e protelatórias e priorizando, sempre que possível, as apurações sobre violações a bens jurídicos de alta magnitude, relevância ou com alcance de número elevado de ofendidos.

§ 2º O procedimento investigatório criminal não é condição de procedibilidade ou pressuposto processual para o ajuizamento de ação penal e não exclui a possibilidade de formalização de investigação por outros órgãos legitimados da Administração Pública.

■ **Origem da Investigação Criminal do Ministério Público.**

Se a busca pela origem da instituição do Ministério Público já motiva um sério dissenso no meio doutrinário, o apontamento da origem de sua legitimidade investigatória parece ser uma empreitada ainda mais difícil. Na verdade, praticamente não há autores que tenham se dedicado ao tema.

Essa realidade nos faz olhar para o passado e identificar duas vias onde se poderia encontrar a origem da investigação criminal do Ministério Público: ela poderia estar ligada às apurações realizadas pelos acusadores do direito ateniense e romano, ou guardaria vínculo com o nascimento e atribuições iniciais do Ministério Público.

Quanto aos acusadores do direito ateniense, a regra era que as figuras do acusador e acusado se encarregassem de suas próprias apurações[1] – leia-se, investigação –, em lugar de elas estarem a cargo de alguma autoridade pública. Essa exclusão do poder público era fruto do entendimento de que a iniciativa acusatória estava a cargo dos cidadãos atenienses[2] (qualquer pessoa do povo, vítima ou seus familiares, com exclusão das mulheres, menores e escravos[3]). Por sua vez, apontando o direito romano como fonte primária ou mais antiga da investigação realizada por um acusador, encontramos a doutrina de Maier.[4]

---

[1] PAOLI, Ugo Enrico. *Studi sul Processo Atico*. Padova: Cedam, 1933, p. 82.

[2] Idem, p. 83.

[3] PAOLI, Ugo Enrico. Processo Atico. In: *Nuovo Digesto Italiano*. Torino: Unione Tipografico-Editrice Torinese, 1939, tomo XVIII, p. 617.

[4] Nas palavras do autor: "El antecedente más remoto de procedimiento preparatorio dirigido por el acusador puede ubicarse en el enjuiciamiento acusatorio romano – *quaestio, acusatio* o *iudicium publicum* – y su sistema de acusación popular – aunque parece haber tenido también existencia en el acusatorio griego – donde el ciudadano ungido como acusador realizaba una investigación pre-

Seja como for,[5] as linhas teóricas mencionadas centram suas atenções na figura do acusador em geral, sem particularizar na figura do Ministério Público, tal como o conhecemos. Noutros termos, os acusadores ateniense e romano (do período republicano) não guardavam qualquer correspondência com a natureza oficial ou pública do Ministério Público. Quando muito, o que se pode dizer é que o direito antigo foi a origem da lógica em conceder a legitimidade investigatória a quem se propusesse ser um futuro acusador; ou, como já dissemos em outra oportunidade, foi na Idade Antiga que se formou – e se consolidou – o que chamamos de *princípio quem acusa investiga*.[6]

Por outro lado, se formos buscar a origem do Ministério Público para, quem sabe, lá também identificar o nascedouro de sua investigação criminal, melhor sorte igualmente não se terá. Basta lembrar que há quem aponte o direito egípcio,[7] o direito ateniense e o direito romano[8] – individualmente – como precursores da criação de um acusador público encarregado da defesa dos interesses do que hoje entendemos como Estado.[9] De igual modo, também há quem procure identificar o nascimento do Ministério Público no período da Idade Média, variando quanto ao reino – o que hoje denominamos *país* – em que isso teria ocorrido.[10]

---

liminar – de parte – tendiente a colectar los elementos de prueba que pudieran avalar su pretensión" (MAIER, Julio B. J. *La investigación penal preparatoria del Ministerio Público. Instrucción sumaria o citación directa*. Buenos Aires: Lerner, 1975, p. 30).

[5] Para uma análise mais profunda sobre essa discussão, ver: ANDRADE, Mauro Fonseca. *Ministério Público e sua Investigação Criminal*. 2ª ed. Curitiba: Juruá, 2006, p. 29-31.

[6] ANDRADE, Mauro Fonseca. *Sistema y Principio Acusatorios como Argumentos para la Investigación Oficial del Ministerio Fiscal*. Barcelona: UB, 2002. Dissertação para a obtenção do *Diploma de Estudios Avanzados*, Curso de Doutorado em Direito Processual, Faculdade de Direito, Universidade de Barcelona/Espanha, 2002.

[7] Neste sentido, encontramos VALORI, citado por VELLANI (VELLANI, Mario. *Il pubblico ministero nel processo*. Bologna: Nicola Zanichelli, 1965. Tomo I, p. 15).

[8] MARCHENA GÓMEZ, Manuel. *El Ministerio Fiscal: su Pasado y su Futuro*. Madrid: Marcial Ponz, 1992, p. 22 a 24. BORTOLOTTO, Guido. Ministero Pubblico (Materia Penale). In: *Digesto Italiano*. Torino: Torinese, 1904-1911, volume XV, parte seconda, p. 526. PAOLI, Ugo Enrico. *Studi sul Processo Atico*. Ob. cit., p. 57. SINCLAIR, R. K. *Democracia y Participación en Atenas*. Traduzido por Martín-Miguel Rubio Esteban. Madrid: Alianza Editorial, 1999. Tradução de: *Democracy and Participation in Athens*, p. 129.

[9] CAROCCA PEREZ, Alex Carocca. El Ministerio Público o Fiscal en la Historia y en el Derecho Comparado. *Revista Justicia*, Barcelona, nº 4, p. 973, 1994. VELLANI, Mario. *Il pubblico ministero nel processo*. Ob. cit., p. 15, nota 14. PAOLI, Ugo Enrico. Processo Atico. Ob. cit., p. 615. PAOLI, Ugo Enrico. *Studi sul Processo Atico*. Ob. cit., p. 82.

[10] GARRAUD, R. *Compendio de Direito Criminal*. Traduzido por A.T. de Menezes. Lisboa: Livraria Clássica Editora, 1915. Volume II, p. 13. RASSAT, Michèlle-Laure. *Le Ministère public, entre son passé et son avenir*. Paris: Librairie Générale de Droit et de Jurisprudence, 1967, p. 10. ESMEIN, A. *Histoire de la Procédure en France et Spécialement de la Procédure Inquisitoire Depuis le XIII siècle jusqu'a nos jours*. Paris: L. Larose et Forcel, 1882, p. 100. VELLANI, Mario. *Il pubblico ministero nel processo*. Ob. cit., p. 18. VOLFF, Jean. *Le ministère public*. Paris: Presses Universitaires de France, 1998, p. 11. Marchena GOMEZ, Manuel. *El Ministerio Fiscal: su Pasado y su Futuro*. Ob. cit., p. 28.

Tal como na discussão anterior, aqui também não há unanimidade por parte da doutrina,[11] visto que a mera associação às funções atuais do Ministério Público não permitiriam construir qualquer vínculo entre o acusador público de outrora e o acusador público atual.[12-13]

Independentemente da origem correta do Ministério Público, os defensores e partidários dessas correntes doutrinárias nada dizem quanto à existência de funções investigatórias e acusatórias nas mãos dessa instituição. Em realidade, se há uma figura que possui o que doutrinariamente passou a ser chamado de *unidade instrutória*[14] *– acumulação das funções investigatórias e acusadoras –, ela era o juiz inquisidor*, tal como encontramos nos regramentos do sistema inquisitivo criados pelos monarcas da época[15] ou pela própria Igreja Católica.[16]

É por essa soma de fatores que, buscando algum grau de certeza quanto à origem de uma investigação criminal realizada pelo Ministério Público e regulamentada por lei, defendemos a ideia de que o seu

---

FLORES PRADA, Ignacio. *El Ministerio Fiscal en España*. Valencia: Tirant lo Blach, 1999, p. 62. PIERANGELLI, José Henrique. Ministério Público e Magistratura: Frutos de uma Mesma Árvore. In: ——. *Escritos Jurídico-Penais*. São Paulo: RT, 1992, p. 290.

[11] Sobre essa discussão, ver: ANDRADE, Mauro Fonseca. *Ministério Público e sua Investigação Criminal*. 2. ed. Ob. cit., p. 32-37.

[12] CARRARA, Francesco. *Programa do Curso de Direito Criminal*. Traduzido por Ricardo Rodríguez Gama. Campinas: LZN Editora, 2002. Tradução de: *Programa del Corso Diritto Criminale: del delito, della pena*. Volume II, parte geral, p. 344. RASSAT, Michèlle-Laure. *Le Ministère public, entre son passé et son avenir*. Paris: Librairie Générale de Droit et de Jurisprudence, 1967, p. 16-21. SERRA DOMÍNGUEZ, Manuel. Ministerio Fiscal. In: *Enciclopedia Jurídica*. Barcelona: Editorial Seix, 1978, volume XVI, p. 403 e 404. MOLINARI, Francesca. Pubblico ministero e azione penale nell'ordinamento francese. In: *Pubblico Ministero e Accusa Penale. Problemi e Prospettive di Riforma*. 6ª edição. Bologna: Zanichelli, 1985, p. 195.

[13] Para uma análise mais detida e profunda da história sobre a formação do Ministério Público na Idade Média, ver: LEYTE, Guillaume. Les origines médiévales du ministère public. In: CARBASSE, Jean-Marie (dir.). *Histoire du Parquet*. Paris: Presses Universitaires de France, 2000, p. 23-54.

[14] PETROCELLI, Biaggio. Il Pubblico Ministero e l'Unità dell'Instrutoria Penale. In: *Saggi di Diritto Penale*. Padova: CEDAM, 1952, p. 514.

[15] **Espanha**: *Las Siete Partidas del Rey Don Alfonso El Sabio, cotejada con varios codices antiguos por la Real Academia de Historia*. Madrid: Atlas, 1972. **Portugal**: *Ordenações Afonsinas*. Coimbra: Real Imprensa da Universidade, 1786. **Alemanha**: Carolina (La). In: *Enciclopedia Giuridica Italiana*. Milano: Società Editrice Libraria, 1903, volume III, parte I, p. 804-835. **França**: *Code Louis*. Ordonnance Criminelle, 1670. Testi e Documenti per la Storia del Proceso. A cura di Nicola Picardi e Alessandro Giuliani. Milano: Giuffrè, 1996. Tomo II.

[16] GUI, Bernard. *Manuel de L'Inquisiteur*. Les Classiques de L'Histoire de France au Moyen Age. 10ª edição. Paris: Société D'Édition « Les Belles Lettres », 1964. Tomo I. EYMERICH, Nicolau. *Manuale dell'Inquisitore A. D. 1376*. Seconda Edizione. Traduzido por Rio Cammilleri. Casale Monferrato (Italia): Piemme, 1998. **Alemanha**: KRAMER, Heinrich. SPRENGER, James. *O Martelo das Feiticeiras*. 16ª edição. Traduzido por Paulo Fróes. Rio de Janeiro: Rosa dos Tempos, 2002. Tradução de: *Malleus Maleficarum*. **Espanha**: Compilação das Instruções do Ofício da Santa Inquisição feitas pelo mui Reverendo senhor Tomás de Torquemada, Prior do monastério de Santa Cruz de Segóvia, primeiro inquisidor-Geral dos reinos e senhorios de Espanha, 1537. In: ANDRADE, Mauro Fonseca. *Inquisição Espanhola e seu Processo Criminal. As Instruções de Torquemada e Valdés*. Curitiba: Juruá, 2006, p. 17-98.

marco zero pode ser encontrado no *Code d'Instruction Criminelle* francês de 1808, também chamado de *Código Napoleônico* de 1808.[17]-[18]

Sem lugar a dúvidas, a figura que mais destaque recebeu nessa legislação foi o conhecido e temido *juiz de instrução*, magistrado que estava encarregado da realização e presidência da investigação criminal. Entretanto, essa investigação criminal judicial não era a única contemplada por aquele Código, tendo ele rompido com uma consolidada lógica de monopólio investigatório concedido ao antigo *juiz inquisidor*. Assim, entre tantas outras autoridades com poderes investigatórios, o *Code* de 1808 também reconheceu essa legitimidade ao *procurador imperial*, nome dado ao membro do Ministério Público que estava a serviço do Imperador.[19]

Enfim, enquanto outro texto legal – anterior ao *Code d'Instruction Criminelle* francês de 1808 – não for apresentado como o nascedouro da investigação criminal do Ministério Público, essa parece ser a fonte mais segura a ser atribuída como origem do instituto objeto do presente estudo.

■ Notas sobre a Resolução nº 181 do Conselho Superior do Ministério Público.

Ao contrário do que se possa pensar, a discussão em torno da legitimidade investigatória do Ministério Público brasileiro não teve seu

---

[17] ANDRADE, Mauro Fonseca. *Ministério Público e sua Investigação Criminal*. 2. ed. Ob. cit., p. 38.

[18] Para uma análise sobre a presença e atuação do Ministério Público no direito inquisitivo francês, ver: MENGÈS, Cristine. Le statut desgens du roi à la fin de l'Ancien Régime (XVI-XVIII siècle). In: CARBASSE, Jean-Marie (dir.). *Histoire du Parquet*. Ob. cit, p. 139-156. Ainda, ver: PETROCELLI, Biaggio. Il Pubblico Ministero e l'Unità dell'Instrutoria Penale. Ob. cit., p. 514. DOMÍNGUEZ, Manuel Serra. La Instrucción Penal y Civil: el Sumario. In: *Estudios de Derecho Procesal*. Barcelona: Ariel 1969, p. 720.

[19] Nesse sentido, utilizaremos a 1ª edição do código citado (Code d'Instruction Criminelle. In: *Codes de L'Empire Français*. Paris: Deuxiéme Édition, 1811, p. 499 a 594). Sobre ele, também ver : ANDRADE, Mauro Fonseca. *Código de Instrução Criminal Francês de 1808*. Curitiba: Juruá, 2008.
Art. 8. La police judiciaire recherche les crimes, les délits et les contraventions, en rassemble les preuve, et en livre les auteurs aux tribunaux chargés de les punir.
Art. 9. La police judiciaire sera exercée sous l'autorité des cours impériales, et suivant les distinctions qui vont être établies,
Par les gardes champêtres et les gardes forestiers,
Par les commissaires de police,
Par les maires et les ajoints de maire,
Par les procureurs impériaux et leurs substituts,
Par les juges de paix,
Par les officiers de gendarmerie,
Par les commissaires géneraux de police,
Et par les juges d'instruction.
Art. 10. Les préfets des départaments, et le préfet de police à Paris, pourront faire personnellement, ou requérit les officiers de police judiciaire, chacun en ce qui le concerne, de faire tous actes nécessaires à l'effet de constater les crimes, délits et contraventions, et d'en livrer les auteurs aux tribunaux chargés de les punir, conformément à l'article 8 cidessus.

início entre o final dos anos noventa do século XX[20] e início do século XXI.[21] Em realidade, ainda que de forma pontual e esparsa, já era possível encontrar escritos voltados à defesa da possibilidade de o acusador público nacional realizar sua própria investigação em sede criminal, invocando legislação anterior à Constituição Federal de 1988.[22]

Por certo que houve uma forte reação do meio doutrinário, razão pela qual, inevitavelmente, essa discussão chegou às mais variadas Cortes do país, dentre elas, os Tribunais Superiores. Exatamente por isso, houve um forte movimento político, por parte do Ministério Público nacional, fazendo com que, entre os anos de 2003 e 2006, os Ministérios Públicos Estaduais e Federal expedissem regulamentações internas, traçando regras sobre como deveria ser realizada sua investigação criminal.

À época, a intenção era passar um claro recado ao Supremo Tribunal Federal, no sentido de que a investigação criminal do Ministério Público não era uma atividade desprovida de forma e respeito às garantias da pessoa investigada. No entanto, a estratégia incidiu no mesmo equívoco recentemente verificado com os projetos-pilotos capitaneados pelo Conselho Nacional de Justiça para a implantação da audiência de custódia em âmbito nacional, qual seja, com a pulverização de regulamentações em todo o país, não houve uma uniformização no trato da investigação criminal realizada pelo Ministério Público nacional. Por consequência, um mesmo instituto passou a ser tratado de forma distinta em cada Ministério Público do país.

Foi por isso que, a exemplo do que ocorreu com a audiência de custódia,[23] o Conselho Nacional do Ministério Público publicou a Resolução nº 13, de 2006, buscando colocar fim a tal controvérsia e unificar a forma como a investigação criminal do Ministério Público seria realizada em todo o país.

---

[20] Uma das primeiras pesquisas sobre o tema foi: ANDRADE, Mauro Fonseca. *Ministério Público e sua Investigação Criminal*. Monografia para a obtenção do título de especialista, Curso de Pós-Graduação em Direito Penal e Processual, Fundação Escola Superior do Ministério Público do Rio Grande do Sul, 1999.

[21] As primeiras obras, em âmbito nacional, dedicadas à investigação criminal do Ministério Público foram: ANDRADE, Mauro Fonseca. *Ministério Público e sua Investigação Criminal*. Porto Alegre: Fundação Escola Superior do Ministério Público do Rio Grande do Sul, 2001. SANTIN, Valter Foleto. *O Ministério Público na investigação criminal*. Bauru/SP: Edipro, 2001. Em âmbito internacional, uma das primeiras obras foi: MAIER, Julio B. J. *La investigación penal preparatoria del Ministerio Público. Instrucción sumaria o citación directa*. Buenos Aires: Lerner, 1975.

[22] BOSCHI, José Antônio Paganella. *Persecução Penal: inquérito policial, ação penal e Ministério Público*. Rio de Janeiro: AIDE, 1987, p. 220-227. MARTINS JÚNIOR, Wallace Paiva. A exclusividade do 'jus postulandi' do Ministério Público na ação penal pública e no inquérito policial. *Justitia*, São Paulo, nº 156, p. 17, 1991.

[23] Sobre a ocorrência de tal fenômeno com a audiência de custódia no país, ver: ANDRADE, Mauro Fonseca; ALFLEN, Pablo Rodrigo. *Audiência de Custódia no Processo Penal Brasileiro*. 3ª ed. Porto Alegre: Livraria do Advogado, 2016, p. 31 e segs.

Uma garantia contra suspeitas de arbitrariedade havia sido dada ao Supremo Tribunal Federal, que, quase 10 anos depois, reconheceu a constitucionalidade da legitimidade investigatória do acusador público brasileiro, fazendo-a em julgamento envolvendo sua composição plenária, e em recurso em que se reconheceu sua repercussão geral. No entanto, os termos da decisão proferida deixaram claro que a Resolução nº 13, de 2006, não era suficiente para assegurar às pessoas investigadas "os direitos e as garantias que assistem a qualquer indiciado ou qualquer pessoa sob a investigação do Estado",[24] embora o Conselho Nacional do Ministério Público houvesse, com anterioridade, alterado aquela resolução em duas oportunidades, ampliando o prazo para a realização de diligências[25] e adaptando-a aos termos da Lei nº 13.245/2016.[26]

É nesse contexto que surge a presente Resolução nº 181, de 2017, voltada a um melhor detalhamento da investigação criminal do Ministério Público, mas também com importantes observações sobre os direitos e garantias da pessoa investigada – como alertou o Supremo Tribunal Federal –, e da própria vítima, que não teve a atenção despertada naquela Corte.

■ Proposição de um Nome: Procedimento Investigatório Criminal.

No momento em que o Ministério Público nacional se posicionou pela necessidade de insistir no reconhecimento de sua legitimidade investigatória, era preciso que o instrumento ou meio onde essa legitimidade fosse exercida tivesse um nome próprio.

A legislação que trata do Ministério Público em âmbito nacional em nenhum momento faz referência ao *procedimento investigatório criminal*. Em realidade, o que há é a referência a um *procedimento* onde o Ministério Público poderá realizar certas atividades e requisitar diligências.[27]

Em razão da proximidade da língua e da influência exercida em nossa Constituição Federal de 1988, poderia o Ministério Público brasileiro haver buscado inspiração no nome da investigação conduzida por seu correspondente português. Entretanto, em terras lusitanas, a investigação criminal do Ministério Público local se chama *inquérito*.

---

[24] STF, Recurso Extraordinário 593.727, Tribunal Pleno, Rel. Min. Cézar Peluso, j. em 14-05-2015.

[25] Resolução nº 111, de 04 de agosto de 2014.

[26] Resolução nº 161, de 21 de fevereiro de 2017.

[27] Nesse sentido, encontramos: inciso VI do artigo 129 da Constituição Federal de 1988; inciso VII do artigo 8º da Lei Complementar nº 75/1993; incisos II e VI, letra *c* do artigo 26 da Lei nº 8.625/1993.

A possibilidade de confusão com o inquérito policial seria enorme, e o risco de se pensar que o Ministério Público brasileiro estaria querendo se assenhorar da investigação criminal presidida pela polícia judiciária não seria menor. Aliás, essa foi, por muito tempo, a tese defendida por entidades de classe da polícia judiciária brasileira. Não fosse isso suficiente, também já havia o *inquérito judicial* (à época, referente às apurações judiciais atinentes aos crimes falimentares) e a *Comissão Parlamentar de Inquérito*, apuração feita pelas Casas Parlamentares brasileiras.

Por esse motivo, em lugar de se buscar um nome pomposo ou que lembrasse indevidamente investigações criminais já vinculadas a outras instituições ou Poderes de Estado, o Conselho Nacional do Ministério Público optou por aproveitar uma expressão que já havia no texto constitucional e em legislação esparsa, e que já vinha sendo utilizado pela doutrina nacional.[28] A única coisa a fazer era vincular essa expressão à matéria objeto de sua atenção, visto que, no que diz respeito a temas da esfera não criminal, já existia o *inquérito civil*.

Foi assim que nasceu, quando da Resolução nº 13, o *Procedimento Investigatório Criminal*, popularmente conhecimento como *PIC*, que é o instrumento onde se desenvolvem as investigações criminais do Ministério Público brasileiro, sendo tal designação mantida na presente resolução.

▪ Natureza Administrativa do Procedimento Investigatório Criminal.

Já em seu primeiro artigo, a resolução em comento aborda a natureza jurídica da investigação criminal do Ministério Público, qualificando-a como *administrativa* e *investigatória*.

Quanto à natureza *investigatória* do procedimento investigatório criminal, o trato desse tema merecerá uma abordagem em tópico próprio, razão pela qual remetemos o leitor à sequência de nosso estudo. Já, quanto à natureza *administrativa*, apesar de parecer ser um tema de fácil abordagem, algumas linhas merecem ser dedicadas a essa posição do Conselho Nacional do Ministério Público.

Não há como negar que o modelo de investigação criminal por excelência, em nosso país, é o inquérito policial. Em razão disso, sempre que se fala em natureza jurídica da investigação criminal, a associação à apuração policial é inevitável, e prontamente se diz que qualquer in-

[28] Dotti chamava a investigação criminal do Ministério Público de *Procedimento Administrativo Investigatório Criminal* (DOTTI, René Ariel. O Desafio da Investigação Criminal. *Boletim IBCCrim*, São Paulo, ano 12, nº 138, p. 8, nota 3, maio, 2004).

vestigação tem natureza administrativa, ainda que presidida pelo Poder Judiciário.[29]

Também contribui para a formação dessa convicção o entendimento sedimentado de que o processo penal brasileiro, com a entrada em vigor da Constituição Federal de 1988, haveria adotado o sistema acusatório.[30] Isso porque, em razão de se estar tratando de sistema de *processo penal*, toda e qualquer atividade anterior a ele obviamente não possuiria natureza processual, mas sim, natureza administrativa.

Nesse contexto, anteriormente às Resoluções n°s 13 e 181 do Conselho Nacional do Ministério Público, já era possível encontrar autores afirmando que a investigação criminal do acusador público brasileiro teria natureza administrativa[31] ou pré-processual.[32] Mesmo assim, havia – e ainda há – quem considere a investigação policial ou do Ministério Público como uma *etapa do processo*,[33] ou que denomine, especificamente, a investigação criminal do Ministério Público como sendo um "processo de instrução",[34] inserindo-a no modelo de investigação chamado *juizado de instrução*.[35]

Essa dissonância doutrinária nos permite ver que há espaço para uma análise mais detida sobre a real natureza jurídica da investigação criminal do Ministério Público, e uma análise do acerto ou equívoco da previsão contida no artigo 1º da presente resolução. Assim, para que essa análise possa ser feita, faz-se necessário, já de início, que se diferencie processo penal de persecução penal, pois ambos são institutos diferentes, o que leva a consequências igualmente diversas.[36]

No que diz respeito à *persecução penal*, ela é mais ampla que o processo penal, compreendendo os passos iniciais de uma investigação cri-

---

29 KAC, Marcos. *O Ministério Público na Investigação Penal Preliminar*. Rio de Janeiro: Lumen Juris, 2004, p. 156.

30 Entre estes argumentos, encontramos: a) o fato de a legitimidade para o exercício da ação penal haver sido atribuída exclusivamente ao Ministério Público; b) a Constituição Federal de 1988 prever a incidência de vários princípios liberais no processo penal brasileiro; e c) o estabelecimento do Estado democrático de Direito.

31 LOPES JR., Aury Lopes. A Crise do Inquérito Policial e a Investigação Controlada pelo Ministério Público. *Informativo !TEC*, Porto Alegre, ano 1, nº 3, p. 6-7, outubro-dezembro, 2000.

32 LEMOS JÚNIOR, Arthur Pinto de. *A Investigação Criminal Diante das Organizações Criminosas e o Posicionamento do Ministério Público*. Ob. cit., p. 411.

33 DOTTI, René Ariel. *O Desafio da Investigação Criminal*. Ob. cit., p. 8, nota 3.

34 STRECK, Lenio; FELDENS, Luciano. *Crime e Constituição. A Legitimidade da Função Investigatória do Ministério Público*. Rio de Janeiro: Forense, 2003, p. 62.

35 Em sentido similar, encontramos: COUTINHO, Jacinto Nélson de Miranda. A inconstitucionalidade de lei que atribua funções administrativas do inquérito policial ao Ministério Público. *Genesis – Revista de Direito Administrativo Aplicado*, Curitiba (2), p. 449, agosto de 1994.

36 SCHOLTZ, Leônidas Ribeiro. Sistemas Processuais Penais e Processo Penal Brasileiro. *Revista dos Tribunais*, São Paulo, nº 764, p. 466, 1999.

minal até a finalização do processo criminal propriamente dito, o que se dá com o trânsito em julgado da sentença condenatória ou absolutória.[37] Mais que isso, ela apresenta duas etapas: a primeira, que tem seu início com a notícia de prática de uma infração penal (*notitia criminis*), permitindo à autoridade competente dar início aos atos de investigação criminal; e a segunda, com o oferecimento da ação penal pública ou privada, estendendo-se até o momento em que a decisão judicial final não possa mais ser modificada pelas vias recursais.[38]

Por sua vez, a definição de *processo penal* está adstrita àqueles atos da persecução penal revestidos de *jurisdicionalidade*. Noutros termos, sempre que um ato a ser praticado durante a persecução penal apresentar natureza jurisdicional, ele somente poderá ser realizado dentro de um processo iniciado. Consequentemente, pode-se dizer que a *persecução penal* se refere ao *todo*, enquanto o *processo penal* está limitado ao *ambiente* em que se exige atuação jurisdicional.[39]

Feita essa distinção, uma nova linha de abordagem se abre, dizendo ela respeito à autoridade que presidirá a investigação criminal; ou, em outras palavras, faz-se o seguinte questionamento: a natureza jurídica da autoridade investigante será determinante para a configuração da natureza jurídica de sua investigação criminal? Ainda: pode haver uma investigação criminal de natureza processual presidida por uma autoridade diversa da judicial (leia-se, autoridade administrativa), ou somente os inquéritos judiciais é que possuem natureza processual?

A forma brasileira de *entender* o direito processual penal nos leva a não admitir que uma autoridade administrativa possa presidir uma investigação de natureza processual. Logo, se o inquérito policial possui natureza administrativa por ser presidido por uma autoridade de igual natureza, o procedimento de investigação criminal também possuirá natureza administrativa, em razão de o Ministério Público não ser uma

[37] Como bem expõe Beling, a persecução penal seria "no sólo la actividad del actor (persecución penal en sentido estricto), sino el desarrollo de la actividad estatal de protección penal" (BELING, Ernst. *Derecho Procesal Penal*. Trad. Miguel Fenech. Barcelona: Labor, 1943, p. 61).

[38] MARQUES, José Frederico. *Elementos de Direito Processual Penal*. Campinas: Bookseller, 1997. Volume I, p. 128. No mesmo sentido, encontramos: TOURINHO FILHO, Fernando da Costa. *Processo Penal*. 15ª ed. São Paulo: Saraiva, 1994. Volume 1, p. 173. HAMILTON, Sérgio Demoro. A amplitude das atribuições do Ministério Público na investigação penal. *Revista do Ministério Público do Rio de Janeiro*. Rio de Janeiro, nº 6, p. 226, 1997.

[39] Como regra, teremos um *processo penal* iniciado a partir do ajuizamento da ação penal pública ou ação penal privada. Entretanto, há situações, ainda na fase de investigação, em que poderemos ter um processo penal em curso. Exemplos disso são as hipóteses de pedidos de quebras de direitos fundamentais da pessoa investigada (interceptação telefônica, pedidos de busca e apreensão domiciliar, quebra dos mais variados sigilos), pois não há que se confundir processo penal condenatório (iniciado com o ajuizamento das ações penais públicas ou privadas) e processo penal cautelar. O direito processual civil faz essa distinção sem grandes traumas, justamente a partir da noção de jurisdição e local onde ela pode ser exercida – leia-se, em um processo –, algo que não ocorre na doutrina processual penal, justamente pela deficiência no estudo do instituto da jurisdição.

autoridade judicial. O raciocínio é simples, embora nem sempre haja sido assim.

Como já vimos, o *Code d'Instruction Criminelle* francês de 1808 foi o primeiro texto legal a prever a investigação criminal do Ministério Público. No entanto, a fase de investigação era considerada como possuidora de natureza processual, sendo por ele chamada de *procès verbal*. Originalmente, portanto, a investigação criminal realizada pelo Ministério Público fazia parte da primeira fase de um processo considerado bifásico, sendo que sua segunda parte tinha início com o ajuizamento da ação penal embasada justamente nos resultados daquela investigação. Em síntese, a investigação criminal do Ministério Público surgiu possuindo natureza jurídica claramente processual.[40] Basta, portanto, que a lei assim o discipline, para que uma investigação criminal apresente natureza processual.

Um bom exemplo disso foram os *procedimentos judicialiformes*, derrogados pela atual Constituição Federal. Até sua entrada em vigor, nosso direito processual penal admitia certas hipóteses em que o processo teria início ainda na fase de investigação, determinando, assim, que a própria investigação criminal fosse detentora de natureza processual.

Exemplo disso era o procedimento aplicável às contravenções penais e aos crimes de lesão corporal culposa e homicídio culposo de trânsito, onde o processo tinha seu início com a expedição da portaria de abertura do inquérito policial ou com a lavratura do auto de prisão em flagrante. Nestas hipóteses, o modelo seguido era, justamente, aquele previsto no *Code* de 1808, que atribuía natureza processual às investigações criminais mencionadas por ele em seu artigo 8º.

É claro que não encontramos, no Brasil, ambiente político e cultural para que investigações criminais presididas por autoridades administrativas voltem a fazer parte do *processo penal*. Mesmo assim, isso não impede que a investigação criminal do Ministério Público venha a ser erigida como tendo natureza processual, bastando, para tanto, que o legislador assim preveja.[41]

■ Natureza Investigatória do Procedimento de Investigação Criminal.

Além de apontar a natureza administrativa do procedimento investigatório criminal, o artigo 1º também lhe atribui uma natureza *investigatória*.

---

[40] GARRAUD, R. *Compendio de Direito Criminal*. Ob. cit., p. 236, 239 e 281. GARRAUD, R. *Traité Théorique et D'Instruction Criminelle et de Procédure Pénale*. Ob. cit., p. 625.

[41] A título de exemplo, citamos a investigação criminal do Ministério Público português, cuja natureza jurídica é reconhecidamente processual.

Esta segunda *natureza* foi inserida quando da reforma da Resolução 181/2017, ocorrida pela Resolução 183/2018. Em sua versão original, a exemplo do que já verificado no artigo 1º da revogada Resolução nº 13/2006 e nos *Considerandos* da Resolução 161/2017,[42] o Conselho Nacional do Ministério Público havia atribuído natureza *inquisitorial* ao procedimento investigatório criminal, seguindo a posição adotada pela imensa maioria dos autores nacionais.

O que nos chama a atenção nessa mudança de entendimento por parte do Conselho Nacional do Ministério Público é que, ao lermos o parecer emitido pelo Conselheiro Lauro Machado Nogueira (texto condutor das reformas realizadas na Resolução 181), não se encontra uma linha sequer destinada a fundamentar essa alteração.[43] Em razão dessa ausência de informação, tudo nos leva a crer que, ainda que sem realizar qualquer referência a ela, o Conselho Nacional do Ministério Público tenha acolhido a crítica que fizemos ao apontamento da aludida natureza inquisitiva na redação original do artigo 1º da Resolução 181.[44]

Naquela oportunidade, afirmamos que *natureza inquisitorial* nos remete a *inquisitivo*, palavra que, em âmbito processual penal, está vinculada a dois institutos distintos: ao *princípio* inquisitivo e ao *sistema* inquisitivo, também chamado de sistema inquisitorial.

O princípio inquisitivo recebe diversas definições no meio doutrinário, mas está sempre ligado à relação que há entre quem acusa e quem julga. Por isso, ora ele é definido como a equivalência entre as figuras do acusador e julgador (quem acusa também julga), ora é definido como o caráter prescindível de um acusador distinto do juiz (o processo não necessita de um acusador diferente do juiz, podendo, na ausência de um acusador, o juiz cumular as duas funções).[45] Portanto, não há nenhum sentido em se vincular o procedimento investigatório criminal com o princípio inquisitivo. Aliás, ninguém menos que a própria resolução em comento, na parte introdutória de seus *Considerandos*, excluiu qualquer tipo de vínculo entre a investigação do Ministério Público e o princípio inquisitivo, pois lá se vê, de modo expresso, que

---

[42] Ao se referir ao impacto da Lei nº 13.245/2016 sobre as investigações criminais como um todo, lê-se na parte introdutória daquela resolução: "Considerando que o mencionado diploma legal não tem o condão de afastar a natureza inquisitorial das investigações preliminares, mas sim de outorgar um viés mais garantista à investigação, buscando assegurar os direitos fundamentais do investigado".

[43] Nesse sentido, ver: <http://www.cnmp.mp.br/portal/images/PROP_927_2017_69_-_Resolu%C3%A7%C3%A3o_181_-_Parecer.pdf>.

[44] ANDRADE, Mauro Fonseca. Comentários ao Artigo 1º. In: FISCHER, Douglas; ANDRADE, Mauro Fonseca. *Investigação Criminal pelo Ministério Público. Comentários à Resolução 181 do Conselho Nacional do Ministério Público*. Porto Alegre: Livraria do Advogado, 2018, p. 46-49.

[45] Sobre o princípio inquisitivo, ver: ANDRADE, Mauro Fonseca. *Sistemas Processuais Penais e seus Princípios Reitores*. 2ª ed. Curitiba: Juruá, 2013, p. 389-394.

o procedimento investigatório criminal deve estar formado pelo princípio acusatório.[46]

Por sua vez, o sistema inquisitivo também é motivo de diversas configurações por parte da doutrina. Independentemente de qual delas esteja correta,[47] falar em sistema inquisitivo significa falar em sistema de *processo penal*, e, falar em sistema de processo penal significa tratar da fase *processual* da persecução penal. Ou seja, se a resolução buscava vincular o procedimento investigatório criminal ao sistema inquisitivo, ela incidia em um grave erro técnico e em uma contradição clara, pois, ao estabelecer, com anterioridade, que a investigação criminal do Ministério Público tem natureza administrativa, ela jamais poderia vincular aquele procedimento ao sistema inquisitivo, que pressupõe processo já instaurado. Mesmo assim, a própria resolução tratou de afastar este vínculo com o sistema inquisitivo, pois a parte introdutória da nova resolução aponta que sua criação foi fruto de uma necessária adaptação da investigação criminal ao sistema acusatório.[48]

O que se poderia dizer é que, assim como equivocadamente faz a doutrina, a resolução original teria equiparado a natureza alegadamente inquisitiva da investigação criminal do Ministério Público ao fato de, no curso da investigação criminal, não haver a incidência de contraditório, haver a possibilidade do sigilo e incidirem outros tantos elementos vinculados historicamente ao sistema inquisitivo. No entanto, se essa foi a intenção da resolução, em mais um equívoco ela havia incidido em sua redação primeira.

A visão radicalmente negativa do sistema inquisitivo faz parte de uma posição doutrinária ligada à formação de um tipo ideal desse sistema, que, por definição do que seja *tipo ideal*, jamais existiu ao longo de sua existência, não passando de uma opinião pessoal sustentada por algum autor.

---

[46] Diz o segundo *Considerando*: "**CONSIDERANDO** as conclusões do Procedimento de Estudos e Pesquisas nº 1/2017, instaurado com o objetivo de levantar sugestões e apresentar de propostas de aperfeiçoamento: a) para o exercício mais efetivo da função orientadora e fiscalizadora das Corregedorias do Ministério Público, com o objetivo de aprimorar a investigação criminal presidida pelo Ministério Público; e b) da Resolução n. 13-CNMP (que disciplina o procedimento investigatório criminal do Ministério Público), com o objetivo de tornar as investigações mais céleres, eficientes, desburocratizadas, informadas pelo princípio acusatório e respeitadoras dos direitos fundamentais do investigado, da vítima e das prerrogativas dos advogados".

[47] Sobre o sistema inquisitivo, ver: ANDRADE, Mauro Fonseca. *Sistemas Processuais Penais e seus Princípios Reitores*. Ob. cit., p. 279-408.

[48] Diz o quarto *Considerando*: "**CONSIDERANDO** que, como bem aponta o Ministro Roberto Barroso, em julgamento do Tribunal Pleno do Supremo Tribunal Federal, 'a Constituição de 1988 fez uma opção inequívoca pelo sistema acusatório – e não pelo sistema inquisitorial – criando as bases para uma mudança profunda na condução das investigações criminais e no processamento das ações penais no Brasil' (Corpo do Acórdão – STF – ADI 5104 MC, Relator(a): Min. ROBERTO BARROSO, Tribunal Pleno, julgado em 21/05/2014, PROCESSO ELETRÔNICO Dje-213 DIVULG 29-10-2014 PUBLIC 30-10-2014)".

Uma simples leitura dos textos que verdadeiramente regularam o sistema inquisitivo – em especial, nas Idades Antiga, Média e Moderna – permite observar que nele, apesar de possuir defeitos, não se verificava, em todos os casos, a ausência de contraditório, a ausência de publicidade dos atos, a imposição de tortura, entre tantos outros elementos de ordem negativa que encontramos nos mais diversos manuais de direito processual penal. Ou seja, uma coisa é o que a doutrina processual penal diz como o sistema inquisitivo foi configurado ao longo da história; outra coisa, completamente distinta, é a forma como esse sistema, de fato, foi regulamentado à sua época.

A única vinculação que o procedimento investigatório criminal possui com *inquisitorial* é a origem dessa palavra. Isso porque, a persecução penal romana era dividida em duas fases: uma primeira, de coleta de informações e documentos para embasar a acusação; e uma segunda, onde ocorreria a produção de provas e os debates entre as partes. O que conhecemos como fase processual era chamada de *anquisitio*, ao passo que a fase de investigação, que embasava a acusação, recebia o nome de *inquisitio*.[49] Todavia, não cremos que a intenção da resolução, em sua redação original, tenha sido fazer algum vínculo com o nome romano dado à investigação criminal de sua época.

É por essa soma de fatores que havíamos pregado ser mais que urgente a retirada, em relação ao texto original do artigo 1º, da menção à natureza inquisitorial atribuída à investigação criminal do Ministério Público – que, por certo, também se aplica à propalada natureza do inquérito policial. Além dos erros técnicos e históricos verificados, a menção a essa falsa natureza trazia, aos olhos de terceiros, uma visão negativa em relação ao procedimento investigatório criminal, dando a impressão de que ele é um instrumento voltado à prepotência e abusos ao longo de sua tramitação.

Mesmo que consideremos louvável o acerto do Conselho Nacional do Ministério Público em acolher a crítica feita, não há como silenciar quanto à substituição que realizou, atribuindo uma natureza investigatória ao procedimento investigatório criminal, em lugar da inquisitiva. Isso porque tal natureza se mostra redundante com o próprio nome do instituto – procedimento investigatório criminal –, o que torna a referência a essa natureza claramente desnecessária.

Além disso, quando se fala em *investigatória*, está a se tratar, em verdade, de sua finalidade, e não de sua natureza. Basta ver que o

[49] De acordo com ZANON, a finalidade da *inquisitio* era permitir que o autor, ao buscar elementos para demonstrar a sustentabilidade de sua acusação, não fosse responsabilizado pela prática do crime de calúnia. Por isso, a *inquisitio* não era um rito oposto ao acusatório (ZANON, Giorgia. *Le Strutture Accusatorie della 'Cognitio Extra Ordinem' nel Principato.* Padova: CEDAM, 1998, p. 19).

próprio artigo 1º atribui finalidade *apuratória* ao procedimento investigatório criminal, que outra coisa não é que apresentar finalidade *investigatória*.[50]

Em suma, melhor haveria ficado a redação do artigo 1º se o Conselho Nacional do Ministério Público simplesmente retirasse a menção à natureza *inquisitiva* do procedimento investigatório criminal, em lugar de substituí-la por uma palavra – *investigatória* – que se confunde com o seu nome e com a finalidade referida naquele mesmo artigo. Aliás, sugestão que havíamos dado na primeira edição destes comentários.

- **Instauração e Presidência da Investigação.**

Partindo do pressuposto de que o procedimento investigatório criminal se destina, como a própria resolução faz menção, à apuração de infrações penais e a servir de base para a futura ação penal de natureza pública, por certo que sua instauração e presidência não poderiam caber a outra autoridade, senão a um membro do Ministério Público. Mais que isso, esse membro deve possuir atribuição criminal.

Com isso, a resolução procurou afastar toda e qualquer ingerência na instauração e condução do procedimento investigatório criminal, seja por parte de outros membros do próprio Ministério Público, seja por parte de outros Poderes de Estado ou de instituições alheias ao Ministério Público.

A título de exceção, a única possibilidade de ingerência na instauração do procedimento investigatório criminal se dará na hipótese prevista no § 2º do artigo 3º da resolução (para onde remetemos o leitor). Entretanto, ela está adstrita aos casos em que houver discordância com o pedido de arquivamento das peças de informação encaminhadas ao Ministério Público, mas não autorizando qualquer ingerência na condução da investigação criminal que vier a ser instaurada.

- **Finalidade da Investigação: apuratória.**

O artigo em comento também apresenta a finalidade do procedimento investigatório criminal, afirmando que ele se destina a "apurar a ocorrência de infrações penais de natureza pública, servindo como preparação e embasamento para o juízo de propositura, ou não, da respectiva ação penal".

---

[50] Segundo o *Novo Dicionário Aurélio da Língua Portuguesa*, o vocábulo *apurar* significa, dentre outros tantos, *indagar* (ob. cit., p. 150), idêntico significado atribuído à palavra *investigar* (ob. cit., p. 965).

Na nossa visão, melhor haveria sido se a resolução seguisse a tradição nacional de se atribuir à investigação criminal a finalidade de apurar a existência do crime, suas circunstâncias, autoria e materialidade. Aliás, essa é a linha de finalidades atribuídas ao inquérito policial desde sua implantação no Brasil, presente no Decreto nº 4.824, de 28 de novembro de 1871,[51] recentemente ratificada pela Lei nº 12.830/2013.[52]

Independentemente disso, o certo é que, literalmente, o artigo 1º da resolução vincula essa finalidade apuratória com o destino a que o procedimento investigatório criminal se presta, ou seja, servir de "preparação e embasamento para o juízo de propositura, ou não, da respectiva ação penal".

A destinação do procedimento – ou a que ele se destina – não vem recebendo qualquer atenção dos meios doutrinários e internos do próprio Ministério Público, em especial, do próprio Conselho Nacional do Ministério Público. Isso porque, uma leitura precipitada poderia indicar que os esforços investigatórios deveriam ser endereçados somente para a obtenção de elementos voltados a embasar eventual ajuizamento da ação penal pública. Entretanto, ninguém menos que o próprio artigo 1º também aponta, como destinação do procedimento investigatório criminal, embasar eventual conclusão de não ajuizamento daquela ação, ou, mais propriamente, o pedido de seu arquivamento.

Diante dessa dupla destinação do procedimento investigatório criminal, por óbvio que surge o questionamento sobre a relação do membro do Ministério Público com aquele procedimento: deve ele unicamente se dedicar a buscar elementos que justifiquem o ajuizamento da ação penal pública, sendo que o entendimento pelo arquivamento da investigação será uma decorrência do insucesso daquela busca? Ou também deve o membro do Ministério Público se dedicar a buscar elementos que atuem em favor dos interesses da defesa, evitando, assim, o ajuizamento de uma acusação que pode, *ab initio*, já estar destinada ao fracasso? Noutras palavras, qual a postura a se exigir do investigador: se travestir em um acusador sistemático ou estar, também na sua investigação própria, vinculado ao princípio da legalidade?

Não há como negar que a defesa de uma atuação do Ministério Público, voltada para também buscar elementos que justifiquem o arquivamento do procedimento investigatório criminal, poderá gerar

---

51 Artigo 42. O inquérito policial consiste em todas as diligências necessárias para o descobrimento dos fatos criminoso, de suas circunstâncias e de seus autores e cúmplices, devendo ser reduzido a instrumento escrito.

52 Artigo 2º, § 1º. Ao delegado de polícia, na qualidade de autoridade policial, cabe a condução da investigação criminal por meio de inquérito policial ou outro procedimento previsto em lei, que tem como objetivo a apuração das circunstâncias, da materialidade e da autoria das infrações penais.

surtos de ódio naquela parcela de seus membros que vê a si próprios como a única e última reserva moral de nosso país. A partir dessa visão distorcida, a atuação do Ministério Público deveria estar voltada somente para a busca de elementos condenatórios, olvidando-se, por certo, que magnitude do cargo exercido deve levá-los ao afastamento de sentimentos menos nobres em relação a quem é alvo de uma investigação ou um processo criminal já instaurado.

Nem se diga que essa interpretação mais conforme com o princípio da legalidade na atuação dos membros do Ministério Público nacional seria uma posição unicamente nossa ou uma *invenção* do Conselho Nacional do Ministério Público. Ao contrário, o mau direcionamento da investigação criminal é objeto de atenção também, e há muito mais tempo, em países que vêm emprestando suas experiências práticas e legislativas não só ao Brasil, mas para toda a cultura jurídica similar à nossa.

Particularmente, a obrigação de o Ministério Público, nas investigações sob sua presidência, laborar na busca de informações e elementos voltados à inocência da pessoa investigada está presente na legislação processual penal da Alemanha[53] e Itália[54]. Há muitas décadas tais países se preocupam em impedir que os discursos de ódio, ocasionalmente presentes em sua sociedade, venham a atingir ou influenciar também aqueles agentes estatais, pagos pelo erário público, para apresentarem a necessária sensatez e maturidade à hora de se colocarem como integrantes da acusação pública[55].

Em síntese, partindo-se da premissa de que a finalidade do procedimento investigatório criminal é de apurar a infração penal que foi objeto de sua atenção, não há como se fazer uma interpretação restritiva quanto à forma de atuação do membro do Ministério Público que irá presidi-lo. Ao contrário, o fato de aquela investigação criminal também se prestar como fundamento para o não ajuizamento da acusação faz com que, em havendo informações sérias que indiquem a existência de elementos que impeçam tal ajuizamento, deve o membro do Ministério

[53] Section 160. [Investigation Proceedings]
(2) The public prosecution office shall ascertain not only incriminating but also exonerating circumstances, and shall ensure that evidence, the loss of which is to be feared, is taken.

[54] Art. 358. Attivita' di indagine del pubblico ministero 1. Il pubblico ministero compie ogni attivita' necessaria ai fini indicati nell'articolo 326 e svolge altresi' accertamenti su fatti e circostanze a favore della persona sottoposta alle indagini.

[55] Isso não quer dizer, por oportuno, que o princípio do contraditório deva vir a incidir em toda e qualquer investigação criminal. Como se sabe, além de ele somente incidir em um ambiente denominado processo, aquele princípio diz respeito ao direito de o acusado conhecer e rebater os termos da acusação, bem como, das informações ou provas que a sustentem. Sobre o princípio do contraditório, ver: ANDRADE, Mauro Fonseca. **Sistemas Processuais Penais e seus Princípios Reitores**. 2. ed. Curitiba: Juruá, 2013, p. 138-148.

Público enveredar esforços para obtê-los, pois só assim estará não só atendendo ao espírito da presente resolução, senão também, evitando o ferimento ao princípio da legalidade com o ajuizamento consciente de uma ação penal condenatória temerária.

- **Limitação da Investigação.**

O artigo 1° também faz referência a uma limitação aplicável à investigação criminal do Ministério Público. De acordo com ele, o procedimento investigatório criminal somente se prestaria à apuração de "infrações penais de natureza pública", com isso excluindo a possibilidade de haver seu envolvimento em relação às infrações penais de natureza privada.

A lógica seguida é óbvia: possuindo o Ministério Público legitimidade acusatória unicamente para infrações penais de natureza pública, não poderia ele dedicar seu tempo e energia para a apuração de infrações penais de natureza privada, em relação às quais ele não detém aquela legitimidade ativa. Portanto, se a finalidade atribuída ao procedimento investigatório criminal, de acordo com o próprio artigo 1°, é servir "como preparação e embasamento para o juízo de propositura, ou não, da respectiva ação penal", e se a legitimidade investigatória criminal reconhecida ao Ministério Público pelo Supremo Tribunal Federal está vinculada, entre outros, ao argumento da Teoria dos Poderes Implícitos,[56] a restrição feita pela resolução se apresenta como plenamente justificada.

O problema é que, dentre as prerrogativas dos membros do Ministério Público nacional, está aquela de somente serem investigados *interna corporis*. Isso impediria a instauração de qualquer apuração distinta do procedimento investigatório criminal para o levantamento de informações atinentes a eventuais crimes de ação penal privada que tais membros vierem a praticar.

Sob essa perspectiva, portanto, a resolução faz uma importante e imprecisa restrição quanto ao objeto de atenção do procedimento que ela procura disciplinar, pois deixa a impressão que os crimes de ação penal privada, quando cometidos por membros do Ministério Público, serão investigados por autoridades outras, que não aquelas elencadas nas leis orgânicas dos Ministérios Públicos da União e Estaduais, em

[56] Sobre a aplicabilidade da Teoria dos Poderes Implícitos na demonstração da legitimidade investigatória criminal do Ministério Público, ver: SUXBERGER, Antônio Henrique Graciano. O Papel do Ministério Público na Investigação do Crime Organizado. *Revista da Fundação Escola Superior do Ministério Público do Distrito Federal e Territórios*, Brasília, ano II, n° 22, p. 35-54, julho-dezembro, 2003. ANDRADE, Mauro Fonseca. *Ministério Público e sua Investigação Criminal*. Ob. cit., p. 174-184.

clara afronta à Lei Complementar nº 75/1993 e à Lei nº 8.625/1993. Com isso, apesar de alertado quando da primeira edição da presente obra, importante e preocupante lacuna é deixada pelo Conselho Nacional do Ministério Público, pois, das duas, uma: ou a presente resolução não se destina a investigar membros do Ministério Público, em tese, envolvidos na prática de crimes de ação penal privada, permitindo que os Ministérios Públicos da União e dos Estados criem resoluções próprias para a investigação dessa classe de delitos; ou o Conselho Nacional do Ministério Público está a reconhecer algum tipo de impunidade aos acusadores públicos brasileiros, diante da impossibilidade de outras autoridades (policial ou judicial) os investigarem, bem como, pela recusa – bem marcada pela negativa deste Conselho em corrigir tal situação quando da publicação da Resolução nº 183, de 2018 – em admitir que a Resolução nº 181, de 2017, esteja direcionada a investigar crimes de ação penal privada praticada nas condições acima descritas.

Ainda que nos imputem a utilização de *argumentum ad terrorem*, lembremos que, nos moldes como hoje está redigida a Resolução nº 181, de 2017, não há como evitar o manejo de *habeas corpus* por parte de membro do Ministério Público que venha a praticar, em tese, um crime de ação penal privada: se investigado com base na citada resolução, a busca pelo trancamento do procedimento investigatório criminal passa a ser vista como uma conduta lógica, diante da mais que clara – em razão da omissão reformadora do Conselho Nacional do Ministério Público – ao não estar vocacionada para crimes daquela ordem; e, se investigado por autoridades outras (policial ou judicial), a ilegitimidade é óbvia, diante da prerrogativa contida na Lei Complementar nº 75/1993 e na Lei nº 8.625/1993.

- **Exclusão do Procedimento de Investigação Criminal como Condição de Procedibilidade da Ação Penal ou como Pressuposto Processual.**

A exemplo do que ocorre com o inquérito policial, a investigação criminal presidida pelo Ministério Público não se constitui em requisito para o ajuizamento da ação penal pública, receba ele o nome de condição de procedibilidade ou pressuposto processual. Aliás, essa realidade se mostra presente em todas as modalidades conhecidas de investigação criminal, quais sejam, a investigação policial, a investigação do Ministério Público, a investigação judicial e a investigação parlamentar.

Esse dispositivo poderia trazer certa dúvida em relação aos crimes praticados por membros do Ministério Público nacional, uma vez que, conforme exposto acima, possuem eles prerrogativa de somente serem investigados pelo próprio Ministério Público. Ou seja, em tais situações, havendo essa prerrogativa, e sendo a investigação do Ministério Público justamente o procedimento investigatório criminal objeto de atenção da presente resolução, poder-se-ia dizer que, em razão dos termos do artigo 1º, poderia uma acusação criminal contra membro do Ministério Público se fundar em investigação outra, o que infringiria a aludida prerrogativa?

De acordo com a própria resolução, eventual recebimento de *notitia criminis* por parte do Ministério Público poderá motivar uma das condutas elencadas no seu artigo 2º Com isso, a instauração do procedimento investigatório criminal não se mostra como a única medida a ser adotada, visto que pode a infração penal praticada por membro do Ministério Público ser de menor potencial ofensivo.

Como se sabe, isso determinaria a realização de um termo circunstanciado, em lugar de uma investigação criminal formal. Logo, em não havendo a aceitação da transação penal por parte do membro do Ministério Público que figure como autor do fato, poderá o seu colega ajuizar, de modo escrito ou verbal, a denúncia unicamente com base nas informações contidas naquele termo. Ou seja, sob este ângulo, o procedimento investigatório criminal não se faz necessário para o ajuizamento da ação penal pública, dando razão à previsão contida no artigo em análise.

Já, quanto às infrações penais que não se submeterem ao procedimento da Lei nº 9.099/95, a realidade seria completamente diversa. Isso porque, diante da prerrogativa mencionada, somente uma investigação criminal presidida pelo Ministério Público seria a cabível nos casos em que seus membros se envolvessem na prática de infrações penais. Por conseguinte, sob este ângulo, o procedimento investigatório criminal seria o único instrumento investigatório apto a embasar eventual ação penal, sob pena de ser reconhecida a ilegitimidade de quem realizou investigação criminal diversa, o que levaria à nulidade não só dos atos investigatórios, senão também, da própria ação penal que derivasse dessa apuração indevida.[57]

---

[57] Um bom exemplo disso pode ser encontrado no julgado do Superior Tribunal de Justiça que considerou ilegal toda a chamada *Operação Satiagraha*. Em síntese, essa operação, presidida pela Polícia Federal, contou com a participação indevida da Agência Brasileira de Informação (ABIN), o que veio a macular toda a investigação criminal realizada, anulando-se, inclusive, a ação penal dela derivada, o processo penal como um todo e a condenação criminal existente (STJ, *Habeas Corpus* nº 149250, 5ª Turma, rel. Min. Adilson Vieira Macabu [Desembargador convocado do TJ/RJ], j. em 07 de julho de 2011, DJe de 05 de setembro de 2011). Se a participação indevida em uma investigação é motivo para a sua nulidade, com muito mais razão essa mesma consequência deverá atingir toda e qualquer investigação realizada por quem não detenha a necessária legitimidade investigatória para realizá-la de modo completo.

Nessa hipótese, portanto, embora não comumente uma investigação criminal figure como condição de procedibilidade para o ajuizamento da ação penal, não há como negar que, nesta última hipótese, não poderá a acusação ser ajuizada desprovida de um embasamento fático encontrável somente no procedimento investigatório criminal. Em síntese, será ele obrigatório sempre que um membro do Ministério Público for alvo de uma acusação que necessite de investigação criminal prévia.

- **Inexistência de Exclusividade Investigatória.**

A parte final do § 1º do artigo 1º reproduz, na sua essência, o conteúdo do também parágrafo único do artigo 4º do Código de Processo Penal,[58] ao não excluir a possibilidade de investigação criminal por parte de "outros órgãos legitimados da Administração Pública". E nem poderia ser diferente, tendo em vista que essa foi a tese – a da não exclusividade investigatória da polícia judiciária – defendida pelo Ministério Público nacional junto ao Poder Judiciário, em especial, junto aos Tribunais Superiores, até que o Supremo Tribunal Federal pôs fim a tal controvérsia.

Mesmo assim, é importante registrar que, se essa é uma verdade aplicável à imensa maioria dos crimes apurados pelo Ministério Público, também é verdade que, em se tratando de crimes praticados por seus membros, possuem eles a prerrogativa de somente serem investigados *interna corporis*.

Em razão disso, diferentemente do que expressa a resolução, o procedimento de investigação criminal apresenta a potencialidade de excluir "a possibilidade de formalização de investigação por outros órgãos legitimados da Administração Pública", sempre que estes outros órgãos pretenderem realizar investigações criminais envolvendo membros do Ministério Público nacional como pessoas objeto de sua atenção.

- **Não Aplicação da Resolução 181 ao Inquérito Judicial da Lei Complementar nº 35/1979.**

Fruto das ações diretas de inconstitucionalidade ajuizadas contra a versão original da Resolução 181/2017 – em especial, a ação ajuizada pela Associação dos Magistrados Brasileiros (ADI 5790) –, o Conselho Nacional do Ministério Público entendeu por bem promover a alteração daquela, a fim de criar uma regra de exceção não prevista em sua

[58] Artigo 4º, parágrafo único, do CPP. A competência definida neste artigo não excluirá a de autoridades administrativas, a quem por lei seja cometida a mesma função.

redação original, muito menos, na revogada Resolução 13/2006. Referimo-nos ao teor dado ao § 2º do artigo 1º, que aponta para a não aplicabilidade da Resolução 181/2017 às hipóteses de investigação criminal contra integrantes do Poder Judiciário, visto que, em relação a eles, há a prerrogativa de somente serem investigados *interna corporis*, tal como prevê o artigo 33, parágrafo único, da Lei Complementar nº 35, de 14 de março de 1979.[59]

Não queremos, com as observações que vêm sendo feitas desde a primeira edição desta obra, passar a impressão de que nosso intento é fazer a crítica pela crítica contra toda e qualquer atuação regulatória do Conselho Nacional do Ministério Público. Em realidade, nossa pretensão é colaborar, de alguma forma, para que as manifestações de cunho regulatório expedidas por ele se revistam da mais alta técnica, estando imunes, portanto, às críticas destrutivas que buscam engessar o Ministério Público nacional, em lugar de aperfeiçoar sua atividade e apresentar soluções que estejam alinhadas com essa intenção.

Feito este necessário esclarecimento, vemos que, em relação à inovação mencionada, dois erros foram cometidos pelo Conselho Nacional do Ministério Público: um, de ordem estratégica; outro, de ordem técnica.

O erro de ordem estratégica, em nossa visão, consistiu em pensar que, com a inserção da salvaguarda da investigação judicial no caso dos crimes praticados por magistrados, haveria algum esvaziamento da ADI 5790, ajuizada pela Associação dos Magistrados Brasileiros contra a Resolução 181/2017, já que, dentre outros, ali havia o argumento da prerrogativa constante no artigo 33, parágrafo único, da Lei Complementar nº 35, de 14 de março de 1979, como uma de suas causas de pedir. Contudo, assim que publicada a Resolução 183/2018, a Associação dos Magistrados Brasileiros tratou de aditar sua ação, adequando-a aos novos termos da Resolução 181/2017 (agora modificada), e ratificando aqueles argumentos não afastados com a reforma operada. Ou seja, ao pensar que poderia angariar um forte aliado na busca pela consolidação da regulamentação proposta para a investigação criminal do Ministério Público, o que fez o Conselho Nacional do Ministério Público foi permitir um aperfeiçoamento dos termos da ADI 5790, que, agora, centra suas forças em aspectos não reformados pela Resolução 183/2018. Mais

---

[59] De acordo com um dos considerandos da Resolução 183/2018, vemos: "**CONSIDERANDO** as preocupações externadas pela Associação dos Magistrados Brasileiros e pelo Conselho Federal da Ordem dos Advogados do Brasil, respectivamente, nos autos das ações diretas de inconstitucionalidade nos. 5.790 e 5.973, em trâmite no Supremo Tribunal Federal, sob relatoria do Exmo. Ministro Ricardo Lewandowski, bem assim pelas entidades que pleiteiam ingresso nos referidos processos a título de amicus curiae".

claramente, o Conselho Nacional do Ministério Público realizou certa deferência a quem não lhe retribuiu com a mesma postura.[60]

Por sua vez, o erro de ordem técnica se apresenta sob um duplo viés.

Primeiro, não havia a mínima necessidade de se fazer a ressalva atinente ao artigo 33, parágrafo único, da Lei Complementar nº 35, de 14 de março de 1979. Por se tratar de uma prerrogativa constante em lei complementar, é básico que uma regulamentação de natureza administrativa, em hipótese alguma, poderia se sobrepor àquele dispositivo legal. A própria história das regulamentações do procedimento investigatório criminal já dava essa tranquilidade, pois, em nenhum momento, a Resolução 13/2006 foi declarada inconstitucional, muito menos, sob a argumentação de ferimento à prerrogativa judicial constante em sua Lei Orgânica Nacional. Se, passados mais de dez anos da Resolução 13/2006, nunca houve qualquer inobservância aos termos daquela prerrogativa, não seria agora que isso iria ocorrer, sobretudo, por a Resolução 181/207 manter o mesmo silêncio quanto a tal tema, a exemplo do que ocorreu na Resolução 13/2006.

Segundo, ao fazer a ressalva ao inquérito judicial previsto no artigo 33, parágrafo único, da Lei Complementar nº 35, de 14 de março de 1979, em séria contradição incidiu o Conselho Nacional do Ministério Público.

Como fortemente aposto em seus diversos *considerandos*, uma das preocupações basilares do Conselho Nacional do Ministério Público foi promover - de acordo com o seu entendimento - a regulamentação da investigação criminal do Ministério Público brasileiro, bem como, a aceleração da persecução penal nacional sob um argumento central: o seguimento dos ditames do sistema acusatório, tantas vezes mencionado pelos Tribunais Superiores como sendo aquele sistema processual penal adotado em nosso país. Entretanto, a investigação criminal presidida pelo Poder Judiciário não guarda correspondência com o sistema acusatório. Ao contrário!

As funções de investigação criminal atribuídas ao Poder Judiciário fazem com que, seja lá qual for o magistrado que venha a exercê-las,

[60] A nós nos parece óbvio que a Resolução nº 181, de 2017, não poderia estar direcionada a também investigar integrantes do Poder Judiciário, pois, diante da hierarquia das normas, jamais poderia essa resolução se sobrepor aos termos de uma lei. Acreditamos, por isso, que uma clara contribuição, a ser dada pela Associação dos Magistrados Brasileiros, seria enveredar esforços para a busca de uma regulamentação, clara e técnica, daquela investigação mencionada no artigo 33, parágrafo único, da Lei Complementar nº 35, de 14 de março de 1979. Em lugar de destruir um texto regulatório que pretende dar segurança a todos os envolvidos na investigação criminal do Ministério Público, aquela associação deveria atuar em benefício de seus próprios associados, visto que, passados mais de 40 anos daquela Lei Complementar, até hoje não há, nem de perto, uma preocupação institucional em deixar claras as regras aplicáveis ao inquérito judicial.

ele, em nenhuma hipótese, poderá exercer as funções verdadeiramente assecuratórias dos direitos da pessoa investigada e da própria sociedade, em razão de ser o condutor e principal responsável pelo sucesso de sua própria investigação. Ao final, o que teremos é um magistrado claramente parcial na condução daquela apuração, pressuposto básico do que se entende como sistema acusatório. É por isso que, dentre outros tantos autores, invocamos a lição de Hamilton, quando diz, em relação ao já extinto inquérito judicial falimentar, que "Tal inquérito é presidido por um juiz, que, dessa maneira, exerce função persecutória penal, em nova violação ao sistema acusatório".[61]

Em sendo assim, o que era de se esperar do Conselho Nacional do Ministério Público é que, em lugar de promover, ainda que implicitamente, a adequação constitucional do inquérito judicial inserido na Lei Complementar nº 35, de 14 de março de 1979, houvesse uma provocação à Procuradoria-Geral da República, a fim de que, em obediência ao mesmo sistema acusatório, fosse ajuizada ação direta de inconstitucionalidade em relação ao parágrafo único de seu artigo 33.

■ Bibliografia.

ALEMANHA. Carolina (La). In: *Enciclopedia Giuridica Italiana*. Milano: Società Editrice Libraria, 1903, volume III, parte I, p. 804-835.

ANDRADE, Mauro Fonseca. Comentários ao Artigo 1º. In: FISCHER, Douglas; ANDRADE, Mauro Fonseca. *Investigação Criminal pelo Ministério Público. Comentários à Resolução 181 do Conselho Nacional do Ministério Público*. Porto Alegre: Livraria do Advogado, 2018, p. 36-57.

——. *Código de Instrução Criminal Francês de 1808*. Curitiba: Juruá, 2008.

——. *Ministério Público e sua Investigação Criminal*. 2. ed. Curitiba: Juruá, 2006.

——. *Ministério Público e sua Investigação Criminal*. Porto Alegre: Fundação Escola Superior do Ministério Público do Rio Grande do Sul, 2001.

——. *Sistema y Principio Acusatorios como Argumentos para la Investigación Oficial del Ministerio Fiscal*. Barcelona: UB, 2002. Dissertação para a obtenção do Diploma de Estudios Avanzados, Curso de Doutorado em Direito Processual, Faculdade de Direito, Universidade de Barcelona/Espanha, 2002.

——. *Sistemas Processuais Penais e seus Princípios Reitores*. 2. ed. Curitiba: Juruá, 2013.

——; ALFLEN, Pablo Rodrigo. *Audiência de Custódia no Processo Penal Brasileiro*. 3. ed. Porto Alegre: Livraria do Advogado, 2018.

BELING, Ernst. *Derecho Procesal Penal*. Traduzido por Miguel Fenech. Barcelona: Labor, 1943.

BORTOLOTTO, Guido. Ministero Pubblico (Materia Penale). In: *Digesto Italiano*. Torino: Torinese, 1904-1911, volume XV, parte seconda, p. 526.

[61] HAMILTON, Sérgio Demoro. A Ortodoxia do Sistema Acusatório no Processo Penal Brasileiro: uma falácia. *Revista do Ministério Público do Rio de Janeiro*, Rio de Janeiro, nº 12, 2000, p. 200. Em sentido similar, mas referente à investigação criminal judicial prevista na também extinta Lei nº 8.034/1995, encontramos: KAC, Marcos. *O Ministério Público na Investigação Penal Preliminar*. Ob. cit., p. 165, nota de pé nº 334.

BOSCHI, José Antônio Paganella. *Persecução Penal: inquérito policial, ação penal e Ministério Público.* Rio de Janeiro: AIDE, 1987, p. 220-227.

CAROCCA PEREZ, Alex Carocca. El Ministerio Público o Fiscal en la Historia y en el Derecho Comparado. *Revista Justicia*, Barcelona, nº 4, p. 973, 1994.

CARRARA, Francesco. *Programa do Curso de Direito Criminal.* Traduzido por Ricardo Rodríguez Gama. Campinas: LZN Editora, 2002. Tradução de: *Programa del Corso Diritto Criminale: del delito, della pena.* Volume II, parte geral.

COUTINHO, Jacinto Nélson de Miranda. A inconstitucionalidade de lei que atribua funções administrativas do inquérito policial ao Ministério Público. *Genesis – Revista de Direito Administrativo Aplicado*, Curitiba (2), p. 449, agosto de 1994.

DOMÍNGUEZ, Manuel Serra. La Instrucción Penal y Civil: el Sumario. In: ______. *Estudios de Derecho Procesal.* Barcelona: Ariel 1969, p. 720.

DOTTI, René Ariel. O Desafio da Investigação Criminal. *Boletim IBCCrim*, São Paulo, ano 12, nº 138, p. 8, nota 3, maio, 2004.

ESMEIN, A. *Histoire de la Procédure en France et Spécialement de la Procédure Inquisitoire Depuis le XIII siècle jusqu'a nos jours.* Paris: L. Larose et Forcel, 1882.

ESPANHA. *Las Siete Partidas del Rey Don Alfonso El Sabio*, cotejada con varios codices antiguos por la Real Academia de Historia. Madri: Atlas, 1972.

EYMERICH, Nicolau. *Manuale dell'Inquisitore A. D. 1376.* Seconda Edizione. Traduzido por Rio Cammilleri. Casale Monferrato (Italia): Piemme, 1998.

FLORES PRADA, Ignacio. *El Ministerio Fiscal en España.* Valencia: Tirant lo Blach, 1999.

FRANÇA. *Code Louis.* Ordonnance Criminelle, 1670. Testi e Documenti per la Storia del Proceso. A cura di Nicola Picardi e Alessandro Giuliani. Milano: Giuffrè, 1996. Tomo II.

GARRAUD, R. *Compendio de Direito Criminal.* Traduzido por A.T. de Menezes. Lisboa: Livraria Clássica Editora, 1915. Volume II.

——. *Traité Théorique et D'Instruction Criminelle et de Procédure Pénale.* Paris: Librairie du Recueil Sirey, 1932. Tome Deuxième (2).

GUI, Bernard. *Manuel de L'Inquisiteur.* Les Classiques de L'Histoire de France au Moyen Age. 10ª edição. Paris: Société D'Édition « Les Belles Lettres », 1964. Tomo I.

HAMILTON, Sérgio Demoro. A amplitude das atribuições do Ministério Público na investigação penal. *Revista do Ministério Público do Rio de Janeiro*, Rio de Janeiro, nº 6, p. 226-243, 1997.

——. A Ortodoxia do Sistema Acusatório no Processo Penal Brasileiro: uma falácia. *Revista do Ministério Público do Rio de Janeiro*, Rio de Janeiro, nº 12, p. 191-206, 2000.

KAC, Marcos. *O Ministério Público na Investigação Penal Preliminar.* Rio de Janeiro: Lumen Juris, 2004.

KRAMER, Heinrich; SPRENGER, James. *O Martelo das Feiticeiras.* 16. ed. Traduzido por Paulo Fróes. Rio de Janeiro: Rosa dos Tempos, 2002. Tradução de: *Malleus Maleficarum.*

LEMOS JÚNIOR, Arthur Pinto de. A Investigação Criminal Diante das Organizações Criminosas e o Posicionamento do Ministério Público. *Revista dos Tribunais*, São Paulo, nº 795, p. 411-451, 2002.

LEYTE, Guillaume. Les origines médiévales du ministère public. In: CARBASSE, Jean-Marie (dir.). *Histoire du Parquet.* Paris: Presses Universitaires de France, 2000, p. 23-54.

LOPES JR., Aury. A Crise do Inquérito Policial e a Investigação Controlada pelo Ministério Público. *Informativo !TEC*, Porto Alegre, ano 1, nº 3, p. 6-7, outubro-dezembro, 2000.

MAIER, Julio B. J. La investigación penal preparatoria del Ministerio Público. Instrucción sumaria o citación directa. Buenos Aires: Lerner, 1975.

MARCHENA GÓMEZ, Manuel. *El Ministerio Fiscal: su Pasado y su Futuro*. Madrid: Marcial Ponz, 1992.

MARQUES, José Frederico. *Elementos de Direito Processual Penal*. Campinas: Bookseller, 1997. Volume I.

MARTINS JÚNIOR, Wallace Paiva. A exclusividade do 'jus postulandi' do Ministério Público na ação penal pública e no inquérito policial. *Justitia*, São Paulo, nº 156, p. 17, 1991.

MENGÈS, Cristine. Le statut desgens du roi à la fin de l'Ancien Régime (XVI-XVIII siècle). In: CARBASSE, Jean-Marie (dir.). *Histoire du Parquet*. Ob. cit, p. 139-156.

MOLINARI, Francesca. Pubblico ministero e azione penale nell'ordinamento francese. In: *Pubblico Ministero e Accusa Penale. Problemi e Prospettive di Riforma*. 6. ed. Bologna: Zanichelli, 1985, p. 195-216.

FERREIRA, Aurélio Buarque de Holanda. *Novo Dicionário Aurélio da Língua Portuguesa*. Rio de Janeiro: Nova Fronteira, 1986.

NUCCI, Guilherme de Souza. *Manual de Processo Penal e Execução Penal*. 13. ed. Rio de Janeiro: Forense, 2016.

RASSAT, Michèlle-Laure. *Le Ministère public, entre son passé et son avenir*. Paris: Librairie Générale de Droit et de Jurisprudence, 1967.

PAOLI, Ugo Enrico. Processo Atico. In: *Nuovo Digesto Italiano*. Torino: Unione Tipografico-Editrice Torinese, 1939, tomo XVIII, p. 613-619.

——. *Studi sul Processo Atico*. Padova: Cedam, 1933.

PETROCELLI, Biaggio. Il Pubblico Ministero e l'Unità dell'Instrutoria Penale. In: ——. *Saggi di Diritto Penale*. Padova: CEDAM, 1952.

PIERANGELLI, José Henrique. Ministério Público e Magistratura: Frutos de uma Mesma Árvore. In: ——. *Escritos Jurídico-Penais*. São Paulo: RT, 1992.

PORTUGAL. *Ordenações Afonsinas*. Coimbra: Real Imprensa da Universidade, 1786.

SANTIN, Valter Foleto. *O Ministério Público na investigação criminal*. Bauru/SP: Edipro, 2001.

SCHOLTZ, Leônidas Ribeiro. Sistemas Processuais Penais e Processo Penal Brasileiro. *Revista dos Tribunais*, São Paulo, nº 764, p. 466, 1999.

SERRA DOMÍNGUEZ, Manuel. Ministerio Fiscal. In: *Enciclopedia Jurídica*. Barcelona: Editorial Seix, 1978, volume XVI, p. 403 e segs.

SINCLAIR, R. K. *Democracia y Participación en Atenas*. Traduzido por Martín-Miguel Rubio Esteban. Madrid: Alianza Editorial, 1999. Tradução de: *Democracy and Participation in Athens*, p. 129.

STRECK, Lenio; FELDENS, Luciano. *Crime e Constituição. A Legitimidade da Função Investigatória do Ministério Público*. Rio de Janeiro: Forense, 2003.

SUXBERGER, Antônio Henrique Graciano. O Papel do Ministério Público na Investigação do Crime Organizado. *Revista da Fundação Escola Superior do Ministério Público do Distrito Federal e Territórios*, Brasília, ano II, nº 22, p. 35-54, julho-dezembro, 2003.

TOURINHO FILHO, Fernando da Costa. *Processo Penal*. 15ª edição. São Paulo: Saraiva, 1994. Volume 1.

VELLANI, Mario. *Il pubblico ministero nel processo*. Bologna: Nicola Zanichelli, 1965. Tomo I.

ZANON, Giorgia. Le Strutture Accusatorie della 'Cognitio Extra Ordinem' nel Principato. Padova: CEDAM, 1998.

Resolução nº 181 do CNMP – artigo 2º

Capítulo I
DA DEFINIÇÃO E FINALIDADE

Art. 2º Em poder de quaisquer peças de informação, o membro do Ministério Público poderá:
I – promover a ação penal cabível;
II – instaurar procedimento investigatório criminal;
III – encaminhar as peças para o Juizado Especial Criminal, caso a infração seja de menor potencial ofensivo;
IV – promover fundamentadamente o respectivo arquivamento;
V – requisitar a instauração de inquérito policial, indicando, sempre que possível, as diligências necessárias à elucidação dos fatos, sem prejuízo daquelas que vierem a ser realizadas por iniciativa da autoridade policial competente.

LUIZA CRISTINA FONSECA FRISCHEISEN

Doutora em Direito pela USP
Procuradora da República
Subprocuradora-Geral da República

■ Da Previsão na Resolução 13/2006.

Art. 2º. Em poder de quaisquer peças de informação, o membro do Ministério Público poderá:

I – promover a ação penal cabível;

II – instaurar procedimento investigatório criminal;

III – encaminhar as peças para o Juizado Especial Criminal, caso a infração seja de menor potencial ofensivo;

IV – promover fundamentadamente o respectivo arquivamento;

V – requisitar a instauração de inquérito policial.

■ Introdução.

A Resolução nº 181 do Conselho Nacional do Ministério Público, publicada em 07/08/2017, e que revogou a Resolução 13, de

02/10/2006 (alterada pelas Resoluções nºs 111, de 04/08/2014, e 161, de 21/02/2017), tem, como finalidade, disciplinar as investigações, de natureza criminal, realizadas diretamente pelo Ministério Público.[1]

Importante lembrar que o poder investigatório do Ministério Público se encontrava regulado pelo Conselho Nacional do Ministério Público desde 02/10/2006, pela Resolução nº 13. A referida regulamentação partiu do princípio que o Ministério Público sempre pode investigar, diretamente, na área da persecução penal, dispensando o Inquérito Policial, a partir de peças de informação recebidas de órgãos com poder de fiscalização e que tem a obrigação legal, que, encontrando indícios de crime em suas atividades, devem representar ao Ministério Público, notícias de fato a partir de comunicações variadas ou, ainda, a partir de iniciativa interna.

Sabemos que o poder investigatório do Ministério Público, que está, intrinsicamente, ligado à constatação que o nosso sistema migrou do sistema inquisitivo para o sistema acusatório, o que foi estabelecido pela Constituição Federal de 1988 e, paulatinamente, introduzido pelas reformas do nosso Código de Processo Penal e também pela legislação extravagante, desde a Lei 9.099/1995 dos Juizados Especiais Federais com os instrumentos da transação, que dispensa a investigação, pelo Termo Circunstanciado de Ocorrência, até a legislação mais recente, que permite os acordos de colaboração premiada.[2]

Durante vários anos, o poder investigatório do Ministério Público foi objeto de decisões judiciais de diversos Tribunais de Justiça, Tribunais Regionais Federais, do Superior Tribunal de Justiça e do Supremo Tribunal Federal, sendo certo que este último, em julgamento do Recurso Extraordinário 593727, com Repercussão Geral, declarou:

> Repercussão geral. Recurso extraordinário representativo da controvérsia. Constitucional. Separação dos poderes. Penal e processual penal. Poderes de investigação do Ministério Público. 2. Questão de ordem arguida pelo réu, ora recorrente. Adiamento do julgamento para colheita de parecer do Procurador-Geral da República. Substituição do parecer por sustentação oral, com a concordância do Ministério Público. Indeferimento. Maioria. 3. Questão de ordem levantada pelo Procurador-Geral da República. Possibilidade de o Ministério Público de estado-membro promover sustentação oral no Supremo.

---

[1] No âmbito do Ministério Público Federal, o Procedimento Investigatório Criminal é disciplinado pela Resolução nº 77 do Conselho Superior do Ministério Público Federal, de 14/09/2004, portanto, anterior à regulamentação pelo CNMP.

[2] Cabe lembrar que a colaboração premiada já apareceu em nossa legislação, nas Leis nºs 8.072/1990, 9.034/1995, 9.269/1996, 9.087/1999 e 11.343/2006. Atualmente, ela assume a forma prevista no artigo 4º da Lei nº 12.850/2013 (que também definiu o conceito de organização criminosa). Para aprofundar o estudo sobre o instituto da colaboração premiada, ver: MENDONÇA, Andrey Borges de. A colaboração premiada e a criminalidade organizada: a confiabilidade das declarações do colaborador e seu valor probatório. In: SALGADO, Daniel de Resende; QUEIRÓZ, Ronaldo Pinheiro de (orgs.). *A Prova no Enfrentamento à Macrocriminalidade*. 2ª ed. Salvador: JusPodium, 2016, p. 231-277.

O Procurador-Geral da República não dispõe de poder de ingerência na esfera orgânica do Parquet estadual, pois lhe incumbe, unicamente, por expressa definição constitucional (art. 128, § 1º), a Chefia do Ministério Público da União. O Ministério Público de estado-membro não está vinculado, nem subordinado, no plano processual, administrativo e/ou institucional, à Chefia do Ministério Público da União, o que lhe confere ampla possibilidade de postular, autonomamente, perante o Supremo Tribunal Federal, em recursos e processos nos quais o próprio Ministério Público estadual seja um dos sujeitos da relação processual. Questão de ordem resolvida no sentido de assegurar ao Ministério Público estadual a prerrogativa de sustentar suas razões da tribuna. Maioria. 4. Questão constitucional com repercussão geral. Poderes de investigação do Ministério Público. Os artigos 5º, incisos LIV e LV, 129, incisos III e VIII, e 144, inciso IV, § 4º, da Constituição Federal, não tornam a investigação criminal exclusividade da polícia, nem afastam os poderes de investigação do Ministério Público. Fixada, em repercussão geral, tese assim sumulada: **"O Ministério Público dispõe de competência para promover, por autoridade própria, e por prazo razoável, investigações de natureza penal, desde que respeitados os direitos e garantias que assistem a qualquer indiciado ou a qualquer pessoa sob investigação do Estado, observadas, sempre, por seus agentes, as hipóteses de reserva constitucional de jurisdição e, também, as prerrogativas profissionais de que se acham investidos, em nosso País, os Advogados (Lei 8.906/94, artigo 7º, notadamente os incisos I, II, III, XI, XIII, XIV e XIX), sem prejuízo da possibilidade – sempre presente no Estado democrático de Direito – do permanente controle jurisdicional dos atos, necessariamente documentados (Súmula Vinculante 14), praticados pelos membros dessa instituição".** Maioria. 5. Caso concreto. Crime de responsabilidade de prefeito. Deixar de cumprir ordem judicial (art. 1º, inciso XIV, do Decreto-Lei nº 201/67). Procedimento instaurado pelo Ministério Público a partir de documentos oriundos de autos de processo judicial e de precatório, para colher informações do próprio suspeito, eventualmente hábeis a justificar e legitimar o fato imputado. Ausência de vício. Negado provimento ao recurso extraordinário. Maioria. (RE 593727, Relator(a): Min. CEZAR PELUSO, Relator(a) p/ Acórdão: Min. GILMAR MENDES, Tribunal Pleno, julgado em 14/05/2015, ACÓRDÃO ELETRÔNICO REPERCUSSÃO GERAL – MÉRITO DJe-175 DIVULG 04-09-2015 PUBLIC 08-09-2015)

Após o julgamento, pelo Supremo Tribunal Federal, do Recurso Extraordinário acima mencionado, e reafirmadas as premissas de que o Ministério Público pode investigar, que as provas devem ser coligidas em um caderno de provas, que esse caderno de provas se chama *Procedimento Investigatório Criminal* (PIC), e que suas regras estão disciplinadas pela atual Resolução 181 e normas internas dos diversos ramos do Ministério Público, passaremos, agora, a tratar dos caminhos que podem ser percorridos a partir da instauração.

- **A Promoção da ação penal, sem inquérito policial prévio, baseada em peças de informação.**

É sabido que o Ministério Público, com peças de informação que contenham suficientes indícios de materialidade e autoria e com elementos que permitam aferir que há justa causa, pode, desde logo, oferecer a denúncia, que, se recebida, dará início à ação penal.

Importante explicitar que as peças de informação podem ser apresentadas como notícia criminal por pessoa jurídica ou pessoa física, representação para fins penais de órgãos de fiscalização[3] e também por peças compartilhadas internamente entre áreas diversas do Ministério Público.

Sobre o compartilhamento de peças de informação de investigação diversas, importante ressaltar que, como sabemos, um fato pode gerar responsabilização em esferas diversas, como, por exemplo, o ato que configure, ao mesmo tempo, improbidade administrativa e crime contra a Administração Pública. Assim, poderá haver investigação específica em Inquérito Civil e propositura de ação de improbidade com compartilhamento para eventual propositura de ação penal ou o caminho inverso, instauração de PIC para propositura de ação penal e compartilhamento de peças para eventual ação de improbidade.

Peças de ação civil pública e laudos podem ser usados para propositura de ação penal, como se vê no acórdão do Superior Tribunal de Justiça abaixo:

> RECURSO EM *HABEAS CORPUS*. ART. 299, PARÁGRAFO ÚNICO, DO CP, POR DUAS VEZES. INQUÉRITO POLICIAL E INDICIAMENTO. DISPENSABILIDADE PARA A PROPOSITURA DA AÇÃO PENAL. DOCUMENTOS TRASLADADOS DE PROCEDIMENTO EM QUE NÃO FIGURARAM PARTES IDÊNTICAS. ADMISSIBILIDADE, DESDE QUE SEJA ASSEGURADO O CONTRADITÓRIO SOBRE A PROVA. RECURSO NÃO PROVIDO.
>
> 1. O inquérito policial não é condição de procedibilidade da ação penal, mas acompanhará a denúncia sempre que servir de base a ela, como na hipótese, em que, por requisição do Ministério Público, foram investigados fatos relacionados a possíveis irregularidades em execução de obra pública no Município de Tupã.
>
> 2. Compete ao Parquet, titular da ação penal pública, avaliar a peça informativa e valer-se de outros elementos disponíveis para formar sua opinião delicti. Pode denunciar pessoa que não haja sido indiciada ou mesmo pedir o arquivamento do inquérito por falta de provas, sem nenhuma vinculação às conclusões das autoridades policiais. Constatadas evidências de que o recorrente, ouvido como testemunha durante as investigações, participou de infração penal, não há ilegalidade no oferecimento da denúncia ao órgão jurisdicional competente.
>
> 3. Não há falar em empréstimo probatório de inquérito ao processo, pois o procedimento administrativo é inquisitorial e os elementos de informação serão reproduzidos durante a instrução criminal, para, nos termos do art. 155 do CPP, poderem fundamentar a decisão judicial. **4. Laudo de medição, laudo pericial e parecer técnico trasladados de ação civil pública proposta contra a Prefeitura do Município podem ser compartilhados para fins penais, mesmo que a parte contra a qual os documentos sejam**

[3] Nesse sentido, os dispositivos dos artigos 39 e 40 do Código de Processo Penal.

utilizados não haja participado do processo originário onde forma produzidos. A teor dos julgados desta Corte Superior, a exigência, como requisito para o empréstimo da prova, de que seja oriunda de processo no qual figurem idênticas partes, restringiria excessivamente sua aplicabilidade e a economia processual, dando ensejo a repetições desnecessárias com idêntico conteúdo.

5. No curso da instrução, a parte terá oportunidade de insurgir-se contra os documentos que lastrearam a denúncia e de refutá-los adequadamente.

6. Em relação à observância do art. 514 do CPP, é necessário notar que o recorrente não foi denunciado por crimes praticados por funcionário público contra a administração em geral, previstos nos artigos 312 a 326 do CP, de modo que não se lhe asseguram a especialidade do rito e o direito de resposta preliminar antes do oferecimento da denúncia.

7. O procedimento comum ordinário prevê a resposta à inicial acusatória como peça obrigatória (art. 396-A do CPP) e se deu oportunidade ao recorrente de arguir preliminares e alegar tudo o que interesse à sua defesa, para fins de rejeição da denúncia ou de extinção prematura do processo.

8. Recurso ordinário não provido.

(RHC 79.534/SP, Rel. Ministro ROGERIO SCHIETTI CRUZ, SEXTA TURMA, julgado em 04/04/2017, DJe 17/04/2017)

Cabe lembrar que, se as investigações comportaram medidas cautelares judiciais, é recomendável que o compartilhamento dessas provas seja pedido em juízo. Vejamos:

HABEAS CORPUS. INTERCEPTAÇÃO TELEFÔNICA. COMPETÊNCIA DO JUÍZO. DESDOBRAMENTO DAS INVESTIGAÇÕES. IDENTIFICAÇÃO, NO CURSO DAS DILIGÊNCIAS, DE POLICIAL MILITAR COMO SUPOSTO AUTOR DO DELITO APURADO. DESLOCAMENTO DA PERSECUÇÃO PARA A JUSTIÇA MILITAR. VALIDADE DA INTERCEPTAÇÃO DEFERIDA PELO JUÍZO ESTADUAL COMUM. ORDEM DENEGADA.

1. Não é ilícita a prova obtida mediante interceptação telefônica autorizada por Juízo competente. O posterior reconhecimento da incompetência do Juízo que deferiu a diligência não implica, necessariamente, a invalidação da prova legalmente produzida. A não ser que "o motivo da incompetência declarada [fosse] contemporâneo da decisão judicial de que se cuida" (HC 81.260, da relatoria do ministro Sepúlveda Pertence).

2. Não há por que impedir que o resultado das diligências encetadas por autoridade judiciária até então competente seja utilizado para auxiliar nas apurações que se destinam a cumprir um poder-dever que decola diretamente da Constituição Federal (incisos XXXIX, LIII e LIV do art. 5º, inciso I do art. 129 e art. 144 da CF). Isso, é claro, com as ressalvas da jurisprudência do STF quanto aos limites da chamada prova **emprestada.**

3. Os elementos informativos de uma investigação criminal, ou as provas colhidas no bojo de instrução processual penal, desde que obtidos mediante interceptação telefônica devidamente autorizada por Juízo competente, admitem compartilhamento para fins de instruir procedimento criminal ou mesmo procedimento administrativo disciplinar contra os investigados. Possibilidade jurisprudencial que foi ampliada, na Segunda Questão de Ordem no Inquérito 2.424 (da relatoria do ministro Cezar Peluso), para também autorizar o uso dessas mesmas informações contra outros agentes. 4. *Habeas corpus* denegado.

(HC 102293, Relator (a): Min. AYRES BRITTO, Segunda Turma, julgado em 24/05/2011, ACÓRDÃO ELETRÔNICO DJe-239 DIVULG 16-12-2011 PUBLIC 19-12-2011)

■ **Observações sobre o Requerimento de Arquivamento.**

Antes de adentrarmos, propriamente, nas razões de requerimento de arquivamento de peças de informação (e quase todos irão se aplicar aos Inquéritos Policiais também), é importante tratar da mitigação da regra da obrigatoriedade da propositura da ação penal ou da instauração de investigação prévia para todas as notícias de ilícitos de natureza criminal.

Importante esclarecer que o nosso sistema legal mitiga a propositura da ação penal através de institutos como a transação penal e o seguimento da mesma com a suspensão condicional do processo, previstos na Lei nº 9099/1995. Mais recentemente, a nossa legislação, ao lado de institutos que já previam o perdão judicial ou a extinção da punibilidade mediante atos dos acusados ou circunstâncias específicas, em que teria sido cometido o crime, passou a admitir institutos como a colaboração premiada, com homologação em juízo. Assim, a legislação permite institutos que têm uma perspectiva da eficiência do sistema de justiça criminal, ou seja, admitida a culpa, mediante a entrega de documentos e provas que comprovam delitos de agentes da colaboração ou de terceiros, é possível realizar acordos para fixação de penas, multas e outras condições inerentes à condenação. A própria Resolução nº 181 traz, em seu artigo 18, diretrizes para o acordo de não persecução penal.

Por outro lado, sabemos que nem todo ato ilícito é necessariamente crime, e, quando tipificado com tal, tem que existir proporcionalidade entre delito, pena e regime de cumprimento desta. Quando isso não acontece, os tipos podem ser considerados inconstitucionais ou não recepcionados pela atual Constituição Federal,[4] as penas inconstitucionais, por falta de proporcionalidade[5] e os regimes considerados desproporcionais e inconstitucionais, por não obedecerem à garantia constitucional da individualização da pena.[6]

[4] Como aconteceu com os crimes da lei da imprensa com a declaração de não recepção na nova ordem constitucional pelo Supremo Tribunal Federal da Lei 5250/1967, na ADPF 130, em 30/09/2009.

[5] Exemplo foi a declaração de inconstitucionalidade pela Corte Especial do Superior Tribunal de Justiça do preceito cominatório do artigo 273, § 1º, B, inciso V, do Código Penal, cuja pena mínima é de 10 anos. HC 239.363, em 26/02/2015, tendo a Corte também decidido que é possível aplicar, por analogia, a pena do artigo 33, *caput*, da Lei 11346/2006.

[6] Nesse sentido, declaração de inconstitucionalidade do cumprimento integral da pena em crimes hediondos da Lei 8.072/1990, o que originou a súmula vinculante 26 do Supremo Tribunal Federal (*Para efeito de progressão de regime no cumprimento de pena por crime hediondo, ou equiparado, o juízo da execução observará a inconstitucionalidade do artigo 2º da Lei 8072/1990, sem prejuízo de avaliar se o condenado preenche, ou não, os requisitos objetivos e subjetivos do benefício, podendo determinar para tal fim, de modo fundamentado, a realização de exame criminológico*).

Como, em matéria de investigação ou ação penal, cada caso tem circunstâncias fáticas que podem, muitas vezes, ser individualizadas tanto na intensidade da ofensa do bem jurídico tutelado, nessa relação com a proporcionalidade da pena e ainda com características do(a) autor (a) do delito, como participação ou não em organização criminosa, primariedade ou não, se a infração praticada implica sanção em outra esfera que não a penal, esse conjunto de circunstâncias começa a ser considerado pelo sistema de justiça para afastar a investigação, a propositura da ação penal ou a condenação em casos concretos, criando paradigmas para casos semelhantes, e, ao que chamamos, muitas vezes, de falta de justa causa para a propositura da ação penal, ou aplicação do princípio da insignificância.

É nesse contexto de definição do que não deve ter tratamento penal por ausência de justa causa, que comporta as condições clássicas para arquivamento como fato atípico, ausência de autoria, falta de provas, prescrição, formas de extinção de punibilidade ou ausência de condições de procedibilidade, que podem ser inseridas novas motivações com suficiência das sanções civis, mínima ofensividade ao bem protegido e utilização contextualizada do princípio da insignificância.

Aqui, exemplificarei, com algumas das orientações das Câmaras de Coordenação e Revisão do Ministério Público Federal:

> ORIENTAÇÃO 26: A 2ª Câmara de Coordenação e Revisão do Ministério Público Federal, no exercício das atribuições que lhe são conferidas pelo artigo 62, inciso I da Lei Complementar nº 75 de 1993 ORIENTA os membros do Ministério Público Federal com atuação na área criminal sob sua coordenação a observarem, em suas promoções de arquivamento, o seguinte critério, não se aplicando à hipótese a regra do Enunciado nº 36:A antiguidade do fato investigado, o esgotamento das diligências investigatórias razoavelmente exigíveis ou a inexistência de linha investigatória potencialmente idônea, adequadamente sopesados no caso concreto, justificam o arquivamento da investigação, sem prejuízo do disposto no art. 18 do CPP.[7]
>
> ORIENTAÇÃO 30: Nos crimes não considerados prioritários pela 2ª CCR, em que se comprove a não reiteração e verificado o mínimo grau de reprovabilidade da conduta, são circunstâncias que autorizam o arquivamento da investigação: a)Delito de bagatela -- a demonstração da mínima ofensividade da conduta, associada ao baixo grau de periculosidade social da ação ;b) Subsidiariedade do Direito Penal– a verificação de que a aplicação de sanção extrapenal é suficiente para a prevenção e repressão do ilícito; c)

[7] Essa orientação se repete na Câmara de Combate à Corrupção do MPF (5ª CCR): ORIENTAÇÃO Nº 4/5ª CCRA, 5ª Câmara de Coordenação e Revisão, em sua 945ª Reunião Extraordinária, realizada em 15 de março de 2017, deliberou pela aprovação da Orientação nº 4, segundo a qual: "A antiguidade do fato investigado, o esgotamento das diligências investigatórias, razoavelmente exigíveis ou a inexistência de linha investigatória potencialmente idônea, adequadamente sopesados no caso concreto, justificam o arquivamento da investigação, sem prejuízo de sua reabertura diante de novos elementos", e também na Câmara de Proteção do Meio Ambiente e do Patrimônio Cultural do MPF (4ª CCR).

Adequação da sanção penal – a concreta e fundamentada ausência de necessidade e utilidade de aplicação da sanção penal, conforme os fins da pena.

Importante frisar que o Poder Judiciário também adota critérios de razoabilidade para o exercício da persecução penal, construindo o conteúdo do chamado *princípio da insignificância*, que não traduz somente o valor monetário do bem jurídico ofendido (o que vai depender sempre de quem teve o bem ofendido), mas o conjunto de circunstâncias que envolvem a ofensa do bem. Nesse sentido, vale a leitura de acórdão do Supremo Tribunal Federal:

> PRINCÍPIO DA INSIGNIFICÂNCIA – IDENTIFICAÇÃO DOS VETORES CUJA PRESENÇA LEGITIMA O RECONHECIMENTO DESSE POSTULADO DE POLÍTICA CRIMINAL – CONSEQÜENTE DESCARACTERIZAÇÃO DA TIPICIDADE PENAL EM SEU ASPECTO MATERIAL – DELITO DE FURTO – CONDENAÇÃO IMPOSTA A JOVEM DESEMPREGADO, COM APENAS 19 ANOS DE IDADE – "RES FURTIVA" NO VALOR DE R$ 25,00 (EQUIVALENTE A 9,61% DO SALÁRIO MÍNIMO ATUALMENTE EM VIGOR) – DOUTRINA – CONSIDERAÇÕES EM TORNO DA JURISPRUDÊNCIA DO STF – PEDIDO DEFERIDO. O PRINCÍPIO DA INSIGNIFICÂNCIA QUALIFICA-SE COMO FATOR DE DESCARACTERIZAÇÃO MATERIAL DA TIPICIDADE PENAL. – O princípio da insignificância – que deve ser analisado em conexão com os postulados da fragmentariedade e da intervenção mínima do Estado em matéria penal – tem o sentido de excluir ou de afastar a própria tipicidade penal, examinada na perspectiva de seu caráter material. Doutrina. **Tal postulado – que considera necessária, na aferição do relevo material da tipicidade penal, a presença de certos vetores, tais como (a) a mínima ofensividade da conduta do agente, (b) a nenhuma periculosidade social da ação, (c) o reduzidíssimo grau de reprovabilidade do comportamento e (d) a inexpressividade da lesão jurídica provocada – apoiou-se, em seu processo de formulação teórica, no reconhecimento de que o caráter subsidiário do sistema penal reclama e impõe, em função dos próprios objetivos por ele visados, a intervenção mínima do Poder Público. O POSTULADO DA INSIGNIFICÂNCIA E A FUNÇÃO DO DIREITO PENAL: "DE MINIMIS, NON CURAT PRAETOR". – O sistema jurídico há de considerar a relevantíssima circunstância de que a privação da liberdade e a restrição de direitos do indivíduo somente se justificam quando estritamente necessárias à própria proteção das pessoas, da sociedade e de outros bens jurídicos que lhes sejam essenciais, notadamente naqueles casos em que os valores penalmente tutelados se exponham a dano, efetivo ou potencial, impregnado de significativa lesividade. O direito penal não se deve ocupar de condutas que produzam resultado, cujo desvalor – por não importar em lesão significativa a bens jurídicos relevantes – não represente, por isso mesmo, prejuízo importante, seja ao titular do bem jurídico tutelado, seja à integridade da própria ordem social.** (STD, HC 84412, Relator (a): Min. CELSO DE MELLO, Segunda Turma, julgado em 19/10/2004, DJ 19-11-2004 PP-00037 EMENT VOL-02173-02 PP-00229 RT v. 94, n. 834, 2005, p. 477-481 RTJ VOL-00192-03 PP-00963)

Os arquivamentos também podem se dar com base em enunciados dos órgãos encarregados pela apreciação dos requerimentos de arquivamento, que têm, como finalidade, dar publicidade para membros do Ministério Público e demais integrantes do sistema de justiça criminal quanto ao entendimento reiterado sobre ausência de tipicidade de determinado fato, insignificância da conduta, ausência de interesse penal quando há sanção cível. Tais enunciados também contribuem para maior eficiência e utilidade da atuação, e podem, até mesmo, dispensar a remessa ao órgão de revisão.[8]

Esse mesmo entendimento foi adotado pela Resolução nº 174, de 04/07/2017, do Conselho Nacional do Ministério Público, quando trata das notícias de fato, que são demandas dirigidas aos órgãos da atividade-fim do Ministério Público e, no artigo 4º, inciso III, permite o arquivamento quando a lesão ao bem jurídico tutelado for manifestamente insignificante, nos termos da jurisprudência consolidada ou orientação do Conselho Superior ou de Câmara de Coordenação e Revisão.

Assim, o Ministério Público, que é o autor da ação penal, tem que atuar para estabelecer paradigmas e diretrizes para seus arquivamentos, dando publicidade às suas fundamentações. Por outro lado, é preciso também explicitar quais são os seus roteiros de diligências mínimas para crimes específicos e quais são as prioridades de atuação,[9] bem como, comunicar ao autor das peças de informação ou representação sobre o arquivamento e as hipóteses em que caberá recurso para o órgão de revisão.[10]

- **Instauração do Procedimento Investigatório Criminal, Requisição de Inquérito Policial, Envio para o Juizado Especial Criminal e Declínio para Outro Ramo do Ministério Público.**

Quando o recebimento de peças de informação não permite o oferecimento direto da denúncia ou o seu arquivamento, e são necessárias diligências para que se possa decidir por providência ou outra, o Ministério Público pode requisitar a instauração de Inquérito Policial ou instaurar Procedimento Investigatório Criminal.

Se houver requisição de Inquérito Policial, a requisição deverá indicar as diligências que o Ministério Público entende necessárias para

[8] No caso do Ministério Público Federal, os órgãos encarregados de revisão são as Câmaras de Coordenação e Revisão, que tem páginas no portal www.mpf.mp.br, nas quais são publicadas os enunciados e orientações.

[9] Nesse contexto, a construção interna de atuação estratégica voltada para a utilidade e eficiência da atuação do Ministério Público, com metodologia específica, mecanismos de participação de colegas de todos os níveis da carreira, em uma mesma área, com a coordenação dos órgãos com tal atribuição, se torna essencial para eleição de temas prioritários nacionais, regionais e locais.

[10] Nesse sentido, a Resolução nº 77 do CSMPF, que trata do Procedimento Investigatório Criminal do Ministério Público Federal, já estabelece, em seu artigo 14, § 1º: *"Nos casos em que a abertura do procedimento investigatório criminal se der por representação, o interessado será cientificado formalmente da promoção de arquivamento e da faculdade de apresentar razões e documentos que serão juntados aos autos para nova apreciação do Ministério Público Federal"*.

a elucidação dos fatos narrados nas peças de informação. Importante ressaltar que, no âmbito do Ministério Público Federal e da Polícia Federal, os Inquéritos Policiais tramitam diretamente na forma da Resolução nº 63/2009 do Conselho de Justiça Federal (tanto em 1º grau como nas hipóteses de investigação de crimes relacionados a pessoas com prerrogativa de foro junto aos Tribunais Regionais Federais).

É possível ao membro do Ministério Público juntar ao Inquérito Policial documentos requisitados de autoridades, que podem agilizar as diligências a serem realizadas pela autoridade policial. É também recomendável que, quando o membro do Ministério Público arquiva ou denuncia com base em Inquérito Policial não relatado, que oficie à autoridade policial para que ela possa dar baixa em seus registros.

Quanto à instauração do PIC, que deve ser feita em, até, 30 dias após o recebimento das peças de informação (ou da notícia de fato) e de outros documentos mencionados no § 6º do artigo 3º Resolução nº 181/2017 (o mesmo dispositivo da resolução dispõe sobre as prorrogações), cabe ressaltar que, algumas vezes, ele será instaurado para complementar a sua instrução com documentos que acrescerão aqueles recebidos, anteriormente, como estabelecido no artigo 47 do Código de Processo Penal.

No âmbito do recebimento de peças de informação que tratam de crimes de pequeno potencial ofensivo, e que deverão ser enviados para o Juizado Especial Criminal ou adotar o referido rito, onde não houver juizado especializado, cabe frisar que os Termos Circunstanciados de Ocorrência, previstos na Lei 9.099/1995, não são exclusividade das Polícias Civil ou Federal, podendo também as Polícias Militar e Rodoviária Federal lavrarem os referidos termos.[11]

Por fim, cabe lembrar que, muitas vezes, e até em razão da implementação de serviços de atendimento aos cidadãos nos portais do Ministério Público, muitas das notícias de fato relativas a crime não são de atribuição do ramo que as recebeu. Assim, elas devem ser declinadas diretamente de um ramo para outro dentro da mesma unidade da federação ou entre unidades diferentes, sendo desnecessária a sua distribuição em juízo para que o ato de declínio por ausência de atribuição do ramo, temática ou territorial, possa acontecer. Nesse caso, havendo orientação ou enunciados dos órgãos de coordenação, é possível declinar diretamente para outro ramo, na forma prevista no § 3º do artigo 2º da Resolução nº 174, de 04/07/2017, do CNMP.

[11] Como já decidiu o Conselho Nacional do Ministério Público no julgamento do pedido de providencias nº 1461/2013-22.

■ Bibliografia.

MENDONÇA, Andrey Borges de. A colaboração premiada e a criminalidade organizada: a confiabilidade das declarações do colaborador e seu valor probatório. In: SALGADO, Daniel de Resende; QUEIRÓZ, Ronaldo Pinheiro de (orgs.). *A Prova no Enfrentamento à Macrocriminalidade*. 2ª ed. Salvador: JusPodium, 2016, p. 231-277.

Resolução nº 181 do CNMP – artigo 3º

DA INSTAURAÇÃO

Art. 3º O procedimento investigatório criminal poderá ser instaurado de ofício, por membro do Ministério Público, no âmbito de suas atribuições criminais, ao tomar conhecimento de infração penal de iniciativa pública, por qualquer meio, ainda que informal, ou mediante provocação.

§ 1º O procedimento investigatório criminal deverá tramitar, comunicar seus atos e transmitir suas peças, preferencialmente, por meio eletrônico.

§ 2º A distribuição de peças de informação deverá observar as regras internas previstas no sistema de divisão de serviços.

§ 3º No caso de instauração de ofício, o procedimento investigatório criminal será distribuído livremente entre os membros da instituição que tenham atribuições para apreciá-lo, incluído aquele que determinou a sua instauração, observados os critérios fixados pelos órgãos especializados de cada Ministério Público e respeitadas as regras de competência temporária em razão da matéria, a exemplo de grupos específicos criados para apoio e assessoramento e de forças-tarefas devidamente designadas pelo procurador-geral competente, e as relativas à conexão e à continência.

§ 4º O membro do Ministério Público, no exercício de suas atribuições criminais, deverá dar andamento, no prazo de 30 (trinta) dias a contar de seu recebimento, às representações, requerimentos, petições e peças de informação que lhe sejam encaminhadas, podendo este prazo ser prorrogado, fundamentadamente, por até 90 (noventa) dias, nos casos em que sejam necessárias diligências preliminares.

DAVID MEDINA DA SILVA

Mestre em Direito pela FMP
Professor de Direito Penal da FMP
Professor de Direito Processual Penal da FMP
Promotor de Justiça/RS

■ Da Previsão na Resolução 13/2006.

Art. 3º O procedimento investigatório criminal poderá ser instaurado de ofício, por membro do Ministério Público, no âmbito de suas atribuições criminais, ao tomar conhecimento de infração penal, por qualquer meio, ainda que informal, ou mediante provocação.

§ 1º O procedimento deverá ser instaurado sempre que houver determinação do Procurador-Geral da República, do Procurador-Geral de Justiça ou do Procurador-Geral de Justiça Militar, diretamente ou por delegação, nos moldes da lei, em caso de discordância da promoção de arquivamento de peças de informação.

§ 2º A designação a que se refere o § 1º deverá recair sobre membro do Ministério Público diverso daquele que promoveu o arquivamento.

§ 3º A distribuição de peças de informação deverá observar as regras internas previstas no sistema de divisão de serviços.

§ 4º No caso de instauração de ofício, o membro do Ministério Público poderá prosseguir na presidência do procedimento investigatório criminal até a distribuição da denúncia ou promoção de arquivamento em juízo.

§ 5º O membro do Ministério Público, no exercício de suas atribuições criminais, deverá dar andamento, no prazo de 30 (trinta) dias a contar de seu recebimento, às representações, requerimentos, petições e peças de informação que lhes sejam encaminhadas, podendo este prazo ser prorrogado, fundamentadamente, por até 90 (noventa) dias, nos casos em que sejam necessárias diligências preliminares para a investigação dos fatos para formar juízo de valor. (Redação dada pela Resolução nº 111, de 4 de agosto de 2014)

§ 6º O procedimento investigatório criminal poderá ser instaurado por grupo de atuação especial composto por membros do Ministério Público, cabendo sua presidência àquele que o ato de instauração designar.

■ Da Previsão na Versão Original da Resolução 181/2017.

Art. 3º O procedimento investigatório criminal poderá ser instaurado de ofício, por membro do Ministério Público, no âmbito de suas atribuições criminais, ao tomar conhecimento de infração penal, por qualquer meio, ainda que informal, ou mediante provocação.

§ 1º O procedimento investigatório criminal deverá tramitar, comunicar seus atos e transmitir suas peças, preferencialmente, por meio eletrônico.

§ 2º O procedimento deverá ser instaurado sempre que houver determinação do Procurador-Geral da República, do Procurador-Geral de Justiça ou do Procurador-Geral de Justiça Militar, diretamente ou por delegação, nos moldes da lei, em caso de discordância da promoção de arquivamento de peças de informação.

§ 3º A designação a que se refere o § 2º deverá recair sobre membro do Ministério Público diverso daquele que promoveu o arquivamento.

§ 4º A distribuição de peças de informação deverá observar as regras internas previstas no sistema de divisão de serviços.

§ 5º No caso de instauração de ofício, o procedimento investigatório criminal será distribuído livremente entre os membros da instituição que tenham atribuições para apreciá-lo, incluído aquele que determinou a sua instauração, observados os critérios fixados pelos órgãos especializados de cada Ministério Público e respeitadas as regras de competência temporária em razão da matéria, a exemplo de grupos específicos criados para apoio e assessoramento e de forças-tarefas devidamente designadas pelo procurador-geral competente, e as relativas à conexão e à continência.

§ 6º O membro do Ministério Público, no exercício de suas atribuições criminais, deverá dar andamento, no prazo de 30 (trinta) dias a contar de seu recebimento, às representações, requerimentos, petições e peças de informação que lhe sejam encaminhadas, podendo este prazo ser prorrogado, fundamentadamente, por até 90 (noventa) dias, nos casos em que sejam necessárias diligências preliminares.

■ **Introdução.**

O Estado de Direito, nascido como reação ideológica contra os regimes absolutos, é o governo das leis, especialmente de uma lei fundamental, caracterizando-se pela divisão dos poderes e estabelecimento de direitos fundamentais, acompanhados de garantias, que constituem barreiras de proteção contra a utilização arbitrária do poder, o que faz do processo, seja judicial ou administrativo, um mecanismo de garantia tanto do correto exercício do poder como de tutela dos direitos fundamentais.[1]

O artigo 3º da Resolução 181/2017 do Conselho Nacional do Ministério Público trata da instauração do Procedimento Investigatório Criminal, providência que está estritamente relacionada ao sistema de garantias processuais estabelecidas constitucionalmente, uma vez que a Constituição Federal de 1988 consolidou um modelo penal e processual eminentemente garantista, elencando uma série de direitos fundamentais outrora negligenciados (formal e materialmente) pelo Estado brasileiro.[2]

Isso implica que a investigação criminal, como atividade administrativa destinada a apuração das infrações penais, deve estar revestida das formalidades necessárias à preservação dos direitos de liberdade estabelecidos na Constituição Federal.

Em se tratando de investigação levada a efeito pelo Ministério Público, sendo este guardião da Constituição, conforme preceitua o art. 129 do Texto Constitucional, maior tende a ser, como fator de legitimação das informações colhidas, o cuidado com os direitos fundamentais. Assim que estão proscritas as investigações secretas, uma vez que se impõe, textualmente, a instauração do procedimento investigatório.

É verdade que não se confundem as atividades de inteligência com as atividades de investigação. Atividades de inteligência são aquelas relacionadas à coleta de informações fora do procedimento investigatório, caracterizando-se como acessórias à investigação e eminentemente sigilosas.[3] Todavia, a atividade investigatória, propriamente dita, como

---

[1] GOMES FILHO, Antonio Magalhães. *A motivação das decisões judiciais*. São Paulo: Revista dos Tribunais, 2001, pp. 23-27.

[2] CALABRICH, Bruno Freire de Carvalho. Pequenos mitos sobre a investigação criminal no Brasil. In: CALABRICH, Bruno *et alli*. (orgs.). *Garantismo Penal Integral*. Salvador: JusPodium, 2010.

[3] Conforme NETO, não há consenso entre os autores quanto ao conceito de inteligência, pois enquanto alguns apontam o segredo como nota singular dessa atividade, outros propugnam que a

procedimento administrativo destinado a colher elementos informadores da futura ação penal, deve ser devidamente documentada e submetida aos controles próprios, a exemplo do direito de acesso do defensor aos atos documentados na investigação, conforme verbete da Súmula Vinculante nº 14.[4]

Tal controle só é realmente possível mediante o ato de instauração, pois tal medida confere formalidade e, em certa medida, publicidade ao expediente, desde que não haja prejuízo às diligências investigatórias. É verdade que a instauração deve servir à formalização e não à burocratização do procedimento investigatório criminal, porquanto este, segundo o próprio artigo 1º da Resolução, é "instrumento sumário e desburocratizado de natureza administrativa e inquisitorial".

A formalização, com efeito, por meio da instauração, destina-se a contemplar a lisura do procedimento investigatório, mantendo, porém, a eficácia e a celeridade da investigação, com respeito aos direitos fundamentais.

■ Providências preliminares.

A instauração do procedimento investigatório criminal não pode constituir ato arbitrário ou abusivo, uma vez que estabelece condições de intervenção no *status libertatis*, ademais de atribuir ao cidadão implicado a condição de investigado, sujeitando-o inclusive à prisão e outras medidas aptas à restrição da liberdade individual. Com efeito, o procedimento investigatório deve estar amparado em elementos mínimos que indiquem a prática de uma infração penal.

Tais elementos constituem verdadeiras premissas que justificam atribuir-se a alguém a condição de pessoa investigada. Esses elementos preliminares abrangem todo e qualquer elemento capaz de sustentar a convicção do agente ministerial no sentido da instauração do procedimento investigatório criminal. Com efeito, assim como a ação penal não pode ser promovida sem justa causa, sob pena de rejeição da denúncia,

---

inteligência se caracteriza pela metodologia. Esse autor, contudo, define inteligência como a atividade permanente e especializada de obtenção de dados, produção e difusão metódica de conhecimentos, a fim de assessorar um decisor na tomada de uma decisão, com o resguardo do sigilo, quando necessário para preservação da sua própria utilidade, da incolumidade da instituição ou do grupo de pessoa a que serve. Tal atividade, em sentido amplo, abrange, ainda, a prevenção, detecção obstrução e neutralização das ameaças (internas e externas) às informações, às áreas, às instalações, aos meios, às pessoas e aos interesses a que a organização serve (contrainteligência). Ver: NETO, Wilson Rocha de Almeida. *A atividade de inteligência como instrumento de eficiência na tutela de direitos fundamentais*. In: *Garantismo Penal Integral*. *Op. cit.*, p. 127.

[4] Súmula Vinculante nº 14: É direito do defensor, no interesse do representado, ter acesso amplo aos elementos de prova que, já documentados em procedimento investigatório realizado por órgão com competência de polícia judiciária, digam respeito ao exercício do direito de defesa.

nos precisos termos do art. 395, III, do Código de Processo Penal, também a investigação criminal necessita de justa causa para ser desenvolvida. As providências preliminares, na medida em que reúnem elementos que conferem verossimilhança à informação sobre a prática de um crime, legitimam a instauração do procedimento investigatório criminal pelo Ministério Público.

É certo que tais elementos não são elementos de prova, tendo *status* semelhante aos elementos da própria investigação, uma vez que se destinam ao titular da futura investigação e não ao titular da jurisdição.

Os elementos ou providências preliminares têm arrimo no atual § 4º do artigo em comento, o qual dispõe o seguinte:

> O membro do Ministério Público, no exercício de suas atribuições criminais, deverá dar andamento, no prazo de 30 (trinta) dias a contar de seu recebimento, às representações, requerimentos, petições e peças de informação que lhe sejam encaminhadas, podendo este prazo ser prorrogado, fundamentadamente, por até 90 (noventa) dias, nos casos em que sejam necessárias diligências preliminares.

Com efeito, essa disposição permite identificar os seguintes elementos ou providências preliminares de investigação:

a) requerimentos e petições: são as notícias-crime e as representações endereçadas ao Ministério Público;

b) peças de informações: são documentos e outros elementos de convicção reunidos num mesmo expediente veiculando suspeita ou indícios de infração penal;

c) indagações preliminares: são diligências prévias destinadas à verificação da verossimilhança de uma notícia-crime ou situação aparentemente criminosa constatada pelo próprio Ministério Público.

Vale o registro de que o Supremo Tribunal Federal firmou o entendimento de que as diligências preliminares são necessárias para confirmação da notícia criminal, notadamente quando se trata de delação anônima, para só então ter início a investigação, conforme se observa nos Habeas Corpus 98.345/RJ,[5] 95.244/PE[6] e no Recuro de Agravo em Habeas Corpus 135.969.[7]

---

[5] BRASIL. *Supremo Tribunal Federal*. HC 98.345/RJ. Rel. Min. Marco Aurélio. Disponível em <http://redir.stf.jus.br/paginadorpub/paginador.jsp?docTP=AC&docID=614240>. Acesso em 01 de out. de 2017.

[6] BRASIL. *Supremo Tribunal Federal*. HC 95.244/PE. Rel. Min. Dias Toffoli. Disponível em <http://redir.stf.jus.br/paginadorpub/paginador.jsp?docTP=AC&docID=610276>. Acesso em 01 de out. de 2017.

[7] BRASIL. *Supremo Tribunal Federal*. HC 135.969 AgR, Rel. Ministro Celso de Mello. Disponível em <http://redir.stf.jus.br/paginadorpub/paginador.jsp?docTP=TP&docID=12282329>. Acesso em 01 de out. de 2017.

■ Instauração do Procedimento Investigatório Criminal.

Instauração é o ato oficial de abertura de uma investigação criminal, constituindo providência de extrema importância, pois oficializa a atividade persecutória estatal e demarca o início do prazo para o seu encerramento. A instauração, outrossim, possibilita a adoção de medidas pré-processuais relevantes, como a prisão e outras cautelares.

A instauração deve ser feita por meio de portaria, contendo a fundamentação e os elementos que a instruem, com destaque para a fonte de informação que noticiou a prática de crime, além da especificação das diligências que serão desenvolvidas, como oitivas, perícias, levantamentos etc.

Usualmente, a instauração ocorre a partir de elementos de convicção mínima, indicadores da prática de crime, e que são reunidos sob o nome de "peças de informação". Tais elementos não constituem, genuinamente, peças de investigação, mas dão supedâneo à instauração do procedimento investigatório, uma vez que este não pode surgir do nada, pois, do nada, nada surge.

As peças de informação, como suporte à instauração, podem ser fornecidas por órgãos de inteligência, pela imprensa, por autoridades judiciais ou administrativas, ou por particulares, no exercício do direito de petição e representação. Não raras vezes, depara-se o próprio agente do Ministério Público, pessoalmente, com elementos indicadores de infração penal, de onde poderá haurir peças de informação como subsídio da instauração do procedimento investigatório criminal.

A instauração, segundo o *caput* do art. 3º, poderá ocorrer por ato de ofício ou mediante provocação.

• *Instauração de ofício.*

Nos crimes de ação penal pública incondicionada, poderá o órgão do Ministério Público instaurar o procedimento investigatório independentemente de qualquer provocação ou demanda externa. Portanto, o Ministério Público, assim como é o *dominus litis,* figura também como senhor da investigação, devendo decidir pela instauração independentemente de qualquer solicitação. Isto não significa que não possa haver provocação, como uma notícia-crime ou uma informação anônima, por exemplo, e sim que a provocação não é condicionante da instauração. Cabe ao Ministério Público, dessarte, instaurar de ofício a investigação criminal ao tomar conhecimento de um crime de ação penal pública.

Assim, a instauração de ofício ocorrerá sempre que o agente do Ministério Público tiver conhecimento, direto ou indireto, da ocorrência de um crime de ação penal pública incondicionada. O conhecimento direto é aquele em que não há intermediários entre o Ministério Público e a fonte de informação, como na descoberta de um fato a partir de uma notícia jornalística ou quando o próprio agente depara-se com uma evidência de crime de ação pública. O conhecimento indireto ocorre quando o Ministério Público é destinatário de uma informação sobre a existência de um crime.

A delação anônima, denominada *notitia criminis inqualificada*, conquanto não possa ser deprezada, demanda cautela redobrada na sua apuração, devendo ser corroborada por elementos preliminares de investigação. Devem, portanto, ser realizadas, segundo PACELLI, "diligências informais , isto é, ainda no plano da apuração da existência do fato – e não da autoria – para comprovação da idoneidade da notícia".[8]

A Jurisprudência do Supremo Tribunal Federal "tem reputado legítima a instauração de procedimento investigatório com base em delação anônima, desde que efetivadas, pela autoridade policial, diligências preliminares destinadas a constatar a verossimilhança dos dados informativos veiculados pelo delator anônimo".[9]

- *Instauração provocada.*

O procedimento investigatório criminal também será instaurado mediante provocação, isto é de um requerimento, representação do ofendido ou seu representante legal ou, ainda, requisição do Ministro da Justiça.

O requerimento nada mais do que a notícia-crime, em que alguém relata ao Ministério Público a prática de um crime. Note-se que o requerimento só terá valor, para fins de instauração do procedimento investigatório criminal, no caso de crime de ação pública. Em se tratando de crime de ação privada, caberá ao Ministério Público encaminhar o requerimento à autoridade policial, para investigação.

A representação do ofendido constitui a forma de provocação própria dos crimes de ação penal pública condicionada. Nesse caso, o Ministério Público poderá, desde logo, proceder à instauração, caso esteja suficientemente instruída, ou realizar diligências preliminares, na forma do § 6º do artigo em comento.

---

[8] PACELLI, Eugênio. *Curso de processo penal.* 21ª ed. rev. atual. e ampl. São Paulo: Atlas, 2017, p. 62.

[9] BRASIL. Supremo Tribunal Federal. HC 135.969 AgR, Rel. Ministro Celso de Mello. Disponível em <http://redir.stf.jus.br/paginadorpub/paginador.jsp?docTP=TP&docID=12282329>. Acesso em 01 de out. de 2017.

A requisição do Ministro da Justiça ocorrerá sempre que se tratar de crime de ação penal pública condicionada a tal condição de procedibilidade.

A Resolução 183, no art. 2º, ao modificar a Resolução 181, eliminou do art. 3º a instauração do procedimento investigatório criminal por "determinação do Procurador-Geral da República, do Procurador-Geral de Justiça ou do Procurador-Geral de Justiça Militar, diretamente ou por delegação, nos moldes da lei, em caso de discordância da promoção de arquivamento de peças de informação".

Tal disposição era, de fato, desnecessária, uma vez que existe previsão legal dando suporte à designação de membro para empreender a atividade investigatória, sempre que o Conselho Superior do Ministério Público discordar do arquivamento das peças de informação, conforme se extrai, por analogia, do disposto em relação às peças informativas da investigação preparatória da ação civil pública.

Com efeito, segundo o § 4º do art. 9º da Lei 7.347/85 (Lei de Ação Civil Pública), deixando o Conselho Superior de homologar a promoção de arquivamento das peças de informação, designará, desde logo, outro órgão do Ministério Público para o ajuizamento da ação. Nesse caso, cabe ao Procurador-Geral, na condição de presidente do Conselho Superior, designar membro do Ministério Público para realizar a investigação, incidindo na espécie o art. 10, IX, e, da Lei nº 8.625/93, que assim dispõe:

> Art. 10. Compete ao Procurador-Geral de Justiça:
>
> (...)
>
> IX - designar membros do Ministério Público para:
>
> (...)
>
> e) acompanhar inquérito policial ou diligência investigatória, devendo recair a escolha sobre o membro do Ministério Público com atribuição para, em tese, oficiar no feito, segundo as regras ordinárias de distribuição de serviços;

Ao receber a designação, deverá o agente ministerial designado realizar a instauração, ainda que intimamente discorde da medida. Convém lembrar que tal prerrogativa do Procurador-Geral limita-se à instauração, não se estendendo aos atos investigatórios ou à conclusão do procedimento de apuração. Assim, uma vez designado um membro do Ministério Público para instaurar o procedimento investigatório criminal, cabe a este atender a designação e, feito isto, conduzir com liberdade e independência as investigações, imune a qualquer ingerência da chefia institucional, preservando-se assim a independência funcional constitucionalmente consagrada (CF, art. 127, § 1º).

■ **Instauração por auto de prisão em flagrante.**

Embora silente a Resolução, constitui bastante evidente que a instauração do procedimento investigatório poderá ser instaurado a partir de auto de prisão em flagrante, sempre que este seja lavrado pelo agente do Ministério Público, seguindo-se a sistemática vigente em relação ao inquérito policial.

Não poderia ser outra a conclusão, na medida em que "o procedimento investigatório criminal é instrumento sumário e desburocratizado de investigação" (art. 1º da Resolução). Assim, uma vez lavrado o auto de prisão em flagrante, não se pode, por preciosismo, exigir ainda a formalização da investigação por meio de portaria, porquanto está consagrado na doutrina que o auto de prisão em flagrante permite a instauração do inquérito policial, o mesmo devendo ser observado em relação à investigação realizada pelo Ministério Público.

■ **Oportunidade e conveniência da instauração.**

Questão relevante é a que diz com a aplicação do princípio da obrigatoriedade em relação à instauração da investigação criminal. A dúvida é se, ao tomar conhecimento de um crime de ação pública, estará ou não o membro do Ministério Público obrigado à instauração da investigação criminal. A questão é polêmica, na medida em que o princípio da obrigatoriedade orienta o exercício da ação penal nos crimes dessa natureza.

Sobre o tema, tendo como parâmetro o sistema processual penal da Alemanha, Roxin, Arzt e Tiedemann assinalam o seguinte:

> Como só o Ministério Público deve decidir, após conclusão da investigação, se oferecerá denúncia contra o suposto autor de um crime, deve também estar obrigado a executar investigações. Caso contrário existiria o perigo de decisões arbitrárias sobre a abertura de um processo de investigação penal. Assim sendo, o princípio da legalidade assegura a uniformidade da aplicação do Direito – todo fato deve ser investigado e julgado com imparcialidade – e garante, dessa forma, a igualdade de todos perante a lei, no sentido do artigo 3º, § 1º, da Lei Fundamental.[10]

Em que pese a importante contribuição dos penalistas alemães, é bem de ver que há distinta conformação do Ministério Público na Alemanha, na medida em que naquela soberania o *parquet* exerce o protagonismo das investigações criminais, com o auxílio da polícia ju-

---

[10] ROXIN, Claus; ARZT, Gunther; TIEDEMANN, Klaus. *Introdução ao direito penal e ao direito processual penal*. Belo Horizonte: Del Rey, 2007, p. 194.

diciária.[11] Diante disso, considerando a relação do Ministério Público com a Polícia Judiciária no sistema brasileiro, estamos de acordo com ANDRADE, quando manifesta que "ao Ministério Público estariam direcionados os critérios da oportunidade e conveniência na apuração de ilícitos penais".[12]

A obrigatoriedade da ação penal não implica, para o Ministério Público, a obrigatoriedade da investigação, porquanto há uma premissa de seletividade incorporada à legitimidade ministerial, exercendo atividade investigatória limitada a situações que não são alcançadas pelos órgãos ordinários de investigação, notadamente a Polícia Judiciária. Não se deve confundir, porém, oportunidade de instauração com oportunidade de investigação. Uma vez constatada a prática de uma infração criminal, sua apuração é obrigatória, competindo ao Ministério Público decidir por requisitar a ação da polícia judiciária ou orientar-se pela investigação própria, nos termos da Resolução 181.

■ Distribuição e tramitação do Procedimento Investigatório.

Diante de peças de informação, poderá desde logo haver instauração pelo membro do Ministério Público com atribuição para a investigação. Todavia, caso haja mais de um membro com atribuição para investigar, as peças deverão ser objeto de distribuição, segundo as regras próprias de cada Ministério Público. É o que se depreende do § 2º do artigo em comento, segundo o qual "a distribuição de peças de informação deverá observar as regras internas previstas no sistema de divisão de serviços". Dessa forma, preservam-se as regras de atribuição e evita-se o direcionamento das peças de informação segundo a conveniência dos agentes ministeriais.

Havendo mais de um agente com atribuição para investigar os fatos contidos nas peças de informação, a distribuição será livre entre eles, podendo ser direcionadas, inclusive, ao agente que determinou a instauração, nos termos do § 3º do art. 3º da Resolução 181.

---

[11] Sobre o tema, de forma sintética, Odone Sanguiné e Paloma Mamam Sanguiné esclarecem que "na Alemanha, desde 1975 desapareceu a figura do juiz instrutor. O Ministério Público é o dono e o senhor da instrução criminal, submetido ao princípio da legalidade e obrigado a investigar os fatos de forma imparcial. A polícia é, no processo penal, um órgão auxiliar que atua por ordem, direção e vigilância jurídica do Ministério Público, competindo àquela a tarefa principal de esclarecimento, vigiada e ordenada pelo Ministério Público". SANGUINÉ, Odone; SANGUINÉ, Paloma Mamam. *A investigação criminal pelo Ministério Público no direito comparado e o retrocesso do Projeto de Emenda Constitucional (PEC) n. 37*. Disponível em <http://www.tribunavirtualibccrim.org.br/artigo/13-A-investigacao-criminal-pelo-Ministerio-Publico-no-direito-comparado-e-o-retrocesso-do-Projeto-de-Emenda-Constitucional-(PEC)-n.-37>. Acesso em 01 de set. de 2017.

[12] ANDRADE, Mauro Fonseca. *Ministério Público e sua investigação criminal*. 2ª ed. Curitiba: Juruá, 2006, p. 256.

Essa regra de atribuição será, porém, modificada, no caso de existência de grupos ou forças-tarefa especialmente criados para atuação investigatória na matéria objeto das peças de informação. Neste caso, as peças de informação deverão ser distribuídas ao órgão do Ministério Público encarregado da coordenação do grupo ou força-tarefa, observando-se a designação do respectivo procurador-geral ou as regras de cada Ministério Público sobre o tema.

Devem ser observadas, também, no caso de distribuição, as regras de conexão e continência. Assim, caso as peças de informação tratem de infração conexa a outra, que seja de atribuição de outro órgão, a este deverá ser encaminhado o expediente informativo para fins de instauração, ou, caso já instaurado, tramitação do procedimento investigatório.

A tramitação, comunicação de atos e envio de peças, deverá ocorrer, preferencialmente, por meio eletrônico, nos termos do § 1º do artigo em comento. A regra acompanha a tendência moderna do "processo eletrônico", cujo objetivo é desburocratizar e agilizar a tramitação de expedientes nos órgãos públicos em geral. Não é desarrazoado lembrar que, dado o caráter do procedimento investigatório criminal, ao qual se incorporam informações consideradas sensíveis, qualquer vazamento pode ser fatal tanto para a atividade persecutória quanto para a honra da pessoa investigada, devendo ser redobrados os cuidados com a segurança dos sistemas tecnológicos do Ministério Público.

■ Prazo para instauração.

A morosidade judicial tem sido apontada como uma das grandes responsáveis pela crise da justiça brasileira, gerando impunidade e insegurança jurídica, além de violação de direitos fundamentais, na medida em que o cidadão vê-se privado da tutela jurisdicional em tempo razoável.

Nesse contexto, a Emenda Constitucional 45 inseriu no rol de direitos fundamentais o princípio da duração razoável do processo, estabelecendo que "a todos, no âmbito judicial e administrativo, são assegurados a razoável duração do processo e os meios que garantam a celeridade de sua tramitação".

Consoante ROSITO, trata-se de norma que tornou explícito o que anteriormente já se encontrava implícito no ordenamento jurídico brasileiro, tanto no âmbito infraconstitucional como no âmbito constitucional.[13] De efeito, o excesso de prazo foi consagrado pela doutrina e

[13] ROSITO, Francisco. O princípio da duração razoável do processo sob a perspectiva axiológica. In *Revista de Processo*. São Paulo: Revista dos Tribunais, 2008, p. 28.

jurisprudência como hipótese de constrangimento ilegal capaz de gerar a concessão de liberdade ao réu preso, assim como a inércia do Ministério Público, no caso de ação penal pública incondicionada, permite o exercício do direito de ação pelo ofendido ou seu representante, caso o Ministério Público não ofereça denúncia nem adote outra providência no prazo legal.

Uma vez que a razoável duração do processo tem incidência nos processos administrativos, essa lógica não escapou à Resolução 181, que estabelece prazo para o Ministério Público dar andamento aos elementos preliminares e promover a instauração do procedimento investigatório criminal. Com efeito, estabelece o § 4º do art. 3º que "o membro do Ministério Público, no exercício de suas atribuições criminais, deverá dar andamento, no prazo de 30 (trinta) dias a contar de seu recebimento, às representações, requerimentos, petições e peças de informação que lhe sejam encaminhadas, podendo este prazo ser prorrogado, fundamentadamente, por até 90 (noventa) dias, nos casos em que sejam necessárias diligências preliminares".

A norma resolutiva pretende evitar que o agente do Ministério Público retarde indefinidamente a instauração do procedimento investigatório criminal, de sorte a coibir investigações clandestinas e "engavetamentos" de peças de informação, além de garantir que as notícias criminais levadas pelos cidadãos ao Ministério Público sejam processadas em tempo hábil.

Note-se que a Resolução não estabelece qualquer consequência para o descumprimento do prazo, permitindo dessumir que será tratado segundo as regras ordinárias aplicáveis às faltas funcionais.

■ Bibliografia.

ANDRADE, Mauro Fonseca. *Ministério Público e sua investigação criminal.* 2ª ed. Curitiba: Juruá, 2006.

BRASIL. *Supremo Tribunal Federal.* HC 135.969 AgR, Rel. Ministro Celso de Mello. Disponível em <http://redir.stf.jus.br/paginadorpub/paginador.jsp?docTP=TP&docID=12282329>. Acesso em 01 de out. de 2017.

——. Supremo Tribunal Federal. HC 98.345/RJ. Rel. Min. Marco Aurélio. Disponível em <http://redir.stf.jus.br/paginadorpub/paginador.jsp?docTP=AC&docID=614240>. Acesso em 01 de out. de 2017.

——. Supremo Tribunal Federal. HC 95.244/PE. Rel. Min. Dias Toffoli. Disponível em <http://redir.stf.jus.br/paginadorpub/paginador.jsp?docTP=AC&docID=61027>. Acesso em 01 de out. de 2017.

CALABRICH, Bruno Freire de Carvalho. Pequenos mitos sobre a investigação criminal no Brasil. In: CALABRICH, Bruno *et alli. Garantismo Penal Integral.* Salvador: JusPodium, 2010.

GOMES FILHO, Antonio Magalhães. *A motivação das decisões judiciais.* São Paulo: Revista dos Tribunais, 2001.

PACELLI, Eugênio. *Curso de processo penal*. 21 ed. rev. atual. e ampl. São Paulo: Atlas, 2017.

ROSITO, Francisco. O princípio da duração razoável do processo sob a perspectiva axiológica. *Revista de Processo*. São Paulo: Revista dos Tribunais, 2008.

ROXIN, Claus. ARZT, Gunther. TIEDEMANN, Klaus Tiedemann. *Introdução ao direito penal e ao direito processual penal*. Belo Horizonte, Del Rey, 2007.

SANGUINÉ, Odone; SANGUINÉ, Paloma de Maman. A investigação criminal pelo Ministério Público no direito comparado e o retrocesso do Projeto de Emenda Constitucional (PEC) n. 37. Disponível em <http://www.tribunavirtualibccrim.org.br/artigo/13-A-investigacao-criminal-pelo-Ministerio-Publico-no-direito-comparado-e-o-retrocesso-do-Projeto-de-Emenda-Constitucional-(PEC)-n.-37>. Acesso em 01 de set. de 2017.

Resolução nº 181 do CNMP – artigo 4º

Art. 4º O procedimento investigatório criminal será instaurado por portaria fundamentada, devidamente registrada e autuada, com a indicação dos fatos a serem investigados e deverá conter, sempre que possível, o nome e a qualificação do autor da representação e a determinação das diligências iniciais.
Parágrafo único. Se, durante a instrução do procedimento investigatório criminal, for constatada a necessidade de investigação de outros fatos, o membro do Ministério Público poderá aditar a portaria inicial ou determinar a extração de peças para instauração de outro procedimento.

AIRTON PEDRO MARIN FILHO

Procurador-Geral de Justiça do Ministério Público de Rondônia
Procurador de Justiça/RO

SAMUEL SALES FONTELES

Mestrando em Direito Constitucional pelo IDP
Promotor de Justiça/GO

■ Da Previsão na Resolução 13/2006.

Art. 4º O procedimento investigatório criminal será instaurado por portaria fundamentada, devidamente registrada e autuada, com a indicação dos fatos a serem investigados e deverá conter, sempre que possível, o nome e a qualificação do autor da representação e a determinação das diligências iniciais.

Parágrafo único. Se, durante a instrução do procedimento investigatório criminal, for constatada a necessidade de investigação de outros fatos, o membro do Ministério Público poderá aditar a portaria inicial ou determinar a extração de peças para instauração de outro procedimento.

■ Considerações Introdutórias.

O procedimento investigatório criminal (PIC) tem, como desiderato, coligir elementos que elucidem a materialidade e a autoria de um suposto delito ou conjunto de delitos. Para tanto, o PIC congrega uma série de atos concatenados, de índole investigativa, em um caderno processual que tramita nos átrios do próprio Ministério Público. Como se sabe, essa investigação é presidida pelo membro que instaurou o referido expediente.

Certo é que, a esta altura, seria contraproducente apresentar uma farta argumentação favorável à constitucionalidade da investigação criminal levada a cabo pelo Ministério Público, mormente quando essa possibilidade já conta com a chancela do Supremo Tribunal Federal (STF).[1] Sucede que, no Direito, convém preferir a *autoridade do argumento* ao argumento de autoridade. Ademais, dentro do universo de argumentos favoráveis, há um deles, em especial, que se coloca como a *chave da abóbada* no que concerne ao estudo desenvolvido neste trabalho. Sendo assim, sem qualquer pretensão de repisar questões já decididas pela construção pretoriana da mais Alta Corte, é de bom alvitre lembrar a *regra de ouro* que norteará o raciocínio desenvolvido neste ensaio: a doutrina norte-americana dos *implied powers*.

Ancorados nessa teoria, podemos inferir que, quando a Carta Outubrina confiou ao Ministério Público a tarefa de, privativamente, oferecer a ação penal (art. 129, I), implicitamente, também lhe muniu dos *meios* para cumprir a contento esse desiderato constitucional (*McCulloch v. Maryland* – 1819).[2] Esse é o ponto que merece realce, sobretudo por ocasião do estudo das *competências*[3] *para expedir a portaria que instaura o PIC. Voltaremos a ele no momento oportuno.*

De resto, é de elementar sabença que ao Ministério Público interessa, na mesma medida, a condenação de culpados e a absolvição de inocentes. Se, ao fim e ao cabo, sua investigação evidencia a inocência da pessoa investigada, o membro promoverá o arquivamento do PIC. Noutra ponta, quando as diligências denotam uma fundada suspeita, o oferecimento da denúncia é a medida civilizada e reclamada pelo Direito para repudiar a indesejada impunidade, caso a instrução confirme o que se suspeitava. À vista do que for eventualmente apurado

---

[1] STF, Plenário, RE 593727/MG, julgado em 14/05/2015. No mesmo sentido é a jurisprudência do Superior Tribunal de Justiça, conforme se extrai do REsp 1563962/RN. Para uma imersão verdadeiramente aprofundada acerca da antiga controvérsia, confira-se a excelente análise efetuada por Marcellus Polastri (POLASTRI, Marcellus. *Ministério Público e Persecução Criminal.* 5ª ed. Salvador: JusPodivm, 2016, p.107-139), que conclui pela constitucionalidade do expediente.

[2] No Brasil, essa lição elementar encontrou eco, por exemplo, na doutrina de Emerson Garcia (2014, p. 542), dentre tantos outros juristas.

[3] Uma advertência terminológica ao leitor: juízes possuem *competência*; membros do Ministério Público possuem *atribuições*. Daí falar-se em conflito de competências entre órgãos judicantes, e conflito de atribuições entre órgãos de execução do *Parquet*. Todavia, aqui, a palavra *competência* deve ser entendida como *elemento do ato administrativo*. Ou seja, a referência é ao agente público *a quem compete* expedir a *portaria*. Ter competência para expedi-la equivale a ter atribuição para esse mister.

no procedimento criminal, o *membro* do Ministério Público *amadurece* a sua *opinio delicti* para o oferecimento *responsável* da ação penal ou mesmo para a promoção do arquivamento do procedimento que instaurou. Modernamente, restou superado o vetusto dogma pelo qual a sagrada investigação criminal só poderia ser operacionalizada pela Polícia Civil ou Federal. Hoje, o próprio advogado pode realizar o que a doutrina tem denominado de *investigação defensiva*,[4] à semelhança do que sucede no ordenamento jurídico italiano e norte-americano. Outrossim, a Lei nº 13.432/2017 já disciplina a investigação realizada por *detetives particulares*.

Não pretendemos ir além. É hora de examinar o ato jurídico que faz brotar o procedimento em estudo.

▪ Da gênese do Procedimento Investigatório Criminal: portaria como ato jurídico e como ato administrativo.

Conforme estatuiu o artigo 4º da Resolução nº 181/2017 do Conselho Nacional do Ministério Público (CNMP), o ato que dá vida ao procedimento investigatório criminal é a *portaria*, cuja natureza é de *ato jurídico*, mais especificamente um *ato administrativo*.[5] Nesse aspecto, segue-se a mesma lógica do ato originador do inquérito civil, cuja natureza também é de portaria (art. 4º da Resolução nº 23/2007, do CNMP).

Apenas para situar topograficamente o leitor nos domínios da Teoria do Direito, reputa-se *ato jurídico* a manifestação de vontade que cria, extingue ou modifica direitos. Em complemento, Flávio Tartuce observa que "no ato jurídico *stricto sensu* os efeitos da manifestação de vontade estão predeterminados pela lei".[6] Por exemplo, na adoção de uma criança, cuida-se de uma manifestação de vontade (do adotante) que produz efeitos já predeterminados pelo legislador (o Estatuto da Criança e do Adolescente aponta os variados efeitos jurídicos da adoção). Desse modo, se a portaria instauradora do PIC é um ato jurídico, dois elementos assumem relevo: uma manifestação de vontade e a produção de efeitos estabelecidos pelo legislador. Quando expede uma portaria, o membro do Ministério Público *presenta* a Instituição, manifestando a vontade do *Parquet*. Os efeitos da portaria constituidora do

---

[4] LIMA, Renato Brasileiro de. *Manual de Processo Penal*. Salvador: JusPodivm, 2015, p. 188.

[5] Com uma abordagem semelhante à nossa, pela qual a natureza jurídica da portaria é de genuíno ato administrativo, porém referindo-se ao ato inaugural do *inquérito civil*, temos a monografia de Hugo Nigro Mazzilli (MAZZILLI, Hugo Nigro. *O Inquérito Civil* – Investigações do Ministério Público, Compromissos de Ajustamento e Audiências Públicas. 3ª ed. São Paulo: Saraiva, 2008).

[6] TARTUCE, Flávio. *Manual de Direito Civil*. Volume Único. 6ª ed. Rio de Janeiro: Forense; São Paulo: Método, 2016, p. 223.

PIC, por sua vez, estão previamente delineados no art. 26 da Lei de nº 8.625/93 (LONMP) e no art. 8º da Lei Complementar nº 75/93.

Pois bem.

O gênero *ato jurídico* compreende espécies como os atos processuais, os atos legislativos, os atos jurisdicionais e, conforme assume relevo no estudo em apreço, os *atos administrativos*. No escólio de Celso Antônio Bandeira de Mello, é possível conceituar ato administrativo como "[...] declaração do Estado (ou de quem lhe faça as vezes – como, por exemplo, um concessionário de serviço público), no exercício de prerrogativas públicas, manifestada mediante providências jurídicas complementares da lei a título de lhe dar cumprimento, e sujeitas a controle de legitimidade por órgão jurisdicional".[7] O conceito encaixa como uma luva. O membro do Ministério Público declara, em nome do Estado, no exercício de suas prerrogativas constitucionais e legais, uma providência jurídica complementar à lei: a portaria materializa o que está disposto na LONMP e na LC nº 75/93, dando-lhes cumprimento. Por óbvio, a portaria pode ser sindicada pelo Judiciário, sendo usual que o seja pela via do *habeas corpus*.

Uma vez alicerçada a premissa de que a portaria do PIC tem natureza jurídica de ato administrativo, é de todo pertinente aquilatar se estamos diante de um ato administrativo vinculado ou discricionário. A resposta é encontrada a partir da interpretação sistêmica com o artigo 2º da Resolução em apreço. À luz desse dispositivo, a regra é que a expedição da portaria seja um ato discricionário, pois, mesmo munido de elementos de informação que noticiem infrações penais, o membro do Ministério Público terá uma ampla margem de liberdade para reputar se é oportuno ou se convém instaurar o PIC. Primeiro, porque pode preferir denunciar de imediato (art. 2º, I). Segundo, porque pode entender que é caso de arquivar essas peças de informação (art. 2º, IV). Terceiro, porque pode reputar mais conveniente que a própria polícia investigue, quando, então, requisitará a instauração de inquérito policial (art. 2º, V). Devemos lembrar que a investigação do Ministério Público é aquela preponderantemente *de gabinete*. Nem todos os delitos são facilmente elucidados por essa modalidade específica de investigação. Infere-se, portanto, que *a regra é que a portaria que deflagra o PIC seja um ato administrativo discricionário, na medida em que não se obriga o membro do Ministério Público a expedi-la.*

Todavia, nem sempre será assim. É possível que exista *um dever de investigar*. Nas palavras de Hugo Nigro Mazzilli, "[...] nos casos em que a polícia esteja impossibilitada ou não seja o órgão estatal mais adequa-

[7] MELLO, Celso Antônio Bandeira de. *Curso de Direito Administrativo*. 33ª ed. São Paulo: Malheiros, 2016. p. 397.

do para fazer as investigações (notadamente nas infrações penais que envolvam autoridades que têm mando sobre a polícia, ou nas infrações penais que envolvam policiais mais graduados), o Ministério Público não só pode como deve investigar crimes de ação pública. Não fosse assim e crimes de gravidade jamais seriam efetivamente apurados, como nos conhecidos casos do chamado Esquadrão da Morte da década de 1970".[8] Portanto, em casos tais, a nosso sentir, havendo seriedade e subsistência nos elementos de informação, a expedição da portaria inauguradora do PIC afigura-se como um *ato vinculado*.

Prossigamos.

Afirmar que o ato jurídico *inaugural* do procedimento investigativo criminal tem natureza de *ato administrativo* permite inúmeras deduções lógicas provenientes dessa simples assertiva, dentre elas, a *presunção de legitimidade* que milita em favor das portarias instauradoras de PICs. Se uma portaria é presumivelmente legítima, opera-se a inversão do ônus argumentativo, incumbindo ao investigado demonstrar a presença de um vício que macule o ato inaugurador do procedimento investigatório. Isso tem relevância, por exemplo, na argumentação tecida no bojo de um *habeas corpus* que venha a impugnar a legalidade do ato. Além disso, exatamente por se tratar de um ato administrativo, a portaria que deflagra o PIC também pode ser analiticamente decomposta nos tradicionais *elementos*: a) Competência; b) Forma; c) Finalidade; d) Motivo; e) Objeto.

Vejamo-los, um a um, articuladamente.

■ **Competência: membro com atribuições criminais (interpretação extensiva).**

A quem compete expedir uma portaria constituidora de um PIC? Como ato administrativo que é, a portaria que instaura o PIC deve ser expedida por *quem de direito*. Somente o *membro* do Ministério Público tem poderes para fazê-lo, o que exclui liminarmente a possibilidade de analistas, técnicos ou assessores instaurarem o PIC. Tais agentes públicos até poderão redigir a minuta da portaria e desenvolver atividades relevantes no bojo do procedimento, a exemplo da função de *secretariá-lo*, mas jamais editar a portaria inaugural.

Porém, nem todos os membros do Ministério Público estão legitimados para tal. Com arrimo no artigo 1º da Resolução nº 181 do CNMP, "O procedimento investigatório criminal é instrumento sumário e desburocratizado de natureza administrativa e investigatória, instaurado

[8] MAZZILLI, Hugo Nigro. *Regime Jurídico do Ministério Público*. 7ª ed. São Paulo: Saraiva, 2013, p. 353.

e presidido pelo membro do Ministério Público com atribuição criminal [...]". Bem se vê, é necessário ser membro do Ministério Público, mas isso não se afigura suficiente. Exige-se, ainda, que esse membro possua atribuições *criminais*. Isso não significa que o membro do Ministério Público deva ter atribuições *exclusivamente* criminais. Por exemplo, nada impede que um promotor de justiça, que atue na curadoria da Infância e da Juventude, possa expedir uma portaria que origine um PIC, desde que *também* possua atribuições criminais (*v.g.* nas comarcas menores, onde o Promotor é titular de uma Promotoria única).

Não obstante, a todas as luzes, quando o artigo 1º da Resolução nº 181 do CNMP fez alusão ao "[...] membro do Ministério Público com atribuição criminal...", *dixit minus quam voluit* (disse menos que quis). Isso porque também não basta ser membro do Ministério Público e ser portador de atribuições criminais, na medida em que ainda se lhe exige que tenha atribuição para *oferecer denúncias criminais*. Por exemplo, alguns Procuradores de Justiça do Ministério Público de São Paulo têm atribuição para exarar pareceres criminais, perante processos que tramitam nas Câmaras Criminais, mas não possuem legitimidade para denunciar quem quer que seja, ante a ausência de delegação do Procurador-Geral de Justiça. Nesse caso, conquanto se admita que tais Procuradores de Justiça tenham *atribuições criminais* em sentido lato, falece-lhes atribuição para expedir a portaria que instaura um PIC.

Como já tivemos oportunidade de mencionar, em se tratando de portaria instituidora do PIC, a *chave da abóbada* para a correta compreensão da competência é: haverá um paralelismo entre os poderes de investigar e denunciar. Se o membro possui atribuições para denunciar, *implicitamente*, será parte legítima para investigar. Noutras palavras, aquele que licitamente denuncia pode legitimamente instaurar um PIC. Cuida-se de uma inferência lógica da doutrina estadunidense dos *inherent powers*, transplantada para o Brasil neste particular. Por esse raciocínio, à guisa de exemplos, sabendo-se que o membro do Ministério Público do Trabalho não pode oferecer denúncias criminais (afinal, a Justiça do Trabalho, perante a qual oficiam, não detém competências criminais), o consectário lógico é que o ordenamento posto *não lhes reconhece atribuição* para instaurar um PIC. Como diria Herbert Lionel Adolphus Hart,[9] no caso em apreço, simplesmente não há uma *norma de reconhecimento* que atribua essa competência para expedir a portaria.

Portanto, onde se lê "com atribuição criminal", deve-se ler "com atribuição criminal para denunciar". Essa correção hermenêutica nada mais é do que uma interpretação extensiva, técnica empregada quando

[9] HART, Herbert Lionel Adolphus. *O conceito de Direito*. São Paulo: WMF Martins Fontes, 2012.

o elaborador da norma disse menos do que quis, ao contrário da analogia, recurso este vocacionado a colmatar lacunas.

- **Competência: PIC instaurado por um conjunto de membros.**

É possível instaurar um PIC de maneira conjunta? Por certo! Também haverá competência para a expedição do ato administrativo de portaria nos chamados *grupos de atuação especial*, na forma do artigo 6º, da Resolução em liça. À guisa de exemplos, é o que ocorre quando o Grupo de Atuação Especial de Combate ao Crime Organizado (GAECO) expede uma portaria instauradora do PIC, por razões de segurança ou mesmo de logística. Na prática, todos os integrantes subscrevem o ato administrativo. O mesmo ocorrerá em se tratando de PIC instaurado por meio de *força tarefa*.

Há duas situações distintas que não podem se confundir: uma coisa é a expedição da portaria; a outra é a presidência do feito. Esta é sempre singular, mas aquela pode ser coletiva. Noutras palavras, mesmo nas portarias instauradas por grupos especiais, a presidência do feito deve ser unipessoal. Nesse caso, a portaria deve designar o membro do grupo de atuação especial que presidirá o PIC. A distinção é relevante, porque somente o presidente tem legitimidade para, por exemplo, decretar o sigilo do procedimento.

- **Competência: PIC instaurado para investigar autoridades com foro por prerrogativa de função: (im)prescindibilidade de autorização do Tribunal.**

Se a pessoa investigada é detentora de foro por prerrogativa de função, o PIC deverá ser instaurado pelo membro com atribuições criminais dotado de legitimidade para o oferecimento da denúncia perante aquele Tribunal. Por exemplo, se um Prefeito vem a delinquir, o Procurador-Geral de Justiça é o promotor natural para o oferecimento da denúncia (art. 29, V, LONMP). Por conseguinte, ele, o PGJ, é a pessoa legitimada para expedir a portaria que inaugura o PIC. A situação se altera quando, no exemplo fornecido, o Procurador-Geral de Justiça delegou sua atribuição de denunciar para um Procurador de Justiça ou, até mesmo, para um Promotor de Justiça (art. 29, IX, LONMP), hipóteses em que esses agentes públicos poderão expedir a portaria instauradora.

Sabe-se que o STF tem exigido a sua própria autorização para que sejam iniciadas investigações em face de autoridades com foro por prerrogativa de função nesse Tribunal.[10] Nem por isso se deve concluir

[10] Inq. 2411 QO.

que o PIC instaurado para investigar autoridades com foro especial nos Tribunais de Justiça deva contar com o beneplácito do Poder Judiciário.[11] A uma, por se tratar de atividade-fim do membro do Ministério Público, que não pode sujeitar-se ao alvedrio de um provimento jurisdicional. A duas, em razão do princípio acusatório. A propósito, em consonância com o posicionamento defendido pelos articulistas que vos escrevem, o Superior Tribunal de Justiça (STJ) decidiu que exigir a aquiescência do Poder Judiciário para dar início a uma investigação, além de traduzir uma solenidade não prevista em lei, violaria o princípio acusatório.[12]

Em suma: enquanto autoridades com foro especial no STF dependem da autorização desta Corte para serem investigadas *pela polícia*, as demais autoridades (com foro em outros Tribunais) podem ser livremente investigadas, mesmo sem a anuência do Judiciário. Este é o *estado da arte* da construção pretoriana brasileira, vale dizer, é o que se verifica a partir de uma cuidadosa análise da mais recente jurisprudência das duas cortes (STF e STJ). Em se tratando de investigação levada a cabo pelo Ministério Público (PIC), o consentimento do Judiciário é sempre desnecessário, mormente em face do atributo da *autoexecutoriedade dos atos administrativos*.

Estão legitimados à expedição da portaria, nos PICs instaurados para investigar autoridades com foro especial, o Procurador-Geral de Justiça, o Procurador-Geral da República e o Procurador-Geral da Justiça Militar, bem assim, todos aqueles que receberem delegação dessas autoridades, a exemplo dos Procuradores de Justiça, dos Subprocuradores-Gerais da República e dos Subprocuradores-Gerais da Justiça Militar. No âmbito do Ministério Público Federal, abre-se, ainda, a possibilidade de instauração do PIC por parte de um Procurador Regional da República, mesmo sem delegação do Procurador-Geral da República. Figure-se que um Juiz Federal, por exemplo, integre uma organização criminosa composta por policiais federais que pratiquem extorsões, lavagem de dinheiro, tráfico de influência, corrupção ativa e corrupção passiva. No caso narrado, o PIC pode ser instaurado por um Procurador Regional da República que oficie perante o Tribunal Regional Federal, no que diz respeito ao magistrado.[13]

---

[11] O tema foi verticalizado em primoroso estudo publicado na Revista do Ministério Público do Rio de Janeiro de nº 59, jan./mar. 2016, intitulado "*Procedimento Investigatório Criminal – PIC: Da Desnecessidade de Controle Judicial*", elaborado por um dos articulistas que vos escreve (Airton Pedro Marin Filho) em coautoria com Aluildo de Oliveira Leite.

[12] REsp 1563962/RN, 5ª Turma, julgado em 08/11/2016.

[13] Em princípio, a regra era a de que o foro por prerrogativa de função da autoridade exerceria uma *vis attractiva* para atrair, por conexão ou continência, o julgamento dos delitos praticados pelos demais réus. Este é o teor da Súmula nº 704 do STF: "Não viola as garantias do juiz natural, da ampla defesa e do devido processo legal a atração por continência ou conexão do processo do

Portanto, em uma *summa conclusiva*, é válido concluir que o *promotor natural* para a instauração do PIC é o *membro* do Ministério Público dotado de *atribuições criminais para denunciar*, quer se trate do Promotor de Justiça, do Procurador de Justiça, do Procurador-Geral de Justiça, do Procurador da República, do Procurador Regional da República, do Subprocurador Regional da República, do Procurador-Geral da República, do Promotor da Justiça Militar, do Procurador da Justiça Militar, do Subprocurador-Geral da Justiça Militar ou do Procurador-Geral da Justiça Militar.

- **Forma.**

Extrinsecamente, a portaria deve revestir-se da *forma escrita*. Este é o seu fenótipo: documentada de forma escrita e no *vernáculo*. Conforme se vislumbra na Súmula Vinculante nº 14, os elementos de informação coligidos em investigações criminais devem ser documentados no caderno investigativo. Isso inclui a própria portaria que inaugura o procedimento inquisitivo, que deve instruir o feito de maneira inaugural.

- **Forma: Registro e Autuação.**

Ainda no campo das formalidades, o artigo 4º da Resolução exige o *registro* e a *autuação* da portaria. O registro é a inserção e o cadastramento do feito nos sistemas internos do órgão, geralmente um *software* desenvolvido para a própria Instituição. A autuação, por sua vez, realiza-se quando o feito é encadernado, encapado e o mais importante: *quando tem suas folhas numeradas*. Essa última providência dificulta que informações sejam sonegadas quando requisitadas por quem de direito.

O fim colimado é o de evitar as chamadas *investigações de gaveta*, quando atos investigativos são praticados sem que as partes saibam ou possam saber que estão sendo investigadas, bem como sem qualquer controle dos *prazos* estipulados para que razoavelmente se possa concluir uma investigação. Assim como a espada de Dâmocles o ameaçava pela iminência de cair sobre ele, porquanto presa por um fio de rabo

---

co-réu ao foro por prerrogativa de função de um dos denunciados". Se o teor dessa súmula fosse aplicado à nossa ilustração, todos os policiais federais seriam julgados no Tribunal Regional Federal (TRF). Porém, hoje, o verbete deve ser tido como uma exceção! A jurisprudência mais recente do STF posicionou-se no sentido de que, em regra, somente a autoridade com foro especial se sujeita ao julgamento perante o Tribunal, devendo as demais, na generalidade dos casos, serem julgadas no primeiro grau de jurisdição. A esse respeito, confira-se: "O Plenário do Supremo Tribunal Federal consolidou o entendimento de que o desmembramento deve ser a regra, diante da manifesta excepcionalidade do foro por prerrogativa de função, ressalvadas as hipóteses em que a separação possa causar prejuízo relevante" (Inq. 2903, Min. Teori Albino Zavascki, DJe em 01.07.2014).

de cavalo, uma investigação não pode eternamente ameaçar as pessoas que a ela se sujeitam, pois estariam sempre em alerta para o desfecho do oferecimento da denúncia. Logo, repugna ao Direito a possibilidade de investigações clandestinas, não registradas, não autuadas e engavetadas. Pelas mesmas razões declinadas, o artigo 5º da Resolução em estudo exige que a instauração seja informada, *incontinenti*, à chefia *administrativa ad quem*, vale dizer, ao "Órgão Superior" (Procurador-Geral de Justiça, Procurador-Geral da República, Procurador-Geral da Justiça Militar, órgão incumbido por delegação *etc.*).

- **Forma: Indicação dos Fatos, do Autor da Representação e Determinação de Diligências.**

A Resolução reclama a "indicação dos fatos a serem investigados". A norma vai ao encontro (e não de encontro) do espírito constitucional, quando também exigiu que Comissões Parlamentares de Inquérito fossem instauradas "[...] para a apuração de fato determinado [...]" (art. 58, § 3º, CF/88). Não se concebe que, em um Estado Democrático de Direito, brotem investigações como cheques em branco a serem futuramente preenchidos como convier. Nada obsta que, futuramente, com o amadurecimento das investigações, a adequação típica se altere. A capitulação legal, neste momento precoce, é o de menos.

A indicação dos fatos a serem investigados é a própria *motivação* do ato administrativo, que não se confunde com os motivos. Quando os fatos a serem investigados são enunciados, isso equivale à *exposição dos motivos* pelos quais a portaria foi expedida. Como ensina Celso Antônio Bandeira de Mello, "Não se confunde o motivo do ato administrativo com a 'motivação' feita pela autoridade administrativa. A motivação integra a 'formalização' do ato, sendo um requisito formalístico dele".[14] Com apoio na doutrina do insigne administrativista, didaticamente, optamos por indicar a motivação neste tópico, no âmbito do elemento da *forma*.

Urge, porque relevante, alertar que a identificação das pessoas *investigadas* não foi explicitamente exigida pelo artigo 4º, sobretudo, porque é possível que ainda não haja pessoas suspeitas. Nada impede, contudo, que o membro indique as pessoas que serão investigadas, se disso não resultar prejuízo para as diligências.

Em arremate, o dispositivo demanda que a portaria "deverá conter, sempre que possível, o nome e a qualificação do autor da representação e a determinação das diligências iniciais". É comum e rotineiro

[14] MELLO, Celso Antônio Bandeira de. *Curso de Direito Administrativo*. 33. ed. São Paulo: Malheiros, 2016, p. 412.

que o Promotor de Justiça se depare com peças de informação apócrifas. Simplesmente, um *e-mail* anônimo é enviado para a ouvidoria do órgão, ou uma carta não subscrita é clandestinamente depositada nos átrios da repartição. A depender da seriedade e da plausibilidade mínima desses escritos, a apuração é medida de rigor. Se a apuração será realizada pelo Ministério Público, somente o teor do documento poderá definir esse aspecto. Parece muito compreensível que uma epístola anônima, que noticie torturas na Delegacia de Polícia, desaconselhe uma requisição de instauração de inquérito policial. Do contrário, o suposto torturador investigaria a si mesmo.

A pergunta que se nos afigura é: sabendo-se que a Constituição assegurou a liberdade de expressão, mas vedou o anonimato, o membro do Ministério Público estaria autorizado a instaurar um PIC baseado em escritos anônimos? Não é aconselhável que, precipitadamente, o membro do Ministério Público instaure um PIC lastreado unicamente em escritos apócrifos. O mais recomendável é que cautelosamente averigue a procedência das informações, para, somente se houver um mínimo de subsistência, expedir a portaria inaugural.[15] É o que se colhe do magistério de Wallace Paiva Martins Junior, membro do MP/SP, para quem "[...] havendo elementos mínimos de seriedade, determinação e razoabilidade na denúncia anônima é dever do Ministério Público proceder à apuração dos fatos".[16] Exatamente para evitar precipitações, o artigo 3º, § 4º, da Resolução nº 181 do CNMP assevera que o membro tem 30 (trinta) dias para impulsionar as peças de informação que lhes sejam encaminhadas, antes de decidir promover o arquivamento ou expedir a portaria inaugural, lapso temporal que pode ser justificadamente prorrogado por até 90 (noventa) dias.

Quanto à "determinação das diligências iniciais", as possibilidades são múltiplas: notificação de pessoa para depor, requisição de documentos públicos, expedição de ofícios para esclarecimentos junto a órgãos públicos etc. Alguns Ministérios Públicos contam, ainda, com a colaboração de Oficiais de Diligência, agentes públicos que podem desempenhar, mediante uma ordem de missão, atividades investigativas de campo, inclusive, com registros fotográficos e de sons e imagens.

Por derradeiro, é possível encontrar solenidades específicas em atos emanados do próprio Ministério Público, a exemplo da Resolução nº 005/2010-CPJ, editada pelo Colégio de Procuradores de Justiça do Ministério Público de Rondônia, que exige o encaminhamento do extrato da portaria, *de forma resumida*, para publicação no Diário de

[15] Este foi o entendimento sufragado pelo STJ, no HC 130.789/SC, DJe 26.08.2011.

[16] MARTINS JUNIOR, Wallace Paiva. *Ministério Público*: a Constituição e as Leis Orgânicas. São Paulo: Atlas, 2015, p. 113.

Justiça (art. 9º, inciso V). Tem-se percebido, na prática ministerial, que a providência aludida requer cautelas, sobretudo, porque jornalistas costumam acompanhar as publicações nos Diários Oficiais para elaborar suas pautas. Se a exposição midiática puder comprometer o êxito das investigações, é possível que o presidente do PIC afaste essa formalidade, fundamentadamente. Há casos, no entanto, em que a divulgação não prejudica, em nada, o bom andamento dos atos investigativos.

■ **Finalidade.**

A finalidade do ato administrativo instituidor do PIC é o próprio escopo do procedimento investigatório. Com arrimo no artigo 1º da Resolução nº 181do CNMP, o PIC "[...] terá como finalidade apurar a ocorrência de infrações penais de iniciativa pública, servindo como preparação e embasamento para o juízo de propositura, ou não, da respectiva ação penal".

Desse modo, se a finalidade do procedimento criminal é somente apurar infrações de natureza *pública*, a portaria instauradora de um PIC vocacionado à apuração de crimes de ação penal *privada* padecerá de um vício de finalidade.

Não se ignora a possibilidade, em tese, de que um membro do Ministério Público venha a cometer desvio de finalidade, para, desvirtuando suas atribuições, instaurar um PIC com o escopo de perseguir a pessoa investigada, sabidamente inocente. Nesses casos, sem prejuízo das consequências penais e administrativas pelo abuso cometido, o PIC poderá ser trancado por meio de um *habeas corpus*, desde que haja prova pré-constituída da insubsistência da referida investigação. O *ato impugnado* no remédio aludido será a *portaria*, mas a *autoridade coatora* será o membro do Ministério Público.

■ **Motivo.**

Na sempre segura doutrina de Celso Antônio Bandeira de Mello, "motivo é o pressuposto de fato que autoriza ou exige a prática do ato. É, pois, a situação do mundo empírico que deve ser tomada em conta para a prática do ato. Logo, é externo ao ato. Inclusive o antecede".[17]

Com arrimo na definição transcrita, qual o pressuposto fático que autoriza ou exige a expedição da portaria que deflagra o PIC? Com clareza meridiana, podemos afirmar que *fundadas notícias* acerca da

---

[17] MELLO, Celso Antônio Bandeira de. *Curso de Direito Administrativo*. 33ª ed. São Paulo: Malheiros, 2016, p. 409.

ocorrência de infração de ação penal pública *autorizam* a expedição da portaria (ato discricionário – art. 2º da Resolução nº 181 do CNMP). Nota-se que o motivo não é a ocorrência da infração penal em si mesma; afinal, muitos PICs concluem que os delitos investigados sequer ocorreram.

Em boa verdade, o verdadeiro motivo é a *fundada suspeita*, tal como descrita nas peças de informação que aportam na Promotoria de Justiça ou tal como narrada pelo próprio membro que tomou conhecimento dos possíveis crimes a serem desvendados.

■ **Objeto.**

O objeto de um ato administrativo diz respeito aos efeitos que dele se esperam. Aqui, não há qualquer mistério: o efeito de uma portaria inaugural é a deflagração do Procedimento Investigatório Criminal, que já nasce devidamente delimitado quanto a *quem*, quanto a *o que* e quanto a *como*. Claro que há maleabilidade, pois é possível *aditar* subjetiva e objetivamente essa portaria, revogar diligências inoportunas *etc.*

■ **Controle Ministerial e Judicial sobre os Vícios que Inquinam a Portaria: (im)possibilidade de aplicação da Súmula nº 473 do STF.**

Segundo reza a Súmula nº 473 do STF: "A administração pode anular seus próprios atos, quando eivados de vícios que os tornam ilegais, porque deles não se originam direitos; ou revogá-los, por motivo de conveniência ou oportunidade, respeitados os direitos adquiridos, e ressalvada, em todos os casos, a apreciação judicial".

Embora o verbete tenha sido idealizado para situações que geralmente se apresentam na Administração Pública do Executivo, *mutatis mutandis*, o verbete também é aplicável ao Ministério Público. Não queremos, com isso, afirmar que o *Parquet* integra o Poder Executivo. Absolutamente!

A Carta Cidadã é de clareza solar quando aloca o Ministério Público brasileiro em posição alheia aos três poderes da República. Porém, há funções ministeriais tipicamente *administrativas*. Como regra, as funções administrativas são encontradas mais facilmente nas atividades-meio (*v.g.* concessão de férias a um servidor, exoneração de um assistente *etc.*). No entanto, *a expedição de uma portaria para a instauração de um PIC é uma hipótese anômala de atividade-fim, conquanto de índole administrativa.* Logo, acolhendo-se a incidência do enunciado jurisprudencial, a portaria que deflagra o PIC poderá ser objeto de anulação ou revogação, sem prejuízo da possibilidade de invalidação judicial (usualmente vindicada em sede de *habeas corpus*).

Tomemos um exemplo prático de revogação: inicialmente, a notificação para oitiva de uma testemunha aparentava ser imprescindível, razão pela qual foi determinada na portaria inaugural. Porém, com o desenvolvimento das investigações, essa diligência passou a ser tida como dispensável ou até inoportuna. Nessa hipótese, o membro que preside o feito poderá simplesmente revogar parcialmente a portaria (derrogação), somente na parte que determina a diligência indesejada. Na prática ministerial, isso é usualmente feito mediante despacho fundamentado que torne *sem efeito* determinado item da portaria inauguradora do PIC.

No que concerne às anulações, figure-se o exemplo a seguir: suponhamos que um dado Promotor de Justiça substitua um colega durante as férias. Durante esse período, o substituto se depara com um PIC instaurado para apurar crime cuja ação penal é de natureza *privada* (*v.g.* calúnias cometidas na rede mundial de computadores, mas com expresso pedido da vítima para que o delito seja apurado). Ou imaginemos que o membro substituto se depare com um PIC instaurado por um analista do Ministério Público. Em todas essas hipóteses, *poderá o membro, no exercício da autotutela, simplesmente anular a portaria maculada pela ilegalidade*. Não se cuida, a todas as luzes, de hipótese de promoção do arquivamento, pois este se funda na atipicidade do fato, na ausência de materialidade, na ausência de autoria, em alguma causa de extinção da punibilidade *etc*. Obviamente, após a anulação, o membro deverá providenciar a correção desses vícios, seja expedindo nova portaria, seja requisitando a instauração de inquérito policial, dentre outras medidas de estilo (renovação de atos etc.).

Alertamos, entretanto, para o risco de ilicitude das *ab-rogações*. A revogação total de uma portaria (ab-rogação) jamais poderá substituir a *promoção de arquivamento* do PIC, com todas as solenidades exigidas pelo ordenamento para tal. A revogação total e unilateral, pura e simples, fundada em oportunidade e conveniência, não tem lugar neste ramo do Direito, que demanda um rígido controle para repudiar a impunidade advinda de *engavetamentos*. A mesma cautela deve ser tomada com as anulações abusivas, ante o risco de que elas representem verdadeiros arquivamentos escamoteados.

■ Do Aditamento da Portaria.

Reputa-se *aditamento* o ato administrativo superveniente à edição da portaria que se destina a complementá-la, seja quanto às pessoas investigadas, seja quanto aos fatos investigados. O desenvolvimento da investigação pode reclamar a inclusão de pessoas, quando poderá ser feito o aditamento *subjetivo*. Novos fatos também podem ser descortinados ao longo da investigação, o que poderá originar um aditamento *objetivo*.

Caberá ao presidente do PIC analisar a oportunidade e conveniência de ampliar sua investigação *subjetiva* ou *objetivamente*. A depender das peculiaridades do caso concreto, poderá haver uma interconexão que torne recomendável uma investigação conjunta. Não obstante, havendo risco de *tumultuar* a investigação original, em vez de aditar, poderá o membro do Ministério Público simplesmente extrair cópias e trasladá-las para um novo procedimento, expedindo-se uma nova portaria.

■ Bibliografia.

COSTA, Samara da Silva. *Poder de investigação Criminal do Ministério Público.* Abril/2015. Disponível em: <https://jus.com.br/artigos/38442/poder-de-investigacao-criminal-do-ministerio-publico>. Acesso em: 16/05/2017.

CLÈVE, Clèmerson Merlin. Sobre o Ministério Público: considerações acerca de seu regime constitucional e seu poder de investigação em matéria criminal. *In* MACÊDO, Marcus Paulo Queiroz; MARTELETO FILHO, Wagner (Org.). *Temas Avançados do Ministério Público.* Salvador: JusPodivm, 2015.

GARCIA, Emerson. *Ministério Público*: Organização, Atribuições e Regime Jurídico. São Paulo: Saraiva, 2013.

LIMA, Renato Brasileiro de. *Manual de Processo Penal.* Salvador: JusPodivm, 2015.

MARIN FILHO, Airton Pedro; LEITE, Aluildo de Oliveira. Procedimento Investigatório Criminal – PIC: Da Desnecessidade de Controle Judicial. *Revista do Ministério Público do Rio de Janeiro*, nº 59, jan/mar. 2016.

MARTINS JUNIOR, Wallace Paiva. *Ministério Público*: a Constituição e as Leis Orgânicas. São Paulo: Atlas, 2015.

MAZZILLI, Hugo Nigro. *Regime Jurídico do Ministério Público.* 7ª ed. São Paulo: Saraiva, 2013.

——. *O Inquérito Civil* – Investigações do Ministério Público, Compromissos de Ajustamento e Audiências Públicas. 3ª ed. São Paulo: Saraiva, 2008.

MELLO, Celso Antônio Bandeira de. *Curso de Direito Administrativo.* 33ª ed. São Paulo: Malheiros, 2016.

POLASTRI, Marcellus. *Ministério Público e Persecução Criminal.* 5ª ed. Salvador: JusPodivm, 2016.

HART, H. L. A. *O conceito de Direito.* São Paulo: WMF Martins Fontes, 2012.

SILVARES, Ricardo. *Lei Orgânica Nacional do Ministério Público.* Comentários à Lei nº 8.625/93. Salvador: JusPodivm, 2014.

TARTUCE, Flávio. *Manual de Direito Civil.* Volume Único. 6ª ed. Rio de Janeiro: Forense; São Paulo: Método, 2016.

Resolução nº 181 do CNMP – artigo 5º

Art. 5º Da instauração do procedimento investigatório criminal far-se-á comunicação imediata e, preferencialmente, eletrônica ao Órgão Superior competente, sendo dispensada tal comunicação em caso de registro em sistema eletrônico.

AIRTON PEDRO MARIN FILHO

Procurador-Geral de Justiça do Ministério Público de Rondônia
Procurador de Justiça/RO

SAMUEL SALES FONTELES

Mestrando em Direito Constitucional pelo IDP
Promotor de Justiça/GO

■ Da Previsão na Resolução 13/2006.

Art. 5º Da instauração do procedimento investigatório criminal far-se-á comunicação imediata e escrita ao Procurador-Geral da República, Procurador-Geral de Justiça, Procurador-Geral de Justiça Militar ou ao órgão a quem incumbir por delegação, nos termos da lei.

■ Obrigatoriedade de comunicação imediata.

Conforme foi mencionado nos comentários ao dispositivo anterior, o artigo 5º da Resolução em estudo exige que a instauração seja informada, *incontinenti*, à chefia *administrativa ad quem* (Procurador-Geral de Justiça, Procurador-Geral da República, Procurador-Geral da Justiça Militar ou ao órgão incumbido por delegação[1]), como uma das formas

[1] A Lei Orgânica Nacional do Ministério Público, no seu artigo 29, preceitua: "Além das atribuições previstas nas Constituições Federal e Estadual, na Lei Orgânica e em outras leis, compete ao Procurador-Geral de Justiça: IX – delegar a membro do Ministério Público suas funções de órgão de execução".

de se evitar *investigações de gaveta*, que fujam do conhecimento e do controle administrativo do Ministério Público, através de seus órgãos.

Certamente, o escopo principal do dispositivo ora analisado é viabilizar um mínimo de controle administrativo sobre os procedimentos investigatórios criminais conduzidos no âmbito do Ministério Público, e, nesse particular, a comunicação ao Órgão da Administração Superior do *Parquet* é imprescindível.

■ Controle administrativo.

Não há dúvidas em relação à natureza administrativa desse controle, tendo em vista que a investigação ministerial, seja ela de natureza criminal ou não, está acobertada pelo princípio da independência funcional, não sendo possível interferências na livre convicção jurídica do promotor natural, que deve atuar isento de pressões internas, o que não suprime o necessário conhecimento e controle de tais atos pelos órgãos da Administração Superior. Isso não invade, de forma alguma, a independência funcional do membro, que, dentro dos limites de suas atribuições, deve praticar todos os atos necessários para a apuração dos fatos sob sua responsabilidade, e, dentre eles, inclusive, instaurar procedimento investigatório criminal.

Sobre essa necessária distinção, Ricardo Silvares[2] é enfático: "a independência é funcional, jamais uma independência administrativa. Nesse último campo, os membros do Ministério Público têm o dever de cumprir as decisões e as determinações dos órgãos da Administração".

Dentro desse contexto, a comunicação a que faz alusão o dispositivo ora em comento está relacionada ao controle administrativo a que se submetem os membros do Ministério Público no exercício de suas funções, tal como ocorre quando a própria Instituição se submete ao controle, com autorização constitucional,[3] dentro de sua atuação administrativa e financeira, do Conselho Nacional do Ministério Público (CNMP).

■ Portaria de instauração: Ato administrativo voltado à atividade-fim.

Essa é a interpretação apropriada para a leitura do art. 5º da Resolução nº 181 do CNMP, mormente porque, conforme defendido neste

[2] SILVARES, Ricardo. *Lei Orgânica Nacional do Ministério Público.* Comentários à Lei nº 8.625/93. Salvador: JusPodivm, 2014, p. 115.

[3] CF, art. 130-A, § 2º Compete ao Conselho Nacional do Ministério Público o controle da atuação administrativa e financeira do Ministério Público e do cumprimento dos deveres funcionais de seus membros.

trabalho, a portaria que instaura o PIC é ato administrativo relacionado com a atividade-fim do *Parquet*. Assim, em sendo um ato administrativo, é fundamental que esteja submetido ao controle administrativo da própria estrutura da Instituição.

Esse controle ganha relevância quando se tem em mente que o objeto do ato administrativo (portaria) é a investigação criminal, situação que envolve garantias fundamentais, merecendo maior destaque para fins de controle interno. Em que pese o PIC e o inquérito policial serem procedimentos distintos, ambos possuem a mesma finalidade e, por isso, conforme explica Clèmerson Merlin Clève,[4] "as garantias constitucionais não podem, nem devem ser afastadas na investigação criminal realizada por membros do Ministério Público tanto quanto na realização do inquérito policial".

Não por outra razão, o Supremo Tribunal Federal, ao reconhecer o poder de investigação do Ministério Público (RE 593.727/RG), consignou nesse julgado requisitos mínimos para essa atuação, no qual se destaca dos votos dos Ministros Gilmar Mendes e Luiz Fux, dentre outros requisitos, justamente *a comunicação imediata e formal ao Procurador--Chefe ou Procurador-Geral* da instauração do PIC.

Notadamente, os requisitos elencados no precedente supracitado objetivam propiciar o *controle interno* da atividade investigativa dos membros do Ministério Público por parte da Administração Superior de cada Instituição, especialmente porque, conforme defendeu o Ministro Gilmar Mendes,[5] "é legítimo o exercício do poder de investigar por parte do Ministério Público, porém essa atuação não pode ser exercida de forma ampla e irrestrita, sem qualquer controle, sob pena de agredir, inevitavelmente, direitos fundamentais".

Essa preocupação com os limites da investigação, o controle de sua amplitude e a preservação dos direitos fundamentais nos atos investigatórios é o cerne da questão, uma vez que o "procedimento investigatório ministerial, acolhido pela maioria esmagadora dos países desenvolvidos, dá mostras de que é mais um instrumento do Estado para a persecução penal. Apresentando algumas desvantagens, que não superam as vantagens, a investigação direta pelo MP deve manter-se em harmonia com a preservação incondicional dos direitos e

---

[4] CLÈVE, Clèmerson Merlin. Sobre o Ministério Público: considerações acerca de seu regime constitucional e seu poder de investigação em matéria criminal. In: MACÊDO, Marcus Paulo Queiroz; FILHO, Wagner Marteleto (Org.). *Temas Avançados do Ministério Público*. Salvador: JusPodivm, 2015, p. 59.

[5] Disponível em: <http://redir.stf.jus.br/paginadorpub/paginador.jsp?docTP=TP&docID=9336233>. Acesso em: 16/05/2017.

garantias fundamentais dos investigados, nesses encontrando fundamentação e limite".[6]

Desse modo, fica evidente que a comunicação imediata e escrita da instauração do procedimento investigatório criminal ao Órgão Superior (Procurador-Geral da República, ao Procurador-Geral de Justiça, ao Procurador-Geral da Justiça Militar ou órgão incumbido por delegação) é uma formalidade inserida no âmbito do controle administrativo da Administração Superior da Instituição (*interna corporis*).

■ **Comunicação escrita.**

Por ser uma formalidade, exige-se que essa comunicação, além de imediata, seja escrita. Mesmo antes do advento da nova resolução, já era perfeitamente possível a utilização de meios eletrônicos para garantir a celeridade na comunicação. Hoje, trata-se de uma preferência explicitada pela norma de regência. Assim, a portaria poderá ser encaminhada, via *e-mail* funcional, ao Chefe da Instituição,[7] além de devidamente protocolizada no sistema de tramitação interno, caso a unidade institucional utilize a movimentação eletrônica de feitos extrajudiciais. A novidade é que, havendo registro eletrônico do expediente, torna-se desnecessário comunicar o Órgão Superior, exatamente porque já se presume a sua ciência.

Finalmente, a fim de justificar essa obrigatoriedade de comunicação da instauração do PIC ao respectivo Órgão Superior, são relevantes as considerações de Clève[8] sobre os papéis dos Procuradores-Gerais na atividade de investigação criminal realizada pelos membros da Instituição: "[...] avulta a importância dos Procuradores-Gerais, autoridades necessárias para, sem risco de quebra do princípio constitucional da independência funcional, condensar os parâmetros norteadores da atividade, tudo em prol da efetivação de outro princípio constitucional por vezes esquecido: o determinante da unidade do Ministério Público. A unidade, para além do sentido clássico, neste novo momento constitucional, haverá de significar também o delinear de parâmetros míni-

---

6 COSTA, Samara da Silva. *Poder de investigação Criminal do Ministério Público.* Disponível em: <https://jus.com.br/artigos/38442/poder-de-investigacao-criminal-do-ministerio-publico>. Acesso em: 16/05/2017.

7 Esse expediente corriqueiramente era adotado (e ainda o é – agora, com mais razão), por exemplo, no Ministério Público de Rondônia. A portaria que instaura o PIC já determina, no universo de providências a serem adotadas, a comunicação eletrônica ao PGJ.

8 CLÈVE, Clèmerson Merlin. Sobre o Ministério Público: considerações acerca de seu regime constitucional e seu poder de investigação em matéria criminal. In: MACÊDO, Marcus Paulo Queiroz; MARTELETO FILHO, Wagner (Org.). *Temas Avançados do Ministério Público.* Salvador: JusPodivm, 2015, p. 60.

mos necessários para a ação ministerial, ação pactuada, antes de tudo, pela obediência aos cânones da legalidade e também, da racionalidade controlável e justificável, tudo no contexto de uma coerência consensual e coletivamente construída no âmbito de cada carreira, a partir da provocação dos Procuradores-Gerais".

Mais uma vez, é de se notar a preocupação com a criação de parâmetros de controle para a atividade investigativa do *Parquet*, especialmente quanto à unidade na atuação. Com efeito, a Resolução nº 181 do CNMP certamente atende a essa preocupação, uma vez que estabeleceu um procedimento único de investigação criminal para todos os Ministérios Públicos do país.

Assim sendo, conclui-se que o dispositivo ora analisado configura verdadeiro mecanismo de controle administrativo interno posto à disposição dos Chefes dos Ministérios Públicos em relação à atividade de investigação criminal realizada pelos membros da Instituição, funcionando como meio de se garantir que essa atuação seja una e coerente, alinhada ao respeito às garantias fundamentais dos investigados.

■ Bibliografia.

COSTA, Samara da Silva. *Poder de investigação Criminal do Ministério Público.* Abril/2015. Disponível em: <https://jus.com.br/artigos/38442/poder-de-investigacao-criminal-do-ministerio-publico>. Acesso em: 16/05/2017.

CLÈVE, Clèmerson Merlin. Sobre o Ministério Público: considerações acerca de seu regime constitucional e seu poder de investigação em matéria criminal. In: MACEDO, Marcus Paulo Queiroz; MARTELETO FILHO, Wagner (Org.). *Temas Avançados do Ministério Público.* Salvador: JusPodivm, 2015.

SILVARES, Ricardo. *Lei Orgânica Nacional do Ministério Público.* Comentários à Lei nº 8.625/93. Salvador: JusPodivm, 2014.

Resolução nº 181 do CNMP – artigo 6º

Capítulo II
DAS INVESTIGAÇÕES CONJUNTAS

Art. 6º O procedimento investigatório criminal poderá ser instaurado de forma conjunta, por meio de força tarefa ou por grupo de atuação especial composto por membros do Ministério Público, cabendo sua presidência àquele que o ato de instauração designar.
§ 1º Poderá também ser instaurado procedimento investigatório criminal, por meio de atuação conjunta entre Ministérios Públicos dos Estados, da União e de outros países.
§ 2º O arquivamento do procedimento investigatório deverá ser objeto de controle e eventual revisão em cada Ministério Público, cuja apreciação se limitará ao âmbito de atribuição do respectivo Ministério Público.
§ 3º Nas hipóteses de investigações que se refiram a temas que abranjam atribuições de mais de um órgão de execução do Ministério Público, os procedimentos investigatórios deverão ser objeto de arquivamento e controle respectivo com observância das regras de atribuição de cada órgão de execução.

HENRIQUE DA ROSA ZIESEMER

Doutorando em Ciência Jurídica.
Mestre em Ciência Jurídica.
Especialista em Direito Processual Penal e Direito Administrativo.
Professor da Escola do Ministério Público de Santa Catarina.
Promotor de Justiça/SC.

■ Da Previsão na Resolução 13/2006.

Art. 3º (...)

§ 6º O procedimento investigatório criminal poderá ser instaurado por grupo de atuação especial composto por membros do Ministério Público, cabendo sua presidência àquele que o ato de instauração designar.

■ Da Previsão na Versão Original da Resolução 181/2017.

Art. 6º O procedimento investigatório criminal poderá ser instaurado de forma conjunta, por meio de força tarefa ou por grupo de atuação especial composto por membros do

Ministério Público, cabendo sua presidência àquele que o ato de instauração designar.

§ 1º Poderá também ser instaurado procedimento investigatório criminal, por meio de atuação conjunta entre Ministérios Públicos dos Estados, da União e de outros países.

§ 2º O arquivamento do procedimento investigatório deverá ser objeto de controle e eventual revisão em cada Ministério Público, cuja apreciação se limitará ao âmbito de atribuição do respectivo Ministério Público.

■ Notas sobre a Resolução 13/2006.

A revogada resolução sobre o procedimento investigatório criminal do Ministério Público já tinha previsão de atuação coletiva. Quando o dispositivo dispõe sobre a possibilidade da desta forma de atuação, deixa margem à apreciação da situação de fato e sua necessidade. Contudo, não se pode deixar de observar o comando legal inserto no art. 24 da Lei 8.625/93:

> Art. 24. O Procurador-Geral de Justiça poderá, com a concordância do Promotor de Justiça titular, designar outro Promotor para funcionar em feito determinado, de atribuição daquele.

O promotor natual há que se respeitado, inclusive como direito fundamental dos cidadãos. Assim, compreende-se que o grupo de atuação especial a que se refere o §6° deve conter obrigatoriamente o promotoro natual da causa. A Resolução 181/2017, ao dispor sobr eo tema, aperfeçou esta forma de atuação, mas ainda com pendências.

■ Das Investigações Conjuntas.

A atuação conjunta do Ministério Público é uma realidade e cada vez mais presente, sobretudo em atuações da área criminal. Dentro da instituição, forças de atuação como os Grupos de Combate ao Crime Organizado (GAECO) trabalham de forma conjunta e ordenada, a fim de conferir maior segurança e efetividade à atividade fim, em casos de maior complexidade. Com a evolução da criminalidade organizada, necessária também a evolução dos métodos e formas de combate, constituindo esses grupos um grande avanço institucional, com bons resultados para a sociedade.

As forças-tarefa são também formas de atuação articuladas, contudo, menos organizadas do que os GAECOS. As forças-tarefa normalmente se formam mediante a agregação de integrantes de várias áreas de frentes atuação, para exercerem suas atividades em casos específicos. São importantes ferramentas quando os casos envolvem conhecimento especializado ou atuação jurídica e administrativa, por exemplo.

Via de regra, a atuação conjunta é presidida pelo Ministério Público por meio de procedimento investigatório criminal, ou outro, a quem compete levar o caso ao Poder Judiciário, formular requerimento, medidas judiciais, requerer prisões, etc.

Importante destacar que, para que a atuação conjunta surta o necessário efeito, imperioso fazer uma releitura dos princípios institucionais inseridos no parágrafo único do art. 127 da Constituição, os quais, no entendimento deste autor, destaca-se:

> A indivisibilidade, que decorre da unidade, é tradicionalmente tida como a não vinculação dos membros da Instituição aos processos que atuam. Os membros integrantes do MP podem ser substituídos uns pelos outros, na forma da lei. A releitura da indivisibilidade que se propõe é a atuação do MP no enfrentamento ao crime organizado. Em que pese a especialização e o aprimoramento da atuação nesse campo, a indivisibilidade pode ser mais bem utilizada como forma de despersonalizar a atuação investigativa, ou mesmo melhor estruturar unidades administrativas a fim de reforçar a luta contra o crime organizado. Vale lembrar que os grupos de atuação contra o crime organizado, assim como as forças-tarefas, poderiam ser melhor estruturadas por lei, inclusive com a previsão de destinação de recursos. O princípio institucional da indivisibilidade poderia estipular a atuação conjunta de membros do MP de forma mais coesa.[1]

Em razão da novel Resolução, a atuação conjunta entre Ministério Público e demais organismos fica facilitada e, mesmo que não haja previsão na Lei Orgânica de nenhum Ministério Público, o presente dispositivo constitui um avanço.

A falta de legislação específica não é suprida pela Resolução nº 181/2017, que, contudo, fortalece a atividade investigatória e confere maior segurança nos atos dos órgãos de execução. Não se pode perder de vista, entretanto, que há em análise na Câmara dos Deputados o projeto que pretende elaborar o novo Código de Processo Penal, como mencionado alhures. Referido projeto já foi aprovado no Senado Federal e traz grandes alterações na questão da investigação criminal. Assim, entende-se que mais acertado seria regulamentar a atuação conjunta nas leis orgânicas.

Há que se atentar também para a questão do Promotor (ou Procurador) natural, como referido no comentário anterior. Isto se dá normalmente em razão das regras de competência processual, em se verificando o membro do Ministério Público atuante. Tais questões, inclusive, já foram levadas ao Superior Tribunal de Justiça, que assim se pronunciou:

---

[1] ZIESEMER, Henrique da Rosa; ZOPONI, Vinícius Secco. *Ministério Público*: Desafios e Diálogos Interinstitucionais: Atuação – Prerrogativas – Administração Pública – Conselhos Nacionais. Rio de Janeiro: Lumen Juris. 2017. p. 13.

[...] 2. O princípio do Promotor Natural visa à designação do órgão acusador de forma objetiva, com fixação de suas atribuições em momento anterior aos fatos, haja vista o direito do réu de ser acusado por um órgão escolhido de acordo com critérios legais previamente fixados. No caso dos autos, o GAECO foi criado por meio da Resolução n. 12/2008, com atribuição para oficiar na identificação e repressão a "organizações criminosas e seus reflexos na administração pública e no setor econômico, no âmbito do Estado de Mato Grosso Sul". Assim, embora a investigação tenha se iniciado na Promotoria de Justiça de Corumbá, não há óbice à sua remessa ao GAECO, haja vista se tratar de órgão especializado no âmbito do Estado, não havendo se falar em designação casuística.[2]

Não obstante a chancela, neste caso, pelo Superior Tribunal de Justiça, a não existência de legislação específica pode contribuir para a geração de nulidades processuais futuras. Ainda no que toca à Resolução, esta determina que a presidência do procedimento investigatório criminal deve recair sobre a quem o ato de instauração designar. Com efeito, merece reserva esta redação, porquanto se volta a questão da competência jurisdicional, que é, no final de tudo onde o feito principal vai se desenrolar. Não se critica o texto da resolução, mas apenas entende-se a necessidade da observância das regras institucionais para a designação de membros que venham a atuar conjuntamente.

Instado a se manifestar, o Superior Tribunal de Justiça novamente pontuou sobre o tema:

RECURSO ORDINÁRIO EM HABEAS CORPUS. ROUBO CIRCUNSTANCIADO, RECEPTAÇÃO E QUADRILHA. ATUAÇÃO DO GRUPO DE COMBATE ÁS ORGANIZAÇÕES CRIMINOSAS - GECOC. INEXISTÊNCIA DE PRÉVIA DESIGNAÇÃO DO PROCURADOR GERAL DE JUSTIÇA. IRRELEVÂNCIA. ATUAÇÃO CONJUNTA COM O PROMOTOR DE JUSTIÇA NATURAL. OBSERVÂNCIA À RESOLUÇÃO DO MINISTÉRIO PÚBLICO ESTADUAL. EIVA INEXISTENTE. A atuação no processo de Grupo Especial de Combate ao Crime Organizado – GECOC, em conjunto com o promotor de justiça natural, e com a observância às regras internas de divisão do trabalho, sem designação a posteriori e especificamente para participar do caso, não configura violação ao princípio do promotor natural.[3] [...]

Destarte, considera-se um avanço a norma contida no art. 6º, todavia, entende-se que necessita de previsão legal para que as ações sejam reforçadas. Contudo, ainda que sem previsão legal, esta forma de atuação vem sendo acertadamente chancelada pelo Superior Tribunal de Justiça, em conjunto com a aplicação das normas institucionais pertinentes.

---

[2] BRASIL. Superior Tribunal de Justiça. RHC 39135 / MS. 2013/0216167-3. Relator Ministro REYNALDO SOARES DA FONSECA. T5 – QUINTA TURMA. Julgado em 16/05/2017. Publicado em DJe 24/05/2017.

[3] BRASIL. Superior Tribunal de Justiça. RHC 53224 / AL. 2014/0282992-1.Relator Ministro JORGE MUSSI. T5 – QUINTA TURMA. Julgado em 23/08/2016. Publicado DJe 31/08/2016.

■ **Da Atuação Conjunta entre Ministérios Públicos dos Estados, da União e de outros países.**

A norma expressa no § 1º contém redação simplória, pois é de tamanha complexidade sua execução, que causa espanto a forma como foi colocada. A atuação conjunta entre Ministério Público Estadual e Federal é uma realidade (mas com grandes críticas doutrinárias) no campo da tutela dos interesses e direitos difusos e coletivos. Contudo, o que pauta a atuação do Ministério Público na seara criminal é a natureza do crime a ser trabalhado. Caso afete interesse, da União, a competência para processar e julgar é da Justiça Federal, sendo o Ministério Público Federal o que detém atribuição para deflagrar a ação penal. Caso não haja interesse da União, é amplamente sabido que a atribuição é do Ministério Público Estadual. No mesmo sentido a avaliação de crimes conexos com os de competência federal.

Assim, soa temerária esta atuação conjunta, não do ponto de vista do objetivo comum a ambos, qual seja, o combate ao crime, mas sim da forma de atuação na prática, que pode criar rivalidade entre os ramos do Ministério Público, ou fazer com que um se sobreponha ao outro, o que não pode admitir.

Desde já, em se admitindo a atuação conjunta entre o Ministério Público Estadual e o Ministério Público Federal, quem presidiria o procedimento investigatório criminal? Caso o crime seja de competência federal, seria o MPF? Caso fosse de competência estadual, seria o MPE? Neste caso, qual a razão da atuação conjunta entre ambos, já que ambos possuem exatamente os mesmos poderes instrutórios e requisitórios? O Ministério Público que preside o procedimento pode requisitar do outro? Haveria algum tipo de hierarquia? Ambos deveriam ser intimados de decisões judiciais?

Respondidas de forma eficiente as perguntas acima, tem-se como interessante a proposição, desde que se estabeleça a razão para tanto, de modo a não comprometer a efetividade das investigações. É de se conceber que das possíveis respostas acima, somente um dos Ministérios Públicos poderá oferecer denúncia. No caso de conexão entre crimes de competência estadual e federal, é sabido que esta atrai o julgamento. Destarte, a análise inicial que se faz é a necessidade cautela, a fim de se criar órgãos ministeriais de sobreposição a outros.

Já no caso de atuação conjunta entre Ministérios Públicos de outros países, tais casos dependem de cooperação jurídica internacional, bem como do aceite do órgão estrangeiro. Tais situações não evoluem por meio de resolução, mas sim por meio de tratados, protocolos e lei em sentido estrito.

■ Controle do Arquivamento em Casos de Atuação Conjunta.

No caso do *caput*, como a atuação é conjunta, não resta claro se há um procedimento ou mais de um tramitando em cada unidade ministerial. Com efeito, se há diversidade de procedimentos investigatórios, este fato não traduz a unidade de investigação. A regra do § 2º estabelece um limite de atuação que não é descrito ou mesmo circundado no *caput*, o que pode gerar grande confusão institucional.

Ficam, no § 2º, as mesmas perguntas formuladas para o primeiro, além do questionamento de que se, na forma do presente dispositivo, cada Ministério Público arquiva seu próprio procedimento, exercendo o poder de revisão e controle, qual a razão para atuação conjunta? Haveria possibilidade encaminhamentos diferentes em atuação conjunta?

Como já dito, alguns pontos passaram em branco precisam ser melhor regulamentados, o que pode ter acontecido em razão do prazo exíguo em que foi concebida a presente Resolução. De qualquer sorte o texto regulamentador contém avanços institucionais, mas também retrocessos, os quais poderão ser revistos com o passar do tempo e as experiências práticas.

■ Bibliografia.

ZIESEMER, Henrique da Rosa; ZOPONI, Vinícius Secco. *Ministério Público: Desafios e Diálogos Interinstitucionais*: Atuação – Prerrogativas – Administração Pública – Conselhos Nacionais. Rio de Janeiro: Lumen Juris, 2017.

Resolução nº 181 do CNMP – artigo 7º

Capítulo III
DA INSTRUÇÃO

Art. 7º O membro do Ministério Público, observadas as hipóteses de reserva constitucional de jurisdição e sem prejuízo de outras providências inerentes a sua atribuição funcional, poderá (redação da Resolução 183, de 24.1.2018):
I – fazer ou determinar vistorias, inspeções e quaisquer outras diligências, inclusive em organizações militares;
II – requisitar informações, exames, perícias e documentos de autoridades, órgãos e entidades da Administração Pública direta e indireta, da União, dos Estados, do Distrito Federal e dos Municípios;
III – requisitar informações e documentos de entidades privadas, inclusive de natureza cadastral;
IV – notificar testemunhas e vítimas e requisitar sua condução coercitiva, nos casos de ausência injustificada, ressalvadas as prerrogativas legais;
V – acompanhar buscas e apreensões deferidas pela autoridade judiciária;
VI – acompanhar cumprimento de mandados de prisão preventiva ou temporária deferidas pela autoridade judiciária;
VII – expedir notificações e intimações necessárias;
VII – realizar oitivas para colheita de informações e esclarecimentos;
IX – ter acesso incondicional a qualquer banco de dados de caráter público ou relativo a serviço de relevância pública;
X – requisitar auxílio de força policial.
§ 1º Nenhuma autoridade pública ou agente de pessoa jurídica no exercício de função pública poderá opor ao Ministério Público, sob qualquer pretexto, a exceção de sigilo, sem prejuízo da subsistência do caráter sigiloso da informação, do registro, do dado ou do documento que lhe seja fornecido, ressalvadas as hipóteses de reserva constitucional de jurisdição. § 2º As respostas às requisições realizadas pelo Ministério Público deverão ser encaminhadas, sempre que determinado, em meio informatizado e apresentadas em arquivos que possibilitem a migração de informações para os autos do processo sem redigitação.
§ 3º As requisições do Ministério Público serão feitas fixando-se prazo razoável de até dez dias úteis para atendimento, prorrogável mediante solicitação justificada.
§ 4º Ressalvadas as hipóteses de urgência, as notificações para comparecimento devem ser efetivadas com antecedência mínima de 48 horas, respeitadas, em qualquer caso, as prerrogativas legais pertinentes.
§ 5º A notificação deverá mencionar o fato investigado, salvo na hipótese de decretação de sigilo, e a faculdade do notificado de se fazer acompanhar por defensor

§ 6º As correspondências, notificações, requisições e intimações do Ministério Público quando tiverem como destinatário o Presidente da República, o Vice-Presidente da República, membro do Congresso Nacional, Ministro do Supremo Tribunal Federal, Ministro de Estado, Ministro de Tribunal Superior, Ministro do Tribunal de Contas da União ou chefe de missão diplomática de caráter permanente serão encaminhadas e levadas a efeito pelo Procurador-Geral da República ou outro órgão do Ministério Público a quem essa atribuição seja delegada.
§ 7º As notificações e requisições previstas neste artigo, quando tiverem como destinatários o Governador do Estado, os membros do Poder Legislativo e os desembargadores, serão encaminhadas pelo Procurador-Geral de Justiça ou outro órgão do Ministério Público a quem essa atribuição seja delegada.
§ 8º As autoridades referidas nos parágrafos 6º e 7º poderão fixar data, hora e local em que puderem ser ouvidas, se for o caso.
§ 9º O membro do Ministério Público será responsável pelo uso indevido das informações e documentos que requisitar, inclusive nas hipóteses legais de sigilo e de documentos assim classificados.

DOUGLAS FISCHER

Mestre em Instituições de Direito e do Estado (PUCRS)
Procurador Regional da República (PRR – 4ª Região)

BRUNO CALABRICH

Mestre em Direitos e Garantias Fundamentais (FDV)
Professor da Escola Superior do Ministério Público da União
Procurador Regional da República (PRR-1ª Região)

■ Da Previsão na Resolução 13/2006.

Art. 7º O membro do Ministério Público, observadas as hipóteses de reserva constitucional de jurisdição e sem prejuízo de outras providências inerentes a sua atribuição funcional, poderá (redação da Resolução 183, de 24.1.2018):

I – fazer ou determinar vistorias, inspeções e quaisquer outras diligências;

II – requisitar informações, exames, perícias e documentos de autoridades, órgãos e entidades da Administração Pública direta e indireta, da União, dos Estados, do Distrito Federal e dos Municípios;

III – requisitar informações e documentos de entidades privadas, inclusive de natureza cadastral;

IV – notificar testemunhas e vítimas e requisitar sua condução coercitiva, nos casos de ausência injustificada, ressalvadas as prerrogativas legais;

V – acompanhar buscas e apreensões deferidas pela autoridade judiciária;

VI – acompanhar cumprimento de mandados de prisão preventiva ou temporária deferidas pela autoridade judiciária;

VII – expedir notificações e intimações necessárias;

VIII – realizar oitivas para colheita de informações e esclarecimentos;

IX – ter acesso incondicional a qualquer banco de dados de caráter público ou relativo a serviço de relevância pública;

X – requisitar auxílio de força policial.

§ 1º Nenhuma autoridade pública ou agente de pessoa jurídica no exercício de função pública poderá opor ao Ministério Público, sob qualquer pretexto, a exceção de sigilo, sem prejuízo da subsistência do caráter sigiloso da informação, do registro, do dado ou do documento que lhe seja fornecido.

§ 2º O prazo mínimo para resposta às requisições do Ministério Público será de 10 (dez) dias úteis, a contar do recebimento, salvo hipótese justificada de relevância e urgência e em casos de complementação de informações.

§ 3º Ressalvadas as hipóteses de urgência, as notificações para comparecimento devem ser efetivadas com antecedência mínima de 48 horas, respeitadas, em qualquer caso, as prerrogativas legais pertinentes.

§ 4º A notificação deverá mencionar o fato investigado, salvo na hipótese de decretação de sigilo, e a faculdade do notificado de se fazer acompanhar por advogado.

§ 5º As correspondências, notificações, requisições e intimações do Ministério Público quando tiverem como destinatário o Presidente da República, o Vice-Presidente da República, membro do Congresso Nacional, Ministro do Supremo Tribunal Federal, Ministro de Estado, Ministro de Tribunal Superior, Ministro do Tribunal de Contas da União ou chefe de missão diplomática de caráter permanente serão encaminhadas e levadas a efeito pelo Procurador-Geral da República ou outro órgão do Ministério Público a quem essa atribuição seja delegada.

§ 6º As notificações e requisições previstas neste artigo, quando tiverem como destinatários o Governador do Estado os membros do Poder Legislativo e os desembargadores, serão encaminhadas pelo Procurador-Geral de Justiça.

§ 7º As autoridades referidas nos parágrafos 5º e 6º poderão fixar data, hora e local em que puderem ser ouvidas, se for o caso.

§ 8º O membro do Ministério Público será responsável pelo uso indevido das informações e documentos que requisitar, inclusive nas hipóteses legais de sigilo.

■ Da Previsão na Versão Original da Resolução 181/2017.

Art. 7º Sem prejuízo de outras providências inerentes à sua atribuição funcional e legalmente previstas, o membro do Ministério Público, na condução das investigações, poderá:

I – fazer ou determinar vistorias, inspeções e quaisquer outras diligências;

II – requisitar informações, exames, perícias e documentos de autoridades, órgãos e entidades da Administração Pública direta e indireta, da União, dos Estados, do Distrito Federal e dos Municípios;

III – requisitar informações e documentos de entidades privadas, inclusive de natureza cadastral;

IV – notificar testemunhas e vítimas e requisitar sua condução coercitiva, nos casos de ausência injustificada, ressalvadas as prerrogativas legais;

V – acompanhar buscas e apreensões deferidas pela autoridade judiciária;

VI – acompanhar cumprimento de mandados de prisão preventiva ou temporária deferidas pela autoridade judiciária;

VII – expedir notificações e intimações necessárias;

VIII – realizar oitivas para colheita de informações e esclarecimentos;

IX – ter acesso incondicional a qualquer banco de dados de caráter público ou relativo a serviço de relevância pública;

X – requisitar auxílio de força policial.

§ 1º Nenhuma autoridade pública ou agente de pessoa jurídica no exercício de função pública poderá opor ao Ministério Público, sob qualquer pretexto, a exceção de sigilo, sem prejuízo da subsistência do caráter sigiloso da informação, do registro, do dado ou do documento que lhe seja fornecido.

§ 2º O prazo mínimo para resposta às requisições do Ministério Público será de 10 (dez) dias úteis, a contar do recebimento, salvo hipótese justificada de relevância e urgência e em casos de complementação de informações.

§ 3º Ressalvadas as hipóteses de urgência, as notificações para comparecimento devem ser efetivadas com antecedência mínima de 48 horas, respeitadas, em qualquer caso, as prerrogativas legais pertinentes.

§ 4º A notificação deverá mencionar o fato investigado, salvo na hipótese de decretação de sigilo, e a faculdade do notificado de se fazer acompanhar por advogado.

§ 5º As correspondências, notificações, requisições e intimações do Ministério Público quando tiverem como destinatário o Presidente da República, o Vice-Presidente da República, membro do Congresso Nacional, Ministro do Supremo Tribunal Federal, Ministro de Estado, Ministro de Tribunal Superior, Ministro do Tribunal de Contas da União ou chefe de missão diplomática de caráter permanente serão encaminhadas e levadas a efeito pelo Procurador-Geral da República ou outro órgão do Ministério Público a quem essa atribuição seja delegada.

§ 6º As notificações e requisições previstas neste artigo, quando tiverem como destinatários o Governador do Estado os membros do Poder Legislativo e os desembargadores, serão encaminhadas pelo Procurador-Geral de Justiça.

§ 7º As autoridades referidas nos parágrafos 5º e 6º poderão fixar data, hora e local em que puderem ser ouvidas, se for o caso.

§ 8º O membro do Ministério Público será responsável pelo uso indevido das informações e documentos que requisitar, inclusive nas hipóteses legais de sigilo.

■ Introdução.

A nova resolução do CNMP sobre a instauração e a tramitação do procedimento investigatório criminal a cargo do Ministério Público, ao elencar as diligências que podem ser executadas para a instrução de um PIC, reproduz, em larga medida, as diligências previstas no art. 8º da Lei Complementar nº 75/93 e no art. 26 da Lei nº 8.625/93 (Leis Orgânicas do MPU e do MP nacional) – assim como já o fazia a (hoje revogada) Resolução nº 13/06 do CNMP. São esses – o art. 8º da LC nº 75/93 e o art. 26 da Lei nº 8.625/93 –, aliás, os dispositivos da legislação infraconstitucional que preveem a investigação (cível ou criminal) direta pelo Ministério Público e versam propriamente sobre seus poderes investigatórios, cuja constitucionalidade foi (re)afirmada pelo Supremo Tribunal Federal em 14.05.2015, no julgamento do RE nº 593.727.

Neste passo, vale um destaque: para os críticos da investigação criminal direta pelo Ministério Público ao argumento de que "não haveria previsão legal" para esse tipo de investigação, basta notar que o art. 8º da Lei Complementar 75/93 e o art. 26 da Lei nº 8.625/93 regulam as diligências a serem cumpridas "nos procedimentos de sua competência" – sem especificar nem limitar tais diligências a procedimentos de natureza *cível*, como alguns poderiam crer.[1] A Resolução nº 13/06 e a nova resolução do CNMP sobre o PIC, que substituiu a aquela, nada mais fizeram que regulamentar essas expressas disposições legais no que diz respeito a procedimentos *criminais* de competência do Ministério Público.[2]

O CNMP, no art. 7º de sua atual resolução sobre o PIC (e como fazia também no art. 6º da Resolução nº 13/06), optou por uma redação distinta do art. 6º do Código de Processo Penal, que elenca as diligências investigatórias a serem realizadas pela autoridade policial:[3]

> Art. 6º Logo que tiver conhecimento da prática da infração penal, a autoridade policial deverá:
>
> I - dirigir-se ao local, providenciando para que não se alterem o estado e conservação das coisas, até a chegada dos peritos criminais;

---

[1] Remetemos, para análise de um tema complementar, o entendimento proposto por Douglas Fischer em texto intitulado: Investigação criminal pelo Ministério Público: sua determinação pela Constituição brasileira como garantia do investigado e da sociedade (In: Luiz Flávio Gomes, Rogério Sanchez Cunha e Pedro Taques. (Org.). *Limites Constitucionais da Investigação.* São Paulo: RT, 2009, v. 1, p. 1-1.), em que se apresenta conclusão no sentido de que, "quando a Carta Maior lhe atribui expressamente o dever de proteger a ordem jurídica, o regime democrático e os interesses sociais e individuais indisponíveis, impôs a obrigação ao *parquet* de, em promovendo atos de investigação ou ajuizando ação penal (porque se trata de função inerente do Ministério Público, inclusive no sistema acusatório), respeitar os direitos fundamentais dos cidadãos. O que, *data venia*, é uma decorrência da melhor compreensão (sistemicamente, portanto) da Constituição, que não só garante (faculdade) ao Ministério Público praticar atos de investigação, como, em nossa compreensão, **determina** (cogência) que assim aja quando necessário, tudo como forma de, dando máxima eficiência aos postulados fundamentais, realize especialmente as garantias do investigado e da sociedade, sempre harmonicamente e com o devido equilíbrio".

[2] "A Lei Complementar Federal nº 75/1993 e a Lei nº 8.625/1993 previram o inquérito civil, a ação civil pública e outros 'procedimentos administrativos' para a atuação do Ministério Público. Não há nenhuma razão lógica para restringir a atuação do inquérito civil ou outro procedimento administrativo à área civil, porque, colhidos elementos que caracterizem crime, o Ministério Público está autorizado a acionar o Judiciário (arts. 27, 39, § 5º, 40 e 46, § 1º, CPP)". (SANTIN, Valter Foleto. *O Ministério Público na investigação criminal.* Bauru/SP: Edipro, 2001, p. 241-242).

[3] Sobre as diligências investigatórias a serem encetadas no interesse do inquérito policial, discorre-se, com mais detalhes, em: PACELLI, Eugênio; FISCHER, Douglas. *Comentários ao Código de Processo Penal e sua jurisprudência.* 10ª ed. São Paulo: Atlas, 2018, p. 30-40.

II - apreender os objetos que tiverem relação com o fato, após liberados pelos peritos criminais;

III - colher todas as provas que servirem para o esclarecimento do fato e suas circunstâncias;

IV - ouvir o ofendido;

V - ouvir o indiciado, com observância, no que for aplicável, do disposto no Capítulo III do Título VII, deste Livro, devendo o respectivo termo ser assinado por duas testemunhas que lhe tenham ouvido a leitura;

VI - proceder a reconhecimento de pessoas e coisas e a acareações;

VII - determinar, se for caso, que se proceda a exame de corpo de delito e a quaisquer outras perícias;

VIII - ordenar a identificação do indiciado pelo processo datiloscópico, se possível, e fazer juntar aos autos sua folha de antecedentes;

IX - averiguar a vida pregressa do indiciado, sob o ponto de vista individual, familiar e social, sua condição econômica, sua atitude e estado de ânimo antes e depois do crime e durante ele, e quaisquer outros elementos que contribuírem para a apreciação do seu temperamento e caráter.

X - colher informações sobre a existência de filhos, respectivas idades e se possuem alguma deficiência e o nome e o contato de eventual responsável pelos cuidados dos filhos, indicado pela pessoa presa.

Comparando-se o art. 7º da atual resolução do CNMP com o art. 6º do CPP percebe-se que o principal foco das diligências elencadas no Código de Processo Penal são aquelas a serem realizadas quando da prisão em flagrante ou imediatamente após a constatação da prática de um crime (incisos I, II, IX e X) – diferentemente do que se vê na regulamentação do PIC. Esse destaque a investigações baseadas (apenas ou principalmente) em situações de flagrância talvez indique algo em relação aos reduzidos índices de resolutividade de inquéritos policiais no Brasil: tomando-se como referência somente crimes de homicídio, somente 5% a 8% são esclarecidos.[4]

O inciso III do art. 6º do CPP opta por tratar de outras de diligências não ali especificadas numa cláusula aberta: "III – colher todas as provas que servirem para o esclarecimento do fato e suas circunstâncias". Há previsão semelhante no inciso I do art. 7º da resolução do CNMP, embora com redação diversa: "I – fazer ou determinar vistorias, inspeções *e quaisquer outras diligências* (...)". A redação do art. 7º da resolução do CNMP, contudo, é um tanto mais abrangente que a do CPP, ao especificar outras diligências (art. 7º, incisos I, II, III e IX, da resolução).

O CPP trata do indiciado em três incisos do art. 6º (V, VIII e IX), conferindo especial importância ao ato de *indiciamento* – mesmo sem

---

[4] *Diagnóstico da investigação de homicídios no Brasil*, da Estratégia Nacional de Justiça e Segurança Pública. Brasília: CNMP, 2012. Disponível em: <http://www.cnmp.gov.br/portal/images/stories/Enasp/relatorio_enasp_FINAL.pdf>, acesso em 28.04.2017.

regulamentá-lo especificamente (a referência é só a *indiciado*). O *indiciamento* só veio a ser especificamente tratado na Lei nº 12.830/2013,[5] diploma que, embora pretenda dispor "*sobre a investigação criminal conduzida pelo delegado de polícia*", diz muito pouco sobre investigação e versa essencialmente sobre prerrogativas de delegados de polícia.[6]

O art. 7º da nova resolução do CNMP não trata de *indiciamento* nem de *indiciado*. E o faz corretamente. É que o *indiciamento*, consoante temos defendido, é ato processualmente inútil, além de estigmatizante para o investigado. É um ato administrativo pelo qual uma autoridade policial (o Delegado de Polícia) declara que considera terem sido reunidos elementos de convicção suficientes a apontar a responsabilidade pela prática de um crime por determinada pessoa. Ocorre que essa opinião formalizada nos autos de um inquérito por um delegado de polícia é, sob a ótica de um sistema acusatório, absolutamente irrelevante para o processo penal. Não cabe à autoridade policial afirmar a existência de tal justa causa, atribuição constitucional e legalmente conferida ao Ministério Público (a quem toca oferecer, se for o caso, a denúncia) e ao juiz (que a recebe). O indiciamento tem servido basicamente para render manchetes e "etiquetar" pessoas como criminosas (*labelling*). O indiciamento não vincula o Ministério Público, o Poder Judiciário e nem nenhum outro sujeito processual. Quando muito, servirá para alimentar bancos de dados e estatísticas policiais – mas essa providência pode ser adotada por simples registro reservado nos sistemas informatizados de segurança pública e independentemente de uma formalização nos próprios autos de um inquérito policial e muito menos de sua publicização.

Precisamente por considerar, dentre outros fundamentos, que o indiciamento representa uma violação ao princípio acusatório e ao princípio da presunção da inocência – por ser ordinariamente praticado por autoridade diversa daquela prevista na Constituição (art. 129, I)[7] como responsável pela deflagração do processo penal acusatório, antecipando de certo modo uma "culpa" de alguém que, a rigor, não pode ser chamado de *culpado*[8] (CF/88, art. 5º, LVII)[9] –, o Procurador-Geral da República, na Ação Direta de Inconstitucionalidade

---

[5] Lei nº 12.830/2013, art. 2º, § 6º. O indiciamento, privativo do delegado de polícia, dar-se-á por ato fundamentado, mediante análise técnico-jurídica do fato, que deverá indicar a autoria, materialidade e suas circunstâncias.

[6] Como se sabe, o Delegado de Polícia é apenas uma das espécies de *autoridade policial* a que se refere o CPP.

[7] Art. 129. São funções institucionais do Ministério Público: I - promover, privativamente, a ação penal pública, na forma da lei.

[8] Não pode ser chamado nem mesmo de *acusado*!

[9] LVII – ninguém será considerado culpado até o trânsito em julgado de sentença penal condenatória.

(ADI) nº 5073,[10] manifestou-se pela inconstitucionalidade do art. 2º, § 6º, da Lei nº 12.830/2013, para que seja extirpado de nosso ordenamento o instituto. Assim, como dito, andou muito bem a resolução do CNMP, portanto, ao não fazer nenhuma menção, em seu art. 7º, a indiciamento.

Ainda que não expressamente previstas no art. 7º da resolução do CNMP, outras das diligências elencadas no art. 6º do CPP podem ser realizadas no curso do PIC, seja por força do art. 7º, inciso I, seja por força do art. 21,[11] ambos da resolução, sempre observada (e ora reforçada nas alterações da Resolução n. 183, de 2018) a reserva de jurisdição. Assim, é perfeitamente lícito ao Ministério Público, por exemplo, proceder a reconhecimento de pessoas e coisas e a acareações, determinar a realização de exame de corpo de delito e quaisquer outras perícias, ordenar a identificação do *investigado* pelo processo datiloscópico,[12] fazer juntar aos autos sua folha de antecedentes e promover a reprodução simulada dos fatos[13] (reconstituição).[14]

Fato é que, embora a nova resolução do CNMP não mencione, diversas outras medidas investigatórias podem ser regularmente empreendidas na instrução de um PIC (sendo certo que algumas destas dependerão de prévia autorização judicial, como explicitamente constante da redação conferida pela Resolução n. 183/2018 ao *caput* e ao § 1º). Alguns exemplos: colaboração premiada; "quebra" de sigilos de dados fiscais e bancários[15]; interceptação de comunicações telefônicas;

---

[10] A Ação Direta de Inconstitucionalidade (ADI) nº 5073 foi ajuizada pela Confederação Brasileira de Trabalhadores Policiais Civis (COBRAPOL), suscitando a inconstitucionalidade de diversos dispositivos da lei nº 12.830/2013.

[11] Art. 21. No procedimento investigatório criminal serão observados os direitos e garantias individuais consagrados na Constituição da República Federativa do Brasil, aplicando-se, no que couber, as normas do Código de Processo Penal e a legislação especial pertinente. (grifo nosso)

[12] A Lei nº 12.037/09 dispõe sobre a *identificação criminal do civilmente identificado, regulamentando o art. 5º, inciso LVIII, da Constituição Federal.*

[13] Art. 7º CPP. Para verificar a possibilidade de haver a infração sido praticada de determinado modo, a autoridade policial poderá proceder à reprodução simulada dos fatos, desde que esta não contrarie a moralidade ou a ordem pública.

[14] A reconstituição, assim como a acareação é uma providência, na maioria dos casos, de reduzida eficácia – além de duvidosa constitucionalidade, caso se entenda pela *obrigatoriedade* da participação do investigado.

[15] A propósito, destaca-se decisão do STF no RHC n. 133.118-CE (Rel. Ministro Dias Tóffoli, 2ª Turma, julgado de 26.9.2017), na qual se reconheceu que "o sigilo de informações necessário à preservação da intimidade é relativizado **quando há interesse da sociedade em conhecer o destino dos recursos públicos. Diante da existência de indícios da prática de ilícitos penais envolvendo verbas públicas, cabe ao MP, no exercício de seus poderes investigatórios [CF, art. 129, VIII], requisitar os registros de operações financeiras relativos aos recursos movimentados a partir de conta-corrente de titularidade da prefeitura municipal. Essa requisição compreende, por extensão, o acesso aos registros das operações bancárias sucessivas, ainda que realizadas por particulares, e objetiva garantir o acesso ao real destino desses recursos públicos**".

ação controlada; infiltração de agentes; captação e interceptação ambiental.[16]

Feitas essas considerações, veremos, a seguir, cada uma das medidas previstas nos incisos do art. 7º da resolução do CNMP, a serem realizadas pelo Ministério Público na condução de um Procedimento Investigatório Criminal.

- **Fazer ou determinar vistorias, inspeções e quaisquer outras diligências, inclusive em organizações militares (inciso I).**

O primeiro inciso do art. 7º contém uma cláusula aberta, autorizando o Ministério Público, além de fazer ou determinar vistorias e inspeções, a *realizar quaisquer outras diligências*, ainda que não arroladas nos demais incisos do mesmo artigo. Naturalmente, é imprescindível que sejam devidamente *fundamentadas* e relevantes para o esclarecimento dos fatos objeto do PIC, ademais de não conflitarem com direitos fundamentais do investigado e de terceiros. Como já assentou corretamente o STF (RE n. 593.727-MG, Plenário, DJ 8.9.2015), "o *Ministério Público dispõe de competência para promover, por autoridade própria, e por prazo razoável, investigações de natureza penal, desde que respeitados os direitos e garantias que assistem a qualquer indiciado ou a qualquer pessoa sob investigação do Estado, observadas, sempre, por seus agentes, as hipóteses de reserva constitucional de jurisdição e, também, as prerrogativas profissionais de que se acham investidos, em nosso País, os Advogados (Lei 8.906/94, artigo 7º, notadamente os incisos I, II, III, XI, XIII, XIV e XIX), sem prejuízo da possibilidade – sempre presente no Estado democrático de Direito – do permanente controle jurisdicional dos atos, necessariamente documentados (Súmula Vinculante 14), praticados pelos membros dessa instituição*".

A requisição de *outras diligências* a que se refere este inciso pode ser dirigida à própria autoridade policial. A atuação da polícia, neste caso, não depende da existência de uma prévia investigação policial; não é necessário que a autoridade policial instaure um inquérito policial sobre os fatos que serão objeto da diligência a ser cumprida, requisitada pelo MP. A investigação já está sendo conduzida no PIC. O próprio CPP prevê que incumbirá à autoridade policial "*realizar as diligências requisitadas pelo juiz* ***ou*** *pelo Ministério Público*" (art. 13, inciso II), sem vincular essa diligência à existência de um inquérito policial. Cumprida e adequadamente documentada a medida policial, esta será

[16] Sobre as diversas medidas investigatórias em espécie (inclusive as não elencadas no art. 6º da Resolução nº 13/06) e sua compatibilidade com a investigação criminal direta pelo Ministério Público, discorre-se em: CALABRICH, Bruno. *Investigação criminal pelo Ministério Público: fundamentos e limites constitucionais*. São Paulo: RT, 2007. p. 203-232.

remetida pela autoridade policial ao membro do Ministério Público para que seja encartada nos autos do PIC.

Inovando em relação à Resolução nº 13 do CNMP, a atual resolução deixa expresso que as *vistorias, inspeções e quaisquer outras diligências* podem ser realizadas *inclusive em organizações militares.*

- **Requisitar informações, exames, perícias e documentos de autoridades, órgãos e entidades da Administração Pública direta e indireta, da União, dos Estados, do Distrito Federal e dos Municípios (inciso II).**

Requisição é uma ordem, uma determinação. No caso do inciso II, essa ordem é dirigida a autoridades, órgãos e entidades da Administração Pública direta e indireta, da União, dos Estados, do Distrito Federal e dos Municípios. Seu descumprimento pode eventualmente caracterizar a prática do crime de prevaricação ou desobediência (arts. 319 e 330 do Código Penal), conforme os contornos da situação concreta e da corrente adotada na interpretação do caso.

A requisição tem como propósito a remessa de informações, a realização de exames e perícias e a entrega de documentos de que o agente público ou ente destinatário disponha. Caso não seja possível atender a requisição, por *inexequibilidade* (ex.: os documentos foram descartados; foi extinto o setor de perícias do órgão), essa impossibilidade deve ser informada de modo fundamentado. Não é dado a nenhuma autoridade nem aos órgãos e entidades da Administração Pública recursar-se a cumprir a requisição apenas por *discordar* das razões do Ministério Público ou por qualquer outro fundamento que não a impossibilidade prática de seu cumprimento. Se realmente entender ser que a requisição do Ministério Público é manifestamente abusiva e ilegal, cabe à autoridade a quem tiver sido dirigida a ordem promover a medida judicial cabível, como impetrar um mandado de segurança. Não lhe é dado simplesmente *desobedecer* a determinação.

Alexandre Assunção e Silva ressalta que:

> Como todo ato estatal, a requisição do Ministério Público está sujeita ao controle do Poder Judiciário, que pode apreciar se foi exercida com desvio de finalidade ou abuso de poder. O controle judicial, porém, deve respeitar a discricionariedade política do órgão ministerial. Caso a requisição tenha sido expedida regularmente, com o objetivo de instruir procedimento de investigação a cargo do Ministério Público, não pode o Poder Judiciário interferir, pois a oportunidade e conveniência para o seu exercício são exclusivamente daquele.[17]

[17] SILVA, Alexandre Assunção e. *Ministério Público: doutrina e regime jurídico*. São Paulo: Edipro, 2013. p. 65.

A inoponibilidade de sigilo para a remessa das informações requisitadas tem amparo legal no art. 8º, § 2º, da LC nº 75/93,[18] e é também prevista no § 1º deste mesmo artigo 7º da resolução do CNMP.

- **Requisitar informações e documentos de entidades privadas, inclusive de natureza cadastral (inciso III).**

Em contraposição à requisição a autoridades *públicas*, aqui se menciona a requisição de informações e documentos a entidades *privadas*. A requisição de informações e documentos a entidades privadas é prevista no art. 8º, IV, da LC nº 75/93, e no art. 26, II VIII, da Lei nº 8.625/93.

Os arts. 13-A e 13-B do CPP disciplinam, para determinados crimes, a requisição, *"de quaisquer órgãos do poder público ou de empresas da iniciativa privada"*, de dados e informações cadastrais da vítima ou de suspeitos.

A Lei nº 12.850/2013 também prevê, em seu art. 15, que o Ministério Público (assim como o delegado de polícia) terá(ão) acesso, independentemente de autorização judicial, *"aos dados cadastrais do investigado que informem exclusivamente a qualificação pessoal, a filiação e o endereço mantidos pela Justiça Eleitoral, empresas telefônicas, instituições financeiras, provedores de internet e administradoras de cartão de crédito"*. De modo semelhante, o art. 16 do mesmo diploma estatui que *"as empresas de transporte possibilitarão, pelo prazo de 5 (cinco) anos, acesso direto e permanente do juiz, do Ministério Público ou do delegado de polícia aos bancos de dados de reservas e registro de viagens"*. E *"concessionárias de telefonia fixa ou móvel manterão, pelo prazo de 5 (cinco) anos, à disposição das autoridades mencionadas no art. 15, registros de identificação dos números dos terminais de origem e de destino das ligações telefônicas internacionais, interurbanas e locais"* (art. 17 da lei nº 12.850/2013).

Conforme destaca Calabrich:

> Os dados constantes de cadastros de qualquer natureza, administrados por entes públicos e privados, podem constituir-se de informações afetas à esfera da honra, da intimidade e da vida privada dos indivíduos, motivo pelo qual devem ter preservado seu sigilo. Assim, embora seja dever da autoridade pública ou particular enviar ao MP qualquer informação requisitada (sob pena de cometer o administrador ou o particular, no mínimo, o crime de desobediência ou prevaricação), a natureza sigilosa da informação em nada é esmaecida, e somente pode ser utilizada para os fins próprios da investigação encetada pelo órgão agente do *Parquet*.[19]

[18] Artigo 8º, § 2º. Nenhuma autoridade poderá opor ao Ministério Público, sob qualquer pretexto, a exceção de sigilo, sem prejuízo da subsistência do caráter sigiloso da informação, do registro, do dado ou do documento que lhe seja fornecido.

[19] CALABRICH, Bruno. *Investigação criminal pelo Ministério Público: fundamentos e limites constitucionais.* São Paulo: RT, 2007, p. 223.

É sempre relevante ter em conta que "o membro do Ministério Público será responsável pelo uso indevido das informações e documentos que requisitar, inclusive nas hipóteses legais de sigilo e de documentos assim classificados", conforme expressamente disposto no § 9º do art. 7º da mesma resolução.

- **Notificar testemunhas e vítimas e requisitar sua condução coercitiva, nos casos de ausência injustificada, ressalvadas as prerrogativas legais (inciso IV).**

A notificação de vítimas e testemunhas de que trata este inciso é, via de regra, para que sejam ouvidas, providência corriqueira em investigações. Mas podem ser também para a prática de outros atos que dependam de sua presença, como o reconhecimento de coisas e pessoas, obrigação decorrente de seu dever legal mais amplo, ínsito ao seu dever de dizer a verdade e de colaboração para o adequado esclarecimento do fato criminoso.

As prerrogativas legais dizem respeito ao encaminhamento da comunicação e à forma para a prática do ato. São as previstas no art. 8º, § 4º, da LC 75/93,[20] no art. 26, § 1º, da Lei nº 8.625/93[21] e no art. 221 do CPP,[22] replicadas nos §§ 6º, 7º e 8º deste mesmo art. 7º da resolução do CNMP.

Considerando seu dever legal de falar a verdade, testemunhas devem comparecer quando chamadas para inquirição e, em caso de ausência injustificada, o Ministério Público pode requisitar sua condução coercitiva. O mesmo não deve valer para investigados, em relação aos quais o não comparecimento injustificado pode ser compreendido como uma forma de exercício do direito fundamental ao silêncio (art. 5º, LXIII, da CF/88).[23]

[20] Artigo 8º, § 4º. As correspondências, notificações, requisições e intimações do Ministério Público quando tiverem como destinatário o Presidente da República, o Vice-Presidente da República, membro do Congresso Nacional, Ministro do Supremo Tribunal Federal, Ministro de Estado, Ministro de Tribunal Superior, Ministro do Tribunal de Contas da União ou chefe de missão diplomática de caráter permanente serão encaminhadas e levadas a efeito pelo Procurador-Geral da República ou outro órgão do Ministério Público a quem essa atribuição seja delegada, cabendo às autoridades mencionadas fixar data, hora e local em que puderem ser ouvidas, se for o caso.

[21] Artigo 26, § 1º. As notificações e requisições previstas neste artigo, quando tiverem como destinatários o Governador do Estado, os membros do Poder Legislativo e os desembargadores, serão encaminhadas pelo Procurador-Geral de Justiça.

[22] Artigo 221. O Presidente e o Vice-Presidente da República, os senadores e deputados federais, os ministros de Estado, os governadores de Estados e Territórios, os secretários de Estado, os prefeitos do Distrito Federal e dos Municípios, os deputados às Assembleias Legislativas Estaduais, os membros do Poder Judiciário, os ministros e juízes dos Tribunais de Contas da União, dos Estados, do Distrito Federal, bem como os do Tribunal Marítimo serão inquiridos em local, dia e hora previamente ajustados entre eles e o juiz.

[23] LXIII - o preso será informado de seus direitos, entre os quais o de permanecer calado, sendo-lhe assegurada a assistência da família e de advogado.

- **Acompanhar buscas e apreensões deferidas pela autoridade judiciária (inciso V).**

No curso do PIC, o Ministério Público pode pleitear em juízo o deferimento de medidas constritivas como buscas e apreensões ou mesmo prisões (referidas no inciso seguinte). Uma vez deferidas, tais medidas são cumpridas por oficiais de Justiça e pelas autoridades policiais, no exercício regular de suas funções de polícia judiciária (a que alude o art. 144 da CF/88).[24] A Resolução faculta ao membro do Ministério Público acompanhar o cumprimento dessas diligências. A providência é salutar: como quem conduz a investigação no PIC é o membro do Ministério Público, estará ele qualificado para subsidiar a autoridade policial no momento em que for cumprir os mandados expedidos pelo juiz competente. Tendo o conhecimento mais amplo dos fatos e das provas já obtidas ou a obter, a participação do promotor de Justiça ou procurador da República na diligência pode ser de grande utilidade.

A procedimentalização do encaminhamento ao juízo competente de pedidos de buscas e apreensões e de prisões é relativamente simples. Na maioria dos casos, o pedido é instruído com simples cópia dos autos do PIC ou das peças indispensáveis à apreciação do requerimento, à semelhança do que costuma ser feito em investigações policiais. Mesma providência pode ser adotada com relação a outras medidas que demandem judicialização (cautelares processuais penais submetidas às chamadas *cláusulas de reserva jurisdicional*), como constrições patrimoniais (sequestros, arrestos, *bloqueios* etc), interceptações de comunicações telefônicas[25] e entradas em domicílio (para, *exempli gratia*, a

---

[24] Sobre o conceito de *polícia judiciária*: "Infelizmente, parece persistir a confusão entre 'apuração de infrações penais' e 'polícia judiciária', muitos ainda afirmando serem ambas expressões sinônimos de 'investigação criminal'. (...)Para a prática de alguns de seus atos, internos ou externos, o Poder Judiciário pode eventualmente precisar do suporte de algum órgão dotado de meios materiais e humanos para, sob seu comando, executá-los diretamente ou, ao menos, para auxiliar em sua execução. Assim é que o juiz poderá requisitar a força policial para auxiliá-lo na manutenção da ordem e da segurança em audiências e sessões ou para cumprir (ou acompanhar o cumprimento) de outros atos, como comunicações processuais, buscas e apreensões, penhoras e condução coercitiva de pessoas. As funções de polícia judiciária, dessa forma, abrangem todas as funções referentes ao apoio necessário para a prática de determinados atos ou para o cumprimento de decisões judiciais. E essa função, no que toca aos órgãos do Poder Judiciário da União, recai com exclusividade na polícia federal. A função de polícia judiciária diz respeito não somente aos juízos criminais, mas a todo e qualquer juízo, seja qual for sua competência. Em suma, polícia judiciária nada mais é que a função de auxílio ao Poder Judiciário na execução de seus atos e decisões." (CALABRICH, Bruno; FISCHER, Douglas, PELELLA, Eduardo (orgs). *Garantismo penal integral: questões penais e processuais penais, criminalidade moderna e a aplicação do modelo garantista no Brasil*. 3ª ed. São Paulo: Método, 2015, p. 135 e 137).

[25] Sobre a interceptação de comunicações telefônicas em investigações conduzidas diretamente pelo Ministério Público discorre Mauro Fonseca Andrade: "(...) Por certo, não foi intenção do legislador desprezar o relevo e importância do papel que é exercido pela autoridade policial na persecução penal. Por outro lado, colocá-la como mera executora da interceptação telefônica, no

instalação de instrumentos de captação ambiental de sons e imagens). Outros exemplos de medidas que podem ser realizadas no interesse de procedimentos investigatórios criminais são os atos de cooperação internacional direta pelo Ministério Público.[26]

O inciso V do art. 7º (e o inciso seguinte, que trata do acompanhamento do *cumprimento de mandados de prisão preventiva ou temporária deferidas pela autoridade judiciária*), a rigor, poderia(m) ter sido expressamente mais abrangente(s). Em verdade, o Ministério Público poderá acompanhar *in loco* o cumprimento de quaisquer medidas, não somente aquelas deferidas por autoridade judiciária – ou seja, inclusive as medidas cuja realização este próprio determinou, se não dependerem de prévia autorização judicial.

Cabe mencionar que, nas medidas constritivas de busca e apreensão e de prisão decretadas pelo Supremo Tribunal Federal no âmbito da denominada "Operação Lava Jato", a execução de grande parte dos mandados foi acompanhada pessoalmente por membros do Grupo de Trabalho do Gabinete do Procurador-geral da República para o caso (GT-LJ Gab-PGR). A experiência nesses casos foi muito frutífera para as investigações.

É importante lembrar que o cumprimento de medidas de tal natureza, especialmente prisões, exigem técnicas que são próprias do mister diário das autoridades policiais – sejam estas delegados, agentes de polícia ou mesmo policiais militares. Assim, é recomendável ao membro do Ministério Público cautela no acompanhamento destas diligências, sempre atentando que o responsável pela execução das providências necessárias à preservação da segurança de todos os agentes públicos que desta participem será a autoridade (geralmente, delegado de polícia) a quem for dirigido o mandado judicial a ser cumprido.

---

curso da investigação ministerial, seria criar verdadeira ingerência policial sobre as atividades do Ministério Público. Teria a autoridade policial livre acesso aos fatos investigados, sendo colocado em suas mãos o sucesso ou insucesso da investigação que, p. ex., estivesse sendo realizada contra agentes policiais envolvidos em atos de corrupção ou com o crime organizado. Seria, na verdade, conceder à polícia judiciária uma espécie de controle externo da atividade ministerial, toda vez que a investigação necessitasse da interceptação telefônica, permitindo o surgimento de um desgaste totalmente desnecessário à polícia judiciária. Portanto, não há como negar que também a execução de interceptação telefônica poderá ser realizada por autoridade pública diversa da policial. Em vista disso, antes de ser encarado como um diploma que procura negar ou cercear a atividade investigatória do Ministério Público, a Lei 9.296/96 veio a reforçar a tese de que, quando o legislador tratou de criar ou reforçar os instrumentos necessários para uma boa investigação criminal, sempre o fez com os olhos voltados à autoridade policial." (ANDRADE, Mauro Fonseca. *Ministério Público e sua investigação criminal*. 2ª ed. Curitiba: Juruá, 2006, p. 283).

[26] Sobre o tema: LESSA, Luiz Fernando Voss Chagas. *Persecução penal e cooperação internacional direta pelo Ministério Público*. Rio de Janeiro: Lumen Juris, 2013.

- **Acompanhar cumprimento de mandados de prisão preventiva ou temporária deferidas pela autoridade judiciária (inciso VI).**

Ver considerações sobre o inciso anterior (V).

- **Expedir notificações e intimações necessárias (inciso VII).**

No antigo Código de Processo Civil, eram identificadas a notificação e a intimação (além da citação) como formas de comunicação de atos processuais. No atual CPC (Lei n. 13.105/2015), estão previstas apenas a citação e a intimação. O Código de Processo Penal em vigor continua tratando tanto de intimações quanto de notificações, que assim se distinguem, conforme a doutrina: intimação é a comunicação de um ato já praticado, como a ciência da prolação de um despacho ou de uma promoção de arquivamento; notificação é a comunicação de um ato a ser praticado (via de regra, com a participação da pessoa notificada). As regras das notificações e intimações elencadas no CPP devem ser seguidas para as comunicações do PIC.

O inciso VII alude a qualquer notificação ou intimação a ser levada a efeito no curso de um PIC e não somente para as pessoas mencionadas no inciso IV (testemunhas e vítimas).

- **Realizar oitivas para colheita de informações e esclarecimentos (inciso VIII).**

Na inquirição de vítimas, testemunhas e do investigado, devem ser observadas todas as regras do Código de Processo Penal – arts. 185 e seguintes do CPP. Em relação à oitiva do investigado, devem ser assegurados todos os seus direitos, inclusive o de prévia entrevista com seu defensor e, notadamente, seu direito fundamental ao silêncio (art. 5º, LXIII).

Sobre oitivas, ver também as considerações em relação ao inciso IV deste art. 7º da resolução.

Merece registro, também, a faculdade prevista nos parágrafos 2º a 5º do art. 8º, que tratam da requisição, pelo membro do MP, do cumprimento das diligências de "oitiva de testemunhas ou informantes *a servidores da instituição, a policiais civis, militares ou federais, guardas municipais ou a qualquer outro servidor público que tenha como atribuições fiscalizar atividades cujos ilícitos possam também caracterizar delito*". Ressalve-se que o interrogatório de suspeitos e a oitiva das pessoas referidas nos §§ 6º e 7º do art. 7º *deverão necessariamente ser realizados pelo membro do Ministério Público* (art. 8º, §7º).

- **Ter acesso incondicional a qualquer banco de dados de caráter público ou relativo a serviço de relevância pública (inciso IX).**

Este inciso é reprodução literal do art. 8º, inciso VIII, da Lei Complementar nº 75/93, previsão "extensiva aos Ministérios Públicos estaduais por força do art. 80 da Lei 8.625/1993 e do princípio constitucional da unidade".[27]

Reportamo-nos, aqui, aos comentários feitos ao inciso III do art. 7º da Resolução.

- **Requisitar auxílio de força policial (inciso X).**

Para a prática de determinados atos pode ser necessário ao Ministério Público requisitar o auxílio de força policial. Exemplos destes atos são vistorias e inspeções, comparecimento em determinados locais para a identificação de possíveis testemunhas e o levantamento de outras informações ou a simples segurança no transporte de objetos apreendidos e encaminhados ao Poder Judiciário. A autoridade policial é obrigada a prestar esse auxílio, independentemente de qualquer outra providência que não a própria requisição do MP.

Outrossim, o próprio CPP (art. 13, II), como já visto, atribui à autoridade policial o dever de cumprir as requisições emanadas do Ministério Público.

- **Observações Atinentes aos Parágrafos do Artigo 7º**

As regras dos parágrafos do presente artigo imbricam-se com aquelas dos incisos anteriormente analisados.

A questão do sigilo: diante de uma requisição, no § 1º já temos previsão de inoponibilidade de exceção do sigilo – por qualquer autoridade pública ou agente de pessoa jurídica no exercício de função pública –, sem prejuízo da subsistência do caráter sigiloso da informação, do registro, do dado ou do documento que lhe seja fornecido.

É evidente que a regra precisa ser compreendida no sentido de que essa verdadeira *transferência direta de informações eventualmente sigilosas* não abarca aquelas hipóteses em que a Constituição impõe a reserva de jurisdição (o que, como já dito, foi explicitado na redação da Resolução n. 183, que conferiu nova redação ao *caput* e ao § 1º). Nessas

[27] MASSON, Cleber; MARÇAL, Vinícius. *Crime organizado*. 3ª ed. São Paulo: Método, 2016, p. 246.

situações, não se poderá cogitar de o Ministério Público requisitar diretamente à autoridade.[28-29]

---

[28] Remetemos para anotações feitas por PACELLI e FISCHER quanto ao tema da constitucionalidade da LC 105 e a transferência de informações bancárias para fins de apuração de fatos que constituam eventuais infrações tributárias e/ou criminais (Ob. cit., p. 380 e seguintes), em que se defende, sinteticamente, que "para quem, como a maioria da doutrina e a jurisprudência nacional, estende a exigência de ordem judicial – independentemente de lei em sentido contrário – ao sigilo de toda e qualquer informação de interesse individual (reserva da jurisdição), a aludida legislação seria inconstitucional, por (suposta) violação às normas do art. 5º, X, XI e XII, da Constituição da República. A nosso aviso, não. Pensamos que, uma vez comprovada a indispensabilidade da medida, a sua finalidade pública e a observância de regular procedimento administrativo (previsto em Lei), outras autoridades públicas poderiam, no exercício das respectivas funções, ter acesso a dados de interesses individuais de correntistas e aplicadores no e do sistema financeiro. Desde que, é claro, previsto em lei, como é o caso da citada LC nº 105/01. Um outro elemento complicador da matéria se encontraria na Lei Complementar nº 75/93, que atribui ao Ministério Público da União a prerrogativa de requisitar informações e documentos a entidades privadas (art. 8, IV), bem como ter acesso incondicional a qualquer banco de dados de caráter público ou relativo a serviço de relevância pública (art. 8º, VIII). Não bastasse, dispõe que nenhuma autoridade poderá opor ao Ministério Público, sob qualquer pretexto, a exceção de sigilo, sem prejuízo da subsistência do caráter sigiloso da informação, do registro, do dado ou do documento que lhe seja fornecido (art. 8º, § 2º). Para nós, as disposições seriam suficientes para, na esteira do entendimento que professamos sobre a matéria, já aqui antecipado, dispensar a necessidade de autorização judicial, como, aliás, ocorre em diversos países europeus (ver, sobretudo em relação ao direito comparado, José Adércio Leite SAMPAIO, em *Direito à intimidade*, Belo Horizonte: Del Rey, 1998). Além de tudo, não conseguimos entender a lógica desenvolvida em alguns julgados no sentido de que o eventual afastamento do sigilo fiscal diretamente pela autoridade fazendária teria validade para fins tributários, mas não para fins penais. A questão é objetiva: a autoridade pode (como defendemos) realizar a produção das provas ou sua ação não tem base legal ou constitucional alguma. A circunstância é que a prova é única no que tange à comprovação de uma infração tributária que, se for o caso, também pode ser crime. O que não se justifica é a distinção para admitir a validade para um procedimento e a invalidade para outro. Pensamos que, após o julgamento da ADI 2.390/DF em 24.02.2016, a jurisprudência brasileira começa a caminhar, enfim, no sentido que sempre defendemos. Ainda que neste acórdão não conste expressamente que os dados obtidos diretamente pela Receita Federal possam ser eventualmente utilizados em processos criminais, a questão parece ter permeado toda a discussão no Supremo Tribunal Federal. No voto do Ministro Ricardo Lewandowski, por exemplo, se afirma: 'Tendo em conta os intensos, sólidos e profundos debates que ocorreram nas três sessões em que a matéria foi debatida, me convenci de que estava na senda errada, não apenas pelos argumentos veiculados por aqueles que adotaram a posição vencedora, mas sobretudo porque, de lá pra cá, o mundo evoluiu e ficou evidenciada a efetiva necessidade de repressão aos crimes como narcotráfico, lavagem de dinheiro e terrorismo, delitos que exigem uma ação mais eficaz do Estado, que precisa ter instrumentos para acessar o sigilo para evitar ações ilícitas'. Nesta linha, parece-nos que é questão de tempo até que se comece a aceitar igual prerrogativa (desnecessidade de autorização judicial para requisição de informações bancárias junto a instituições financeiras) ao Ministério Público ou, no mínimo, que se permita que a Receita envie àquele órgão os dados obtidos que contenham indícios de atuação criminosa, para fins de persecução penal. É o que já fez explicitamente no ano de 2017 o STF no julgamento do RE n. 1.043.002-SP (DJ de 14.12.2017)".

[29] DIREITO PENAL. AGRAVO INTERNO EM RECURSO EXTRAORDINÁRIO. ALEGAÇÃO DA OCORRÊNCIA DA PRESCRIÇÃO DA PRETENSÃO PUNITIVA ESTATAL. INOCORRÊNCIA. DECADÊNCIA. ANÁLISE DA LEGISLAÇÃO INFRACONSTITUCINAL. SÚMULA 279/STF. ART. 6º DA LEI COMPLEMENTAR Nº 105/2001. CONSTITUCIONALIDADE UTILIZAÇÃO DE DADOS OBTIDOS PELA RECEITA FEDERAL PARA INSTRUÇÃO PENAL. POSSIBILIDADE. [...] **3. O Supremo Tribunal Federal, ao apreciar o RE 601.314, Rel. Min. Edson Fachin, após reconhecer a repercussão geral da matéria, assentou a constitucionalidade do art. 6º da Lei Complementar nº 105/2001, que permitiu o fornecimento de informações sobre movimentações financeiras diretamente ao Fisco, sem autorização judicial. 4. Esta Corte entende ser possível a**

Mas, retomando o tema, já se disse anteriormente quando tratadas as hipóteses do inciso II (requisição de informações, exames, perícias e documentos) que a inoponibilidade de sigilo para a remessa das informações requisitadas tem amparo legal no art. 8º, § 2º, da LC nº 75/93.

O § 2º do art. 7º estabelece que *as respostas às requisições realizadas pelo Ministério Público deverão ser encaminhadas, sempre que determinado, em meio informatizado e apresentadas em arquivos que possibilitem a migração de informações para os autos do processo sem redigitação.* A providência é importante especialmente para investigações que exijam o tratamento de grandes volumes de informações, como dados bancários, contábeis, cadastrais e telemáticos. No passado, não era comum o Ministério Público (assim como outras autoridades de investigações) ver(em)-se diante de pilhas de documentos contendo milhares de dados, dos quais apenas uma pequeníssima fração interessaria à investigação. A entrega de informações em meio eletrônico e de uma forma que permita a migração sem redigitação prestigia a eficiência e poupa um imenso trabalho.

O § 2º do art. 6º da *anterior* Resolução nº 13/06 do CNMP previa que o prazo *mínimo* para a resposta das requisições do Ministério Público seria de 10 dias *úteis*,[30] a contar do comprovado recebimento a quem dirigida a ordem, salvo a hipótese de relevância e urgência e em casos de complementação de informações, em que – mediante a devida justificação e fundamentação – não será necessário respeitar esse prazo mínimo estipulado em lei. Discorrendo sobre esse dispositivo da Resolução nº 13/06 do CNMP, Andrey Borges de Mendonça ressalta que "as requisições devem conter prazo razoável para resposta, que deverá ser, no mínimo, de 10 dias, a contar do recebimento, salvo hipótese de justificada relevância e urgência e em casos de complementação de informações".[31]

---

utilização de dados obtidos pela Secretaria da Receita Federal para fins de instrução penal. Precedentes. Agravo interno a que se nega provimento. *(AgRg no RE n. 1.043.002-SP, STF, 1ª Turma, Rel. Min. Roberto Barroso, julgado em 30.11.2017, publicado no DJ em 14.12.2017)*

[30] Tem-se aqui uma regra pouco diferente da previsão geral do CPP, em que os prazos *não são* contados em dias úteis, mas sim dias corridos, como se vê do art. 798 do CPP e seguintes. A propósito, reafirme-se que o NCPC *não* alterou esse modo de contagem de prazos no âmbito do CPP: "[...] A contagem de prazo em dias úteis, prevista no art. 219 do novo CPC, não se aplica ao agravo em recurso especial, que versa sobre matéria penal, haja vista a existência de legislação própria e específica regulamentando o assunto. 2. O Código de Processo Penal, em seu art. 798, *caput*, estabelece que os prazos "serão contínuos e peremptórios, não se interrompendo por férias, domingo ou dia feriado", ou seja, nesse caso a contagem do prazo para a interposição do recurso será feita em dias corridos. [...] (Agravo Regimental no Agravo no Recurso Especial n. 1.001.219-DF, STJ, 5ª Turma, unânime, Rel. Min. Ribeiro Dantas, Julgado em 4.4.2017, publicado no DJ 7.4.2017).

[31] GAVRONSKI, Alexandre Amaral; MENDONÇA, Andrey Borges de. *Manual do Procurador da República.* Salvador: Juspodivm. 2013, p. 149.

A nova resolução do PIC adotou redação diversa, ao dispor, no § 3º de seu art. 7º, que as requisições do Ministério Público serão feitas fixando-se prazo razoável de até dez dias úteis para atendimento, prorrogável mediante solicitação justificada.

De qualquer modo, há que se notar que, ao expedir a notificação para o cumprimento das requisições, o membro do Ministério Público que for o responsável pelo PIC deverá considerar a razoabilidade do prazo inferior ao estipulado em lei para o atendimento.

Na mesma toada, o § 4º trata das notificações para comparecimento de pessoas. Ali se estipula que a regra deverá ser de observância mínima de 48 horas antes da realização do ato. O prazo a ser contado aqui, tecnicamente, é em horas, de modo que na notificação realizada será fundamental constar o dia e a hora em que a pessoa foi notificada para o ato. Mas há duas exceções. A primeira, de modo genérico. Se houver urgência, esse prazo mínimo de 48 horas poderá ser reduzido. Saber o que é "urgente" ou não, em certos momentos, pode decorrer de uma subjetividade, de maneira que se recomenda que essa exceção seja utilizada apenas em situações extremas e mediante uma detalhada fundamentação pelo membro do Ministério Público. A segunda é aquela que trata das chamadas "prerrogativas legais", em que existem previsões para que determinadas autoridades possam prestar suas declarações mediante certas condições. É o que se vê, por exemplo, no CPP ao tratar do tema no art. 221[32] Vale observar que tal regra não se aplica quando essas pessoas figurarem no PIC (ou no inquérito) como investigadas.[33]

Como regra, as notificações deverão mencionar o fato que é objeto da investigação (para não gerar qualquer forma de surpresa ao notificado, permitindo que, pelo menos em tese, compreenda as razões

[32] Art. 221. O Presidente e o Vice-Presidente da República, os senadores e deputados federais, os ministros de Estado, os governadores de Estados e Territórios, os secretários de Estado, os prefeitos do Distrito Federal e dos Municípios, os deputados às Assembleias Legislativas Estaduais, os membros do Poder Judiciário, os ministros e juízes dos Tribunais de Contas da União, dos Estados, do Distrito Federal, bem como os do Tribunal Marítimo serão inquiridos em local, dia e hora previamente ajustados entre eles e o juiz. § 1º O Presidente e o Vice-Presidente da República, os presidentes do Senado Federal, da Câmara dos Deputados e do Supremo Tribunal Federal poderão optar pela prestação de depoimento por escrito, caso em que as perguntas, formuladas pelas partes e deferidas pelo juiz, lhes serão transmitidas por ofício. § 2º Os militares deverão ser requisitados à autoridade superior. § 3º Aos funcionários públicos aplicar-se-á o disposto no art. 218, devendo, porém, a expedição do mandado ser imediatamente comunicada ao chefe da repartição em que servirem, com indicação do dia e da hora marcados.

[33] "[...] O artigo 221 do Código de Processo Penal, que assegura às autoridades com prerrogativa de foro o direito de serem inquiridas em local, dia e hora previamente ajustados com o juiz, tem incidência quando os ocupantes dos referidos cargos participarem do processo na qualidade de testemunhas. 2. Tal previsão não se estende às referidas autoridades quando figuram na condição de investigados em inquérito policial ou acusados em ação penal. [...]" (*Habeas Corpus* nº 250.970-SP, STJ, 5ª Turma, Rel. Min. Jorge Mussi, julgado em 23.9.2014, publicado no DJ em 30.9.2014).

pelas quais está sendo chamado). Coerentemente, a mesma regra (§ 5º do art. 7º) excepciona essa necessidade no caso de eventual sigilo das investigações. A questão é de lógica: se houver prévia informação do que se está investigação de forma sigilosa todo o esforço poderá não ter resultados eficientes.

Derradeiramente, estipula-se que existe a "faculdade do notificado de se fazer acompanhar por advogado". A previsão decorre da imposição constitucional do devido processo legal e da imprescindibilidade do advogado para orientar as pessoas chamadas a depor, especialmente para permitir que eventualmente não sejam produzidas provas contra si mesmas (*nemo tenetur se detegere*) sem que esteja ciente de todas as consequências que suas eventuais declarações possa trazer para o campo jurídico.

Como dito anteriormente, algumas autoridades têm prerrogativas para suas oitivas, notadamente quanto à hipótese de prestar as declarações por escrito ou indicar a data para seu comparecimento. São situações todas relacionadas com a dignidade do cargo de determinadas autoridades. Não que elas não devam ter o mesmo ônus de depor que todas as demais pessoas, mas sim porque suas disponibilidades para a realização dos atos certamente são mais restritas que a grande maioria das demais pessoas.

Em complemento a essas previsões anteriormente destacadas, no § 6º, estipula-se que as "correspondências, notificações, requisições e intimações do Ministério Público quando tiverem como destinatário o Presidente da República, o Vice-Presidente da República, membro do Congresso Nacional, Ministro do Supremo Tribunal Federal, Ministro de Estado, Ministro de Tribunal Superior, Ministro do Tribunal de Contas da União ou chefe de missão diplomática de caráter permanente serão encaminhadas e levadas a efeito pelo Procurador-Geral da República ou outro órgão do Ministério Público a quem essa atribuição seja delegada". A lógica sistêmica ressai evidente: todas essas autoridades somente podem ser processadas criminalmente a partir do exercício da atribuição do Procurador-Geral da República, conforme preconizado no art. 102, "b" e "c", CF/88. Desse modo, e, por exemplo, se houver necessidade da oitiva de qualquer uma dessas pessoas, o responsável pelo PIC não poderá encaminhar diretamente a notificação à autoridade, mas sim por intermédio do Procurador-Geral da República.

De certo modo, não se manteve a mesma lógica no §7º, em que se previu que as notificações e requisições, quando tiverem como destinatários governador de Estado, membros do Poder Legislativo e os desembargadores, serão encaminhados pelo Procurador-Geral de Justiça. Foram prestigiadas, no caso de algumas autoridades estaduais, as estruturas dos Ministérios Públicos locais, com quem mais direta e corriqueiramente costumam lidar.

Como novidade em relação à resolução anterior (art. 6º, § 6º, da Resolução nº 13 do CNMP),[34] previu-se no art. 7º, § 7º, da atual resolução que, também no âmbito dos Ministérios Públicos dos Estados, será possível que as notificações e requisições sejam encaminhadas não só pelo Procurador-Geral de Justiça, mas também por *outro órgão a quem essa atribuição seja delegada*. Nesse ponto, reproduziu-se a sistemática antes já adotada para as notificações e requisições atribuídas ao Procurador-Geral da República.

A dignidade do exercício de determinados cargos parece ter sido obedecida e não vemos nenhum problema nessa previsão. Vale observar, contudo, que, tecnicamente, não é sempre da atribuição do PGJ eventual exercício da pretensão punitiva em relação a todas essas autoridades.[35]

O § 9º do art. 7º, por fim, reitera que "o membro do Ministério Público será responsável pelo uso indevido das informações e documentos que requisitar, inclusive nas hipóteses legais de sigilo *e de documentos assim classificados*". A advertência final em relação a *documentos classificados como sigilosos* é um acréscimo da atual em relação à anterior Resolução nº 13/2006 do CNMP.

■ Bibliografia.

ANDRADE, Mauro Fonseca. *Ministério Público e sua investigação criminal*. 2ª ed. Curitiba: Juruá, 2006.

CALABRICH, Bruno. *Investigação criminal pelo Ministério Público*: fundamentos e limites constitucionais. São Paulo: RT, 2007.

——; FISCHER, Douglas, PELELLA, Eduardo (orgs). *Garantismo penal integral*: questões penais e processuais penais, criminalidade moderna e a aplicação do modelo garantista no Brasil. 3ª ed. São Paulo: Método, 2015.

GAVRONSKI, Alexandre Amaral; MENDONÇA, Andrey Borges de. *Manual do Procurador da República*. Salvador: Juspodivm. 2013.

FISCHER, Douglas. Investigação criminal pelo Ministério Público: sua determinação pela Constituição brasileira como garantia do investigado e da sociedade. In: GOMES, Luiz Flávio; CUNHA, Rogério Sanchez; TAQUES, Pedro. (Orgs.). *Limites Constitucionais da Investigação*. São Paulo: RT, 2009. v. 1.

LESSA, Luiz Fernando Voss Chagas. *Persecução penal e cooperação internacional direta pelo Ministério Público*. Rio de Janeiro: Lumen Juris, 2013.

---

[34] Art. 6º, § 6º, da antiga Resolução nº 13 do CNMP: "As notificações e requisições previstas neste artigo, quando tiverem como destinatários o Governador do Estado os membros do Poder Legislativo e os desembargadores, serão encaminhadas pelo Procurador-Geral de Justiça".

[35] Os governadores serão processados perante o STJ. Os membros do Legislativo Estadual podem ser processados tanto perante o TJ como perante o TRF (crime federal) ou TRE (crime eleitoral).

MASSON, Cleber; MARÇAL, Vinícius. *Crime organizado*. 3ª ed. São Paulo: Método, 2016.

PACELLI, Eugênio; FISCHER, Douglas. *Comentários ao Código de Processo Penal e sua jurisprudência*. 10ª ed. São Paulo: Atlas, 2018.

SAMPAIO, José Adércio Leite. *Direito à intimidade*, Belo Horizonte: Del Rey, 1998.

SANTIN, Valter Foleto. *O Ministério Público na investigação criminal*. Bauru/SP: Edipro, 2001.

SILVA, Alexandre Assunção e. *Ministério Público: doutrina e regime jurídico*. São Paulo: Edipro, 2013.

Resolução nº 181 do CNMP – artigo 8º

Art. 8º A colheita de informações e depoimentos deverá ser feita preferencialmente de forma oral, mediante a gravação audiovisual, com o fim de obter maior fidelidade das informações prestadas.
§ 1º Somente em casos excepcionais e imprescindíveis deverá ser feita a transcrição dos depoimentos colhidos na fase investigatória.
§ 2º O membro do Ministério Público poderá requisitar o cumprimento das diligências de oitiva de testemunhas ou informantes a servidores da instituição, a policiais civis, militares ou federais, guardas municipais ou a qualquer outro servidor público que tenha como atribuições fiscalizar atividades cujos ilícitos possam também caracterizar delito.
§ 3º A requisição referida no parágrafo anterior deverá ser comunicada ao seu destinatário pelo meio mais expedito possível, e a oitiva deverá ser realizada, sempre que possível, no local em que se encontrar a pessoa a ser ouvida.
§ 4º O funcionário público, no cumprimento das diligências de que trata este artigo, após a oitiva da testemunha ou informante, deverá imediatamente elaborar relatório legível, sucinto e objetivo sobre o teor do depoimento, no qual deverão ser consignados a data e hora aproximada do crime, onde ele foi praticado, as suas circunstâncias, quem o praticou e os motivos que o levaram a praticar, bem ainda identificadas eventuais vítimas e outras testemunhas do fato, sendo dispensável a confecção do referido relatório quando o depoimento for colhido mediante gravação audiovisual.
§ 5º O Ministério Público, sempre que possível, deverá fornecer formulário para preenchimento pelo servidor público dos dados objetivos e sucintos que deverão constar do relatório.
§ 6º O funcionário público que cumpriu a requisição deverá assinar o relatório e, se possível, também o deverá fazer a testemunha ou informante.
§ 7º O interrogatório de suspeitos e a oitiva das pessoas referidas nos §§ 6º e 7º do art. 7º deverão necessariamente ser realizados pelo Membro do Ministério Público.
§ 8º As testemunhas, informantes e suspeitos ouvidos na fase de investigação serão informados do dever de comunicar ao Ministério Público qualquer mudança de endereço, telefone ou *e-mail*.

PEDRO LUCAS DE VARGAS

Especialista em Direito Processual Penal pela Universidade Anhanguera.
Professor da Escola do Ministério Público de Santa Catarina.
Promotor de Justiça/SC

■ Da Previsão na Resolução 13/2006.

Art. 9º As declarações e depoimentos serão tomados por termo, podendo ser utilizados recursos audiovisuais áudio-visuais.

■ Da Previsão na Versão Original da Resolução 181/2017.

Art. 8º A colheita de informações e depoimentos deverá ser feita preferencialmente de forma oral, mediante a gravação audiovisual, com o fim de obter maior fidelidade das informações prestadas.

§ 1º O Membro do Ministério Público poderá requisitar o cumprimento das diligências de oitiva de testemunhas ou informantes a servidores da instituição, a policiais civis, militares ou federais, guardas municipais ou a qualquer outro servidor público que tenha como atribuições fiscalizar atividades cujos ilícitos possam também caracterizar delito.

§ 2º A requisição referida no parágrafo anterior deverá ser comunicada ao seu destinatário pelo meio mais expedito possível e a oitiva deverá ser realizada, sempre que possível, no local em que se encontrar a pessoa a ser ouvida.

§ 3º O funcionário público, no cumprimento das diligências de que trata este artigo, após a oitiva da testemunha ou informante, deverá imediatamente elaborar relatório legível, sucinto e objetivo sobre o teor do depoimento, no qual deverão ser consignados a data e hora aproximada do crime, onde ele foi praticado, as suas circunstâncias, quem o praticou e os motivos que o levaram a praticar, bem ainda identificadas eventuais vítimas e outras testemunhas do fato, sendo dispensável a confecção do referido relatório quando o depoimento for colhido mediante gravação audiovisual.

§ 4º O Ministério Público, sempre que possível, deverá fornecer formulário para preenchimento pelo servidor público dos dados objetivos e sucintos que deverão constar do relatório.

§ 5º O funcionário público que cumpriu a requisição deverá assinar o relatório e, se possível, também o deverá fazer a testemunha ou informante.

§ 6º O interrogatório de suspeitos e a oitiva das pessoas referidas nos § § 6º e 7º do art. 7º, deverão necessariamente ser realizados pelo Membro do Ministério Público.

§ 7º Somente em casos excepcionais e imprescindíveis deverá ser feita a transcrição dos depoimentos colhidos na fase investigatória.

§ 8º As testemunhas, informantes e suspeitos ouvidos na fase de investigação serão informados do dever de comunicar ao Ministério Público qualquer mudança de endereço, telefone ou *e-mail*.

■ Colheita de depoimentos de forma oral: um avanço salutar.

O art. 8º da Resolução n. 181/2017 do Conselho Nacional do Ministério Público (CNMP), que regulamenta a investigação criminal pelo Ministério Público, trouxe importante inovação no que tange à rotina da tomada de depoimentos, avançando em relação ao diploma anterior, na medida em que, ciente de que as inovações tecnológicas devem ser utilizadas em prol da persecução penal (até porque a criminalidade as usa muito bem), determina que as oitivas sejam feitas de forma oral, gravadas audiovisualmente.[1]

Analisando o artigo em seu todo, verifica-se que os parágrafos do dispositivo são autoexplicativos, de modo que serão abordados de modo mais perfunctório, pois uma leitura atenta é suficiente para entender a proposta do CNMP. Dessarte, a alteração de paradigma proposta no *caput*, por se passível de questionamentos, merecerá nossa análise mais detida.

Necessário consignar, ainda, que o dispositivo sob análise foi mantido integralmente pela Resolução n. 183/2018 do CNMP (que alterou diversos dispositivos da Resolução n. 181/2017), havendo apenas uma inversão na ordem dos parágrafos. Assim, em que pese tenha trazido inovações de suma importância, o artigo 8° passou pelo crivo das críticas que levaram à mudança de diversos dispositivos da resolução originária.

■ Critérios orientativos e o direito comparado.

Ao determinar que a colheita de depoimentos seja realizada de modo desburocratizado, a novel resolução, sem dúvidas, busca dar mais agilidade na investigação e fidelidade à coleta dos elementos informativos, a fim de obter maior efetividade no procedimento investigatório criminal, trazendo, dessa forma, para o seio da investigação preliminar, independentemente do crime a ser apurado, os critérios orientativos já consagrados em nosso ordenamento jurídico, inclusive para a investigação preliminar, a partir do advento da Lei n° 9.099/1995: oralidade, simplicidade e celeridade.

Doravante, no procedimento investigatório criminal a coleta dos elementos informativos será feita de forma preferencialmente oral, mediante gravação audiovisual, ou, no máximo, será feito um relatório circunstanciado, sucinto e objetivo, a respeito da prova oral coligida, o qual deve conter o dia, o horário e o local do crime, bem como o autor do delito e o motivo, se conhecidos, identificando, se houver, eventuais vítimas e testemunhas. Essas informações serão colhidas de forma singela e célere, sempre que possível no local em que estiver a pessoa a ser ouvida (em sua própria casa, em seu local de trabalho e até mesmo na rua, no local do fato).

[1] A Resolução 13/2006, que antes balizava as investigações criminais realizadas pelo Ministério Público, referia que as declarações deveriam ser tomadas por termo nos autos, apenas facultando a utilização de recursos audiovisuais: "*Art. 9° As declarações e depoimentos serão tomados por termo, podendo ser utilizados recursos áudio-visuais*".

Preconiza-se que esse relatório siga um formulário previamente fornecido pelo Ministério Público, o qual será preenchido por servidor público (policial, ou não) para tanto requisitado (com fundamento no art. 129, VIII, da CF, afastando qualquer eventual alegação de inconstitucionalidade da delegação de funções), e que será assinado apenas pelo servidor e pela pessoa ouvida, salvo, por motivos intuitivos, no caso do interrogatório e da oitiva das pessoas elencadas nos §§ 6º e 7º do art. 7º da Resolução, cuja realização deve ser obrigatoriamente conduzida por membros.

Embora soe como obviedade, imperioso referir que a colheita de elementos de informação por servidor público atendendo requisição de membro do Ministério Público deve ser feita de forma criteriosa, sob fiscalização e orientação do Promotor de Justiça. Tudo isso para evitar uma denúncia temerária, bem como o sucesso de pedidos de trancamento de ações penais (que certamente virão) por ausência de justa causa para o ajuizamento da ação penal.

Dessa forma, nada obstante a Resolução proceda a devida adequação à nossa realidade e tradição jurídicas, ela busca reforçar o sistema acusatório e introduz o critério da oralidade desde o procedimento de investigação criminal, na esteira do que já ocorreu e vem ocorrendo noutros países, tais como, por exemplo, Portugal[2] e Itália,[3] países no qual a investigação preliminar é conduzida pelo Ministério Público.[4]

---

[2] Em Portugal, onde o processo penal segue a chamada "estrutura acusatória", a Carta Magna portuguesa, no artigo 219, nº 1, autoriza a participação do Ministério Público na execução da política criminal, mas com a previsão de que a ação penal é pautada pela legalidade. No que diz respeito à investigação criminal, há a expressa competência de que a direção dela cabe ao Ministério Público, nos termos de seu Estatuto, art. 3º, também lhe cabendo a fiscalização da atividade processual dos órgãos de polícia criminal, o que também vem previsto no art. 263º, nº 1, do Código de Processo Penal português. Saliente-se, contudo, que a organização do Ministério Público obedece à hierarquia (Estatuto do Ministério do Público, art. 76, nº 3), que se expressa na obrigação de acatamento por aqueles das diretivas, ordens e instruções recebidas (BRANDALISE, Rodrigo da Silva. Escolha e exoneração do Procurador-Geral da República em Portugal e possíveis repercussões no exercício da investigação criminal. In: *Revista do Ministério Público do Estado do Rio Grande do Sul*, nº 74, jul-dez/2013, *passim*).

[3] Em Portugal, onde o processo penal segue a chamada "estrutura acusatória", a Carta Magna portuguesa, no artigo 219, nº 1, autoriza a participação do Ministério Público na execução da política criminal, mas com a previsão de que a ação penal é pautada pela legalidade. No que diz respeito à investigação criminal, há a expressa competência de que a direção dela cabe ao Ministério Público, nos termos de seu Estatuto, art. 3º, também lhe cabendo a fiscalização da atividade processual dos órgãos de polícia criminal, o que também vem previsto no art. 263º, nº 1, do Código de Processo Penal português. Saliente-se, contudo, que a organização do Ministério Público obedece à hierarquia (Estatuto do Ministério do Público, art. 76, nº 3), que se expressa na obrigação de acatamento por aqueles das diretivas, ordens e instruções recebidas (BRANDALISE, Rodrigo da Silva. Escolha e exoneração do Procurador-Geral da República em Portugal e possíveis repercussões no exercício da investigação criminal. In: *Revista do Ministério Público do Estado do Rio Grande do Sul*, nº 74, jul-dez/2013, *passim*).

[4] "No sistema de instrução preliminar a cargo do Ministério Público, o promotor é o responsável direto pela investigação, recebendo diretamente a notícia-crime ou através da polícia, cabendo-lhe

Com efeito, partir das reformas ocorridas no final do século passado – em Itália, na *indagini preliminari*, e em Portugal, no *inquérito* – procurou-se superar o paradigma demasiadamente inquisitivo de uma investigação hermética, secreta e escrita, preconizando-se, ao revés, uma investigação célere e desburocratizada que se destine apenas a recolher, da forma mais expedita possível, os elementos imprescindíveis à determinação do fato e à apuração de indícios da autoria – ou seja, apenas elementos informativos para a acusação, e não elementos de prova, que devem ser produzidos na fase processual –, essenciais para o ajuizamento da ação penal.

- **Recurso Extraordinário nº 593727: a nova Resolução afronta o que fora decidido pelo Supremo Tribunal Federal?**

Como ressabido, a possibilidade de a investigação criminal ser conduzida pelo Ministério Público foi amplamente discutida no Brasil (designadamente por ocasião da malfadada PEC 37, rejeitada pelo Congresso Nacional graças à forte pressão popular), tendo o Supremo Tribunal Federal, no julgamento do Recurso Extraordinário nº 593727, fixado, em repercussão geral, a tese de que *"o Ministério Público dispõe de competência para promover, por autoridade própria, e por prazo razoável, investigações de natureza penal, desde que respeitados os direitos e garantias que assistem a qualquer indiciado ou a qualquer pessoa sob investigação do Estado"*.

Ocorre que, no acórdão desse relevante RE, os Ministros mencionaram que a investigação a ser conduzida pelo Ministério Público deve ser levada a efeito nos mesmos moldes do Inquérito Policial, procedimento sabidamente burocratizado e que, em seu art. 9º, determina que todas as peças devem ser reduzidas a escrito. Essa orientação colhe-se do voto do Ministro Gilmar Mendes: *"Não é razoável que se dê menos formalismo à investigação do Ministério Público do que aquele exigido para as investigações policiais. Menos razoável ainda é que se mitigue o princípio da ampla defesa quando for o caso de investigação conduzida pelo titular da ação penal. Isso deve ser assim porque todas as regras que estão estabelecidas para o inquérito policial devem ser observadas para os processos administrativos que impliquem, no futuro, investigações de natureza penal ou ação penal propriamente dita"*.

Na mesma linha, o Ministro Luiz Fux referiu que: "O procedimento investigativo conduzido pelo Ministério Público deve seguir, no que

investigar os atos nela constante. Para tanto, poderá dispor e dirigir a atividade da Polícia Judiciária, subordinada funcionalmente ao Ministério Público, ou realizará a investigação pessoalmente, ao final, decidindo entre formular a acusação ou solicitar o seu arquivamento" (MORAIS FILHO. Francisco Torres et al. A crise do modelo de investigação preliminar criminal brasileiro. In: *Revista Brasileira de Direito e Gestão Pública*, v. 3, n. 1, abr-jun/2016, p. 21).

couber, os preceitos que disciplinam o inquérito policial e os procedimentos administrativos sancionatórios".

Então, certamente essa será uma a questão que se colocará: a colheita de elementos de informação mediante requisição e, especialmente, a tomada de depoimentos gravados, sem transcrição ou redução a termo, não estaria afastando a investigação conduzida pelo membro do Ministério Público do Inquérito Policial e, dessa forma, confrontando a decisão do STF? Entendemos que não.

Primeiramente, porque o próprio Código de Processo Penal, em que pese ainda não tenha sido alterado no procedimento relativo ao Inquérito Policial, desde a Lei nº 11.719/2008 prevê (seguindo a linha da Lei nº 9.099/95) a adoção da oralidade na instrução, nos termos do art. 405, § 1º[5]: "*Sempre que possível, o registro dos depoimentos do investigado, indiciado, ofendido e testemunhas será feito pelos meios ou recursos de gravação magnética, estenotipia, digital ou técnica similar, inclusive audiovisual, destinada a obter maior fidelidade das informações*".

Ora, não nos parece crível que o legislador pretenda deixar de fora o procedimento do Inquérito Policial dessa orientação trazida há quase dez anos. Na realidade, por força do lobby[6], posterga-se indevidamente a oportunidade de tornar a investigação policial mais célere e desburocratizada e, principalmente, dotar a coleta dos elementos informativos com maior fidelidade.

Com efeito, o Projeto de Lei nº 4.209/01,[7] que faz parte do pacote que vem resultando em paulatina reforma do atual CPP (proposta pela denominada "Comissão Grinover"[8]), traz texto muito parecido ao da nova Resolução do CNMP. Confira-se:

---

[5] Inclusive, o dispositivo já foi saudado pelo Superior Tribunal de Justiça: "O art. 405 do Código de Processo Penal, com a redação atribuída pela Lei n.º 11.719/2008, ao possibilitar o registro da audiência de instrução em meio audiovisual, não só acelerou o andamento dos trabalhos, tendo em vista a desnecessidade da redução, a termo, dos depoimentos do acusado, vítima e testemunhas, mas, também, possibilitou um registro fiel da íntegra do ato, com imagem e som, em vez da simples escrita." (STJ - HC n. 153.423/SP, Quinta Turma, Rel. Min. Laurita Vaz, DJe de 26/4/2010).

[6] A respeito: "Claramente há dois setores que não desejam essas mudanças: os delegados de polícia e os advogados. Os primeiros baseiam-se no poder oferecido por esse instrumento, mudá-lo profundamente ou extingui-lo significara o esvaziamento das suas funções, da reserva de poder, tornar-se-iam figuras expletivas. Os últimos aproveitam-se legitimamente das falhas, imperfeições, atrasos, procedimentos burocráticos, em regra, não dão importância a esta fase pré-processual, salvo em casos rumorosos com réus abastados ou crime organizado. Em geral, a atuação do criminalista inicia-se após o oferecimento da denúncia" (ANDRADE, Vinicius Lúcio de; OLIVEIRA, Gleick Meira. *Inquérito Policial: um modelo em colapso*. Paraíba: UEPB, 2011, p.6).

[7] Altera dispositivos do Decreto-Lei nº 3.689, de 3 de outubro de 1941 – Código de Processo Penal, relativos à investigação criminal, e dá outras providências.

[8] Para maiores desenvolvimentos: CALMON FILHO, Petrônio. "A investigação criminal na reforma do Código de Processo Penal: agilidade e transparência". In: *Revista IBCCRIM*, nº 34/2001.

> § 3º No inquérito, as informações serão colhidas de forma singela e, sempre que possível, celeremente, podendo os depoimentos ser tomados em qualquer local, oral, informal e resumidamente.
>
> § 4º No inquérito, as informações serão colhidas de forma objetiva e, sempre que possível, celeremente, podendo os depoimentos ser tomados em qualquer local, cabendo à autoridade policial resumi-los nos autos, se colhidos de modo informal.
>
> § 5º O registro das declarações do investigado, indiciado, ofendido e do depoimento das testemunhas poderá ser feito pelos meios ou recursos de digitação ou técnica similar, grava- ção magnética, inclusive audiovisual, destinada a obter maior fidelidade das informações, neste último caso sem necessidade de transcrição.

Da mesma forma, PL nº 8045/2010 – que tem origem no PLS nº 156/2009 e propõe um CPP inteiramente novo – não fecha os olhos para a modernidade:

> Art. 29. No inquérito, as diligências serão realizadas de forma objetiva e no menor prazo possível, sendo que as informações poderão ser colhidas em qualquer local, cabendo ao delegado de polícia resumi-las nos autos com fidedignidade, se obtidas de modo informal.
>
> § 1º O registro do interrogatório do investigado, das declarações da vítima e dos depoimentos das testemunhas poderá ser feito por escrito ou mediante gravação de áudio ou filmagem, com o fim de obter maior fidelidade das informações prestadas.

Como se vê, além de ser possível usar a analogia ao atual art. 405, § 1º, CPP, para justificar o acerto do CNMP no tema em debate, não se pode perder de vista que tanto o Projeto de Lei, que trata especificamente do Inquérito Policial, quanto o novo CPP projetado, caminham no mesmo sentido.

Quando mais não fosse, se no processo judicial, no qual há o necessário acompanhamento por advogado, a legislação determina que o registro de depoimentos seja feita de modo gravado, não há porque não realizar os depoimentos da mesma forma na seara investigativa, visto que isso traz a garantia de fidelidade do material informativo coligido, consubstanciando uma salvaguarda a mais para o investigado (indo ao encontro do que preconiza, também, as audiências de custódia).

■ Conclusão.

Em epítome, embora a nova Resolução faça previsão diversa do CPP no ponto relativo ao modo da colheita de depoimentos na investigação preliminar, bem como permitindo que o membro do Ministério Público requisite a realização de diligências para a colheita de elementos de informação (o que autoriza a descentralização do procedimento e imprime celeridade à investigação), entendemos que não há espaço para alegações de inconstitucionalidade ou ilegitimidade dessa previsão, pois ela está em consonância com redação mais recente da própria Lei Adjetiva Penal, bem como em sintonia com as reformas processuais em tramitação no Congresso Nacional.

A oralidade e a celeridade, nomeadamente por meio da gravação dos depoimentos colhidos em sede de investigação preliminar, devem passar a ser a regra, num curto espaço de tempo. Já é assim, em juízo, no âmbito da Justiça Federal e na maior parte dos Estados. Nos Estados do Rio Grande do Sul e de Santa Catarina, embora não seja a regra, em muitos casos a própria Autoridade Policial opta pela tomada de depoimentos em sistema audiovisual, não havendo qualquer alegação de nulidade por desobediência à forma prevista no Código de Processo Penal.

Tal procedimento é vantajoso em diversos aspectos. Senão, vejamos.

Primeiro, pela agilidade. É muito mais célere simplesmente gravar o depoimento ao invés de ouvir o depoente para que o escrivão ou servidor que esteja auxiliando a Autoridade Policial ou o membro do Ministério Público faça a digitação.

Segundo, pela fidelidade do depoimento, evitando-se a má interpretação ou mesmo a intencional distorção do que é dito, fechando-se, no mesmo passo, a porta para alegações do tipo "não foi isso o que eu disse"; "assinei sem ler"; "fui pressionado", infelizmente tão comuns no dia a dia forense, tanto por parte de testemunhas como de acusados.

A latere, trata-se de uma garantia para o próprio investigado, que, em querendo se manifestar (obviamente pode fazer uso do direito constitucional ao silêncio), terá seu interrogatório registrado com exatidão, ficando livre de eventual direcionamento de suas palavras quando da transcrição de seu depoimento. Diga-se de passagem que, ainda no ponto relativo ao interrogatório, os direitos fundamentais do investigado também restaram observados pela Resolução, que garante que o ato seja conduzido diretamente pelo Membro do Ministério Público (não há, *in casu*, a possibilidade de delegação – art. 8°, §6°).

Enfim, não se pode perder de vista que o atual CPP é de 1942. As inovações tecnológicas devem ser aproveitadas no mundo jurídico, obviamente sempre se garantindo os direitos fundamentais do cidadão. Não há, pois, espaço para questiúnculas que nada contribuem para a efetividade da persecução criminal contemporânea.

Nas palavras de Rosmar Antonni Rodrigues Cavalcanti de Alencar:[9] "O processo penal se desenvolve por meio de formas, com o fito

[9] ALENCAR, Rosmar Antonni Rodrigues Cavalcanti de. "Informática Jurídica E Tecnologia No Processo Penal". In: Revista dos Tribunais, vol. 940/2014, p. 283 – 306.

precípuo de garantir direitos fundamentais, sem descurar da necessidade de alcançar sua finalidade de maneira efetiva e célere, com um processo penal rápido, eficaz e que seja apto a maximizar o direito de liberdade".

■ Bibliografia.

ANDRADE, Vinicius Lúcio de; OLIVEIRA, Gleick Meira. *Inquérito Policial: um modelo em colapso*. Paraíba. UEPB. 2011.

ALENCAR, Rosmar Antonni Rodrigues Cavalcanti de. Informática Jurídica e Tecnologia no Processo Penal. *In*: *Revista dos Tribunais*, vol. 940, p. 283-306, 2014.

BRANDALISE, Rodrigo da Silva. Escolha e exoneração do Procurador-Geral da República em Portugal e possíveis repercussões no exercício da investigação criminal. *Revista do Ministério Público do Estado do Rio Grande do Sul*, nº 74, p. 61-98, jul./dez., 2013.

CALMON FILHO, Petrônio. A investigação criminal na reforma do Código de Processo Penal: agilidade e transparência. *Revista IBCCRIM*, nº 34, 2001.

MORAIS FILHO. Francisco Torres *et al*. A crise do modelo de investigação preliminar criminal brasileiro. *Revista Brasileira de Direito e Gestão Pública*, v. 3, n. 1, p. 14-25, abr./jun., 2016.

SANGUINÉ, Odone; SANGUINÉ, Paloma de Maman. A investigação criminal pelo Ministério Público no direito comparado e o retrocesso do Projeto de Emenda Constitucional (PEC) n. 37. *Tribunal Virtual IBCCRIM*, ano 01, edição nº 02, p. 7-31, mar. 2013.

Resolução nº 181 do CNMP – artigo 9º

Capítulo III
DA INSTRUÇÃO

Art. 9º O autor do fato investigado poderá apresentar, querendo, as informações que considerar adequadas, facultado o acompanhamento por defensor.
§ 1º O defensor poderá examinar, mesmo sem procuração, autos do procedimento de investigação criminal, findos ou em andamento, ainda que conclusos ao presidente, podendo copiar peças e tomar apontamentos, em meio físico ou digital.
§ 2º Para os fins do parágrafo anterior, o defensor deverá apresentar procuração, quando decretado o sigilo das investigações, no todo ou em parte.
§ 3º O órgão de execução que presidir a investigação velará para que o defensor constituído nos autos assista o investigado durante a apuração de infrações, de forma a evitar a alegação de nulidade do interrogatório e, subsequentemente, de todos os elementos probatórios dele decorrentes ou derivados, nos termos da Lei nº 8.906, de 4 de julho de 1994.
§ 4º O presidente do procedimento investigatório criminal poderá delimitar o acesso do defensor aos elementos de prova relacionados a diligências em andamento e ainda não documentados nos autos, quando houver risco de comprometimento da eficiência, da eficácia ou da finalidade das diligências.

CHARLES EMIL MACHADO MARTINS

Doutorando em Ciências Jurídico-Criminais pela FDL
Mestre em Direito pela UNISC
Professor em Direito Processual Penal na UNISINOS e FMP
Promotor de Justiça/RS

■ Da Previsão na Resolução 13/2006.

Art. 7º O autor do fato investigado será notificado a apresentar, querendo, as informações que considerar adequadas, facultado o acompanhamento por defensor.

§ 1º O defensor poderá, mesmo sem procuração, examinar autos de investigações findas ou em andamento, ainda que conclusos à autoridade, podendo copiar peças e tomar apontamentos, em meio físico ou digital.

§ 2º O defensor constituído nos autos poderá assistir o investigado durante a apuração de infrações, sob pena de nulidade absoluta do seu interrogatório e, subsequentemente, de todos os elementos investigatórios e probatórios dele decorrentes ou derivados, direta ou indiretamente, podendo, inclusive, no curso da respectiva apuração, apresentar razões e quesitos.

§ 3º No exame de autos sujeitos a sigilo, deve o defensor apresentar procuração.

§ 4º O presidente do procedimento investigatório criminal poderá delimitar, de modo fundamentado, o acesso do defensor à identificação do(s) representante(s) e aos elementos de prova relacionados a diligências em andamento e ainda não documentados nos autos, quando houver risco de comprometimento da eficiência, da eficácia ou da finalidade das diligências.

- **Da Previsão na Versão Original da Resolução 181/2017.**

Art. 9º O autor do fato investigado poderá apresentar, querendo, as informações que considerar adequadas, inclusive por meio de advogado.

- **Introdução.**

É certo que Resolução 181/2017 (assim como a que a antecedeu) apenas regulamenta o que já dispõe a legislação especial que rege a investigação do Ministério Público,[1] mas não se pode perder de vista que, conforme decidiu o Supremo Tribunal Federal (STF), por ocasião do RE 593727,[2] a regulamentação do procedimento investigatório deve guardar alguma *simetria* com os princípios e as regras que orientam os procedimentos administrativos sancionatórios, em especial com o principal procedimento de investigação criminal previsto na legislação: o inquérito policial.

Sem embargo, como cediço, a atual disciplina legal do inquérito policial, fora estar defasada, em muitos pontos não foi recepcionada pela Constituição Federal (CF),[3] daí por que, para além da preconizada *simetria*, calha que a regulamentação do procedimento investigatório criminal do Ministério Público seja permanentemente atualizada, não somente para manter sua aptidão técnica na apuração dos fatos (*rectius*, dos enunciados fáticos), mas igualmente para preservar os direitos individuais dos investigados, tendo como pauta, portanto, o integral respeito à CF.

Nesse norte, o dispositivo em comento, ao facultar a participação de advogado no procedimento investigatório criminal, coloca-o em

---

[1] Notadamente os artigos 7º e 8º da Lei Complementar nº 75/1993 e art. 26 da Lei nº 8.625/1993.

[2] Julgado pelo Pleno do Supremo Tribunal Federal (STF), após longo e intenso debate, em 14/05/2015.

[3] Emblemática, a respeito, é a disciplina da *incomunicabilidade* (art. 21 do CPP).

sintonia com as novas disposições legais correlatas, com a doutrina e com a jurisprudência dos tribunais superiores a respeito dos direitos do cidadão no âmbito da investigação preliminar.[4]

- **O direito de prestar informações e a assistência de advogado na investigação.**

A Resolução dedica artigo específico às informações *escritas* apresentadas pelo "autor do fato"[5] durante a "instrução"[6] do procedimento investigatório criminal, o que, diga-se de relance, é uma forma usual, no seio das investigações ministeriais, de substituir o interrogatório ou oportunizar ao provável autor do fato que apresente seus esclarecimentos a respeito do fato investigado.

Todavia, considerando a natureza administrativa e inquisitorial do procedimento investigatório (art. 1º), a Resolução acertadamente estabelece que o provável autor do fato tem esse direito de se defender, e prestar, *querendo*, de forma escrita os seus esclarecimentos a respeito dos fatos investigados.

A Resolução, ademais, faculta que esses esclarecimentos sejam prestados por meio de defensor. De fato, como Bento de Faria já ensinava em lições de antanho, embora não tenha caráter contraditório, a investigação criminal não deve repelir a assistência da defesa.[7] Ademais, já faz algum tempo que a imprescindibilidade em facultar a assistência e o aconselhamento de advogado, desde o início da *persecutio*

---

[4] Não se pode descurar da Súmula Vinculante 14 do STF e as previsões da Lei nº 13.245/2016 (que alterou o Estatuto da Ordem dos Advogados do Brasil – EOAB), especialmente aquelas relacionadas à possibilidade de acesso aos autos de investigações por advogado e o direito do defensor em acompanhar e auxiliar o investigado durante o interrogatório ou depoimento no curso da investigação.

[5] Talvez querendo fugir ao termo *indiciado* – e, por conseguinte, ao indiciamento, que é ato privativo da autoridade policial – a Resolução se socorre (em nosso sentir, de modo equivocado) à expressão "autor do fato". Essa expressão já é passível de crítica no âmbito da própria lei que a utiliza (Lei nº 9.099/95), visto que lá se está a tratar, na realidade, de um *suposto autor do fato*. O titubeio e a imprecisão técnica na forma de tratamento do indivíduo "objeto da investigação" ficam evidentes no parágrafo sexto do art. 8º, quando se fala em *interrogatório* do *suspeito*. Ora, na altura do interrogatório, a rigor, não mais se está a tratar com um *suspeito*, mas, sim, com um "indiciado", ou, nos termos da Resolução, com o provável *autor do fato*. Dessarte, dentro da nossa tradição jurídica, melhor seria que houvesse a utilização da expressão *imputado*, pois o indiciamento nada mais é que uma imputação em sentido amplo.

[6] Ao usar esse termo, a Resolução evidencia a sua inspiração na legislação alienígena, pois "instrução sumária" é a denominação da investigação preliminar, a cargo do Ministério Público na Itália. Melhor teria sido, todavia, o uso das expressões *investigação* ou *providências investigativas*, guardando alguma simetria com o termo *providências*, atualmente usado pelo art. 6º do Código de Processo Penal (CPP), e não utilizar a expressão "instrução", consagrada, entre nós, para o momento da coleta da prova na fase processual. Aliás, o projeto do novo CPP (PL nº 8.045/2010) fala em "diligências investigativas", denominação que poderia ter sido utilizada pela Resolução.

[7] FARIA, Bento de. *Código de Processo Penal*. Rio de Janeiro: Livraria Jacintho, 1942, p. 32.

criminis, passou a ser considerada uma verdadeira conquista do cidadão investigado, garantida pelo Direito Processual Penal Constitucional moderno.[8]

Nessa esteira, a Constituição Federal brasileira confere, com razoável clareza, o direito à assistência de advogado na fase inquisitorial da persecução criminal, o que deflui, designadamente, de uma interpretação extensiva do seu art. 5º, LXIII.[9] Nada obstante, segundo majoritária orientação doutrinária e jurisprudencial, não há obrigação de o indivíduo constituir advogado, tampouco a presença desse profissional nessa fase, pois imprescindível é a cientificação do direito à defesa técnica e a oportunização da assistência por defensor.[10] Consequentemente, caso o arguido contrate defensor, caberá a este profissional o juízo de oportunidade e conveniência em subscrever as informações solicitadas pelo Ministério Público, ou se fazer presente ao interrogatório da fase extrajudicial.

O art. 7º, § 5º, da Resolução, nesse diapasão, apenas determina que conste, expressamente, no documento de notificação do provável autor do fato, a faculdade da assistência por advogado. Nada obstante, o presidente do procedimento, antes de proceder ao interrogatório – que é ato privativo de membro, nos termos do art. 8º, § 6º, da Resolução –, deve cientificar-lhe expressamente das todas garantias constitucionais e legais, notadamente do direito ao silêncio.[11]

---

[8] TUCCI, Rogério Lauria. Devido processo penal e alguns dos seus mais importantes corolários. *Revista da Faculdade de Direito*, Universidade de São Paulo, São Paulo, v. 88, p. 463-484, jan. 1993.

[9] "– o preso será informado de seus direitos, entre os quais o de permanecer calado, sendo-lhe assegurada a assistência da família e de advogado."

[10] Conforme estadeou o Pleno do STF, o ordenamento jurídico, em regra, não contempla a necessidade de contraditório técnico na fase da investigação extrajudicial (HC 102732, Relator: Min. Marco Aurélio, Tribunal Pleno, julgado em 04/3/2010). Mais recentemente: STJ – RHC 81372, Ministro Reynaldo Soares da Fonseca, julgado em 13/3/2017. De fato, como diz Paulo Rangel, na medida em que não há nessa fase prévia uma acusação, mas, sim, mera investigação de fatos, o indivíduo não tem o que *contraditar*, tampouco precisa, necessariamente, de um advogado para se defender, muito embora isso seja recomendável. Ademais, estabelecer, na investigação preliminar, o direito ao pleno contraditório e à ampla defesa seria uma redundância burocrática, visto que esses princípios serão necessariamente observados na fase acusatória (RANGEL, Paulo. *Direito processual penal*. 17ª ed. Rio de Janeiro: Lumen Juris, 2010, p. 78). Sabidamente, entretanto, mesmo nos tribunais superiores, existem aqueles que, como a Min. Maria Thereza de Assis Moura, entendem que "o investigado deve sempre estar assistido por defensor habilitado" (STJ, RHC nº 61.959/ES). Contudo, como a própria ministra reconhece, esse é um entendimento que "não encontra esteio em seus pares". Na doutrina, Marta Saad também sustenta tal imprescindibilidade (SAAD, Marta. *O Direito de Defesa no Inquérito Policial*. São Paulo. Revista dos Tribunais, 2004, p. 200-203).

[11] A omissão desse alerta já foi considerada vício formal de tal quilate, que provocou o reconhecimento de nulidade em interrogatório feito em sede de investigação preliminar e, por conseguinte, da decisão judicial nele calcada (RHC 61.959/ES, Rel. Ministra Maria Thereza de Assis Moura, Sexta Turma, julgado em 13/10/2015). Nada obstante, o presidente do procedimento, antes de interrogar, certamente deve cientificar o autor do fato todas as garantias constitucionais e legais. Nesse sentido é a redação do art. 20 do CPP projetado (PL nº 8.045/2010).

Note-se que, para dar maior efetividade a essa garantia de assistência de um advogado, o art. 9º da Resolução 13/2006, na sua última atualização (ainda em 2017), estabelecia que apenas os advogados ou procuradores com poderes específicos podem examinar os atos e peças do procedimento.

Essa previsão, agora repristinada no art. 15, II, da Resolução 181/2017, não pode levar ao entendimento de que somente um profissional credenciado por indivíduo envolvido na investigação terá direito a acessar os autos do procedimento investigatório, principalmente por três motivos: *primo*, porque a nova redação do art. 7º, XIV, do EOAB, feita em 2016,[12] não faz essa restrição nos procedimentos em que não se tenha decretado o sigilo, impondo-se a máxima da interpretação jurídica *ubi lex non distinguir nec nos distinguere debemus*, ou seja, "onde a lei não distingue, não pode o intérprete distinguir"; *secundo*, embora de uma forma reflexa e especial, tal disposição do EOAB rende homenagem ao princípio da publicidade na administração pública (art. 37 CF), ao permitir que os advogados tenham acesso aos autos de qualquer investigação formal, visto que essa possibilidade de análise dos procedimentos de investigação representa importante instrumento de fiscalização da lisura da atuação investigatória do Estado;[13] *tertio*, de qualquer modo, a jurisprudência do STF confere o direito de acesso aos autos quando terceiro, independentemente de estar envolvido na investigação ou ser advogado, apresentar interesse legítimo na análise do procedimento.[14]

---

[12] Com efeito, a Lei nº 13.245/2016 alterou o art. 7º, XIV, da Lei nº 8.906/94 (Estatuto da Ordem dos Advogados do Brasil – EOAB), dispondo que é direito de qualquer advogado "examinar, em qualquer instituição responsável por conduzir investigação, mesmo sem procuração, autos de flagrante e de investigações de qualquer natureza, findos ou em andamento, ainda que conclusos à autoridade, podendo copiar peças e tomar apontamentos, em meio físico ou digital".

[13] Como sabido, o princípio da publicidade funciona em dois níveis: no primeiro, no sentido de publicidade ampla, absoluta ou externa, em que a atuação dos agentes públicos está acessível ao conhecimento de todos, como fator de legitimação do exercício do poder; no segundo, como publicidade relativa, especial ou interna, em que se restringe o conhecimento da atuação dos agentes públicos a determinadas pessoas, designadamente quando possuem interesse idôneo nesse acesso.

[14] Em recurso contra denegação de Mandado de Segurança pelo Superior Tribunal Militar, a Segunda Turma do STF, com base no direito à informação (art. 5º, XIV, da CF), permitiu, para efeitos de pesquisa histórica, acesso e cópia de procedimentos da Justiça Militar do período da ditadura, sendo que um dos pesquisadores não era advogado. O caso era delicado, e se cogitou levar a questão ao Pleno, o que, todavia, não foi feito, concluindo, a maioria dos ministros, que o princípio da publicidade e o direito à informação não podem ser restringidos com base em atos de natureza discricionária, salvo quando justificados, em casos excepcionais, para a defesa da honra, da imagem e da intimidade de terceiros ou quando a medida for essencial para a proteção do interesse público (RMS 23036, Relator p/ Acórdão: Min. Nelson Jobim, Segunda Turma, julgado em 28/3/2006). Aliás, em mais de uma oportunidade, o STF lembrou que muitos "atos discricionários" praticados na época do regime de exceção, na realidade traduziram-se em "atos de puro arbítrio", decorrentes de um sistema que privilegiava e cultivava o sigilo, que foi transformado em praxe governamental institucionalizada. Em sentido contrário, o princípio democrático, albergado pela atual Constituição, rejeita o poder que oculta e não tolera o poder que se oculta,

Efetivamente, com o devido respeito ao entendimento em contrário, a *sigilosidade* intrínseca às investigações criminais deve ser assegurada apenas quando necessária para preservação do interesse público numa investigação eficaz (função utilitarista) e/ou para a proteção dos direitos de personalidade das pessoas envolvidas, notadamente, a intimidade, a vida privada, a honra e a imagem (função garantista).

Logo, nos pedidos de vista ou de extração de cópias do procedimento feitos por outra pessoa, que não seja o defensor munido com procuração com poderes específicos, serão esses os valores constitucionais que devem ser levados em consideração pelo presidente do procedimento, que poderá deferi-los, ou não, em decisão fundamentada.[15]

Contudo, caso o presidente decida pela necessidade de manutenção do sigilo, daí, sim, somente o defensor constituído com poderes específicos poderá exercer os direitos de consulta e cópias do procedimento, sem, contudo, direito à carga dos autos, nos estritos termos do art. 7º, § 10, do EOAB.[16]

Abordamos essa questão do sigilo, uma vez que o presidente do procedimento, nesta hipótese, poderá, fundamentadamente, negar o acesso do defensor à identificação do noticiante[17] e a determinados elementos de convicção relacionados a diligências em andamento e ainda não documentadas nos autos, quando houver risco de comprometimento da eficiência, da eficácia ou da finalidade destas.[18]

---

consagrando "a publicidade dos atos e das atividades estatais como valor constitucionalmente assegurado, disciplinando-o, com expressa ressalva para as situações de interesse público, entre os direitos e garantias fundamentais" (MI 284, Relator Min. Celso de Mello, j. 22/11/1991).

15 As investigações criminais devem ser, por natureza, praticadas em sigilo externo (ou seja, em sigilo aos que lhe são estranhos) para, de forma benéfica, profilática e preventiva, preservarem tais valores. Nesse sentido: LUCCA, José Carlos de. O Necessário Sigilo do Inquérito Policial. *Revista dos Tribunais*, São Paulo, n ° 699, jan. 1994, p. 430. Inclusive, a divulgação temerária da investigação poderá render ensejo à responsabilização penal (art. 325 do Código Penal) ou, no mínimo, responsabilidade civil pelos danos causados, como aconteceu no fatídico e famoso caso da "Escola de Base" (Resp. 351.779/SP, Rel. Ministro Franciulli Netto, Segunda Turma, julgado em 19/11/2002). De outro lado, o sigilo interno, também essencial a qualquer investigação, relaciona-se aos profissionais envolvidos e que podem ter acesso ao procedimento investigatório. Esse sigilo não se aplica ao juiz e ao Ministério Público. Já o defensor com procuração também tem garantia de acesso à investigação, o qual, contudo, poderá ser limitado, como a seguir veremos.

16 Quando trata dos procedimentos investigatórios inquisitoriais, o EOAB não assegura ao advogado o direito de retirada do feito das dependências da Instituição condutora da apuração. Nesse passo, andou bem o legislador, pois, além de minimizar o risco de extravio dos documentos, a carga pode comprometer o regular andamento das investigações.

17 A possibilidade de preservação da identidade da pessoa que colabora com o sistema de justiça penal, oferecendo representação ou noticiando crimes às autoridades, extrai-se, em nosso sentir, de interpretação extensiva ao art. 5º, II, da Lei nº 12.850/2013, que estabelece uma série de direitos que visam a preservação dos direitos assegurados ao colaborador, entre os quais, o de ter qualificação, imagem e demais informações pessoais preservadas.

18 Tudo de acordo com o art. 7º, § 11, do EOAB e a Súmula Vinculante 14 do STF.

De fato, como parece ser intuitivo, o conhecimento prévio de uma diligência ou, até mesmo, o conhecimento da identidade da pessoa que trouxe a notícia-crime ao Ministério Público podem comprometer toda uma linha de investigação, tornando-a vulnerável a toda sorte de cavilação, em afronta à necessidade de um sistema de justiça penal eficaz, que pode ser extraída, entre nós, do art. 144 da CF, quando assevera, noutras palavras, que a persecução criminal é um "dever do Estado",[19] bem como, do próprio preâmbulo da Constituição, quando estabelece a "segurança" como um dos objetivos do nosso Estado Democrático de Direito.[20]

É certo, todavia, que ao presidente do procedimento nem sempre será fácil levar a efeito o postulado da concordância prática entre as franquias constitucionais do cidadão investigado, designadamente a assistência de um advogado, e a eficácia do sistema de justiça criminal, pois existem diligências investigativas que, mesmo já concluídas, não se exaurem em si mesmas e apontam, num intuitivo juízo de prognose, para a realização de outras que carecem da preservação do sigilo para sua eficácia.

Desse modo, mercê da eficácia da investigação, é legítimo ao presidente negar o acesso ao teor de elementos informativos ou de prova já colhidos, quando apontem, por dedução, para outras diligências cujo sigilo é essencial, ou impliquem descortinar a linha da investigação.

Nesses casos, o presidente deve determinar a abertura de autos apartados,[21] que ficarão apensados ao procedimento investigatório cri-

[19] Nesse sentido, foi o voto do Min. Ayres Brito por ocasião do julgamento da Rcl 9054, em 19/10/2009. No mesmo sentido: CNJ – RA – Recurso Administrativo em PCA – Procedimento de Controle Administrativo – 0000191-21.2013.2.00.0000 – Rel. Gilberto Martins – 175ª Sessão – j. 23/09/2013.

[20] Nesse sentido, é a linha do Acórdão nº 14/2014, de 21/10/2014, do Supremo Tribunal de Justiça de Portugal, que deu eco a lições de Figueiredo Dias, quando ensina que "Estado de Direito não exige apenas a tutelados interesses das pessoas e o reconhecimento dos limites inultrapassáveis daí decorrentes, à prossecução do interesse oficial na perseguição e punição dos criminosos. Ele exige também a protecção das suas instituições e a viabilização de uma eficaz administração da justiça penal". Conforme Costa Andrade, o Tribunal Constitucional da Alemanha também já considerou a "eficácia funcional da justiça penal" como um bem jurídico com "dignidade constitucional" (ANDRADE, Manuel Da Costa. *Sobre as proibições de prova em processo penal*. Coimbra: Editora Coimbra, (reimpressão de 2006), p. 121 e ss.)

[21] Em analogia ao art. 8º da Lei nº 9.296/96. Logo, jamais os pedidos de medidas sigilosas devem ser instruídos e/ou feitos nos autos do procedimento investigatório, pois, se houver pedido de vista por defensor com procuração, o fornecimento incompleto do procedimento ou a retirada de peças já incluídas no caderno investigativo poderá implicar a responsabilização criminal e funcional por abuso de autoridade, nos termos do art. 77, § 12, do EOAB. Ademais, o ideal é que, para cada medida que careça de sigilo, exista um auto em apartado, pois, na medida em que uma delas vier à tona, podem-se preservar as demais. Aliás, nota-se que é comum, numa só representação, pedir a interceptação das comunicações telefônicas e mandado de busca e apreensão para cumprimento concomitante, visto que é uma técnica usual de investigação; contudo, no mandado de busca entregue ao investigado deve-se verificar se não consta a parte da decisão que menciona a interceptação. Ademais, em toda investigação é importante compartimentar informações, evitan-

minal, sendo que, de início, apenas naqueles autos deverá ser juntada eventual prova documentada que, intuitivamente, remeta a outras sigilosas, como, por exemplo, a um pedido judicial de busca e apreensão ou de interceptação de comunicação telefônica, de tal forma a se preservar a eficácia dessas diligências. O defensor do investigado, caso requeira, terá acesso apenas aos autos do procedimento investigatório, e não aos autos apartados.[22]

■ Conclusão.

Deve ser recebida com alvíssaras a previsão de que as informações do autor do fato podem ser prestadas por advogado. Contudo, ela não tem o condão de afastar a natureza inquisitorial das investigações preliminares, os quais não são, por ontologia, suscetíveis ao pleno contraditório e à ampla defesa.[23]

Tal previsão procurou, sim, reforçar uma das funções garantistas da investigação preliminar, que é evitar futuras acusações infundadas, ao ampliar as possibilidades de o defensor contribuir para a formação da *opinio delicti*, a par de assegurar ao causídico a defesa dos direitos fundamentais do cidadão durante a investigação, mitigando a utilização de expedientes arbitrários e ilegais pelos agentes do Estado.

Impende destacar, portanto, que a assistência da defesa técnica, seja no interrogatório, seja por meio de informações escritas, continua sendo facultativa. Nessa linha, se o provável autor do fato comparecer com advogado ao seu interrogatório, obviamente não se pode negar ao causídico o direito de assistir seu cliente, sob pena de violação à garantia fundamental do art. 5º, LXIII, da Constituição Federal, e, por consequência, da total imprestabilidade do ato e de todas as decisões judiciais nele fundamentadas, ou dos elementos informativos e probatórios dele derivados, direta ou indiretamente (art. 157, § 1º, CPP).[24]

Por outro lado, conquanto a atual Resolução tenha recuado em avanço estadeado na última redação da Resolução 13/2006, temos que

---

do-se, por exemplo, que a decisão pela quebra do sigilo fiscal chegue ao conhecimento de quem deve cumprir a decisão da quebra do sigilo bancário, etc.

[22] Essa é conclusão que se extrai da jurisprudência do STF, consubstanciada na Súmula Vinculante 14.

[23] Essa é a orientação assente no STF. Nesse sentido, por todos: "O inquérito policial é um procedimento administrativo de natureza inquisitorial, que não se desenvolve em contraditório, uma vez que o investigado não é sujeito de relação jurídica processual. Sua característica principal é a busca unilateral de prova da existência do crime e de indícios de autoria, para a formação da *opinio delicti* do titular da ação penal" (Inq 3387 AgR, Relator: Min. Dias Toffoli, Segunda Turma, julgado em 15/12/2015).

[24] LIMA, Renato Brasileiro de. *Manual de Processo Penal*. 2ª ed. Salvador: Juspodivm, 2016, p. 125.

– sob pena de a investigação do Ministério Público incorrer em intolerável e proibido retrocesso – o advogado do indivíduo enquadrado no conceito de "autor do fato", para além de assistir o seu cliente, poderá também requerer a oportunidade de formular perguntas complementares, apontar a existência de outros elementos de convicção e apresentar razões, de fato ou de direito, que auxiliem ao presidente na sua análise técnico-jurídica, bem como, no mesmo desiderato, formular quesitos para eventual perícia.

Contudo, será do presidente a análise da oportunidade e conveniência em deferir eventuais requerimentos probatórios nesse momento, como faculta, *mutatis mutandis*, o art. 14 do CPP. Dessarte, somente pedidos pertinentes, relevantes e que não sejam meramente protelatórios deverão ser deferidos. Ainda, principalmente no caso de indeferimento, o ato deverá ser fundamentado, sob pena de essa discricionariedade transmutar-se em intolerável arbítrio.

Enfim, a possibilidade de uma defesa técnica mais efetiva, a partir do momento em que o investigado passa a ser considerado o provável autor do fato, certamente trará mais legitimidade à investigação criminal do Ministério Público, pois está de acordo com postulações antigas e recentes da doutrina,[25] bem como, com precedentes do STF,[26] no sentido de que a investigação preliminar não possui, como único escopo, conseguir elementos para a acusação, motivo pelo qual nela devem ser colhidas todas as provas e informações pertinentes e relevantes, uma vez que ela é o primeiro momento para a reconstrução e o esclarecimento da realidade dos fatos investigados, tendo o potencial, se mal conduzida ou conduzida arbitrariamente, de gerar efeitos nefastos para o indivíduo e/ou para a sociedade.

■ Bibliografia.

ANDRADE, Manuel Da Costa. *Sobre as proibições de prova em processo penal*. Coimbra: Editora Coimbra, (reimpressão de 2006).

BADARÓ, Gustavo Henrique. *Processo penal*. 4ª ed. São Paulo: RT, 2016.

FARIA, Bento de. *Código de Processo Penal*. Rio de Janeiro: Livraria Jacintho, 1942.

[25] Nesse sentido. TOVO, Paulo Cláudio. O inquérito policial em sua verdadeira dimensão. In: TOVO, Paulo Cláudio (org.) *Estudos de Direito Processual Penal*. Porto Alegre: Livraria do Advogado, 1995. v. I, p. 149. Mais recentemente, por todos: LOPES, Fabio Mota. *Os direitos de informação e de defesa na investigação criminal*. Porto Alegre: Livraria do Advogado, 2009. p. 133. MACHADO, Antônio Alberto. *Curso de Processo Penal*. 4ª ed. São Paulo: Atlas, 2012, p. 121.

[26] Por ocasião do HC 92599, Relator: Min. Gilmar Mendes, Segunda Turma, julgado em 18/3/2008, o STF proclamou que a defesa poderá, até mesmo, apresentar laudos periciais, produzidos unilateralmente, desde que "pertinentes à elucidação dos fatos e ao convencimento do Ministério Público".

LIMA, Renato Brasileiro de. *Manual de Processo Penal*. 2ª ed. Salvador: Juspodivm, 2016.

LOPES, Fabio Mota. *Os direitos de informação e de defesa na investigação criminal*. Porto Alegre: Livraria do Advogado, 2009.

LUCCA, José Carlos de. O Necessário Sigilo do Inquérito Policial. *Revista dos Tribunais*, São Paulo, n ° 699, jan. 1994.

MACHADO, Antônio Alberto. *Curso de Processo Penal*. 4ª ed. São Paulo: Atlas, 2012.

RANGEL, Paulo. *Direito processual penal*. 17ª ed. Rio de Janeiro: Lumen Juris, 2010.

SAAD, Marta. *O Direito de Defesa no Inquérito Policial*. São Paulo. Revista dos Tribunais, 2004.

TOVO, Paulo Cláudio. O inquérito policial em sua verdadeira dimensão. In: TOVO, Paulo Cláudio (org.). *Estudos de Direito Processual Penal*. Porto Alegre: Livraria do Advogado, 1995. v. I.

TUCCI, Rogério Lauria. Devido processo penal e alguns dos seus mais importantes corolários. *Revista da Faculdade de Direito*, Universidade de São Paulo, São Paulo, v. 88, jan. 1993.

Resolução nº 181 do CNMP – artigo 10

Art. 10. As diligências serão documentadas em autos de modo sucinto e circunstanciado.

CHARLES EMIL MACHADO MARTINS

Doutorando em Ciências Jurídico-Criminais pela FDL
Mestre em Direito pela UNISC
Professor em Direito Processual Penal na UNISINOS e FMP
Promotor de Justiça/RS

▪ Da Previsão na Resolução 13/2006.

Art. 8º As diligências serão documentadas em auto circunstanciado.

▪ Da Previsão na Versão Original da Resolução 181/2017.

Art. 10. As diligências serão documentadas em auto sucinto e circunstanciado.

▪ Documentação de Atos.

Em priscas eras, já se sustentou que bastaria, para o recebimento da ação penal, a descrição, na denúncia ou queixa, de um fato típico penalmente. Porém, já faz algum tempo que, segundo a melhor aplicação da denominada *teoria da asserção* no âmbito do processo penal, a análise das condições da ação deve ser feita por meio de uma cognição, ainda que superficial, dos fatos narrados na denúncia em cotejo com os atos de prova e os atos de investigação formalizados na investigação preliminar.[1]

[1] De fato, considerando que a ação penal, por si só, já atinge o *status dignitatis* do acusado, a investigação preliminar auxilia na verificação, ainda que perfunctória, sobre a existência de um fato criminoso e da aparente legitimidade passiva do acusado, fornecendo o que se convencionou denominar *justa causa para a ação penal*. Desse modo, conforme leciona Badaró, a condição da ação

Precisamente para essa averiguação, é necessário que todas as diligências levadas a efeito no decorrer do procedimento investigatório sejam formalizadas em auto circunstanciado, mediante transcrição objetiva, mas pormenorizada, do desenvolvimento de cada diligência, onde conste tudo quanto for valioso para a investigação, sem, entretanto, emitirem-se conclusões ou opiniões.

Por outro lado, conquanto a resolução seja omissa a respeito, em razão da simetria recomendada pelo Supremo Tribunal Federal em relação ao inquérito policial, é fundamental – para além da observância à cláusula de reserva de jurisdição, ou seja, que se obtenha a necessária ordem judicial, prévia à diligência, quando a Constituição ou a lei assim exigir – que sejam observadas todas as formalidades legais previstas no Código de Processo Penal ou na legislação esparsa, tais como, por exemplo, a coleta das assinaturas de duas testemunhas presenciais ao final da busca e apreensão em residência, ou a necessária presença de representante da Ordem dos Advogados do Brasil, na busca feita em escritório de advocacia, conforme dispõe o art. 7º, § 6º, do Estatuto da Ordem dos Advogados do Brasil.

■ Bibliografia.

BADARÓ, Gustavo Henrique. *Processo penal*. 4ª ed. São Paulo: RT, 2016.

relativa à tipicidade em abstrato da conduta guarda relação com a exigência de que haja prova da materialidade delitiva. Por outro lado, a condição referente a *legitimatio ad causam* passiva diz respeito, diretamente, com a apuração de indícios suficientes de autoria (BADARÓ, Gustavo Henrique. *Processo penal*. 4ª ed. São Paulo: RT, 2016, p. 177 e ss).

Resolução nº 181 do CNMP – artigo 11

Art. 11. As inquirições que devam ser realizadas fora dos limites territoriais da unidade em que se realizar a investigação serão feitas, sempre que possível, por meio de videoconferência, podendo ainda ser deprecadas ao respectivo órgão do Ministério Público local.
§ 1º Nos casos referidos no caput deste artigo, o membro do Ministério Público poderá optar por realizar diretamente a inquirição com a prévia ciência ao órgão ministerial local, que deverá tomar as providências necessárias para viabilizar a diligência e colaborar com o cumprimento dos atos para a sua realização.
§ 2º A deprecação e a ciência referidas neste artigo poderão ser feitas por qualquer meio hábil de comunicação.
§ 3º O disposto neste artigo não obsta a requisição de informações, documentos, vistorias, perícias a órgãos ou organizações militares sediados em localidade diversa daquela em que lotado o membro do Ministério Público.

ALEXANDER ARAUJO DE SOUZA

Doutor em Direito Penal pela Università degli Studi Roma Tre/Itália
Especialista em Crimen organizado, corrupción y terrorismo pela Universidad de Salamanca/Espanha
Mestre em Direito processual pela Universidade do Estado do Rio de Janeiro
Promotor de Justiça/RJ

■ Da Previsão na Resolução 13/2006.

Art. 10. As diligências que devam ser realizadas fora dos limites territoriais da unidade em que se realizar a investigação, serão deprecadas ao respectivo órgão do Ministério Público local, podendo o membro do Ministério Público deprecante acompanhar a(s) diligência(s), com a anuência do membro deprecado.

§ 1º A deprecação poderá ser feita por qualquer meio hábil de comunicação, devendo ser formalizada nos autos.

§ 2º O disposto neste artigo não obsta a requisição de informações, documentos, vistorias, perícias a órgãos sediados em localidade diversa daquela em que lotado o membro do Ministério Público.

- **Limites territoriais da atribuição dos membros do Ministério Público em matéria de investigação criminal.**

As atribuições investigatórias dos membros do Ministério Público possuem, obviamente, limites territoriais. Não poderia ser diferente, pois, no Estado Federal Brasileiro existe uma organização e uma divisão lógicas quanto à atuação de cada um dos ramos do Ministério Público, previstos no art. 128 da Constituição da República de 1988. Assim, sejam os limites territoriais de cada Estado, com suas Comarcas e Varas, no caso dos Ministérios Públicos dos Estados, sejam os limites do território nacional, para os membros do Ministério Público que atuam perante os Tribunais Superiores, sejam os limites dos Tribunais Regionais Federais, das Seções Judiciárias e das Varas Federais, no caso do Ministério Público Federal, impõem uma delimitação à atuação de cada ramo do Ministério Público e de seus membros.

Cada membro dos distintos ramos do Ministério Público possui atribuição delimitada por lei ou por ato regulamentar (por exemplo, Resolução) para a prática de diligências e atos investigatórios. Somente o membro do *Parquet* que detenha atribuição para a prática do ato poderá praticá-lo validamente, pois a ausência de atribuição acarreta a invalidade do ato.[1] Neste particular, deve-se reputar abusivo[2] o ato investigatório praticado por membro do Ministério Público ciente de que não ostenta atribuição para tanto, em razão do descumprimento do dever que lhe é imposto de observar o princípio da legalidade, bem como de proceder com lealdade e boa-fé.

Desta maneira, por exemplo, não pode um membro do Ministério Público Federal praticar diligência ou ato investigatório que se encontre na esfera de atribuições de membro do Ministério Público do Estado, ou vice-versa, sob pena de invalidade. O mesmo se diga a respeito de diligência ou ato investigatório praticado por membro de Ministério Público de Estado da Federação desvestido de atribuição, a qual venha a se encontrar na esfera de membro de Ministério Público de outro Estado da Federação. O princípio da unidade do Ministério Público, previsto no § 1º do art. 127 da Constituição da República, não tem o alcance de permitir que atos afetos à esfera de atribuição de um membro de um ramo do Ministério Público sejam praticados por membro de outro ramo do *Parquet*. Não há, com efeito, unidade entre os distintos

[1] Neste sentido: HAMILTON, Sergio Demoro. *Reflexos da falta de atribuição na instância penal*. In: *Temas de processo penal*. Rio de Janeiro: Lumen Juris, 1998, p. 62. No mesmo sentido: CARNEIRO, Paulo Cezar Pinheiro. *O Ministério Público no Processo Civil e Penal. Promotor natural. Atribuição e conflito*. 6ª ed. Rio de Janeiro: Forense, 2001, p. 6.

[2] A respeito do abuso de direito que pode ser praticado também pelo Ministério Público, veja-se: DE SOUZA, Alexander Araujo. *O abuso do direito no processo penal*. Rio de Janeiro: Lumen Juris, 2007, p. 67 e segs.

ramos do Ministério Público, mas apenas dentro de cada ramo do *Parquet* previsto no art. 128 da Constituição da República.[3]

O intuito do art. 11 da presente Resolução nº 181/17 do Conselho Nacional do Ministério Público (CNMP) foi o de regulamentar a prática de *inquirições*, a serem realizadas fora dos limites territoriais onde se realiza a investigação, por intermédio do instrumento de *videoconferência*, possibilitando, nos mesmos casos, a *cooperação*[4] entre diferentes órgãos do mesmo ramo do Ministério Público, ou entre órgãos de Ministérios Públicos distintos, por intermédio do instrumento da deprecação. Previu-se, ainda, a possibilidade de o membro do Ministério Público praticar, *de per se*, a inquirição fora dos limites territoriais da unidade em que se realiza a investigação.

- **A videoconferência como regra nas inquirições praticadas fora da unidade investigatória do Ministério Público que preside o procedimento investigatório criminal.**

Dentre os atos investigatórios a serem praticados em outra unidade do Ministério Público que não aquela onde tramita o procedimento investigatório criminal, o *caput* do art. 11 da Resolução nº 181/17 do CNMP tornou clara a predileção pela *videoconferência* no caso das *inquirições*. A regra, como se extrai do *caput* do dispositivo em comento, é a realização das inquirições por intermédio de videoconferência.

Com efeito, esta é a tendência processual que vem ganhando terreno, desde quando a Lei nº 11.900/2009 previu a possibilidade de realização de interrogatórios e outros atos processuais por sistema de videoconferência. Com o avanço tecnológico, tornou-se possível realizar inquirições em qualquer lugar, dispensando-se a presença física do inquirente ou da pessoa a ser inquirida. O contato visual e sonoro entre estes possibilita que o ato seja cumprido a distância, sendo praticado pelo próprio membro do Ministério Público que preside o procedimento investigatório criminal. A Resolução nº 181/17 do CNMP só veio a tornar regra esta tendência: no caso das inquirições, sempre que possível, serão feitas por intermédio da videoconferência. A propósito, o *caput* do art. 8º da Resolução em comento já previra que a colheita de depoimentos deve ser feita preferencialmente de forma oral, mediante

---

[3] No sentido do texto, veja-se: MAZZILLI, Hugo Nigro. *Regime jurídico do Ministério Público*. 6ª ed. São Paulo: Saraiva, 2007, p. 394. No mesmo sentido: GARCIA, Emerson. *Ministério Público. Organização, atribuições e regime jurídico*. Rio de Janeiro: Lumen Juris, 2004, p. 50/51.

[4] Utilizando o termo *cooperação* para as cartas precatórias judiciais, veja-se: MARQUES, José Frederico. *Elementos de direito processual* penal. Volume II. 1ª ed. 2ª tir. Campinas: Bookseller, 1998, p. 212.

gravação audiovisual, sendo excepcional a transcrição dos depoimentos colhidos (art. 8º, § 7º).

Tratando-se da inquirição de investigado, contudo, dever-se-á possibilitar que esteja assistido por Advogado no local onde se encontrar para a realização da videoconferência. Isto em consonância com o que dispõe o art. 7º, XXI, da Lei nº 8.906/94 (Estatuto da Advocacia).

Como prevê o *caput* do art. 11 da Resolução em comento, poderá ainda o membro do Ministério Público que preside o procedimento investigatório criminal *deprecar* a inquirição, que será realizada por outro órgão do Ministério Público (órgão *deprecado*).

- **A deprecação da inquirição e possibilidade de o membro do Ministério Público realizá-la fora dos limites territoriais em que se realiza a investigação.**

Nos mais distintos ordenamentos nos quais o Ministério Público coordena diretamente a atividade investigatória preliminar,[5] sejam Estados com organização federal (como a Alemanha ou a Argentina) ou unitária (como, por exemplo, Portugal e Itália), há previsão expressa de cooperação entre distintos membros do Ministério Público no que toca à prática de diligências investigatórias.[6]

No caso do Estado Federal brasileiro, a cooperação entre diferentes órgãos do mesmo Ministério Público ou entre órgãos de Ministérios Públicos distintos, quanto à realização de inquirições, vem regulamentada pelo presente art. 11 da Resolução nº 181/17 do CNMP. Cuida-se de cooperação que se estabelece mediante *requerimento* formulado pelo órgão ministerial deprecante a ser realizado pelo órgão ministerial deprecado. Não existe, com efeito, *requisição* entre diferentes órgãos do mesmo Ministério Público ou entre órgãos de Ministérios Públicos distintos, mas apenas requerimento de cooperação.

---

[5] Cuida-se de moderna tendência processual que se espraia pelos mais diversos ordenamentos jurídicos, como já deixamos explicitado. Veja-se: DE SOUZA, Alexander Araujo. *A possibilidade de o Ministério Público praticar atos investigatórios preparatórios à ação penal: uma moderna tendência processual penal.* In: DALLA, Humberto (Coordenador). *Temas contemporâneos de direito processual. Segunda série.* Rio de Janeiro: Lumen Juris, 2006, p. 109-128.

[6] Veja-se, na doutrina alemã: ARTKÄMPER, Heiko; HERRMANN, Gunnar; JAKOBS, Carola; KRUSE, Henner. *Aufgabenfelder der Staatsanwaltschaft.* Münster: ZAP, 2008, p. 107 e segs. Na doutrina argentina, veja-se: RUSCONI, Maximiliano A. *División de poderes en el proceso penal e investigación a cargo del ministerio público.* in *El Ministerio Público en el proceso penal.* Buenos Aires: Ad Hoc, 2000, p. 99 e segs. Na doutrina portuguesa, veja-se, a propósito: CUNHA, José Manuel Damião da. *O Ministério Público e os órgãos de polícia criminal.* Porto: Porto Editora, 1993, p. 155 e segs.; MESQUITA, Paulo Dá. *Direcção do inquérito penal e garantia judiciária.* Coimbra: Coimbra Editora, 2003, p. 225 e segs. Na doutrina italiana, veja-se, a propósito: MÌNISCI, Francesco; CURRELI, Claudio. *Il Pubblico Ministero. Compiti e poteri nelle indagini e nel processo.* Milano: Giuffrè, 2011, p. 149 e segs.

Como deixa claro o *caput* do art. 11 da Resolução nº 181/17 do CNMP, no caso de deprecação, quem preside a prática da inquirição é o órgão ministerial deprecado. A este caberá conduzi-lo e levá-lo a efeito como melhor entenda, sempre visando à sua efetividade e ao seu devido cumprimento. Isto não exclui, porém, a possibilidade de o órgão ministerial deprecante, ao solicitar a cooperação por intermédio da deprecação, *sugerir* como a inquirição possa ser praticada, fornecendo especificidades que somente são conhecidas por quem dirige o procedimento investigatório criminal. Cuida-se de providência salutar, pois se trata de *cooperação* que visa a conferir o maior nível de efetividade possível à inquirição deprecada. Por exemplo, no caso de oitiva de testemunhas ou de investigados, é salutar sejam encaminhadas pelo órgão ministerial deprecante ao órgão ministerial deprecado as perguntas que aquele deseja sejam feitas à testemunha ou ao investigado.

O § 1º do art. 11 da Resolução nº 181/17 do CNMP, contudo, deixa explícita a possibilidade de o membro do Ministério Público praticar, *de per se*, a inquirição fora dos limites territoriais da unidade em que se realiza a investigação. Neste caso, para realizar a inquirição, dever-se-á cientificar previamente o órgão ministerial local. Este, por sua, vez, terá o dever de colaborar, inobstante a inexistência formal da deprecação, tomando as providências necessárias para viabilizar a diligência. Cuida-se de hipótese na qual se excepciona, a nosso ver indevidamente, a regra da limitação da atribuição dos membros do *Parquet* com base na territorialidade. Parece-nos que seria mais adequado manter-se, também nestes casos, a deprecação como instrumento de colaboração.

- **Deprecação de inquirições por intermédio de qualquer meio hábil de comunicação com a necessária formalização nos autos.**

A deprecação de inquirições, bem como as respectivas ciências, não estão adstritas a uma única forma de solicitação ou de comunicação. O § 2º do art. 11 da Resolução nº 181/17 do CNMP não restringe a modalidade pela qual se realizarão os requerimentos de cooperação, tampouco as comunicações, deixando explícito serem válidos quaisquer meios hábeis de comunicação, tais como chamadas telefônicas, mensagens eletrônicas via internet (como, por exemplo, ofício encaminhado por e-mail), mensagens por intermédio de aplicativos de telefonia celular etc.

O que se quis foi eliminar práticas burocráticas que pudessem implicar retardamento da diligência. O próprio art. 1º da Resolução em comento define o procedimento investigatório criminal como "instrumento sumário e desburocratizado de natureza administrativa". Tratando-se, contudo, de ato administrativo, deve necessariamente ser formalizado nos autos do procedimento de investigação criminal por intermédio de *certificação*, a qual deve especificar o meio de comunicação que fora utilizado. Além disso, da certificação deve constar como se deu o requerimento de cooperação com todos os seus pormenores, especificando seu objeto e informando dados essenciais, tais como o local em que será realizada a inquirição e o prazo ou a data para o seu cumprimento.

- **Permanência e continuidade do poder requisitório do órgão do Ministério Público independente da deprecação.**

Não obstante a deprecação de inquirições entre órgãos distintos do Ministério Público, que pode e deve ser utilizada sempre que necessário, o § 3º do art. 11 da Resolução nº 181/17 do CNMP explicita ainda remanescer íntegro o poder requisitório do órgão do Ministério Público. Este sempre poderá, para instruir seus procedimentos investigatórios criminais, requisitar diretamente, dentre outros, informações, documentos, perícias e vistorias a órgãos públicos de qualquer esfera (federal, estadual ou municipal) sediados em localidades distintas daquela em que exerce o membro do *Parquet* o seu múnus ministerial.

Isso já decorre do que prevê o art. 129, VI e VIII, da Constituição da República, bem como, do que estabelece, de maneira expressa, o art. 26, I, alíneas *b* e *c*, da Lei nº 8.625/93, e o art. 8º, II, III, IV e V, da Lei Complementar nº 75/93. A própria Resolução nº 181/17 do CNMP, em seu art. 7º, prevê igualmente a possibilidade de requisições, por parte do membro do Ministério Público que conduza as investigações. O poder requisitório não está, portanto, restrito aos limites territoriais de atuação do membro do *Parquet*. Destarte, a requisição de documentos, informações, perícias e vistorias, dentre outros, pode ser realizada pelo membro do Ministério Público tendo como destinatários órgãos públicos de quaisquer unidades federativas.[7]

- **Bibliografia.**

ARAGÃO, Egas Dirceu Moniz de. *Comentários ao Código de Processo Civil*. Vol. II. 9ª ed. Rio de Janeiro: Forense, 1998.

ARTKÄMPER, Heiko; HERRMANN, Gunnar; JAKOBS, Carola; KRUSE, Henner. *Aufgabenfelder der Staatsanwaltschaft*. Münster: ZAP, 2008.

[7] Veja-se, neste sentido, ZENKNER, Marcelo. *Reflexos processuais dos princípios institucionais da unidade e indivisibilidade. Revisitando as atribuições dos órgãos de execução do Ministério Público brasileiro.* in CHAVES, Cristiano; ALVES, Leonardo Barreto Moreira; ROSENVALD, Nelson (Coordenadores).*Temas Atuais do Ministério Público*. 2ª ed. Rio de Janeiro: Lumen Juris, 2010, p. 102.

CARNEIRO, Paulo Cezar Pinheiro. *O Ministério Público no Processo Civil e Penal. Promotor natural.* Atribuição e conflito. 6ª ed. Rio de Janeiro: Forense, 2001.

CUNHA, José Manuel Damião da. *O Ministério Público e os órgãos de polícia criminal.* Porto: Porto Editora, 1993.

HAMILTON, Sergio Demoro. A amplitude das atribuições do Ministério Público na investigação penal. in Temas de processo penal. Rio de Janeiro: Lumen Juris, 1998.

——. Reflexos da falta de atribuição na instância penal. in *Temas de processo penal.* Rio de Janeiro: Lumen Juris, 1998.

MARQUES, José Frederico. *Elementos de direito processual penal.* Volume II. 1ª ed. 2ª tir. Campinas: Bookseller, 1998.

MAZZILLI, Hugo Nigro. *Regime jurídico do Ministério Público.* 6ª ed. São Paulo: Saraiva, 2007.

MENDRONI, Marcelo Batlouni. *Curso de investigação criminal.* São Paulo: Juarez de Oliveira, 2002.

MESQUITA, Paulo Dá. *Direcção do inquérito penal e garantia judiciária.* Coimbra: Coimbra Editora, 2003.

MÌNISCI, Francesco; CURRELI, Claudio. *Il Pubblico Ministero.* Compiti e poteri nelle indagini e nel processo. Milano: Giuffrè, 2011.

RUSCONI, Maximiliano A. División de poderes en el proceso penal e investigación a cargo del ministerio público. in *El Ministerio Público en el proceso penal.* Buenos Aires: Ad Hoc, 2000.

SOUZA, Alexander Araujo de. *O abuso do direito no processo penal.* Rio de Janeiro: Lumen Juris, 2007.

——. A possibilidade de o Ministério Público praticar atos investigatórios preparatórios à ação penal: uma moderna tendência processual penal. In DALLA, Humberto (Coordenador). *Temas contemporâneos de direito processual.* Segunda série. Rio de Janeiro: Lumen Juris, 2006, pp. 109/128.

ZENKNER, Marcelo. Reflexos processuais dos princípios institucionais da unidade e indivisibilidade. Revisitando as atribuições dos órgãos de execução do Ministério Público brasileiro. in CHAVES, Cristiano; ALVES, Leonardo Barreto Moreira; ROSENVALD, Nelson (Coordenadores). *Temas Atuais do Ministério Público.* 2ª ed. Rio de Janeiro: Lumen Juris, 2010.

Resolução nº 181 do CNMP – artigo 12

Art. 12. A pedido da pessoa interessada será fornecida comprovação escrita de comparecimento.

Charles Emil Machado Martins

Doutorando em Ciências Jurídico-Criminais pela FDL
Mestre em Direito pela UNISC
Professor em Direito Processual Penal na UNISINOS e FMP
Promotor de Justiça/RS

- **Da Previsão na Resolução 13/2006.**

Art. 11. A pedido da pessoa interessada será fornecida comprovação escrita de comparecimento.

- **Comprovação de Comparecimento.**

Como é usual no meio forense, se houver pedido do interessado, a secretaria deverá fornecer comprovante de comparecimento às pessoas chamadas para serem ouvidas no procedimento investigatório do Ministério Público, para fins de justificação e abono da falta aos respectivos empregadores, nos termos previstos nos arts. 822 da CLT e 463 do CPC, por analogia. Convém destacar que o indivíduo notificado tem o direito a tal comprovação mesmo que não tenha, por qualquer motivo, sido efetivamente ouvido, de modo que possa justificar sua ausência ao seu trabalho ou estudo, ainda que, nesse último caso, não haja previsão legal para o abono da falta, admitindo-se apenas a justificação.

Resolução nº 181 do CNMP – artigo 13

Art. 13. O procedimento investigatório criminal deverá ser concluído no prazo de 90 (noventa) dias, permitidas, por igual período, prorrogações sucessivas, por decisão fundamentada do membro do Ministério Público responsável pela sua condução.

§ 1º Cada unidade do Ministério Público, manterá, para conhecimento dos órgãos superiores, controle atualizado, preferencialmente por meio eletrônico, do andamento de seus procedimentos investigatórios criminais, observado o nível de sigilo e confidencialidade que a investigação exigir, nos termos do art. 15 desta resolução.

§ 2º O controle referido no parágrafo anterior poderá ter nível de acesso restrito ao Procurador-Geral da República, Procurador-Geral de Justiça ou Procurador-Geral de Justiça Militar e ao respectivo Corregedor-Geral, mediante justificativa lançada nos autos.

MARCELLUS POLASTRI LIMA

Doutor em Direito pela UFMG
Mestre em Direito pela UFMG
Professor Adjunto de Direito Processual Penal da UFES
Procurador de Justiça/RJ

- **Da Previsão na Resolução 13/2006.**

Art. 12. O procedimento investigatório criminal deverá ser concluído no prazo de 90 (noventa) dias, permitidas, por igual período, prorrogações sucessivas, por decisão fundamentada do membro do Ministério Público responsável pela sua condução.

§ 1º Cada unidade do Ministério Público, manterá, para conhecimento dos órgãos superiores, controle atualizado, preferencialmente por meio eletrônico, do andamento de seus procedimentos investigatórios criminais.

§ 2º O controle referido no parágrafo anterior poderá ter nível de acesso restrito ao Procurador-Geral da República, Procurador-Geral de Justiça ou Procurador-Geral de Justiça Militar, mediante justificativa lançada nos autos.

- **Da Previsão na Versão Original da Resolução 181/2017.**

Art. 13. O procedimento investigatório criminal deverá ser concluído no prazo de 90 (noventa) dias, permitidas, por igual período, prorrogações sucessivas, por decisão fundamentada do membro do Ministério Público responsável pela sua condução.

§ 1º Cada unidade do Ministério Público, manterá, para conhecimento dos órgãos superiores, controle atualizado, preferencialmente por meio eletrônico, do andamento de seus procedimentos investigatórios criminais, observado o nível de sigilo e confidencialidade que a investigação exigir, nos termos do art. 15 desta resolução.

§ 2º O controle referido no parágrafo anterior poderá ter nível de acesso restrito ao Procu-rador-Geral da República, Procurador-Geral de Justiça ou Procurador-Geral de Justiça Militar, mediante justificativa lançada nos autos.

■ Introdução.

No dia 9 de março de 2017, foi publicada a Resolução CNMP nº 161/2017, que alterou dispositivos das Resoluções nºs 13/2016 e 23/2017 que tratavam, respectivamente, dos procedimentos investigatórios criminais e os inquéritos civis no âmbito do Ministério Público.

Pelo que se vê dos "considerandos" da Resolução nº 161/2017, a motivação para as alterações foi o advento da Lei Federal nº 13.245/2016 (que alterou o Estatuto da Ordem dos Advogados do Brasil), disciplinando a "possibilidade de acesso aos autos pelo defensor, ressalvadas as hipóteses que envolvem sigilo, e o seu direito de acompanhar e auxiliar o investigado durante o interrogatório ou depoimento no curso da investigação, podendo apresentar razões e quesitos".

Sobreveio, entretanto, a Resolução do CNMP 181/2017, que passou a disciplinar a instauração e tramitação do procedimento investigatório criminal a cargo do Ministério Público, sendo que nessa nova Resolução o dispositivo que regulava o prazo das chamadas PICs na Resolução nº 13 sofreu pouca alteração, ou seja, ao anterior artigo 12 (agora art. 13), somente foi acrescido à redação do final do seu § 1º que, em se tratando de controle do andamento dos procedimentos investigatórios criminais do Ministério Público, será "*observado o nível de sigilo e confidencialidade que a investigação exigir, nos termos do art. 15 desta resolução*". Visando a melhor aperfeiçoar a redação e o procedimento investigatório criminal, por fim, foram feitas alterações na Resolução 181/2017 pela Resolução do CNPM 183 de 24 de janeiro de 2018, nada alterando, entretanto, em relação ao art.13, que é objeto destes comentários.

■ O Prazo do Procedimento de Investigação Criminal.

Em se tratando de inquérito policial, dispõe o Código de Processo Penal (CPP) que, não havendo disposição especial em contrário,[1] a investigação deverá terminar em 10 dias, tratando-se de prisão em flagrante ou desde o momento em que seja decretada a prisão preventiva do investigado; ou em 30 dias, quando o mesmo estiver solto, com ou sem fiança. O CPP se refere ao agente que estiver solto, com ou sem fiança, querendo abranger não só os casos em que o agente se livra solto (detenção até três meses ou multa), mas, também, evidentemente, aqueles casos em que o agente que estava preso venha a obter liberdade provisória ainda no curso da investigação e antes de extrapolado o prazo de 10 dias para se findar o procedimento investigatório.

O prazo de 10 dias para terminar o inquérito de investigado preso se contará a partir da prisão do agente, pois pode acontecer que este responda por inquérito estando solto e, durante o procedimento investigatório, seja decretada sua prisão preventiva e, assim, com a prisão, passa a ser o inquérito de agente preso, e não mais de investigado solto e, assim, deverá o feito terminar em 10 dias.

Mas, em se tratando de procedimento investigatório criminal (PIC) levado a efeito pelo Ministério Público, a Resolução nº 181/2017, com as alterações da Resolução nº 183, de 24 de janeiro de 2018, do Conselho Nacional do Ministério Público (CNMP)[2] – hoje é o instrumento

---

[1] Em leis especiais, outros prazos podem ser fixados e, assim, *v. g.*, tratando-se de tráfico de entorpecentes (Lei nº 11.343/2006, art. 51 e parágrafo), o inquérito deve terminar em 30 dias, estando o indiciado preso, e em 90 dias, estando solto, podendo tais prazos ser duplicados pelo juiz, havendo pedido do Ministério Público ou do Delegado de Polícia. Sendo inquérito levado a efeito pela Polícia Federal, a Lei nº 5.010/66 prevê o prazo de 15 dias, se o agente estiver preso, prorrogáveis por mais 15 dias, e de 30 dias, se o agente estiver solto, considerado, aqui, o mesmo prazo de inquérito de investigado solto do Código de Processo Penal.

[2] A matéria foi disciplinada, primeiramente, pela Resolução nº 13/2006 pelo Conselho Nacional do Ministério Público, para fins de estabelecer uniformização em nível federal, já que, desde o início da década de 90, após a promulgação da Constituição Federal de 1988, alguns Estados da federação já tinham na estrutura do seu respectivo Ministério Púbico as chamadas *Centrais de Inquérito* (o Rio de Janeiro foi um dos Estados pioneiros- Resolução nº 1 da Corregedoria de Justiça do Rio de Janeiro e Resolução 9701/2000 do Ministério Público do Rio de Janeiro) e, nessas *Centrais*, já se faziam investigações próprias, e também no Ministério Público Federal já se faziam investigações criminais, tendo sido editada a Resolução nº 77, de 14 de setembro de 2014, que regulamentava, no âmbito do Ministério Público Federal, a instauração e tramitação do *Procedimento Investigatório Criminal*, sem contar as investigações de agentes com prerrogativa de função, inclusive de membros do próprio Ministério Público, que já eram levadas a efeito pelo Ministério Público. Com os adventos da Lei Complementar 75/93 (Ministério Público da União) e da Lei nº 8.625/93 (Ministérios Públicos dos Estados), e com vários Ministérios Públicos dos Estados-Membros e da União já procedendo a investigações criminais, cada vez mais se demandava uma urgente regulamentação em nível nacional para dar uniformização ao procedimento a ser seguido nas investigações a serem procedidas pelo *parquet*. É certo que o correto, constitucionalmente, seria que a matéria fosse regulada por lei federal, já que se tratam de normas procedimentais, mas, de qualquer modo, melhor que haja a regulamentação por Resolução do Conselho Nacional do Ministério Público do que uma completa ausência de regras a respeito. Em decisão do Pleno do STF, no Recurso Extraordinário 593.727, na qual se reconheceu a atribuição do Ministério Público para proceder a investigações criminais (com tese de repercussão geral), pelo exame dos votos ali proferidos, resta claro que se faz necessária a regulamentação legal da matéria, sendo que, em seu voto, assim se pronunciou o Ministro Celso de Mello: "[..] Cabe advertir, *ainda*, que, à semelhança do que se registra no inquérito policial, o procedimento investigatório instaurado pelo Ministério

normativo que regulamenta o art. 8º da Lei Complementar 75/93 e o art. 26 da Lei nº 8.625/93, disciplinando, assim, no âmbito do Ministério Público nacional, a instauração e tramitação do procedimento investigatório criminal – e estabelece, em seu artigo 13, que o procedimento deverá ser concluído, a princípio,[3] no prazo de 90 dias.

Já anteriormente, suprindo uma lacuna da antiga Resolução nº 13/2006, a Resolução nº 111, de 4 de agosto de 2014, inseriu modificação na sua redação original, para que constasse, no § 5º de seu art. 3º que *"o membro do Ministério Público, no exercício de suas atribuições criminais, deverá dar andamento, no prazo de 30 (trinta) dias a contar de seu recebimento, às representações, requerimentos, petições e peças de informação que lhes sejam encaminhadas"*. Salutar foi a modificação legal, pois era importante se fixar um prazo para que a notícia de infração penal que chegasse ao Ministério Público fosse apreciada, e que lhe fosse dado um destino, não ficando, assim, aguardando, sem prazo certo, o seu deslinde (se será promovida a ação penal, instaurado o procedimento investigatório, se serão encaminhadas as peças para o Juizado Especial Criminal, se resulta em arquivamento ou, mesmo, que seja requisitada a instauração de inquérito policial, na forma do art. 2º da Resolução), o que poderia gerar insegurança jurídica.

Com a Resolução 181/17, o dispositivo agora se encontra no § 6º, com algumas mudanças redacionais e um acréscimo final, constando que "o membro do Ministério Público, no exercício de suas atribuições criminais, deverá dar andamento, no prazo de 30 (trinta) dias a contar de seu recebimento, às representações, requerimentos, petições e peças de informação que lhe sejam encaminhadas, *podendo este prazo ser prorrogado, fundamentadamente, por até 90 (noventa) dias, nos casos em que sejam necessárias diligências preliminares*". Assim, com a nova redação se contempla aqueles casos em que os elementos investigativos apresentados ou colhidos de pronto necessitem de melhor averiguação através de realização de diligências preliminares, prevendo-se a prorrogação por 90 dias, *de forma fundamentada*, evitando-se uma persecução injusta, pois, melhor se investigando pode se entender não ser caso de instau-

---

Público deverá conter todas as peças, termos de declarações ou depoimentos e laudos periciais que tenham sido coligidos e realizados no curso da investigação, não podendo, o representante do *Parquet*, sonegar, selecionar ou deixar de juntar, *aos autos*, qualquer desses elementos de informação, cujo conteúdo, *por referir-se ao objeto da apuração penal*, deve ser tornado acessível à pessoa sob investigação[...]." A matéria, assim, está à espera de regulamentação legal, mas, enquanto esta não chega, as investigações criminais do *parquet* estão reguladas pela resolução ora comentada e, quando existir lacuna, aplicam-se as normas do procedimento do inquérito policial previstas no Código de Processo Penal. Enquanto se aguarda lei que venha regulamentar a matéria, adveio a Resolução 181/17 que revoga a Resolução nº 13/2006, mais aperfeiçoada, mas, ainda, pendente de melhor adequação técnica, em que pese já ter sido alterada pela Resolução 183/18..

[3] A princípio, pois, como se verá a seguir, este prazo admite prorrogação.

ração do procedimento investigatório, sendo hipótese, v.g. de arquivamento, ou mesmo ser caso de declinação de atribuição, em vista do fato e do agente a ser investigado.

Mas, o certo é que, uma vez instaurado o procedimento investigatório (PIC), o prazo de 90 dias é razoável, já havendo similitude de fixação na legislação especial, ou seja, na lei que trata de entorpecentes (Lei nº 11.343/2006, art. 51 e parágrafo), onde o inquérito deve terminar, estando o investigado solto, em 90 dias. O prazo de 30 dias que é fixado no CPP para o inquérito policial de investigado solto é muito exíguo, sempre resultando em repetidas devoluções pelo Ministério Público para fins de complementação e, frequentemente, a pedido da própria autoridade policial, pois só as primeiras diligências e, até mesmo, a simples autuação e as formalidades que a cercam, já fazem esgotar este prazo.

Porém, se houve acerto quanto ao prazo inicial das investigações do procedimento investigatório ministerial, existe uma lacuna na Resolução: não há a regulamentação para a hipótese de quando o investigado vier a ser preso provisoriamente durante o procedimento.

É evidente que não haverá investigação do Ministério Público em se tratando de prisão em flagrante, pois essa será formalizada na polícia judiciária, e dela poderá resultar, após a lavratura do respectivo auto de prisão em flagrante, um procedimento de inquérito policial, mais breve, que está elencado no art. 10 do CPP, e que terá o prazo de 10 dias para ser concluído e encaminhado a juízo, como já visto.

Mas, se é certo que as investigações a serem procedidas pelo Ministério Público, em regra, serão aquelas que tenham por objeto infrações cometidas por investigado solto, por outro lado, não é improvável que, em determinado momento da investigação, venha a ser o investigado detido provisoriamente. Assim, um investigado solto, que esteja respondendo a procedimento investigatório instaurado e procedido pelo *parquet*, pode vir a obstruir ou dificultar a apuração (*v.g.*, intimidando ou ameaçando testemunha ou vítimas) e, em consequência, o membro do Ministério Público que presida a investigação poderá requerer ao juiz a decretação da prisão preventiva do investigado. Em sendo decretada a prisão preventiva, como proceder?

Como a Resolução 181/17 não regulamenta a hipótese, o tratamento a ser dado será aquele fixado no CPP para os casos de investigações procedidas por inquérito policial, ou seja, a partir do momento em que seja decretada a prisão preventiva pelo Poder Judiciário, o Ministério Público terá 10 dias para concluir a investigação, enviando o procedimento a juízo (salvo se a infração que esteja sendo apurada tiver prazo maior previsto em lei para a conclusão da investigação em se tratando de investigado preso, como é o caso do tráfico de entorpecentes[4]). De se observar, também, que, em se tratando de crime federal, com investigação procedida diretamente pelo Ministério Público Federal, deve ser aplicado o mesmo prazo que é concedido à Polícia Federal pela Lei nº 5.010/66, ou seja, se preso o investigado, o prazo será de 15 dias, prorrogáveis por mais 15 dias. Na necessidade de investigações complementares imprescindíveis para a denúncia, e já tendo sido esgotado o prazo para o procedimento em face de agente que se encontra preso provisoriamente, o investigado deverá ser solto para que sejam realizadas tais diligências. Na hipótese de serem necessárias diligências complementares, mas já havendo elementos para a denúncia, estas poderão ser realizadas e enviadas posteriormente a juízo para serem juntadas ao já, então, processo.

À míngua de regramento específico, a norma a ser seguida, portanto, será aquela do procedimento do inquérito policial ou da lei especial específica, conforme o caso. Entretanto, tal lacuna deveria ser preenchida com norma específica.

- **Situações Específicas Referentes ao Prazo do Procedimento de Investigação Criminal.**

No caso de outras medidas, cautelares ou preventivas, que possam se fazer necessárias para a completa investigação no curso do procedimento, tais como, interceptações telefônicas e antecipação de provas, serão observadas, obviamente, as normas pertinentes a respeito previstas em lei especial ou no próprio CPP, respeitada a reserva de jurisdição.

É certo que, quando do advento da Resolução 181/17, e tal já ocorria na revogada Resolução nº 13/2006, já existiam regulamentações em leis especiais e também no CPP acerca dessas medidas cautelares ou preventivas que auxiliam a investigação, e se optou por não fazer menção a elas, talvez por se entender, quer parecer, que, no caso de necessidade de utilização das mesmas, os regramentos respectivos deveriam ser obedecidos.

A prisão temporária, que é cautelar provisória específica para fins de investigação, em casos em que a mesma se faz necessária para o sucesso da investigação, apesar da lei específica fazer menção à polícia judiciária, também poderá ser utilizada pelo Ministério Público em seus procedimentos investigatórios.

[4] Lei nº 11.343/2006, art. 51 e parágrafo único.

O artigo 1º da Lei 7.960/89, é certo, se refere a *inquérito* e a *indiciado*, o que faz parecer que é medida própria da investigação policial, mas é perfeitamente possível a decretação da prisão temporária em outro tipo de investigação criminal, pois o próprio parágrafo único do art. 4º do CPP é no sentido de que outras autoridades, autorizadas por lei, podem apurar infrações penais, e o Supremo Tribunal Federal (STF) já pacificou que é constitucional a investigação realizada pelo Ministério Público. Portanto, existem outros procedimentos administrativos de apuração de crimes, e não só o inquérito policial. Dar-se-á, nesse caso, interpretação extensiva do *caput* do art. 1º da Lei, de forma a autorizar a prisão temporária no procedimento investigatório do Ministério Público. Tanto é possível a utilização da prisão temporária em investigações do Ministério Público que a própria Lei 7.960/89 estabelece que a prisão temporária sempre deverá ser decretada pelo juiz, de forma fundamentada, e que deverá haver *requerimento do Ministério Público* ou representação da autoridade policial para que o juiz decrete a medida.

O prazo da prisão temporária, na Lei 7.960/89, é de 5 dias, admitindo-se prorrogação por mais 5 dias, em caso de comprovada e extrema necessidade (art. 2º, *caput*, e § 7º), mas, para os crimes elencados como hediondos e os equiparados a hediondos, foi fixado prazo próprio e maior para a prisão temporária, consoante se vê do art. 2º, § 3º, da Lei 8.072/90, ou seja, o prazo de 30 dias, prorrogável por mais 30 dias.[5]

Portanto, no caso de procedimento investigatório procedido pelo *parquet*, pode haver requerimento ao juiz de decretação de prisão temporária do investigado e, nesse caso, o prazo da prisão temporária (e sua eventual prorrogação), não estarão incluídos no prazo de 90 dias elencado no art. 13 da Resolução do CNMP e, portanto, podem já terem se passados 90 dias da apuração com o investigado solto, ou mesmo mais (em havendo prorrogação), e só aí ser decretada a prisão temporária, por se tornar necessária e, da mesma forma, o prazo dessa medida não se sujeita ao mesmo controle dos 90 dias mencionados na Resolução 181/17, já que o controle da prisão temporária será judicial (reserva de jurisdição), de molde que, após esgotado o prazo da temporária, poderá ser decretada pelo juiz, a pedido do Ministério Público, a prisão preventiva, ou mesmo, após esgotada a fase da prisão temporária, sendo solto o investigado, voltar a investigação do *parquet* a poder ter seu prosseguimento na forma do artigo 13 da Resolução, ou seja, por 90 dias ou mais (caso se dê a prorrogação).

[5] A lei dos crimes hediondos (Lei 8.072/90), em seu art. 2º, § 3º, prevê a prisão temporária para todos os crimes elencados no *caput* de seu art. 2º, e não somente para aqueles que também estão relacionados na Lei 7.960/89, que regulamenta a prisão temporária. O que se exige, na verdade, é que a prisão temporária seja prevista taxativamente em lei ordinária e, destarte, os crimes em que for cabível podem estar relacionados no rol da Lei 7.960/89 ou em qualquer outra lei ordinária posterior.

Por todos os motivos expostos, seria aconselhável que, em um novo regramento a respeito da investigação a ser procedida pelo Ministério Público, viesse a ser regulada a hipótese.

Ainda, mesmo após a edição da revogada Resolução nº 13/CNMP (2006), tivemos o advento da Lei nº 12.850/2013, que define a organização criminosa e "dispõe sobre a investigação criminal, os meios de obtenção de prova, infrações penais correlatas e o procedimento criminal a ser aplicado". Ora, nessa legislação, na forma do seu art. 3º, serão *permitidos novos meios de prova* em qualquer fase da persecução penal, mormente na fase da investigação. Se a lei parece partir do pressuposto que a colaboração e delação premiadas e dos demais meios de obtenção de prova ali mencionados[6] se darão em sede de inquérito policial, nada impede que se deem, também, no decorrer de procedimento de investigação por parte do *parquet*.

Assim, se é certo que a circunstância de existir regulamentação específica do procedimento de investigação por parte do Ministério Público na Resolução 181/2017 que revogou a Resolução nº 13, não impede que sejam aplicadas as normas da Lei de Organização Criminosa, mas, seria de todo aconselhável que, em uma regulamentação futura, fossem estabelecidas normas a respeito, até porque a Lei nº 12.850/2013, que trata das hipóteses da colaboração ou delação, traz possibilidade de ocorrência de *importantes mudanças quanto ao prazo do procedimento, como é o caso da suspensão do prazo para oferecimento da denúncia por até 6 (seis meses)*, o que, por si só, já demonstra merecer consideração no dispositivo que trata da fixação de prazo para o procedimento investigatório do *parquet* em futura nova resolução ou no advento de futura lei que regulamentem a matéria, até porque, cada vez mais, as investigações ministeriais irão ter por objeto crimes praticados por organizações criminosas.

Quanto ao Delegado de Polícia, o texto da Lei 12.850/2013 é imperfeito e, por isso, para uma melhor exegese do mesmo, devemos combiná-lo com o CPP e, principalmente, com a Constituição Federal, pois, como sabido, a promoção da ação penal é exclusiva do *parquet* e, em nosso sistema, o Delegado de Polícia não é parte e, assim, não pode, por conta própria, fazer *acordos* com investigados, sendo impróprio, até mesmo, que faça, diretamente, um *requerimento* de homologação do acordo ao juiz, necessitando sempre que esse pedido seja feito pelo

---

[6] O art. 3º trata de outros meios de obtenção de prova, a saber: inciso II (captação ambiental de sinais eletrodomésticos, ópticos ou acústicos); III (ação controlada); IV (acesso a registros de ligações telefônicas e telemáticas, a dados cadastrais constantes de bancos de dados públicos ou privados a informações eleitorais ou comerciais); V (interceptação dos sigilos financeiro, bancário e fiscal, nos termos da legislação específica); VI (afastamento dos sigilos financeiro, bancário e fiscal, nos termos da legislação específica); VII (infiltração, por policiais, em atividade de investigação, na forma do artigo 11); VIII (cooperação entre instituições e órgão federais, distritais, estaduais e municipais na busca de provas e informações de interesse da investigação ou da instrução criminal).

parquet, sob pena do magistrado se imiscuir em investigação sem pedido de parte (a autoridade policial não é parte), o que tornaria o ato inconstitucional.[7] Mas, no caso do Ministério Público esboçar um acordo diretamente com o investigado, o faz dentro de seu papel constitucional, podendo, assim, examinar a conveniência e relevância da proposta de colaboração ou delação no curso do seu procedimento de investigação criminal (PIC) e, uma vez desenhado o acordo, requerer ao juiz sua homologação, já que, na ação penal pública, o *parquet* privativamente é detentor de sua promoção.

E, para que se produza o acordo e se verifique sua efetividade, é prevista uma *suspensão do prazo para que o Ministério Público ofereça a denúncia*, o que é novidade no nosso sistema.

Dispõe a lei, em seu artigo 4º, § 3º, que o "prazo para oferecimento de denúncia ou o processo, relativos ao colaborador, poderá ser suspenso por até 6 (seis) meses, prorrogáveis por igual período, até que sejam cumpridas as medidas de colaboração, suspendendo-se o respectivo prazo prescricional".

Assim, feito o pacto com o investigado, com o acordo homologado pelo juiz, na forma do § 2º do dispositivo citado, é evidente que a investigação do Ministério Público irá continuar, pois agora haverá outros caminhos investigatórios, e esta é justamente a característica de *meio de obtenção de prova* do acordo, já que, a partir da delação, irá se procurar ratificá-la por elementos probatórios efetivos. E, se é claro que o membro do Ministério Público que investiga terá que aquilatar a verossimilhança e seriedade da colaboração e/ou delação, é evidente que terão que ser realizadas intricadas investigações, mormente em se tratando de crime organizado de grande proporção. E, conforme asseveram Ferro, Pereira e Gazzola, "tais diligências subsequentes à obtenção dos elementos informativos prestados pelo colaborador não só atendem à preocupação com o potencial probatório, mas representam medidas prudenciais no sentido de evitarem-se imputações injustas diante de comparsas delatados sem assim impedir-se esforço processual que se demonstrará inútil diante de decretos absolutórios, mercê da fragilidade das provas que se obterão na instrução".[8]

---

[7] Para que o Delegado possa praticar atos preparatórios de acordo, deve haver a provocação ou requisição do Ministério Público, pois aí haveria uma intervenção e um atuar de parte perante a polícia judiciária, tudo com base no sistema constitucional, onde se tem previsto o poder requisitório do *parquet*, bem como, o controle externo da atividade policial. Nesse caso, o Delegado de Polícia poderia preparar o acordo e submetê-lo ao Ministério Público. Daí o dispositivo legal referir que deve haver uma "manifestação do Ministério Público". Aliás, se o Delegado de Polícia nem pode *arquivar* inquérito policial (art. 17 do CPP), como poderia fazer um acordo que resultaria em arquivamento ou em extinção de punibilidade, conforme o caso?

[8] FERRO, Ana Luiz Almeida. PEREIRA, Flávio Cardoso. GAZZOLA, Gustavo dos Reis. *Criminalidade Organizada. Comentários à Lei 12.850 de 03 de agosto de 2013*. Curitiba: Juruá, 2014, p.128.

Portanto, havendo pedido nesse sentido ao juiz, ele irá determinar a *suspensão do prazo que tem o MP para oferecer a denúncia, bem como o prazo da prescrição* e, logicamente, havendo a suspensão do prazo para oferecimento da inicial penal (ou para arquivamento), justamente para se propiciar maiores investigações, essa investigação não irá se reger pelo artigo 13 da Resolução do CNMP, e sim, pelo prazo concedido pelo magistrado em reserva de jurisdição, e sob um controle desse e, daí, a necessidade de que o ponto seja regulamentado em uma nova regulamentação a respeito da investigação a ser procedida pelo *parquet*.

Também poderá ser utilizada, no procedimento investigatório ministerial, a estratégia da infiltração de agentes, prevista na lei de organização criminosa,[9] e nesse caso, da mesma forma, haverá um elástico prazo (seis meses), que será renovável para a realização da infiltração, a ser concedido judicialmente, e que irá aumentar o prazo da investigação ministerial. A Lei trata da infiltração, dando a entender que será feita por agentes policiais, e sob o comando e controle da autoridade policial, mas nada impede que, em um procedimento de investigação ministerial, seja feito requerimento ao Poder Judiciário para que se dê a infiltração e, nesse caso, atendido o requerimento pelo juiz, o membro do Ministério Público responsável pelo procedimento de *investigação deverá fazer uma requisição à Autoridade Policial para que proceda à infiltração na organização criminosa*. A hipótese é complexa, merecendo, também, atenção de uma futura regulamentação do procedimento de investigação levado a efeito pelo Ministério Público.[10]

- **A forma de Contagem do Prazo Procedimental do Procedimento investigatório.**

Para o procedimento de investigação, em regra, o prazo é de natureza processual, ou seja, começa a correr depois de excluído o dia do seu começo, mas se inclui na contagem o dia final. Assim, recebida a notícia da infração penal, seja em que modalidade for (representações,

---

[9] A Lei nº 12.850/2012 passou a disciplinar a infiltração no Brasil, consoante se vê de seu artigo 10: "A infiltração de agentes de polícia em tarefas de investigação, representada pelo delegado de polícia ou requerida pelo Ministério Público, após manifestação técnica do delegado de polícia quando solicitada no curso de inquérito policial, será precedida de circunstanciada, motivada e sigilosa autorização judicial, que estabelecerá seus limites".

[10] A lei dá um prazo de 6 meses, renováveis, para a realização da infiltração, como se vê do § 3º e § 4º do artigo 10, que rezam que "a infiltração será autorizada pelo prazo de até 6 (seis) meses, sem prejuízo de eventuais renovações, desde que comprovada sua necessidade", e que, " findo o prazo previsto no § 3º, o relatório circunstanciado será apresentado ao juiz competente, que imediatamente cientificará o Ministério Público". Durante a infiltração, ou operação encoberta, toda a ação do agente deverá ser controlada pelo Ministério Público com concomitante controle de legalidade pelo juiz, que, apesar de não poder agir de ofício, determinando ou indicando a ação que o agente deve fazer durante a operação, deve controlar a legalidade, como verdadeiro *juiz de garantias*.

requerimentos, petições e peças de informação), começará a fluir o prazo de 30 dias para que o membro do *parquet* instaure o procedimento (ou tome uma das outras medidas possíveis), um dia após o dia do recebimento, desde que esse dia seja um dia útil (a partir do primeiro dia útil). Assim, se recebida na sexta-feira, o prazo só começará a ser contado na segunda-feira.[11] Da mesma forma se dará ao se ter a decisão fundamentada da prorrogação do procedimento de investigação criminal, quando o prazo de 90 dias começará a correr um dia após, desde que seja dia útil, computando-se o dia final.

Quanto ao dia final, é de se considerar, também, que, na forma do art. 798, §§ 1º e 3º, quando o prazo terminar em domingo ou feriados (e nestes deve ser considerado o dia de sábado, quando não há expediente forense), este será prorrogado até o primeiro dia útil.

Portanto, essa modalidade de contagem se aplica para os 30 dias (ou 90 dias se houver justificativa de necessidade para diligências preliminares) que o membro do Ministério Público tem para decidir se, com base naquela notícia, inicia a instauração do procedimento investigatório, ou tome outra medida, na forma do art. 2º da Resolução, também, *se aplica para a contagem dos primeiros 90 dias para a coleta de diligências do procedimento investigatório e nas posteriores prorrogações do primeiro prazo de 90 dias.*

Evidente que a contagem do prazo, nessa forma, dar-se-á, sem controvérsias, estando solto o investigado, pois, caso venha a ser preso, poderá despertar discussão se o restante do prazo para a finalização, ou seja, 10 dias (caso não seja crime federal ou previsto na lei de tóxicos), teria natureza material (incluindo-se o dia do começo na contagem), na forma do art. 10 do Código Penal, ou se continuaria a ser considerado esse prazo residual como de natureza processual, com a contagem se dando na forma que já foi exposta.

Renato Brasileiro de Lima entende continuar a ser o prazo de natureza processual, pois, como argumenta, *"não se deve confundir a contagem do dia da prisão, que deve observar o art. 10 do Código Penal, incluindo-se o dia do começo no cômputo, do prazo, com a contagem do prazo para a conclusão do inquérito policial, que tem natureza processual. Conta-se o prazo, pois, a partir do primeiro dia útil após a prisão, sendo que, caso o prazo termine em sábado, domingo ou feriado, estará automaticamente prorrogado até o primeiro dia útil"*.[12] De qualquer forma, entretanto, para uma futura apreciação

---

[11] Aqui, temos uma diferença do procedimento ministerial para aquele do inquérito policial, pois a atividade policial é exercida em todos os dias da semana e, assim, a notícia recebida na sexta-feira já começaria a correr no sábado. Já a atividade do Ministério Público, em regra, não se exerce nos sábados e domingos.

[12] LIMA, Renato Brasileiro de. *Manual de Processo Penal*. 2ª ed. Salvador: JusPodivm, 2014, p. 146.

de um excesso de prazo da prisão, irá se considerar o dia da prisão, que se conta na forma do art. 10 do Código Penal.

■ A Prorrogação para Novas Diligências e sua Devida Fundamentação.

A Constituição Federal de 1988, além de ratificar o poder da requisição direta e da promoção privativa da ação penal, expurgou os chamados *procedimentos de officio* por parte do Juiz e Delegado de Polícia, e assegurou ao Ministério Público a função do exercício do *controle externo da atividade policial* (art. 129, VII, da CF).

É certo que, conforme o art.16 do CPP: "O Ministério Público não poderá requerer a devolução do inquérito à autoridade policial, senão para novas diligências imprescindíveis ao oferecimento da denúncia". Assim, *a contrario sensu*, havendo fundamentada necessidade de realização de novas diligências, o *parquet* poderia *requerer* a devolução do inquérito.

Tal nada mais é do que uma forma de controle externo exercido pelo *parquet* durante a tramitação das investigações policiais de investigados soltos, quando se examina, findos os 30 dias da investigação, eventual pedido de devolução do inquérito para se proceder a novas diligências para sua complementação e, mesmo quando não haja pedido do Delegado de Polícia neste sentido (e, inclusive, já tendo essa autoridade dado como concluída a apuração), o membro do Ministério Público poderá, justificadamente, determinar a devolução (numa filtragem constitucional), *requisitando*, e não *requerendo* as novas diligências, já que é o *parquet* o destinatário final das investigações procedidas pela polícia e, assim, mais do que qualquer outro órgão, saberá aquilatar a linha investigatória a ser seguida, bem como, a qualidade da mesma, para fins de se propor a ação penal.[13]

Mesmo antes do advento da Constituição de 1988, a doutrina já era majoritária no sentido de que, sendo o Ministério Público o *dominus litis* na ação penal pública, o exame da imprescindibilidade das diligências deveria caber exclusivamente ao *parquet*, o que tornava inútil o previsto *requerimento* de devolução do inquérito por intermédio do juiz.[14] A jurisprudência também fazia coro à doutrina, e estabelecia que o juiz não poderia negar o requerimento de baixa do inquérito pelo

[13] Na prática do foro, esta devolução à polícia judiciária é chamada de *baixa do inquérito*.

[14] MIRABETE, Julio Fabbrini. *Processo Penal*. São Paulo: Atlas, 2003, p. 55.

Ministério Público, quando este considerasse necessária a produção de novas diligências.[15]

Com a Constituição de 1988, adotado o princípio acusatório, a regra original do Código de Processo Penal, prevista em seu art.16, que deferia ao magistrado o exame da imprescindibilidade das diligências investigatórias era inconcebível, e não recepcionada pela nova ordem constitucional, pois o juiz interferia e analisava os elementos investigatórios colhidos e aqueles que seriam produzidos em fase de investigação, sendo quebrada sua imparcialidade, fazendo com que o magistrado atuasse antes de iniciado o processo, quando não detinha jurisdição para tal.

Com o advento da Constituição de 1988, portanto, não mais se poderia discutir a respeito, já que, cabendo ao Ministério Público o exercício *privativo* da ação penal pública (art. 129, I) e o controle externo da atividade policial (art. 129, VII), derrogados restaram os artigos 13 e 16 do CPP, devendo ser desconsiderada a palavra *requerer* do art. 16 do CPP. Não se compatibilizava com a Constituição Federal de 1988 o ato de um magistrado examinar e aferir a imprescindibilidade de diligências requisitadas pelo Ministério Público em sede de procedimento inquisitorial, o que atentaria contra a Carta Magna e desvirtuava o princípio acusatório adotado pela legislação pátria, retirando a necessária imparcialidade do Poder Judiciário.

Mas, se é assim em se tratando da devolução do inquérito para novas diligências em sede policial, em se tratando de procedimento investigatório do próprio Ministério Público, de que trata a Resolução 181/17 CNMP, não será, evidentemente, um caso de *devolução*, e sim, de *uma prorrogação* das investigações, já que a mesma autoridade (no caso do Ministério Público) que preside a investigação é que irá aferir, ao final dos primeiros 90 dias do procedimento investigatório, se este está completo ou se é necessária a complementação através de outras diligências, tudo visando a melhor apuração da infração penal e sua autoria.

Na maior parte das vezes, em vista da complexidade dos fatos apurados, do surgimento de notícia de fatos conexos e, mesmo, de coautoria ou participação de outros agentes, será necessária a dilação do prazo, estabelecendo-se novo prazo de mais 90 dias. Findo este, ainda mais outro prazo e, assim, ao se chegar ao final de cada intervalo de 90 dias no procedimento investigatório, o membro do Ministério Público

---

[15] Cf. *RT* 455/402 e 454/378. O Tribunal de Justiça de São Paulo, em acórdão publicado na *RT* 394/93, refletia a posição dominante dos tribunais a respeito, *verbis*: "não é dado ao juiz julgar da necessidade ou não da volta dos autos à polícia para novas diligências consideradas imprescindíveis pelo promotor para oferecimento da denúncia".

responsável pela investigação irá aferir acerca da necessidade, ou não, de mais uma prorrogação, não estabelecendo a Resolução limite para o número de prorrogações.

O fato de ser a mesma autoridade que investiga e que verifica a necessidade de novas diligências não retira a necessidade de que a prorrogação seja *devidamente fundamentada* pelo membro do *parquet* que presida a investigação. Tanto assim, que dispõe a Resolução 181/17, no seu art. 13, *caput*, que serão permitidas, por igual período (90 dias), prorrogações sucessivas, por "decisão fundamentada do membro do Ministério Público responsável pela sua condução". Assim, ao contrário do inquérito policial, onde o membro do *parquet* pode concordar com o pedido da autoridade policial ou requisitar as investigações ou diligências complementares que se façam necessárias, exercendo o controle externo da principal atividade policial, em se tratando de PICs, como resta claro no dispositivo da Resolução 181/17 CNMP, o membro do Ministério Público "irá decidir a respeito de necessidade de outras diligências ou complementação das que estiverem sendo realizadas, de forma fundamentada".

Apesar de parecer, pelo exame do artigo 13 da Resolução, que a prorrogação sempre será pelo prazo de 90 dias, pela literal previsão de que *serão permitidas, por igual período, prorrogações sucessivas,* nada obsta que se proceda a uma menor prorrogação, de 30 ou 60 dias, pois o que parece se vedar é que cada prorrogação exceda os 90 dias.

Assim, em tese, é possível que a investigação possa durar até que se dê a ocorrência da prescrição da pretensão punitiva, sendo esse, portanto, o limite para a investigação, ao menos no que se refere ao indiciado solto, já que, quanto ao indiciado preso, como já visto supra, outros serão os limites temporais para a conclusão da investigação, a depender do tipo penal e da modalidade de prisão provisória.

Mas, se o limite temporal, dentro dos parâmetros legais, é aquele da prescrição, evidente que não se deve prolongar de forma exagerada a investigação sem que nada se apure ou que se tenha motivos para tal, mesmo já se tendo decidido que, em apurações complexas, o procedimento de investigação criminal do *parquet* não tem um limite preestabelecido.[16]

---

[16] [...] é certo que a Resolução n° 77/2001, a qual estabeleceu regras sobre o dever de decidir e o prazo razoável no âmbito do Ministério Público, prever em seu art. 4° (a instrução dos processos administrativos, quando não definida em Lei, deverá ser realizada e encerrada no prazo de até cento e vinte dias, em atenção ao princípio da duração razoável do processo), e em seu parágrafo único, instituiu a prorrogação de digo prazo por igual período, ante a complexidade dos fatos em apuração [...] levando-se em conta a complexidade dos fatos, a necessitar de diversas diligências e oitivas dos "envolvidos, haveria que ser aplicado o art. 12 da Resolução n ° 13/2006, que prelecionava: "Art. 12 O procedimento investigatório criminal deverá ser concluído no prazo de 90 (noventa) dias, permitidas, por igual período, prorrogações sucessivas, por decisão fundamen-

Em relação ao investigado solto, o que deverá ser averiguado é se o procedimento investigatório criminal do Ministério Público se prolonga por prazo exagerado, e se, apesar de sucessivas prorrogações, nada se apurou e nada se tem a apurar concretamente (v.g., são decididas repetidas prorrogações e no prazo destas nada se apura), pois, nessa hipótese, poderíamos ter, em tese, a caracterização de um constrangimento ilegal, que poderia ser sanado pela via do *Habeas Corpus* com o *trancamento* da investigação ilegal, até porque, na ementa de repercussão geral sobre a atribuição investigatória do *parquet*, foi acentuada a necessidade de que se desse em prazo razoável.[17]

É princípio que decorre de pactos internacionais[18] a garantia ou direito ao prazo razoável *no processo*, sendo que a Emenda Complementar nº 45 inseriu, no art. 5º da CF, a garantia de forma explícita, no inciso LXXVIII, *verbis:*"a todos, no âmbito judicial e administrativo, são assegurados a razoável duração do processo e os meios que garantam a celeridade de sua tramitação".

A questão que se coloca é se a fase pré-processual estaria, ou não, incluída no exame de uma *duração razoável do processo*, sendo que alguns autores têm defendido que sim, consoante se vê de Badaró e Aury Lopes Jr., que defendem que, "para efeito de incidência do direito ao prazo razoável, devemos considerar três fases da persecução penal: a das investigações preliminares (inquérito policial no sistema brasileiro); a fase do juízo em primeiro grau de jurisdição; e a fase recursal".[19]

Mas, no que se refere à inclusão da investigação preliminar dentro de uma aferição de um prazo razoável, seja hipótese de inquérito policial ou de investigação em procedimento ministerial (que é o objeto da Resolução 181/17 do CNMP), só se pode aceitar que seja subme-

---

tada do membro do Ministério Público responsável pela sua condução [...] aos procedimentos investigatórios realizados pelo Ministério Público, mormente diante do art. 12, *caput*, da resolução nº 13 do Conselho Nacional do Ministério Público, o qual, ao mesmo tempo em que prevê que "[o] procedimento investigatório criminal deverá ser concluído no prazo de 90 (noventa) dias", dispõe que são "permitidas, por igual período, prorrogações sucessivas, por decisão fundamentada do membro do Ministério Público responsável pela sua condução [...]" (STJ: 5ª Turma, RHC 35459/MT, Rel. Min. LAURITA VAZ, DJe 19.12.2013)

[17] O Ministério Público dispõe de competência para promover, por autoridade própria, e *por prazo razoável*, investigações de natureza penal [...]

[18] A Convenção Americana dos Direitos Humanos, em seu art. 8.1, estabelece que toda pessoa tem o direito a ser ouvida dentro de um prazo razoável e seu art. 7.5 prevê o direito de julgamento dentro de um prazo razoável. O art. 6º, § 1º, da Convenção Europeia dos Direitos Humanos também assim estabelece em relação a processo de qualquer natureza, e o art. 5º, § 3º, especificamente em relação ao processo penal, prevê o direito do acusado ser julgado em um prazo razoável. O Pacto Internacional sobre Direitos Humanos e Políticos, em seu art. 14, § 3º, também estabelece o direito de julgamento sem dilações indevidas, e o seu art. 9º, nº 1, prevê o direito a um julgamento em um prazo razoável.

[19] BADARÓ, Gustavo Henrique Righi Ivahy; LOPES JR., Aury. *Direito ao processo penal no prazo razoável*. Rio de Janeiro: Lumen Juris, 2006, p. 84.

tido à garantia, de forma estrita, quando a investigação tiver por objeto indiciado preso ou se houver um efetivo gravame em relação ao investigado, como em caso de indiciamento, pois, estando este solto e, sendo ainda um mero suspeito ou investigado, a fixação de prazo estrito geraria dificuldades incontornáveis. Assim, como a Constituição Federal se refere a processo, e não a procedimento, *tal garantia deve se restringir ao processo*, onde o agente já passa à condição de acusado, tendo contra si um maior constrangimento, só se admitindo a extensão quando o investigado se encontrar preso desde a fase inquisitorial ou tenha um gravame contra si, como um *indiciamento*, que é uma medida própria do inquérito policial, e que só passou a ser prevista na Lei 12.830/2013.[20]

- **O Registro e Controle do Andamento dos Procedimentos Investigatórios Criminais (§§ 1º e 2º).**

Dispõe o § 1º do art.13 da Resolução nº 181 do CNMP, que "cada unidade do Ministério Público, manterá, para conhecimento dos órgãos superiores, controle atualizado, preferencialmente por meio eletrônico, do andamento de seus procedimentos investigatórios criminais, observado o nível de sigilo e confidencialidade que a investigação exigir, nos termos do art. 15 desta resolução".

Parece evidente que o intuito da norma é de se prever uma *forma de controle*, determinando que, qualquer que seja a unidade do Ministério Público, de Estado-Membro da federação ou da União, mantenha-se, preferencialmente por meio eletrônico, os dados atualizados relativos à instauração, prorrogação de prazo e outros atos de andamento do procedimento de investigação criminal, não só para fins de melhor ordenar e organizar o andamento dos PICs pelo órgão respectivo, mas, também, para acompanhamento e controle por parte dos órgãos superiores de cada Ministério Público e, ainda, pelo Conselho Superior do Ministério Público.

Observe-se que, a única modificação feita no art. 13, e seus parágrafos, da Resolução 181 pela Resolução 183/2018, foi inserir, no seu § 2º, entre os órgãos que podem fazer o controle dos procedimentos investigatórios criminais o Corregedor-Geral respectivo da Instituição, o que não constava da redação original, passando a dispor o § 2º que

---

[20] A Lei nº 12.830/2013, em seu art. 2º, § 6º, dispõe que o "indiciamento, privativo do Delegado de Polícia, dar-se-á por ato fundamentado, mediante análise técnica-jurídica do fato, que deverá indicar a autoria, materialidade e suas circunstâncias". Entretanto, tal dispositivo é objeto de exame em Ação Direita de Inconstitucionalidade (ADI 5.073/DF, Rel. Min. Luiz Fux), já que padeceria de inconstitucionalidade material, por atingir o princípio da proporcionalidade e a função privativa do *parquet* de promover a ação penal pública.

"o controle referido no parágrafo anterior poderá ter nível de acesso restrito ao Procurador-Geral da República, ao Procurador-Geral de Justiça, ao Procurador-Geral de Justiça Militar e *ao respectivo Corregedor-Geral*, mediante justificativa lançada nos autos".

Como a própria Proposição n° 1.00927/2017-69 do CNMP que deu ensejo à modificação justifica, "a modificação cria um caráter correcional no dispositivo, permitindo um maior controle sobre as atividades investigatórias criminais dos membros do Ministério Público", já que é a Corregedoria um órgão voltado justamente para este fim além de seu caráter orientador.

Tais cadastros e registros atualizados também serão importantes para que se dê o eventual controle de legalidade por parte do Poder Judiciário, em caso de impetração de *writs*, como o *habeas corpus*.

Airton Pedro Marin Filho e Aluildo de Oliveira Leite asseveram que "ao procedimento investigatório criminal, por se tratar de procedimento administrativo próprio e interno dos Ministérios Públicos, somente há obrigatoriedade de controle do judiciário dos atos necessários à reserva constitucional de jurisdição (medidas cautelares penais, prisões preventivas e temporárias, busca e apreensão, quebra do sigilo das comunicações telefônicas, etc.) e não na abertura, dilação de prazo e condução das investigações".[21] Mas, é evidente que poderá haver controle judicial via *habeas corpus* por parte do Poder Judiciário, quando o investigado alegar constrangimento ilegal.

Como se viu no início destes comentários, o revogado § 1° do art. 12 da Resolução n° 13/2006 do CNMP (revogada pela Resolução 181/17), não continha a parte final que foi acrescida à redação do § 1° do art.13, ou seja, a exigência de que, em se tratando de controle do andamento dos procedimentos investigatórios criminais do Ministério Público, será "observado o nível de sigilo e confidencialidade que a investigação exigir, nos termos do art. 15 desta resolução".

Desde a Resolução n° 161, de 09 de março de 2017, do CNMP, já se desenhava a modificação da Resolução n° 13/2006, em vista da Lei Federal n° 13.245/2016 (que alterou o que alterou o Estatuto da Ordem dos Advogados do Brasil), e que disciplina a possibilidade de acesso aos autos pelo defensor, ressalvadas as hipóteses que envolvem sigilo, e o seu direito de acompanhar e auxiliar o investigado durante o interrogatório ou depoimento no curso da investigação, podendo apresentar razões e quesitos.

---

[21] MARIN FILHO, Airton Pedro; LEITE, Aluildo de Oliveira. Procedimento Investigatório Criminal – PIC. Da Desnecessidade de seu Controle Judicial. *Revista do Ministério Público do Rio de Janeiro*, Rio de Janeiro: Ministério Público, jan-mar 2016, p. 29.

Assim, o § 1º do art. 13 da Resolução 181/17, ao determinar que deverá ser "observado o nível de sigilo e confidencialidade que a investigação exigir", reconhece que, em se tratando de procedimento investigatório, continua podendo se dar o sigilo quando assim for fundamentado e imposto, só sendo permitido o acesso do advogado aos elementos de investigação que já estejam juntados aos autos e, assim, se houver necessidade de sigilo, poderão ser feitas investigações sem a imediata juntada aos autos, pois, caso contrário, não se chegaria ao fim da investigação. Mas, uma vez juntados os elementos aos autos, o advogado terá direito ao acesso aos mesmos.

Aliás, é a própria Resolução 161/17 que ratifica, em seus "considerandos" que "o mencionado diploma legal não tem o condão de afastar a natureza inquisitorial das investigações preliminares, mas sim de outorgar um viés mais garantista à investigação, buscando assegurar os direitos fundamentais do investigado".

O que foi aperfeiçoado na Resolução 181/17 com a redação da Resolução 183/18, é o seu art. 1º, no sentido de melhor esclarecer a natureza do PIC, deixando assentado ser um "instrumento sumário e desburocratizado *de natureza administrativa e investigatória,* instaurado e presidido pelo membro do Ministério Público com atribuição criminal". Assim, não mais se inclui a expressão *inquisitorial,* como antes se dava para a definição da natureza do procedimento. E assim foi feito de forma acertada, pois a expressão *inquisitorial* é de certa forma imprópria, apesar de usualmente ser utilizada até pela doutrina, já que faz remeter ao velho procedimento inquisitivo do medievo. Mas o sentido que quis dar o "considerando" da Resolução 161/2017 é que, sendo um procedimento investigativo, por vezes será necessária a decretação do sigilo dos atos ainda não documentados nos autos, apesar disso não elidir uma parcela de contraditório postergado.

O artigo 15 da Resolução do CNMP a que se remete, por outro lado, diz que "os atos e peças do procedimento investigatório criminal são públicos, nos termos desta Resolução, salvo disposição em contrário ou por razões de interesse público ou conveniência da investigação". Portanto, serão os atos de investigação ministerial públicos, desde que não se imponha sigilo, quanto esse for necessário pelo interesse público ou conveniência da investigação e, nesse ponto, se aplica o teor da súmula vinculante 14 do STF.

Em relação ao acesso aos autos do procedimento investigatório, em 02/02/2009, por maioria de votos (9 a 2), o STF aprovou Súmula vinculante 14 que garante aos advogados acesso a provas já documentadas em autos de investigações, *verbis: "É direito do defensor, no interesse do representado, ter acesso amplo aos elementos de prova que, já documentados em procedimento investigatório realizado por órgão com competência de polícia judiciária, digam respeito ao exercício do direito de defesa".*

Destarte, o STF, ao aprovar a Súmula vinculante 14, assim o fez para fins de acabar com a discussão a respeito de quando pode ter o advogado o acesso aos autos, e quais elementos de investigação podem ficar em sigilo. O que a súmula esclarece, assim, é que inexiste para o advogado o sigilo dos atos formais e de provas *já produzidas*, presentes no inquérito ou outro procedimento investigatório, tendo, o mesmo, livre acesso a tais elementos para possibilitar a realização da defesa técnica. Frise-se: já produzidas e *não as que estão em produção.*

Aliás, o art. 16 da Resolução 181/17, confirma que o "presidente do procedimento investigatório criminal poderá decretar o sigilo das investigações no todo em parte, por decisão fundamentada, quando a elucidação do fato ou interesse público exigir[...]" e, arrematando, dispõe no parágrafo único do art. 21 que "é direito do defensor, no interesse do representado, ter acesso amplo ao elementos de informação, que, *já documentados* em procedimento investigatório realizado pelo Ministério Público, digam respeito ao exercício do direito de defesa"(grifo nosso). Assim, como reza a Súmula 14, o acesso do defensor se restringe a elementos juntados nos autos.

Mas, por outro lado, o fato de não existir contraditório pleno na fase investigatória no Brasil não impede que sejam admitidos alguns reflexos deste princípio, que podem e devem se fazer presentes, mormente no que diz respeito ao acesso aos autos e às provas nele já produzidas, e, ainda, se assegurando à defesa a faculdade de poder indicar e fornecer elementos que levem à exculpação. A própria modificação do art. 7º do Estatuto da OAB pela Lei nº 13.245, de 2016, especialmente no inciso XIV e adição do inciso XXI, traz, pelo menos, uma regulamentando na atuação do advogado do investigado na fase investigatória, assegurando direitos, o aumenta o que chamamos de "contraditório mínimo" na fase de investigação, ponto no qual se adequa a nova Resolução do CNMP.

No que se refere a agentes detentores de prerrogativa de função, devem ser diferenciados aqueles cuja competência para julgamento é do Supremo Tribunal Federal, daqueles cujo julgamento compete a Tribunais Estaduais ou Regionais Federais.

É que o Supremo Tribunal Federal, na Questão de Ordem suscitada no Inquérito nº 2.411 QO/MT,[22] firmou o entendimento de que a autori-

[22] Consoante consta do acórdão, sendo relator o Ministro Gilmar Mendes: "[...] A Polícia Federal não está autorizada a abrir de ofício inquérito policial para apurar a conduta de parlamentares federais ou do próprio Presidente da República (no caso do STF). No exercício de competência penal originária do STF (CF, art. 102, I, 'b' c/c Lei nº 8.038/1990, art. 2º e RI/STF, arts. 230 a 234), a atividade de supervisão judicial deve ser constitucionalmente desempenhada durante toda a

dade policial não pode iniciar o inquérito policial em face de agente que tenha foro por prerrogativa de função perante ele, e que, para que se proceda a um início de investigação por meio de inquérito policial, deve haver uma autorização do Ministro-Relator no Supremo Tribunal Federal.

No caso de procedimento investigatório criminal, por parte do Ministério Público, em face de agente com foro por prerrogativa de função perante o Supremo Tribunal Federal, por simetria, haverá um controle feito pelo Ministro-Relator do processo e, assim, apesar de o *parquet* poder iniciar a investigação, deve fazê-lo com a supervisão do Ministro-Relator[23] e, ainda, o andamento e eventuais prorrogações do procedimento serão examinados e autorizados por esse Ministro-Relator.

Mas, não sendo o foro por prerrogativa do Supremo Tribunal Federal, e sim, de outros tribunais (v.g. parlamentares estaduais, secretários de Estado e membros do Ministério Público do Estado), só haverá o controle pelo Poder Judiciário naqueles atos de *reserva constitucional,* como no caso de prisões preventivas, temporárias ou em outros casos extraordinários previstos em lei, apesar de, em alguns Estados, seguirem, equivocadamente, o sistema do Supremo Tribunal Federal.[24]

Assim, mesmo tendo o investigado foro por prerrogativa de função, não se dá, na última hipótese, intervenção do Poder Judiciário para autorizar o início da investigação procedida pelo Ministério Público, pois, consoante os autores supracitados, "nesse caso a investigação é iniciada pelo próprio órgão acusador, ou seja, por aquele que possui atribuição exclusiva para executar a persecução penal estatal. Logo, é dispensável a autorização judicial".[25] Ora, o Ministério Público é o *dominis litis,* e é o órgão que detém a promoção da ação penal de forma privativa, ou seja, quando inicia a investigação, a faz para o seu próprio exame futuro de *opinio delicti* e, portanto, *não se pode admitir a aplicação do princípio da simetria entre a autorização judicial para abertura de inquérito policial perante o STF e a abertura de procedimento investigatório criminal pelo Ministério Público perante o Tribunal de Justiça Estadual ou Federal.* A exigência que o Supremo impôs à Polícia Federal, na questão de ordem do Inquérito nº 2.411 QO/MT, [...] *não se amolda à hipótese de aplicação por simetria na esfera estadual em relação aos procedimentos investigatórios criminais instaurados pelo Ministério Público, pois se referem a situações distintas.*[26]

---

tramitação das investigações desde a abertura dos procedimentos investigatórios até o eventual oferecimento, ou não, de denúncia pelo *dominus litis*".

[23] Segundo o acórdão do STF, "[...], a iniciativa do procedimento investigatório deve ser confiada ao MPF contando com a supervisão do Ministro-Relator do STF [...]".

[24] O que é questionável, pois, o Ministério Público detém, constitucionalmente, a exclusividade da ação penal pública, e o Judiciário não deveria se imiscuir na fase de investigação.

[25] MARIN FILHO, Airton Pedro; LEITE, Aluildio de Oliveira. Ob. cit., pág. 22.

[26] Idem, ibidem.

Por outro lado, nos casos em que agentes com foro por prerrogativa de função estão sendo investigados em procedimentos investigatórios criminais por parte do Ministério Público, é aconselhável que os registros e fases de movimentação e prorrogação de prazos, submetam-se a um controle diverso de casos comuns, e, daí, a previsão do § 2º do artigo 13 da Resolução do CNMP, *verbis: "O controle referido no parágrafo anterior poderá ter nível de acesso restrito ao Procurador-Geral da República, Procurador-Geral de Justiça ou Procurador-Geral de Justiça Militar, mediante justificativa lançada nos autos"*.

Tal se justifica, em vista do cargo exercido pelo investigado e do interesse público, o que irá impor necessidade de uma maior sigilo e cuidado, até porque, nesse caso, é o *Procurador-Geral da República, Procurador-Geral de Justiça ou Procurador-Geral de Justiça Militar* que irão fazer a futura *opinio delicti*, oferecendo a denúncia, determinando o arquivamento ou qualquer da outras medidas previstas na resolução.

Também poderá ter incidência o § 2º, em casos de grande repercussão ou que, por suas características, aconselhem um controle mais restrito pelo chefe da Instituição. Mas, como dispõe o § 2º, deverá existir justificativa para tal, lançada nos autos do procedimento.

De qualquer maneira, sempre será possível o controle judicial de legalidade, ou mesmo por órgãos superiores da Instituição, como do Conselho Superior do Ministério Público, Órgão Especial e/ou Colégio de Procuradores, a pedido do interessado.

O que é certo é que, toda a movimentação dos procedimentos investigatórios criminais instaurados pelo Ministério Público, consoante os parágrafos do art. 13 da Resolução do CNMP, deverão ser registrados, principalmente no que se refere ao cumprimento de prazos e eventuais prorrogações.

■ Bibliografia.

BADARÓ, Gustavo Henrique Righi Ivahy; LOPES JR., Aury. *Direito ao processo penal no prazo razoável*. Rio de Janeiro: Lumen Juris, 2006.

FERRO, Ana Luiz Almeida; PEREIRA, Flávio Cardoso; GAZZOLA, Gustavo dos Reis. *Criminalidade Organizada. Comentários à Lei 12.850 de 03 de agosto de 2013*. Curitiba: Juruá, 2014.

LIMA, Renato Brasileiro de. *Manual de Processo Penal*. 2ª ed. Salvador: Juspodivm, 2014.

MIRABETE, Julio Fabbrini. *Processo Penal*. São Paulo: Atlas, 2003.

MARIN FILHO, Airton Pedro; LEITE, Aluildo de Oliveira. Procedimento Investigatório Criminal – PIC. Da Desnecessidade de seu Controle Judicial. *Revista do Ministério Público do Rio de Janeiro*, Rio de Janeiro: Ministério Público, jan-mar 2016.

Resolução nº 181 do CNMP – artigo 14

Capítulo IV
DA PERSECUÇÃO PATRIMONIAL

Art. 14. A persecução patrimonial voltada à localização de qualquer benefício derivado ou obtido, direta ou indiretamente, da infração penal, ou de bens ou valores lícitos equivalentes, com vistas à propositura de medidas cautelares reais, confisco definitivo e identificação do beneficiário econômico final da conduta, será realizada em anexo autônomo do procedimento investigatório criminal.
§ 1º Proposta a ação penal, a instrução do procedimento tratado no *caput* poderá prosseguir até que ultimadas as diligências de persecução patrimonial.
§ 2º Caso a investigação sobre a materialidade e autoria da infração penal já esteja concluída, sem que tenha sido iniciada a investigação tratada neste capítulo, procedimento investigatório específico poderá ser instaurado com o objetivo principal de realizar a persecução patrimonial.

DOUGLAS FISCHER

Mestre em Instituições de Direito e do Estado-PUCRS
Procurador Regional da República/4ª Região

RODRIGO DA SILVA BRANDALISE

Mestre em Ciências Jurídico-Criminais pela FDUL, Portugal
Palestrante junto à FMP/RS
Promotor de Justiça/RS

■ Disposição Anterior.

Não havia dispositivo semelhante na Resolução nº 13, de 02 de outubro de 2006, do Conselho Nacional do Ministério Público, nem houve alteração da redação pela Resolução nº 183, de 24 de janeiro de 2018.

■ A preocupação com as vantagens patrimoniais decorrentes da atividade criminosa.

Diferentemente do conteúdo da Resolução anterior, o Conselho Nacional do Ministério Público dispensou atenção à chamada persecução patrimonial, o que pode ser visto como sinal de estímulo, mas também como uma (re)lembrança.

Diz-se (re)lembrança porque o nosso Código de Processo Penal (CPP) vigente traz a previsão das chamadas medidas assecuratórias entre a partir do artigo 125, além das regras específicas do DL 3.240/1941). Especialmente nesses dispositivos do Código de Processo Penal estão previstas as medidas de sequestro, especialização de hipoteca legal, arresto prévio e arresto. Além disto, é possível indicar a busca e apreensão, nas hipóteses que aqui interessam, como se vê do artigo 240, § 1°, alíneas *b* e *d*, especialmente. E o faz, pelo menos, desde 1941, com pontuais modificações posteriores.

Ademais, o Código de Processo Civil de 2015 repete uma situação já consagrada em nosso direito processual: a sentença penal condenatória transitada em julgado é considerada título executivo judicial, nos termos do artigo 515, inc. VI. Isto também vem retratado no artigo 63, *caput*, do CPP, dada a previsão de que, transitada em julgado a sentença condenatória, poderão promover-lhe a execução, no juízo cível, para o efeito da reparação do dano, o ofendido, seu representante legal ou seus herdeiros.

Ainda, esta mesma execução poderá ser efetuada pelo valor fixado nos termos do inciso IV do *caput* do art. 387 do CPP, sem prejuízo da liquidação para a apuração do dano efetivamente sofrido (parágrafo único do art. 63, com redação determinada pela Lei n° 11.719/08).[1]

Por fim, buscando finalizar o rol, exemplificativo, de previsões legislativas a serem consideradas, cabe citar o artigo 12 da Convenção das Nações Unidas contra o Crime Organizado Transnacional (CNUCCOT), promulgada pelo Brasil de acordo com o Decreto n° 5.015/04, gerando um dever de atuar positivamente nesse sentido. Dito artigo versa sobre o confisco e a apreensão do produto das infrações previstas nela, ou de bens cujo valor corresponda ao desse produto, assim como dos bens, equipamentos e outros instrumentos utilizados ou destinados a ser utilizados na prática das infrações ali elencadas (n° 1, alíneas *a* e *b*).

Ou seja, era inevitável que o Conselho Nacional do Ministério Público dedicar maior atenção à tal persecução, notadamente quando se observam os resultados de inúmeras operações realizadas atualmente pelo Ministério Público brasileiro, tendo-se um dos exemplos recen-

[1] Importante considerar o julgado que segue: "[...] 2. Esta Corte Superior, ao analisar a questão, posicionou-se de forma clara, adequada e suficiente ao decidir que o pedido expresso na inicial acusatória não é suficiente para autorizar a reparação de danos à vítima. *É necessária instrução específica, com indicação de valor e prova suficiente a sustentá-lo, viabilizando o direito de defesa ao réu, que poderá, através de documentos, indicar quantum diverso ou comprovar a inexistência de prejuízo material ou moral a ser reparado* [...]" (STJ, 5ª Turma, Embargos de Declaração no Agravo Regimental no Recurso Especial n. 1.626.967-AC, Rel. Min. Reynaldo Soares da Fonseca, j. em 17.8.2017 – grifamos)

tes de eficiência também nessa seara a denominada "Operação Lava-Jato".

Dito isto, é caso de referir que a persecução patrimonial pode ser definida a partir da CNUCCOT, e consiste nas medidas necessárias para permitir a identificação, a localização, o embargo ou a apreensão dos bens para efeitos de eventual confisco. Para tanto, os bens devem ser instrumento, proveito ou produto do crime.[2-3]

Evidencia-se do ora estudado artigo 14, *caput*, que o objeto da persecução patrimonial é a localização de qualquer benefício derivado ou obtido, direta ou indiretamente, da infração penal, ou de bens ou valores lícitos equivalentes. Volta-se para a proposição de medidas cautelares reais, confisco definitivo e identificação do beneficiário econômico final da conduta.

Também cabe à descoberta de terceiros envolvidos na empresa criminosa organizada na "obtenção de vantagens financeiras e a maximização dos seus lucros",[4] contra quem, igualmente, podem ser voltadas as futuras medidas cautelares e consequências penais.[5]

Tal como previsto no próprio CPP (que o trata como um *procedimento cautelar*), a investigação voltada ao patrimônio é um anexo autônomo do procedimento investigatório criminal, até porque a persecução patrimonial pode ter sorte e andamentos distintos da ação penal. Afinal, para além da ação penal em si, pode haver a necessidade de ajuizamento de demandas civis de reparação do dano,[6-7-8] de

---

[2] BRASIL. Ministério Público Federal. *Roteiro de atuação. Persecução patrimonial e administração de bens.* Brasília: MPF, 2017, p. 43.

[3] Produto do crime é o que se obtém diretamente de sua prática (coisa subtraída, a propina, o dinheiro desviado), ao passo que o proveito do crime é o que se obtém em negócios futuros que envolvem o produto do crime (lucros em investimentos, empresas constituídas, dentre outros) (BRASIL. Ministério Público Federal. *Roteiro..., op. cit.*, p. 21). Assim, o dinheiro pode ser um ou outro.

[4] BRASIL. Ministério Público Federal. *Roteiro..., op. cit.*, p. 39.

[5] Como diz a Recomendação 4 do Grupo de Ação Financeira (GAFI): "Tais medidas devem incluir autoridade para: (a) identificar, rastrear e avaliar bens que sejam sujeitos a confisco; (b) adotar medidas cautelares, tais como bloqueio e apreensão, para prevenir quaisquer negociações, transferência ou alienação de tais bens; (c) tomar medidas para prevenir ou eliminar ações que prejudiquem a capacidade do país de bloquear e apreender ou recuperar bens que estejam sujeitos ao confisco; e (d) adotar medidas investigativas apropriadas".

[6] Código de Processo Penal, art. 64: "Sem prejuízo do disposto no artigo anterior, a ação para ressarcimento do dano poderá ser proposta no juízo cível, contra o autor do crime e, se for caso, contra o responsável civil".

[7] A reparação de danos que trata o art. 397, IV, CPP, é apenas um "mínimo" a ser fixado no âmbito criminal.

[8] BRASIL. Ministério Público Federal. *Roteiro..., op. cit.*, p. 44.

improbidade administrativa,[9] dentre outras. Não por acaso, o § 2º do presente artigo permite que a persecução patrimonial seja instaurada ainda que já tenha sido concluída a investigação sobre a materialidade e autoria da infração penal (que pode resultar na ação penal ou em arquivamento da investigação).

Sem esquecer que o sequestro de bens, por exemplo, pode ser proposto antes de oferecida a inicial acusatória ou em *qualquer fase do processo* (Código de Processo Penal, art. 127), pelo que a Resolução não poderia estabelecer um limite temporal de atuação que a lei ordinária não prevê.

Ainda, conforme o § 1º do artigo em pauta, uma vez proposta a ação penal, a instrução da persecução patrimonial poderá prosseguir até que ultimadas suas diligências. Fácil explicar: (a) as diligências podem se alongar no tempo por sua própria peculiaridade,[10] (b) podem não acompanhar a celeridade exigida nas hipóteses de réus presos, ou (c) podem ser afetadas por eventual extinção da punibilidade da pessoa com quem os bens estão, como no caso de morte, e sua apuração remanescer mais lenta em face da urgência criminal a ser proposta contra outros envolvidos.

Ao exposto supra, adiciona-se a hipótese de cooperação internacional.[11]

Assim, é possível concluir que, pela Resolução, a persecução ora estudada tem vida distinta da persecução penal em si.[12] Diz-se, assim,

---

[9] Lei 8.429/92, art. 16: "Havendo fundados indícios de responsabilidade, a comissão representará ao Ministério Público ou à procuradoria do órgão para que requeira ao juízo competente a decretação do seqüestro dos bens do agente ou terceiro que tenha enriquecido ilicitamente ou causado dano ao patrimônio público".

[10] Como as necessidades de pesquisas patrimoniais em outros entes da Federação ou, até mesmo, em território estrangeiro.

[11] Na linha do que consta na Recomendação nº 30 do GAFI: "[...] Os países deveriam assegurar que as autoridades competentes sejam responsáveis por rapidamente identificar, rastrear e iniciar ações de bloqueio e apreensão de bens que são ou possam vir a ser objeto de confisco, ou que se suspeite sejam produtos de crime. Os países deveriam também utilizar, quando necessário, grupos multidisciplinares permanentes ou temporários especializados em investigações financeiras ou patrimoniais. Os países deveriam garantir, quando necessário, que se realizem investigações em cooperação com autoridades competentes apropriadas de outros países". A propósito, por exemplo, nossa Lei de Lavagem de Dinheiro (nº 9.613/98), em seu art. 8º, dispõe que o juiz determinará, na hipótese de existência de tratado ou convenção internacional e por solicitação de autoridade estrangeira competente, medidas assecuratórias sobre bens, direitos ou valores oriundos de crimes descritos no art. 1º praticados no estrangeiro. Registre-se que, nessa parte, a Secretaria de Cooperação Internacional, vinculada ao Gabinete da Procuradoria-Geral da República, atua de forma muito ágil em dias atuais para a efetivação de medidas dessa natureza, inclusive quando as solicitações são provenientes dos Ministérios Públicos estaduais.

[12] "A investigação patrimonial deve se desenvolver em paralelo e ser parte de uma rotina tática durante a investigação para os crimes que impliquem ganho financeiro para o seu agente, bem como, em uma perspectiva macro, ser integrada à rotina estratégica do membro do Ministério

que a persecução patrimonial consiste em um procedimento investigatório prévio não criminal, mas de cunho real.[13]

Volta-se, por exemplo, às empresas, aos intermediários, parentes, associados, aos bens que podem ser submetidos à confisco por estarem relacionados ao evento criminoso, assim como para eventuais outras consequências patrimoniais, como o ressarcimento da vítima, do terceiro de boa-fé e o erário lesado.[14]

- **Das finalidades da investigação patrimonial: as medidas cautelares reais, o confisco e a identificação do beneficiário econômico final da conduta.**

Cabe fazer uma abordagem de suas finalidades, naquilo que diz com a visão buscada de atuação do Ministério Público com a persecução patrimonial, a começar pelas medidas cautelares reais: a busca e apreensão, o sequestro, a especialização de hipoteca legal e os arrestos.[15]

Como aponta a doutrina desde longa data, não existe uma sistematização que torne mais objetivo o estudo das medidas cautelares reais no processo penal brasileiro. Basta ver que há medida tratada tanto na fase do inquérito policial como no meio de prova (busca e apreensão), enquanto há outras previstas nas questões e processos incidentes (devolução das

---

Público Federal, com o escopo de assegurar um enfrentamento mais eficiente, em especial, aos grupos criminosos organizados" (BRASIL. Ministério Público Federal. *Roteiro*, p. 43).

[13] São exemplos de rastreamento patrimonial passíveis de realização: quebras de sigilos fiscais, operações financeiras em bancos, buscas em cartórios de registros de imóveis e de títulos e documentos, solicitações de processos de divórcio, alimentos, inventários, relatórios de inteligência financeira do COAF, conferência de declaração de candidatos junto aos Tribunais Eleitorais, pesquisas junto aos Tribunais de Contas (BRASIL. Ministério Público Federal. *Roteiro..., op. cit.*, p. 62-64)

[14] BRASIL. Ministério Público Federal. *Roteiro..., op. cit.*, p. 44.

[15] Não é caso de estudar cada medida cautelar na sua inteireza, sob pena de fugir do foco do trabalho, pois não estão elas elencadas na redação da Resolução. Apenas menciona-se que, sobre a atuação judicial de ofício, há de ser ressaltado que se comunga da compreensão de que não cabe ao juiz substituir a atividade ministerial quando da fase investigativa, pois isto fere uma intenção de aproximação com o sistema acusatório (FISCHER, Douglas; PACELLI, Eugênio. *Comentários ao Código de Processo Penal e sua jurisprudência.* 10ª edição rev., atual. e ampl. São Paulo: Atlas, 2018, p. 353 e seguintes). Também há de ser considerado que há risco à atuação ministerial com as determinações de ofício (*nemo judex sine actore*), especialmente porque interfere no momento para tanto, o que pode afetar eventual coleta futura de provas (OLIVEIRA, Marcelo Ribeiro de. Provimentos cautelares patrimoniais em lavagem de ativos. In: CARLI, Carla Veríssimo de. Lavagem de Dinheiro. Prevenção e controle penal. 2ª edição, atualizada pela Lei nº 12.683/2012, após o julgamento da Ação Penal 470. Porto Alegre: Livraria do Advogado, 2013, p. 652). Não se olvida a opinião da doutrina de que está revogada a possibilidade de o juiz aplicar a medida cautelar de ofício durante o inquérito policial por força do art. 282, § 2º, do CPP – apesar de o artigo em questão dizer respeito, diretamente, às medidas cautelares pessoais (BADARÓ, Gustavo Henrique. Das Medidas Cautelares Reais. In BADARÓ, Gustavo Henrique; BOTTINI, Pierpaolo Cruz. Lavagem de Dinheiro – aspectos penais e processuais penais. 3ª edição, rev., atual. e ampl.. São Paulo: Revista dos Tribunais, 2016, p. 336).

coisas apreendidas), ao passo de que temos as medidas assecuratórias em si (sequestro, arrestos e especialização de hipoteca legal).[16-17]

Como sabido, as medidas cautelares reais surgem com o objetivo de garantir o ressarcimento da vítima afetada pelo crime, o pagamento das custas e as demais despesas processuais (CPP, art. 140).[18] Ainda, no que diz com o sequestro, este se presta para garantir a perda do produto ou do proveito da infração em prol da União, mas também a reparação do dano em preferência (é garantida a proteção dos interesses do lesado e do terceiro de boa-fé antes do confisco em favor da União).[19]

Importa, ainda, considerar que a apreensão, o sequestro, a hipoteca, o arresto prévio e o confisco não se submetem à exigência da penhorabilidade (Lei 8.009/90, art. 3º, VI). A única situação que se submete é a medida cautelar do arresto, por expressa previsão legal (CPP, art. 137).

Passadas tais considerações, cabe analisar as medidas a seguir, conforme os ditames do presente trabalho.

■ Da apreensão (CPP, artigo 6º, inc. II; arts. 240 a 250).

Em que pese ser vista como um meio de obtenção de prova,[20] é também ela uma medida cautelar em si,[21-22] que pode ter natureza real. A atuação ministerial está respaldada no art. 242 do Código.

---

16 BARROS, Romeu Pires de Campos. *Processo penal cautelar*. Rio de Janeiro: Forense, 1982, p. 390-391.

17 Essa a razão também pela qual não caberá o sequestro de bens móveis se, antes, presentes os requisitos da busca e apreensão (art. 132, CPP). A propósito e elucidativo, veja-se precedente que assenta que "[...] 2. O sequestro consiste em medida cautelar destinada à constrição de bens móveis e imóveis auferidos com o cometimento do ilícito, ou seja, objetiva impossibilitar que o agente tenha lucro com a atividade criminosa. A *sua decretação não reclama a existência de indícios veementes acerca da proveniência ilícita do patrimônio a ser indisponibilizado*, bastando sejam eles suficientes a evidenciar tal origem. 3. É lícito o manejo dessa medida assecuratória ainda que inexista certeza sobre a real propriedade do bem. Nessa circunstância, cabível a sua mantença, mormente quando não obstada a fruição da *res* pelo interessado, na condição de fiel depositário. 4. De sua vez, *a busca e apreensão visa a resguardar sobretudo o material probatório imprescindível ao deslinde da causa*. Assim, nas hipóteses em que os objetos constritos por força da medida prevista no artigo 240 do CPP não se revelam valiosos como instrumento de prova para a formação da *opinio delicti*, devem os mesmos ser devolvidos. [...]" (TRF 4ª Região, Incidente de Restituição de Coisas Apreendidas n. 2009.04.00.014565-0/RS, Rel. Des. Federal Paulo Afonso Brum Vaz, 4ª Seção, j. em 15.10.2009 – grifamos).

18 Igualmente, na Lei de Lavagem de Dinheiro, art. 4º, § 4º: "O juiz determinará a liberação total ou parcial dos bens, direitos e valores quando comprovada a licitude de sua origem, mantendo-se a constrição dos bens, direitos e valores necessários e suficientes à reparação dos danos e ao pagamento de prestações pecuniárias, multas e custas decorrentes da infração penal".

19 Código Penal, art. 91, inc. II, alínea 'b'. Doutrinariamente: BADARÓ, Gustavo Henrique. Das Medidas Cautelares Reais..., *op. cit.*, p. 394.

20 LIMA, Renato Brasileiro de. *Manual de processo penal*. 4ª edição rev., ampl. e atual., Salvador: Jus Podium, 2016, p. 710.

21 FISCHER, Douglas; PACELLI, Eugênio. *Comentários..., op. cit.*, p. 509.

22 Em sua redação original, o art. 4º, *caput*, da Lei nº 9.613/98, previa a apreensão como uma das medidas assecuratórias para as hipóteses que envolviam lavagem de dinheiro. Contudo, com a

A apreensão consiste em uma constrição, com o que um objeto passará à custódia de alguém.[23] É quando se dá a tomada do que se intenta, pelo que se difere da busca, que consiste na procura em si da pessoa ou da coisa, pelo que pode haver busca sem apreensão.[24]

De plano, cabe dizer que, logo que tiver conhecimento da prática da infração penal, o membro do Ministério Público responsável pela investigação deverá apreender os objetos que tiverem relação com o fato, após liberados pelos peritos criminais (CPP, artigo 6º, inc. II, por simetria com o inquérito policial). Neste caso, pode haver a apreensão de instrumentos, produtos e, eventualmente, proveitos de crime já nesta ocasião.

Após este momento, ainda pode haver a determinação de apreensão durante a fase do inquérito e do processo,[25] podendo ser domiciliar[26] ou pessoal. No que diz com a proteção cautelar real, a primeira ocorrerá quando houver fundada razão para a apreensão de coisas obtidas por meios criminosos (art. 240, § 1º, alínea *b*), notadamente para que não ocorra o locupletamento ilícito e seja permitida futura reparação das vítimas;[27] e para apreender instrumentos utilizados na prática de crime ou destinados a fim delituoso (alínea *d*).

É a medida assecuratória utilizada para as hipóteses de produto de crime (CPP, arts. 121 e 132), sendo que o produto pode estar com o investigado ou com terceiros (possível integrante do definido *beneficiário econômico final da conduta*).

Como regra, a busca e apreensão domiciliar exige mandado judicial, mas não há sua necessidade quando for realizada pelo próprio juiz (CPP, art. 241), ou nos casos de flagrante delito, desastre ou para prestar socorro. Sendo caso de mandado, deve ser cumprido durante o dia,[28] salvo consentimento dos moradores da casa (CF/88, art. 5º, inc. XI; CPP, art. 245).[29]

---

nova redação determinada pela Lei nº 12.683/12, tal disposição carrega a previsão geral de medidas assecuratórias, o que não afasta a continuidade da apreensão em tais hipóteses, dado o que foi exposto acima.

[23] LIMA, Renato Brasileiro de. *Manual..., op. cit.*, p. 710.

[24] BARROS, Romeu Pires de Campos. *Processo..., op. cit.*, p. 396.

[25] Idem, p. 397.

[26] Lembrar que, por força do CPP, artigo 246, equiparam-se ao domicílio o compartimento habitado ou o aposento ocupado de habitação coletiva ou em compartimento não aberto ao público, onde alguém exercer profissão ou atividade.

[27] LIMA, Renato Brasileiro de. *Manual..., op. cit.*, p. 711.

[28] Considerada a peculiaridade da rotina diária de cada cidadão, pelo que não será dia quando a pessoa passa a ter direito ao repouso (FISCHER, Douglas; PACELLI, Eugênio. *Comentários..., op. cit.*, p. 514).

[29] De ser relembrado o que diz o art. 5º, inc. XI, da Constituição Federal: "a casa é asilo inviolável do indivíduo, ninguém nela podendo penetrar sem consentimento do morador, salvo em caso de

Estas hipóteses também podem ensejar a busca e apreensão pessoal que resultará em alguma cautela real, desde que presentes fundadas suspeitas de que alguém oculte o que está descrito nas alíneas antes citadas (art. 240, § 2º). Esta, pois, independe de mandado (art. 244).

- **Do sequestro de bens imóveis e móveis.**

O sequestro talvez seja a medida cautelar que mais sofre consequências pela falta de regulamentação uniforme de nossa legislação. No que nos interessa, apontar-se-á o que se passa como etapa seguinte à persecução patrimonial concluída.

No âmbito do CPP, está regulado nos arts. 125 a 133. Neste ponto, consiste na constrição (indisponibilidade) do bem móvel ou imóvel[30] sobre o qual recai a fundada suspeita de que tenham sido adquiridos com os proventos da infração penal, ainda que transferidos a terceiros (CPP, art. 125).[31-32]

A legitimidade ministerial, dentro do Código de Processo Penal, está prevista no art. 127 do CPP, que ressalta que o sequestro poderá ser decretado em qualquer fase do processo ou ainda antes de oferecida a denúncia ou queixa, o que nos remete ao conteúdo dos §§ 1º e 2º do art. 14 da presente Resolução.

---

flagrante delito ou desastre, ou para prestar socorro, ou, durante o dia, por determinação judicial". Relembre-se, a propósito, entendimento do STF: "[...] Controle judicial *a posteriori*. Necessidade de preservação da inviolabilidade domiciliar. Interpretação da Constituição. *Proteção contra ingerências arbitrárias no domicílio*. Muito embora o flagrante delito legitime o ingresso forçado em casa sem determinação judicial, a medida deve ser controlada judicialmente. A inexistência de controle judicial, ainda que posterior à execução da medida, esvaziaria o núcleo fundamental da garantia contra a inviolabilidade da casa (art. 5, XI, da CF) e deixaria de proteger contra ingerências arbitrárias no domicílio (Pacto de São José da Costa Rica, artigo 11, 2, e Pacto Internacional sobre Direitos Civis e Políticos, artigo 17, 1). O controle judicial *a posteriori* decorre tanto da interpretação da Constituição, quanto da aplicação da proteção consagrada em tratados internacionais sobre direitos humanos incorporados ao ordenamento jurídico. Normas internacionais de caráter judicial que se incorporam à cláusula do devido processo legal. Justa causa. *A entrada forçada em domicílio, sem uma justificativa prévia conforme o direito, é arbitrária. Não será a constatação de situação de flagrância, posterior ao ingresso, que justificará a medida. Os agentes estatais devem demonstrar que havia elementos mínimos a caracterizar fundadas razões (justa causa) para a medida*. Fixada a interpretação de que a entrada forçada em domicílio sem mandado judicial só é lícita, mesmo em período noturno, quando amparada em fundadas razões, devidamente *justificadas a posteriori*, que indiquem que dentro da casa ocorre situação de flagrante delito, sob pena de responsabilidade disciplinar, civil e penal do agente ou da autoridade e de nulidade dos atos praticados. [...] (STF, Recurso Extraordinário nº 603.616, Rel. Min. Gilmar Mendes, j. em 6.5.2016).

30 Deve sempre ser observada a *referibilidade*: somente se pode sequestrar o que for proveito de crime que está sendo investigado ou processado (BADARÓ, Gustavo Henrique. Das Medidas Cautelares Reais..., *op. cit.*, p. 340-341).

31 FISCHER, Douglas; PACELLI, Eugênio. *Comentários..., op. cit.*, p. 295.

32 Entretanto, há a compreensão de que cabe o sequestro quando o imóvel for o produto do crime, o que pode ocorrer, notadamente, em crimes de estelionato (Dentre outros: BADARÓ, Gustavo Henrique. Das Medidas Cautelares Reais..., *op. cit.*, p. 344).

Os terceiros[33] a quem os bens são transferidos integram o conceito de beneficiários econômicos finais da conduta, nos termos do artigo 14 da Resolução.

Aqui, não se verifica a responsabilidade pessoal, mas a repercussão patrimonial e a identificação do bem a ser sequestrado, além da suspeita quanto à ilicitude de sua aquisição (CPP, art. 126).[34] Eis a razão pela qual, nesse incidente, não há discussão sobre a "inocência" ou não do requerido, pois a busca se relaciona com requisitos diversos da persecução penal pessoal, bastando haver indícios veementes da proveniência ilícita do bem, ainda que transferido a terceiros.

No caso de bens imóveis, realizado o sequestro, o juiz ordenará a sua inscrição no Registro de Imóveis (art. 128). No de bens móveis, se houver necessidade de comunicação a algum órgão (DETRAN, p. ex.), tal deve ser realizada (sempre observada a circunstância de não caber, antes, eventual busca e apreensão dos móveis, nos termos do art. 132 do CPP).

Transitada em julgado a sentença condenatória, e não sendo caso de levantamento do sequestro, o juiz criminal, de ofício ou a requerimento do interessado, determinará a avaliação e a venda dos bens em leilão público (art. 133). Do dinheiro apurado, haverá a entrega do valor que indenizará a vítima; eventual diferença será a terceiros de boa-fé prejudicados e/ou para a União (parágrafo único).

Nos casos de lavagem de dinheiro (Lei nº 9.613/96), o Ministério Público também está legitimado. Exige-se a existência de indícios suficientes de infração penal, sendo que o sequestro pode se voltar contra direitos ou valores do investigado ou acusado, ou existentes em nome de interpostas pessoas,[35] que sejam instrumento, produto ou proveito dos crimes previstos nesta Lei ou das infrações penais antecedentes (art. 4º, *caput*).

As medidas cautelares podem recair sobre todos os bens, direitos e valores do acusado/investigado/interposta pessoa. Isto porque, conforme o art. 4º, § 2º, da Lei citada, o juiz determinará a liberação total ou parcial dos bens,[36] direitos e valores quando comprovada a licitude de sua origem, mantendo-se a constrição dos bens, direitos e valores

[33] Sejam terceiros alheios ao sequestro (CPP, art. 129, *caput*), sejam terceiros de boa-fé que adquiriram a coisa de forma onerosa (CPP, art. 130, inc. II).

[34] FISCHER, Douglas; PACELLI, Eugênio. *Comentários...*, *op. cit.*, p. 298.

[35] Outra hipótese que integra o conceito de beneficiários econômicos finais da conduta, nos termos do artigo 14 da Resolução.

[36] Por exemplo, bens recebidos em inventário ou comprados com financiamento descontado em salário (exemplos citados por: BADARÓ, Gustavo Henrique. Das Medidas Cautelares Reais..., *op. cit.*, p. 366).

necessários e suficientes à reparação dos danos e ao pagamento de prestações pecuniárias, multas e custas decorrentes da infração penal.[37]

Neste caso, preparar-se-á a busca e apreensão e sequestro de bens que sejam produto, instrumento ou proveito do crime[38] Já para a reparação do dano do crime de lavagem de dinheiro e de seu antecedentes, pagamento de prestação pecuniária, multa e custas processuais, caberão as medidas de arresto e de especialização da hipoteca legal (art. 4º, § 4º)[39] – cujos requisitos são diversos do sequestro (a saber, certeza da materialidade e indícios suficientes da autoria).

Também há legitimidade na hipótese da Lei nº 11.343/06 (crimes de entorpecentes), art. 60. Havendo indícios suficientes, poderá haver a apreensão e sequestro de bens móveis e imóveis ou valores consistentes em produtos dos crimes nela previstos, ou que constituam proveito auferido com sua prática, procedendo-se na forma dos arts. 125 a 144 do Código de Processo Penal.

Finalizando o tema, tem-se o sequestro para proteção da Fazenda Pública, previsto no art. 4º do Decreto-Lei 3.240/41[40] e que diz que o sequestro pode recair sobre *todos os bens do indiciado* (seria, tecnicamente, um arresto[41]), e compreender os bens em poder de terceiros desde que estes os tenham adquirido dolosamente, ou com culpa grave. Os bens doados após a prática do crime serão sempre compreendidos no sequestro.

■ Da especialização da hipoteca legal (CPP, arts. 134 a 144).

Por expressa determinação legal, há a hipoteca sobre os imóveis do requerido para a satisfação do dano causado pelo delito e pagamento das despesas judiciais em favor do ofendido e dos seus herdeiros

---

[37] PALUDO, Januário. Recuperação de bens. In: CARLI, Carla Veríssimo de. Lavagem de Dinheiro. Prevenção e controle penal. 2ª edição, atualizada pela Lei nº 12.683/2012, após o julgamento da Ação Penal 470. Porto Alegre: Livraria do Advogado, 2013, p. 684.

[38] PALUDO, Januário. Recuperação..., *op. cit.*, p. 684; FISCHER, Douglas; PACELLI, Eugênio. *Comentários..., op. cit.*, p. 318.

[39] FISCHER, Douglas; PACELLI, Eugênio. *Comentários..., op. cit.*, p. 317.

[40] Referido sequestro tem encontrado amparo na jurisprudência: "O sequestro regulamentado pelo Decreto-Lei nº 3.240/41 é meio acautelatório específico para a constrição de bens de pessoas indiciadas ou já denunciadas por crimes de que resulta prejuízo para a Fazenda Pública. Para se atingir o escopo de indenizar os cofres públicos dos danos causados pelos delitos, mostra-se prescindível 'o exame em torno da licitude da origem dos bens passíveis de constrição, sendo necessário apenas que haja indícios veementes de que os bens pertençam a pessoa acusada da prática de crime que tenha causado prejuízo à Administração Pública' (...).O referido Decreto-Lei traz sistemática própria que, segundo os precedentes desta Corte Superior de Justiça, são perfeitamente compatíveis com o sequestro previsto no Código de Processo Penal (...)". (por todos: STJ. 5ª Turma. REsp nº 1.133.763-DF, Rel. Min. Laurita Vaz, j. 23/08/11).

[41] FISCHER, Douglas; PACELLI, Eugênio. *Comentários..., op. cit.*, p. 315.

(CC, art. 1489, inc. III). A medida do CPP indica quais deles serão hipotecados (ônus,[42] não indisponibilidade), bem como efetiva a garantia genérica, pois determina o registro de tais bens.[43]

Pela sistemática do Código, a hipoteca legal sobre os imóveis do requerido (tecnicamente não precisa haver "indiciamento", muito menos em se tratando de procedimento que não seja inquérito) poderá ser requerida pelo ofendido[44] em qualquer fase do processo, desde que haja certeza da infração e indícios suficientes da autoria (CPP, art. 134). Destina-se à reparação futura do dano decorrente do crime, bem como para, acessoriamente, assegurar o pagamento da multa e das despesas processuais (CPP, art. 140).[45]

Entretanto, de ser observado que o Ministério Público tem legitimidade também para o pedido de especialização da hipoteca legal em lavagem de dinheiro, pois o que se tutela é a administração da justiça, o que acaba por interferir na investigação, a partir da ocultação dos produtos do crime.[46] Também se admite a legitimidade ministerial para eles com o intuito de assegurar a execução futura de pena.[47]

Como consequência, deve ser apresentado o valor dos danos sofridos, com prova de suas alegações, assim como apresentar projeção dos danos morais e das penas a serem impostas. Da mesma forma, deve apresentar o título de domínio. Está limitada a hipoteca a tais valores[48] (CPP, art. 135).

Esta medida cautelar também é admissível no âmbito de leis especiais como a lavagem de dinheiro, tráfico de entorpecentes, dentre outras.[49]

---

[42] FISCHER, Douglas; PACELLI, Eugênio. *Comentários..., op. cit.*, p. 308.

[43] BADARÓ, Gustavo Henrique. Das Medidas Cautelares Reais..., *op. cit.*, p. 349.

[44] CPP, art. 142: "Caberá ao Ministério Público promover as medidas estabelecidas nos arts. 134 e 137, se houver interesse da Fazenda Pública, ou se o ofendido for pobre e o requerer".

[45] BADARÓ, Gustavo Henrique. Das Medidas Cautelares Reais..., *op. cit.*, p. 394.

[46] Idem, p. 350.

[47] Como consta na jurisprudência: "DIREITO PROCESSUAL PENAL. LEGITIMIDADE DO MP PARA PROMOVER MEDIDA QUE GARANTA O PAGAMENTO DE MULTA PENAL. O Ministério Público tem legitimidade para promover medida assecuratória que vise à garantia do pagamento de multa imposta por sentença penal condenatória. Na hipótese em análise, discute-se a legitimidade do MP não para cobrança de pena de multa – esta sim de legitimidade da Fazenda Pública –, mas para promover medida assecuratória, a qual está assegurada tanto pelos termos do art. 142 do CPP quanto pela própria titularidade da ação penal, conferida pela Constituição Federal" (STJ, REsp 1.275.834-PR, Rel. Min. Ericson Maranho (Desembargador convocado do TJ-SP), j. 17/3/2015).

[48] BADARÓ, Gustavo Henrique. Das Medidas Cautelares Reais..., *op. cit.*, p. 349 e 351.

[49] A Lei nº 9.613/96, art. 4º, *caput*, fala em "medidas assecuratórias", de forma geral.

- **Do arresto prévio (CPP, art. 136).**

Mecanismo de "defesa" do ofendido para a efetivação da hipoteca legal (possui caráter cautelar e provisório).[50] Sua finalidade é indisponibilizar o bem imóvel, já que a hipoteca não tem esse condão.[51] Uma vez deferido o arresto,[52] será ele registrado, tornado inalienável e será mantido por até 15 dias (prazo de eficácia[53]). Se não proposta no prazo a especialização da hipoteca legal, poderá ser revogado o arresto. Perdura enquanto existir a especialização, já que seu objetivo é evitar o perigo com a não inscrição da hipoteca.[54] Pode-se dizer, inclusive, tem que uma finalidade *cautelar* à própria hipoteca legal.

- **Do arresto (CPP, art. 137 e parágrafos).**

Recai sobre bens móveis necessariamente lícitos (muito comum a arguição equivocada em defesas de que os bens arrestados seriam lícitos e, portanto, não passíveis da medida), seja porque o réu não possua bens imóveis, seja porque estes são insuficientes para a reparação do dano, multas, custas,[55] consideradas as hipóteses antes citadas. Somente atinge os bens passíveis de penhora, pelo que se submete às regras do bem de família.[56]

Estes dois arrestos também são admissíveis no âmbito de leis especiais como a lavagem de dinheiro, tráfico de entorpecentes, dentre outras.

A absolvição ou a extinção da punibilidade implicam o levantamento do arresto e da hipoteca (CPP, art. 141). Se condenatória a decisão, serão encaminhadas à vara cível para que lá sejam adotadas as providências necessárias, inclusive para a fixação do valor final da liquidação (art. 135, § 5º, do CPP c/c seu art. 143).

Nos termos do art. 142 do CPP, caberá ao Ministério Público promover as medidas estabelecidas nos arts. 134 (hipoteca legal) e 137 (arresto de bens móveis), se houver interesse da Fazenda Pública, ou se o ofendido for pobre e o requerer (neste caso, desde que não haja Defen-

---

[50] BADARÓ, Gustavo Henrique. Das Medidas Cautelares Reais..., *op. cit.*, p. 352.

[51] FISCHER, Douglas; PACELLI, Eugênio. *Comentários...*, *op. cit.*, p. 312.

[52] Atente-se que, até a edição da Lei n.11.435/2006, o Código de Processo Penal equivocadamente referia-se a *sequestro*, e não a *arresto*.

[53] BADARÓ, Gustavo Henrique. Das Medidas Cautelares Reais..., *op. cit.*, p. 352.

[54] BARROS, Romeu Pires de Campos. *Processo...*, *op. cit.*, p. 390-429.

[55] Idem, p. 390-430.

[56] FISCHER, Douglas; PACELLI, Eugênio. *Comentários...*, *op. cit.*, p. 313.

soria Pública constituída[57]). Contudo, como já destacado anteriormente, nas hipóteses de lavagem de dinheiro, p. ex., a legitimidade é mais ampla.[58]

- **Do confisco.**

Valendo-se da CNUCCOT, confisco consiste na privação com caráter definitivo de bens, por decisão de um tribunal ou outra autoridade competente (art. 2, alínea *g*).[59]

Nosso Código Penal (CP), em sua parte especial, prevê que é efeito da condenação a perda em favor da União dos instrumentos do crime, desde que consistam em coisas cujo fabrico, alienação, uso, porte ou detenção constitua fato ilícito; e do produto do crime ou de qualquer bem ou valor que constitua proveito auferido pelo agente com a prática do fato criminoso, ressalvado o direito do lesado ou do terceiro de boa-fé[60] (art. 91, inc. II, *a* e *b*).

Ainda no CP, também é hipótese de pena restritiva de direitos a perda de valores e bens (art. 43, inc. II), que recai em patrimônio lícito, e que deve guardar proprocionalidade (seu valor terá como teto – o que for maior – o montante do prejuízo causado ou do provento obtido pelo agente ou por terceiro, em conseqüência da prática do crime, nos termos do art. 45, § 3º).[61]

Importante citar, igualmente, que a Constituição Federal, em seu artigo 243, parágrafo único, estabelece que todo e qualquer bem de valor econômico apreendido em decorrência do tráfico ilícito de entorpecentes e drogas afins e da exploração de trabalho escravo será confiscado e reverterá a fundo especial com destinação específica, na forma da lei (redação recebida com a Emenda Constitucional nº 81/2014).[62] Aliás, o

---

[57] FISCHER, Douglas; PACELLI, Eugênio. *Comentários..., op. cit.*, p. 309.

[58] Como já referido, a Lei nº 9.613/96, art. 4º, *caput*, fala em "medidas assecuratórias", de forma geral.

[59] "[...] a ideia central do confisco é a subtração de bens pertencentes a um indivíduo pelo Estado, com subsequente atribuição desses bens ao patrimônio público, como consequência da prática de um crime ou de atividade ilícita perigosa [...]" (BRASIL. Ministério Público Federal. *Roteiro..., op. cit.*, p. 15).

[60] Quer-se evitar os benefícios econômicos da infração penal (BRASIL. Ministério Público Federal. *Roteiro..., op. cit.*, p. 20).

[61] BRASIL. Ministério Público Federal. *Roteiro..., op. cit.*, p. 16-17.

[62] Cita-se o *leading case* do STF a respeito do tema: "RECURSO EXTRAORDINÁRIO. PENAL. PROCESSUAL PENAL. REPERCUSSÃO GERAL RECONHECIDA. TEMA 647 DO PLENÁRIO VIRTUAL. TRÁFICO DE DROGAS. VEÍCULO APREENDIDO COM O SUJEITO ATIVO DO CRIME. *DECRETAÇÃO DE PERDIMENTO DO BEM. CONTROVÉRSIA SOBRE A EXIGÊNCIA DE HABITUALIDADE DO USO DO BEM NA PRÁTICA CRIMINOSA OU ADULTERAÇÃO PARA DIFICULTAR A DESCOBERTA DO LOCAL DE ACONDICIONAMENTO. DESNECESSIDADE. INTERPRETAÇÃO DO ART. 243, PARÁGRAFO ÚNICO, DA CONSTITUIÇÃO FEDERAL.* RE-

art. 63 da Lei nº 11.343/06 diz que, ao proferir a sentença de mérito, o juiz decidirá sobre o perdimento do produto, bem ou valor apreendido, sequestrado ou declarado indisponível.

A Lei nº 9.613/96 traz, como efeito da condenação, além dos previstos no Código Penal a perda, em favor da União e dos Estados, nos casos de competência da Justiça Estadual, de todos os bens, direitos e valores relacionados, direta ou indiretamente, à prática dos crimes nela previstos, inclusive aqueles utilizados para prestar a fiança, ressalvado o direito do lesado ou de terceiro de boa-fé (art. 7º, inc. I, conforme redação dada pela Lei nº 12.683, de 2012)

Também há o chamado *confisco por valor equivalente*,[63] que parte da doutrina também define como sequestro subsidiário,[64] conforme previsão do art. 91, § 1º, do Código Penal. Ele atingirá bens lícitos em valores

---

CURSO EXTRAORDINÁRIO PROVIDO. 1. O confisco de bens pelo Estado encerra uma restrição ao direito fundamental de propriedade, insculpido na própria Constituição Federal que o garante (art. 5º, *caput*, e XXII). 2. O confisco de bens utilizados para fins de tráfico de drogas, à semelhança das demais restrições aos direitos fundamentais expressamente previstas na Constituição Federal, deve conformar-se com a literalidade do texto constitucional, vedada a adstrição de seu alcance por requisitos outros que não os estabelecidos no artigo 243, parágrafo único, da Constituição. 3. *O confisco no direito comparado é instituto de grande aplicabilidade nos delitos de repercussão econômica, sob o viés de que "o crime não deve compensar"*, perspectiva adotada não só pelo constituinte brasileiro, mas também pela República Federativa do Brasil que internalizou diversos diplomas internacionais que visam reprimir severamente o tráfico de drogas. 4. O tráfico de drogas é reprimido pelo Estado brasileiro, através de modelo jurídico-político, em consonância com os diplomas internacionais firmados. 5. Os preceitos constitucionais sobre o tráfico de drogas e o respectivo confisco de bens constituem parte dos mandados de criminalização previstos pelo Poder Constituinte originário a exigir uma atuação enérgica do Estado sobre o tema, sob pena de o ordenamento jurídico brasileiro incorrer em proteção deficiente dos direitos fundamentais. Precedente: HC 104410, Relator(a): Min. Gilmar Mendes, Segunda Turma, julgado em 06/03/2012, DJ 26-03-2012. 6. *O confisco previsto no artigo 243, parágrafo único, da Constituição Federal deve ser interpretado à luz dos princípios da unidade e da supremacia da Constituição*, atentando à linguagem natural prevista no seu texto. Precedente: RE 543974, Relator(a): Min. Eros Grau, Tribunal Pleno, julgado em 26/03/2009, DJ 28-05-2009. 7. O Supremo Tribunal Federal sedimentou que: AGRAVO DE INSTRUMENTO – EFICÁCIA SUSPENSIVA ATIVA – TRÁFICO DE DROGAS – APREENSÃO E CONFISCO DE BEM UTILIZADO – ARTIGO 243, PARÁGRAFO ÚNICO, DA CONSTITUIÇÃO FEDERAL. Impõe-se o empréstimo de eficacia suspensiva ativa a agravo, suspendendo-se acordão impugnado mediante extraordinário a que visa imprimir transito, quando o pronunciamento judicial revele distinção, não contemplada na Constituição Federal, consubstanciada na exigência de utilização constante e habitual de bem em tráfico de droga, para chegar-se a apreensão e confisco – artigo 243, paragrafo único, da Constituição Federal. (AC 82-MC, Rel. Min. Marco Aurélio, julgamento em 3-2-2004, Primeira Turma, DJ de 28-5-2004). 8. A habitualidade do uso do bem na prática criminosa ou sua adulteração para dificultar a descoberta do local de acondicionamento, *in casu*, da droga, não é pressuposto para o confisco de bens, nos termos do art. 243, parágrafo único, da Constituição Federal. 9. Tese: *"É possível o confisco de todo e qualquer bem de valor econômico apreendido em decorrência do tráfico de drogas, sem a necessidade de se perquirir a habitualidade, reiteração do uso do bem para tal finalidade, a sua modificação para dificultar a descoberta do local do acondicionamento da droga ou qualquer outro requisito além daqueles previstos expressamente no artigo 243, parágrafo único, da Constituição Federal"*. 10. Recurso Extraordinário a que se dá provimento. (STF, Recurso Extraordinário nº 638.491/PR, Rel. Min. Luiz Fux, j. em 17.5.2017 – grifamos).

[63] BRASIL. Ministério Público Federal. *Roteiro..., op. cit.*, p. 25.

[64] BADARÓ, Gustavo Henrique. Das Medidas Cautelares Reais..., *op. cit.*, p. 347.

equivalentes aos do produto ou proveito do crime, quando estes não forem encontrados ou se localizarem no exterior. Deve ser decretado somente se houver frustração à regra geral do sequestro.[65]

Como visto, todos os confiscos mencionados podem decorrer de apreensões, sequestros e, até mesmo, de especialização de hipoteca legal e de arrestos (nestes dois últimos casos, aplicáveis à previsão do confisco como pena e não se descarta sua possibilidade na lei de lavagem de dinheiro e de entorpecentes).

■ Bibliografia.

BADARÓ, Gustavo Henrique; BOTTINI, Pierpaolo Cruz. *Lavagem de Dinheiro – aspectos penais e processuais penais*. 3ª edição, rev., atual. e ampl.. São Paulo: Revista dos Tribunais, 2016.

BARROS, Romeu Pires de Campos. *Processo penal cautelar*. Rio de Janeiro: Forense, 1982.

BRASIL. Ministério Público Federal. Roteiro de atuação. *Persecução patrimonial e administração de bens*. Brasília: MPF, 2017.

FISCHER, Douglas; PACELLI, Eugênio. *Comentários ao Código de Processo Penal e sua jurisprudência*. 10ª edição rev., atual. e ampl.. São Paulo: Atlas, 2018.

LIMA, Renato Brasileiro de. *Manual de processo penal*. 4ª edição rev., ampl. e atual., Salvador: Jus Podium, 2016.

OLIVEIRA, Marcelo Ribeiro de. Provimentos cautelares patrimoniais em lavagem de ativos. In: CARLI, Carla Veríssimo de. *Lavagem de Dinheiro*. Prevenção e controle penal. 2ª edição, atualizada pela Lei nº 12.683/2012, após o julgamento da Ação Penal 470. Porto Alegre: Livraria do Advogado, 2013, p. 645-680.

PALUDO, Januário. Recuperação de bens. In: CARLI, Carla Veríssimo de. *Lavagem de Dinheiro*. Prevenção e controle penal. 2ª ed., atualizada pela Lei nº 12.683/2012, após o julgamento da Ação Penal 470. Porto Alegre: Livraria do Advogado, 2013, p. 681-709.

[65] BADARÓ, Gustavo Henrique. Das Medidas Cautelares Reais..., *op. cit.*, p. 342 e 346.

Resolução nº 181 do CNMP – artigo 15

Capítulo IV
DA PUBLICIDADE

Art. 15. Os atos e peças do procedimento investigatório criminal são públicos, nos termos desta Resolução, salvo disposição legal em contrário ou por razões de interesse público ou conveniência da investigação.
Parágrafo único. A publicidade consistirá:
I – na expedição de certidão, mediante requerimento do investigado, da vítima ou seu representante legal, do Poder Judiciário, do Ministério Público ou de terceiro diretamente interessado;
II – no deferimento de pedidos de extração de cópias, com atenção ao disposto no § 1º do art. 3º desta Resolução e ao uso preferencial de meio eletrônico, desde que realizados de forma fundamentada pelas pessoas referidas no inciso I, pelos seus procuradores com poderes específicos ou por advogado, independentemente de fundamentação, ressalvada a limitação de acesso aos autos sigilosos a defensor que não possua procuração ou não comprove atuar na defesa do investigado; (Redação dada pela Resolução n° 183, de 24 de janeiro de 2018)
III – no deferimento de pedidos de vista, realizados de forma fundamentada pelas pessoas referidas no inciso I ou pelo defensor do investigado, pelo prazo de 5 (cinco) dias ou outro que assinalar fundamentadamente o presidente do procedimento investigatório criminal, com atenção à restrição de acesso às diligências cujo sigilo tenha sido determinado na forma do § 4º do art. 9º desta Resolução; (Redação dada pela Resolução n° 183, de 24 de janeiro de 2018)

DOUGLAS FISCHER
Mestre em Instituições de Direito e do Estado (PUCRS)
Procurador Regional da República (PRR/4ª Região)

JOSÉ RICARDO FERNANDES
Bacharel em Direito (UniRitter)
Mestre em Sociologia (UFRGS)
Servidor Público Federal (MPF)

■ Da Previsão na Resolução 13/2006.

Art. 15. Os atos e peças do procedimento investigatório criminal são públicos, nos termos desta Resolução, salvo disposição legal em contrário ou por razões de interesse público ou conveniência da investigação.

Parágrafo único. A publicidade consistirá:

I – na expedição de certidão, mediante requerimento do investigado, da vítima ou seu representante legal, do Poder Judiciário, do Ministério Público ou de terceiro diretamente interessado;

II – no deferimento de pedidos de extração de cópias, com atenção ao disposto no § 1º do art. 3º desta Resolução e ao uso preferencial de meio eletrônico, desde que realizados pelas pessoas referidas no inciso I, pelos seus procuradores com poderes específicos ou advogado, independentemente de fundamentação, ressalvada a limitação de acesso aos autos sigilosos a defensor que não possua procuração ou não comprove atuar na defesa do investigado;

III – no deferimento de pedidos de vista, realizados de forma fundamentada pelas pessoas referidas no inciso I ou pelo defensor do investigado, pelo prazo de 5 (cinco) dias ou outro que assinalar fundamentadamente o presidente do procedimento investigatório criminal, com atenção à restrição de acesso às diligências cujo sigilo tenha sido determinado na forma do § 4º do art. 9º desta Resolução;

IV – na prestação de informações ao público em geral, a critério do presidente do procedimento investigatório criminal, observados o princípio da presunção de inocência e as hipóteses legais de sigilo.

■ Da Previsão na Versão Original da Resolução 181/2017.

Art. 15. Os atos e peças do procedimento investigatório criminal são públicos, nos termos desta Resolução, salvo disposição legal em contrário ou por razões de interesse público ou conveniência da investigação.

Parágrafo único. A publicidade consistirá:

I – na expedição de certidão, mediante requerimento do investigado, da vítima ou seu representante legal, do Poder Judiciário, do Ministério Público ou de terceiro diretamente interessado;

II – no deferimento de pedidos de vista ou de extração de cópias, desde que realizados de forma fundamentada pelas pessoas referidas no inciso I ou a seus advogados ou procuradores com poderes específicos, ressalvadas as hipóteses de sigilo;

III – na prestação de informações ao público em geral, a critério do presidente do procedimento investigatório criminal, observados o princípio da presunção de inocência e as hipóteses legais de sigilo.

■ A Publicidade do Procedimento Investigatório Criminal.

A Resolução nº 181/2017 trata, ainda, em seus artigos 15 e 16 (anteriormente estava disposto, sobretudo, no art. 13 da Resolução n. 13/2006), da publicidade e do sigilo dos atos e peças referentes ao procedimento investigatório criminal. A publicidade, nos termos preconizados pela normativa em comento no *caput* do seu art. 15, seria a regra, "salvo disposição em contrário ou por razões de interesse público ou conveniência da investigação".

A Constituição Federal diz expressamente que "a lei só poderá restringir a publicidade dos atos processuais quando a defesa da *intimidade ou o interesse social* o exigirem" (art. 5º, LX) (grifo nosso), especificando que "todos têm direito a receber dos órgãos públicos informações de seu interesse particular, ou de interesse coletivo ou geral, que serão prestadas no prazo da lei, sob pena de responsabilidade, *ressalvadas* aquelas cujo sigilo seja imprescindível à segurança da sociedade e do Estado" (art. 5º, XXIII) (grifo nosso). Embora alocado em determinado capítulo específico, não se pode esquecer, ao menos em nossa compreensão, que irradia seus efeitos para todas as demais áreas a previsão contida no art. 37 da CF, que preconiza a *publicidade* com um dos pilares da atuação Estatal.

A Lei nº 12.527, de 18.11.2011, denominada de *Lei de Acesso à Informação*, destaca que os procedimentos nela regulados impõem sua observância pelos "órgãos públicos integrantes da administração direta dos Poderes Executivo, Legislativo, incluindo as Cortes de Contas, e Judiciário e do **Ministério Público**" (art. 1º, parágrafo único, I) (grifo nosso), enfatizando que a publicidade é preceito geral, e o sigilo, exceção (art. 3º, I).

São esses vetores principais que, anterior e até posteriormente à própria edição da resolução sob análise, dão os caminhos para a compreensão de como se deve interpretar especialmente os comandos dos arts. 15 e 16 da Resolução nº 181/2017, do CNMP.

De início, pode-se reconhecer que não existem maiores dúvidas a respeito de que a regra será a publicidade dos atos, e o sigilo, a exceção, quanto ao procedimento de investigação criminal regulamentado pelo Conselho Nacional do Ministério Público na Resolução nº 181/2017, assim como já existia anteriormente na Resolução nº 13/2006. A questão agora será como proceder ao devido balanceamento dos direitos envolvidos, analisando-se as circunstâncias do caso concreto, a fim de que se verifique se existem elementos a ensejarem a eventual *não publicidade*, nos limites previstos pelo regramento ora analisado.

Como regra, as partes envolvidas no processo investigatório e os seus representantes legais têm um acesso mais amplo – requerimento de expedição de certidões; pedidos de vista e extração de cópias –, de maneira que, sem que haja prejuízos a determinados procedimentos sigilosos de investigação, desde logo, deverá ser possibilitado o acesso aos dados para o exercício da ampla defesa. Em determinados casos, há um *diferimento* desse exercício da ampla defesa, conferindo-se apenas a vista ulteriormente das informações ou documentos a quem de direito para o seu regular exercício.

Assim, o não acesso *imediato* a determinadas investigações deverá ser apenas em casos pontuais, nas quais se verifique que a publicização redundaria, especialmente, em prejuízo à investigação (eficiência na apuração das provas) ou ao próprio investigado, nos termos previstos pela Carta Magna. Nesse sentido, importa não apenas o interesse público e a conveniência da investigação. Pretende-se, também, com a essa publicidade diferida no tempo, proteger, inclusive, a intimidade do investigado, de maneira que não ocorra uma ampla, desnecessária, temerária e antecipada exposição, de modo a prejudicar a honra e a imagem daquele que está sob investigação. Exatamente por isso, há expressa permissão no art. 16 (anteriormente era o art. 15 da Resolução n. 13/2006) à possibilidade da decretação de "sigilo das investigações, no todo ou em parte, por decisão fundamentada, quando a elucidação do fato ou interesse público exigir".

Importante frisar que não há se invocar o contraditório como argumento de acesso a eventuais investigações, mas a ampla defesa. Contraditório é procedimento a ser exercido no curso do devido processo criminal, por ambas as partes (apenas a ampla defesa é prerrogativa exclusiva da defesa).[1] Como defendemos na companhia de Eugênio Pacelli de Oliveira, e aplicável ao caso, "ainda que se admita a impossibilidade do contraditório, não se pode sustentar a sigilosidade absoluta das investigações, como se ainda vivêssemos na época medieval, sob o segredo e a inquisição das autoridades que se julgavam representantes terrenos: a suprema luz divina. Pode ou não haver razão para o sigilo, tudo a depender do tipo de investigação que irá se realizar".[2] Efetivamente, conforme bem salientado por Mauro Fonseca Andrade, "o âmbito de incidência do princípio do contraditório tecnicamente também pressupõe um processo judicial aberto".[3] A correlação entre inquérito

---

[1] [...] Esta Corte já assentou que *"a inversão processual, falando antes a defesa e depois a acusação nas alegações finais, implica em nulidade tanto quanto no caso da sustentação oral (RECrim nº 91.661- MG, in RTJ 92/448), por ofensa ao princípio da ampla defesa e do contraditório. Entretanto, quando a defesa argui questão preliminar nas alegações finais, é legítima a abertura de vista e a manifestação do Ministério Público, ambos com respaldo legal na aplicação analógica do art. 327, primeira parte, do Código de Processo Civil, como previsto no art. 3º do Código de Processo Penal, pois em tal caso é de rigor que a outra parte se manifeste,* ***em homenagem ao princípio do contraditório, cujo exercício não é monopólio da defesa****"* (HC nº 76.240/SP, Segunda Turma, da relatoria do Ministro Maurício Corrêa, DJ de 14/8/98). [...] (*Recurso Ordinário em Habeas Corpus nº 104.261, STF, Plenário, Relator Min. Dias Toffoli, julgado em 15.3.2012, publicado no* DJ *em 7.8.2012*).

[2] PACELLI, Eugênio; FISCHER, Douglas. *Comentários ao Código de Processo Penal e sua Jurisprudência*. 10ª ed. São Paulo: Gen, 2018. p. 46.

[3] ANDRADE, Mauro Fonseca. *Ministério Público e sua Investigação Criminal*. 2ª ed. Curitiba: Juruá, 2006. p. 293.

(atribuição exclusiva da autoridade policial) e procedimento investigatório criminal é inexorável, pois ambos são meios de investigação.

Reiteramos, aqui, o que dissemos ainda na companhia de Eugênio Pacelli de Oliveira: a justificativa para a fixação do sigilo estaria no prejuízo que a publicização das investigações poderia causar não apenas à produção e proteção dos elementos probatórios, mas também ao investigado, a quem se deve sempre, especialmente tratando-se de uma fase pré-processual, presumir inocente. Nesse sentido, Mauro Fonseca Andrade igualmente destaca que a própria doutrina argumenta que esse sigilo inicial traz "equilíbrio à fase de persecução penal primária, tendo em vista que o investigado, em tese, teria uma vantagem inicial em relação à autoridade investigante, pois planejou e executou seus atos sem que o Estado deles tivesse conhecimento".[4]

Esse cotejo de necessário *equilíbrio* entre a publicidade e a sigilosidade excepcional estão devidamente analisadas e consolidadas pelo Supremo Tribunal Federal, no bojo da Súmula Vinculante nº 14: "É direito do defensor, no interesse do representado, ter acesso amplo aos elementos de prova que, já documentados em procedimento investigatório realizado por órgão com competência de polícia judiciária, digam respeito ao exercício do direito de defesa". Somente aqui se diz que há uma correlação importante desse comando e das regras anteriormente citadas com outra essencial ao Estado Democrático, o art. 7º da Lei 8.906/94 (Estatuto da OAB), que dispõe: "Art. 7º. São direitos do advogado: [...] examinar, em qualquer órgão dos Poderes Judiciário e Legislativo, ou da Administração Pública em geral, autos de processos findos ou em andamento, mesmo sem procuração, quando não estejam sujeitos a sigilo, assegurada a obtenção de cópias, podendo tomar apontamentos".

A propósito, o Supremo Tribunal Federal já decidiu – corretamente – que "a atividade de investigação, seja ela exercida pela Polícia ou pelo Ministério Público, merece, por sua própria natureza, vigilância e controle. O pleno conhecimento dos atos de investigação, como bem afirmado na Súmula Vinculante 14 desta Corte, exige não apenas que a essas investigações se aplique o princípio do amplo conhecimento de provas e investigações, como também se formalize o ato investigativo. Não é razoável se dar menos formalismo à investigação do Ministério Público do que aquele exigido para as investigações policiais. Menos razoável ainda é que se mitigue o princípio da ampla defesa quando for o caso de investigação conduzida pelo titular da ação penal. Disso tudo resulta que o tema comporta e reclama disciplina legal, para que a ação do Estado não resulte prejudicada e não prejudique a defesa dos direi-

[4] ANDRADE, Mauro Fonseca. *Ministério Público e sua Investigação Criminal*. Ob. cit., p. 295.

tos fundamentais. É que esse campo tem-se prestado a abusos. Tudo isso é resultado de um contexto de falta de lei a regulamentar a atuação do Ministério Público. No modelo atual, não entendo possível aceitar que o Ministério Público substitua a atividade policial incondicionalmente, devendo a atuação dar-se de forma subsidiária e em hipóteses específicas, a exemplo do que já enfatizado pelo Min. Celso de Mello quando do julgamento do HC 89.837/DF: 'situações de lesão ao patrimônio público, [...] excessos cometidos pelos próprios agentes e organismos policiais, como tortura, abuso de poder, violências arbitrárias, concussão ou corrupção, ou, ainda, nos casos em que se verificar uma intencional omissão da Polícia na apuração de determinados delitos ou se configurar o deliberado intuito da própria corporação policial de frustrar, em função da qualidade da vítima ou da condição do suspeito, a adequada apuração de determinadas infrações penais'. No caso concreto, constata-se situação, excepcionalíssima, que justifica a atuação do Ministério Público na coleta das provas que fundamentam a ação penal, tendo em vista a investigação encetada sobre suposta prática de crimes contra a ordem tributária e formação de quadrilha, cometido por 16 (dezesseis) pessoas, sendo 11 (onze) delas fiscais da Receita Estadual, outros 2 (dois) policiais militares, 2 (dois) advogados e 1 (um) empresário. [...] 3. Ordem denegada (*Habeas Corpus* nº 84.965, STF, 2ª Turma, Relator Ministro Gilmar Mendes, julgado em 13.12.2011, publicado no DJ em 11.4.2012)".

O conteúdo da Súmula Vinculante nº 14 é perfeitamente compreensível, mas reprisamos aqui crítica que fizemos sobre sua redação *deficiente*, que, aparentemente, não abarcaria o comando da Resolução nº 181/2017. Em nossa compreensão, seria importante a alteração do comando para que, acaso mantida como repetição do que já consta em lei, seja excluída a restrição a que tipo de investigação, de modo que, como ideia, conste que "é direito do defensor, no interesse do representado, ter acesso amplo aos elementos de prova que, já documentados em procedimento investigatório realizado pela autoridade competente e que não possam prejudicar a produção de provas, digam respeito ao exercício do direito de defesa".[5]

Ainda que se possa supor que, no procedimento conduzido pelo Ministério Público, a publicização da investigação poderia ser demasiada aberta, ao proceder a análise do art. 15, verifica-se a existência de critérios importantes e limitadores para essa publicidade, tudo diante sempre da racional fundamentação (art. 16), quando necessário impor o sigilo.

[5] FISCHER, Douglas. *Súmulas Vinculantes: Requisitos, análise crítica e cautelas especiais na edição em matérias penal e processual penal*. Porto Alegre: Verbo Jurídico, 2014, p. 50.

Como anteriormente já mencionado, a existência de disposição legal em contrário ou, ainda, de necessidade de proteção do interesse público ou por conveniência da investigação, trariam justificativa para a não publicidade do procedimento investigatório. Nesse sentido, também, a regra do sigilo no inquérito está alicerçada na proteção dos elementos de prova ali angariados, o que, em última análise, traz relação com a proteção do interesse público e da conveniência da investigação.

Por outro lado, no procedimento investigatório está prevista a possibilidade de pedidos de vista e extração de cópias por parte dos investigados e seus advogados ou procuradores com poderes específicos. No inquérito, também, não é negado o acesso aos autos para o advogado. Em ambas as situações, portanto, verifica-se um olhar cuidadoso para que não haja prejuízo ao investigado nem à investigação, possibilitando-lhe a ampla defesa ainda na fase preliminar da persecução penal, a partir do momento em que se passa de uma fase meramente investigatória para a realização de atos de instrução, nos quais se passa à produção documental. De relevo destacar a preocupação que se teve com o detalhamento acrescido pela Resolução n. 183, de 24 de janeiro de 2018, ao inserir os incisos II e III (*renumerando-se o anterior inciso III como inciso IV*), em que se dispôs, respectivamente, que, *"II – no deferimento de pedidos de extração de cópias, com atenção ao disposto no § 1º do art. 3º desta Resolução e ao uso preferencial de meio eletrônico, desde que realizados de forma fundamentada pelas pessoas referidas no inciso I, pelos seus procuradores com poderes específicos ou por advogado, independentemente de fundamentação, ressalvada a limitação de acesso aos autos sigilosos a defensor que não possua procuração ou não comprove atuar na defesa do investigado"* e *"III – no deferimento de pedidos de vista, realizados de forma fundamentada pelas pessoas referidas no inciso I ou pelo defensor do investigado, pelo prazo de 5 (cinco) dias ou outro que assinalar fundamentadamente o presidente do procedimento investigatório criminal, com atenção à restrição de acesso às diligências cujo sigilo tenha sido determinado na forma do § 4º do art. 9º desta Resolução"*.

Intuitivo que a eventual negativa de acesso aos autos de investigação necessita estar devidamente fundamentada, sempre passível de controle pelo Poder Judiciário (vide precedente anteriormente citado). Além disso, o modo de negativa deve se revestir de todo cuidado para evitar que, mesmo indiretamente, haja informação da existência de eventual investigação formal (sigilosa), o que poderia, inclusive, gerar prejuízos para a apuração dos fatos. Desse modo, a certificação de uma apuração em sigilo deve ser apresentada de tal modo que não informe a existência, em tese, de uma investigação, nem incorra numa falsidade.

Acreditamos que a certificação negativa pode ser feita de modo genérico com remissão à Súmula Vinculante nº 14 do STF.

Não se pode esquecer, ainda, dos tratados internacionais, que impõem algumas obrigações, como é exemplo o disposto no art. 18, § 20, da Convenção das Nações Unidas contra a Corrupção (UNCAC – *United Nations Convention against Corruption*), do qual o Brasil é signatário (foi aprovada por meio do Decreto nº 5.687, de 31.1.2006), em que, valendo, inclusive, para a transferência de investigações realizadas no país, pactuou-se que "o Estado-Parte requerente poderá exigir que o Estado-Parte requerido mantenha sigilo acerca da existência e do conteúdo da solicitação, salvo na medida necessária para dar-lhe cumprimento. Se o Estado-Parte requerido não pode manter esse sigilo, terá de fazer o Estado Parte requerente sabê-lo de imediato".

Em síntese conclusiva, e dentro dos limites do espaço aqui proposto, a conclusão é no sentido de que a regra do art. 15 da Resolução nº 181/2017 do CNMP guarda plena compatibilidade tanto com a Constituição da República, como com as leis infraconstitucionais, enfatizando-se que, ainda que a regra seja a publicidade, ela é limitada, pois são levados em consideração diversos requisitos já elencados, a fim de proteger o bom andamento das investigações, o não prejuízo antecipado ao investigado, o interesse público e eventuais hipóteses de sigilo.

■ Bibliografia.

ANDRADE, Mauro Fonseca. *Ministério Público e sua Investigação Criminal.* 2ª ed. Curitiba: Juruá, 2006.

FISCHER, Douglas. *Súmulas Vinculantes*: Requisitos, análise crítica e cautelas especiais na edição em matérias penal e processual penal. Porto Alegre: Verbo Jurídico, 2014.

PACELLI, Eugênio; FISCHER, Douglas. *Comentários ao Código de Processo Penal e sua Jurisprudência.* 10ª ed. São Paulo: Gen, 2018.

Resolução nº 181 do CNMP – artigo 16

Art. 16. O presidente do procedimento investigatório criminal poderá decretar o sigilo das investigações, no todo ou em parte, por decisão fundamentada, quando a elucidação do fato ou interesse público exigir, garantido o acesso aos autos ao investigado e ao seu defensor, desde que munido de procuração ou de meios que comprovem atuar na defesa do investigado, cabendo a ambos preservar o sigilo sob pena de responsabilização.
Paragrafo único. Em caso de pedido da parte interessada para a expedição de certidão a respeito da existência de procedimentos investigatórios criminais, é vedado fazer constar qualquer referência ou anotação sobre investigação sigilosa.

MAURO FONSECA ANDRADE

Doutor em Direito pela Universidad de Barcelona/Espanha
Professor Titular de Direito Processual Penal da FMP
Professor Adjunto de Direito Processual Penal da UFRGS
Promotor de Justiça/RS

■ Da Previsão na Resolução 13/2006.

Art. 14. O presidente do procedimento investigatório criminal poderá decretar o sigilo das investigações, no todo ou em parte, por decisão fundamentada, quando a elucidação do fato ou interesse público exigir; garantida ao investigado a obtenção, por cópia autenticada, de depoimento que tenha prestado e dos atos de que tenha, pessoalmente, participado.

■ Da Previsão na Versão Original da Resolução 181/2017.

Art. 16. O presidente do procedimento investigatório criminal poderá decretar o sigilo das investigações, no todo ou em parte, por decisão fundamentada, quando a elucidação do fato ou interesse público exigir; garantida ao investigado a obtenção, por cópia autenticada, de depoimento que tenha prestado e dos atos de que tenha, pessoalmente, participado.

Paragrafo único. Em caso de pedido da parte interessada para a expedição de certidão a respeito da existência de procedimentos investigatórios criminais, é vedado fazer constar qualquer referência ou anotação sobre investigação sigilosa.

■ O Sigilo no Procedimento Investigatório Criminal.

A discussão envolvendo *publicidade* ou *sigilo* na investigação criminal está ligada à *luta por espaços de atuação* na persecução penal, havendo uma natural tensão entre quem figure como encarregado da apuração de uma infração penal praticada em tese, e quem figure como possível alvo das atenções dessa apuração. Tudo dependerá, por óbvio, dos valores entendidos como prevalentes nessa fase tão sensível da persecução penal, razão pela qual haja quem defenda a realização de uma investigação criminal dominada pelo princípio do contraditório (portanto, com uma publicidade ilimitada), e quem defenda que o sigilo é inerente à investigação criminal.[1]

Não é nossa intenção, aqui, realizar uma análise profunda sobre qual linha teórica se mostra a mais correta, até porque nossas Cortes Superiores há muito tempo já se posicionaram sobre o tema.[2] Além disso, ninguém menos que a Constituição Federal já estampou que a publicidade dos atos processuais (aqui entendidos não só em sentido estrito) é a regra, ao passo que o seu caráter sigiloso somente se dará a título de exceção e mediante fundamentação.[3]-[4] O que importa, isso sim, é ver se as justificativas apresentadas pelo dispositivo em comento guardam correspondência com as previsões constitucionais limitativas da publicidade.

Feitas estas breves observações, vemos que a Constituição Federal aponta o afastamento da publicidade como possível somente nas hipóteses de defesa da *intimidade do interessado* e do *interesse social*. Ainda assim, outros argumentos estão presentes na nossa legislação, como autorizadores da incidência do sigilo na investigação criminal ou no processo de conhecimento. Exemplos disso, são a justificativa para a *elucidação do fato* e o *interesse da sociedade* – mencionados no artigo 20

---

[1] Nesse sentido, encontramos a doutrina de Ferrajoli, quando se posiciona sobre quem deverá ser o responsável pela investigação criminal e o modo como ela deverá ser conduzida, quando diz que: "Es evidente que las investigaciones de policía deben efectuarse em secreto, bajo la dirección de la acusación pública" (FERRAJOLI, Luigi. *Derecho y Razón.Teoría del garantismo penal.* 5ª ed. Tradução de Perfecto Andrés Ibañez e outros. Madrid: Trotta, 2001, p. 621.

[2] Para uma análise dos princípios da publicidade, sigilo e contraditório, seja na fase de investigação ou do processo de conhecimento, vide: ANDRADE, Mauro Fonseca. *Ministério Público e sua Investigação Criminal.* 2ª ed. Curitiba: Juruá, 2006, p 288-296. ANDRADE, Mauro Fonseca. *Sistemas Processuais Penais e seus Princípios Reitores.* 2ª ed. Curitiba: Juruá, 2013, p 131-138 e 371.

[3] Constituição Federal, artigo 5º, inciso LX – a lei só poderá restringir a publicidade dos atos processuais quando a defesa da intimidade ou o interesse social o exigirem.

[4] Constituição Federal, artigo 93, inciso IX – todos os julgamentos dos órgãos do Poder Judiciário serão públicos, e fundamentadas todas as decisões, sob pena de nulidade, podendo a lei limitar a presença, em determinados atos, às próprias partes e a seus advogados, ou somente a estes, em casos nos quais a preservação do direito à intimidade do interessado no sigilo não prejudique o interesse público à informação.

do Código de Processo Penal (CPP)[5] – e o fundamento da *garantia da celeridade e da eficácia das diligências investigatórias* – constantes na Lei das Organizações Criminosas.[6] Isso não impede, por certo, que normas legais imponham um *sigilo obrigatório* a certos atos (processuais ou de investigação), mas desde que partam do pressuposto que a publicidade importará em grave ofensa à intimidade do interessado.[7]

Em meio a tais fundamentos, a resolução em comento aponta, como justificativa para a imposição do sigilo ao Procedimento Investigatório Criminal (PIC), a necessidade de *elucidação do fato* ou exigência do *interesse público*. Ao que se observa, portanto, não há uma uniformização na linguagem utilizada para se referir às justificativas constitucionalmente válidas para a imposição do sigilo em sede de investigação criminal. Isso torna necessária a identificação de compatibilidade das justificativas infraconstitucionais com os fundamentos constitucionais já existentes, sob pena de normas administrativas ou legais (*stricto sensu*) estarem criando fundamentos que a própria Constituição Federal não albergou.

Dessa forma, quando a Constituição Federal se refere à *defesa da intimidade* como justificativa para o afastamento da publicidade dos atos processuais, aqui se pode inserir a proteção à intimidade das crianças e adolescentes vítimas ou testemunhas de violência, bem como, pessoas maiores e capazes, igualmente vítimas de violência, seja ela em que nível for, não só se restringindo à violência de cunho sexual. Além disso, a defesa da intimidade também pode se dar em prol do próprio sujeito passivo da persecução penal (investigado ou réu), pois também sua intimidade merece proteção. Infelizmente, exemplos de erros judiciais não nos faltam para demonstrar os prejuízos irremediáveis que uma investigação ou um processo criminal, cuja gravidade do fato ou notoriedade das pessoas envolvidas, produz em relação a quem foi alvo, durante longo período, das atenções de uma mídia ávida por notícias a qualquer preço. Ainda, igualmente não se pode descartar a defesa da

---

[5] CPP, artigo 20. A autoridade assegurará no inquérito o sigilo necessário à elucidação do fato ou exigido pelo interesse da sociedade.

[6] Lei nº 12.850/2013, artigo 23. O sigilo da investigação poderá ser decretado pela autoridade judicial competente, para garantia da celeridade e da eficácia das diligências investigatórias, assegurando-se ao defensor, no interesse do representado, amplo acesso aos elementos de prova que digam respeito ao exercício do direito de defesa, devidamente precedido de autorização judicial, ressalvados os referentes às diligências em andamento.

[7] Nesse sentido, encontramos as disposições da novel Lei nº 13.431/2017, que prevê o sigilo como sendo *obrigatório*, quando da oitiva de criança ou adolescente vítima ou testemunha de violência (artigo 9º). Entretanto, o fundamento desse sigilo se vê presente no inciso III do artigo 5º daquela mesma lei, ao prever que, dentre os direitos e garantias fundamentais da criança e do adolescente, encontra-se "ter a intimidade e as condições pessoais protegidas quando vítima ou testemunha de violência". Daí decorre, portanto, o fundamento para aquela obrigatoriedade, independentemente de sua imposição por ordem judicial.

intimidade de testemunhas, pois, a depender do teor de sua declaração ou das circunstâncias em que presenciou o fato objeto da persecução penal, sua intimidade poderá ser irremediavelmente afetada.

Por outro lado, quando essa mesma Constituição Federal se refere ao *interesse social* como o outro fundamento para a imposição do sigilo sobre os atos processuais, é aqui que podemos compreender as restrições à publicidade em benefício da própria investigação criminal. É esse *interesse* que justificaria o sigilo para proteger a testemunha e a própria sorte da investigação criminal, tal como se vê, entre outras, nas hipóteses já referidas (*elucidação do fato, interesse da sociedade* e *garantia da celeridade e da eficácia das diligências investigatórias*).

No que diz respeito às justificativas admitidas pela Resolução nº 181/2017, do Conselho Nacional do Ministério Público (CNMP), seu artigo 16 somente autoriza o afastamento da publicidade "quando a elucidação do fato ou interesse público exigir".

Por certo que, pelo que se viu até aqui, ambas as justificativas encontram assento constitucional, já que claramente inseridas no contexto do "interesse social" (artigo 5º, inciso LX). Entretanto, não há como silenciar para o fato de a resolução em comento haver, sem meias-palavras, *virado as costas* para a intimidade das pessoas que no procedimento investigatório criminal (PIC) vierem a figurar como suspeitas, investigadas, indiciadas ou, até mesmo, as vítimas e testemunhas, independentemente da idade que tiverem.

Nem se diga que, ao construir a redação do artigo 16 da presente resolução, o CNMP se espelhou nas disposições do Código de Processo Penal, de modo a permitir que a investigação criminal do Ministério Público conferisse o mesmo padrão de tratamento dado pela investigação policial a pessoas e institutos jurídicos que se fizessem presentes naquela fase da persecução penal.

Seja pelo seu *tempo de vida* já àquela época, seja pela linha ideológica que motivou sua criação (autoritarismo), o Código de Processo Penal já havia dado mostras suficientes de que tinha pouca ou nenhuma preocupação com a vítima ao longo da persecução penal como um todo. Com isso, a opção que deveria ser seguida pelo CNMP era a de também dar espaço à *defesa da intimidade*, visto que, por determinação constitucional, ao Ministério Público lhe incumbe a *defesa da ordem jurídica*, tal como inscrito já no *caput* do artigo 127 do Texto Maior, que trata justamente dessa importante instituição.[8]

[8] Artigo 127. O Ministério Público é instituição permanente, essencial à função jurisdicional do Estado, incumbindo-lhe a defesa da ordem jurídica, do regime democrático e dos interesses sociais e individuais indisponíveis.

Por essa soma de fatores, ainda que a Resolução nº 181/2017, a exemplo de sua resolução antecedente, não faça referência à *defesa da intimidade do interessado*, seja este *interessado* a vítima, testemunha ou o próprio sujeito passivo do PIC, não só pode, como deve ser decretado o sigilo na investigação criminal presidida pelo Ministério Público sob esse fundamento, sempre que ele se fizer presente. Mais que isso, é imperiosa uma nova reforma daquela resolução, adequando os temas *publicidade* e *sigilo* às únicas restrições que ninguém menos que a própria Constituição Federal autoriza.

■ A Quem Cabe a Decretação do Sigilo.

Além de elencar os motivos que poderão justificar o afastamento da publicidade, "no todo ou em parte", na investigação criminal presidida pelo Ministério Público, o artigo 16 da Resolução nº 181/2017 também faz referência a quem poderá efetuar esse afastamento, apontando a figura do "presidente do procedimento investigatório criminal" como possuindo atribuição para tanto.

Em um primeiro momento, poder-se-ia pensar que seria desnecessário fazer essa previsão, em razão do caminho natural que apontaria o responsável pela investigação criminal como aquele a quem caberia a tomada de decisões em seu âmbito. Entretanto, ninguém menos que a própria resolução faz referência à possibilidade de *investigações conjuntas*, onde o PIC poderá ser instaurado por "força tarefa ou grupo de atuação especial composto por membros do Ministério Público" artigo 6º. Logo, para que não haja uma pulverização no comando daquela investigação criminal – ainda que haja um trabalho integrado e em equipe –, alguém figurará como seu presidente, situação que deverá estar presente já no ato de instauração do PIC.

Ainda assim, algo que há anos nos importuna é a possibilidade de uma autoridade administrativa – seja a policial, seja o membro do Ministério Público – determinar a restrição ou afastamento de um direito previsto no rol do artigo 5º da Constituição Federal.

Como já tivemos oportunidade de afirmar em lugar outro,[9] o atual texto constitucional considerou a publicidade dos atos processuais como um direito fundamental de todo o cidadão brasileiro. Assim, partindo-se do pressuposto que os direitos e garantias de ordem processual somente poderiam ser afastados ou restringidos em razão de ordem judicial, não haveria mais espaço constitucional para que esse

[9] ANDRADE, Mauro Fonseca. *Ministério Público e sua Investigação Criminal*. Ob. cit., p. 296.

afastamento ou restrição viesse a ocorrer, sempre que partisse de uma ordem emitida por autoridade administrativa, seja ela qual for.

É por isso que, mesmo admitindo a incidência do sigilo no PIC, em absoluto poderia ele ser decretado por seu presidente ou por qualquer outro membro do Ministério Público, sendo inviável o afastamento da provocação do Poder Judiciário para se chegar àquele resultado, em razão da natureza do direito que se quer restringir.[10] Aliás, é possível observar que essa linha de argumentação já foi seguida por nosso legislador, produzindo uma importante alteração na mentalidade e forma de ver a restrição à publicidade na fase de investigação.

Referimo-nos, portanto, à Lei das Organizações Criminosas (Lei nº 12.850/2013), que, afastando-se da lógica contida no Código de Processo Penal, não apontou a autoridade policial como a responsável pelo decreto de sigilo nas investigações criminais envolvendo as infrações penais que são objeto de sua atenção. Em se lugar, o legislador erigiu a "autoridade judicial competente" (artigo 23, já reproduzido), refutando a possibilidade de um direito considerado fundamental ser afastado por uma autoridade administrativa, pois, na espécie, este afastamento estaria albergado pela, assim chamada, *reserva de jurisdição*. E, se não é dado à autoridade policial decretar o sigilo nas investigações envolvendo aquele tipo de criminalidade, muito menos poderá o presidente do PIC igualmente fazê-lo, dada a imposição e sobreposição de uma norma legal em relação a uma disposição de cunho administrativo, como é o caso do artigo 16 da Resolução nº 181/2017, do CNMP.

Em síntese, entendemos que o decreto de sigilo do PIC não só é viável, como também plenamente justificado pela Constituição Federal. Entretanto, quando submetidas a uma filtragem constitucional, as disposições do artigo em comento simplesmente não se sustentam, razão pela qual nova atenção deve ser dada pelo CNMP à Resolução nº 181/2017, ajustando-a às limitações dadas pela Constituição Federal e aos sinais já emitidos pelo legislador nacional.

▪ Decisão Fundamentada.

Ainda que se faça uma leitura isolada do artigo 16 da Resolução nº 181/2017 – admitindo-se, assim, a imposição de sigilo no PIC por um membro do Ministério Público –, a opção pelo afastamento da publi-

[10] Com idêntico fundamento, já sustentamos que, desde o advento da Constituição Federal de 1988, não mais cabe à autoridade policial o arbitramento da fiança (ANDRADE, Mauro Fonseca. A Atuação do Ministério Público Frente às Medidas Cautelares Pessoais. *Revista da Seção Judiciária do Rio de Janeiro*, Rio de Janeiro, vol. 20, nº 38, p. 209-225, dez. 2013).

cidade naquela investigação criminal deverá se dar mediante "decisão fundamentada". E nem poderia ser diferente.

De modo a evitar o exercício abusivo de sua atividade, o próprio texto constitucional apontou a necessidade das manifestações do Ministério Público estarem revestidas de uma necessária e fundamentada motivação.[11]-[12] Logo, a ausência dessa fundamentação, além de consequências de ordem disciplinar, poderá dar margem à nulidade do decreto de sigilo em âmbito judicial, omissão que poderá, sem grandes exageros, colocar em risco o sucesso da investigação criminal objeto do PIC.

■ Garantias de Acesso a Depoimentos pelo Investigado.

Mesmo nas hipóteses em que o sigilo for imposto ao PIC, a Resolução nº 181/2017 faz referência a uma garantia reconhecida à pessoa investigada e ao seu defensor, qual seja, terem "acesso aos autos".

É bom que fique claro que essa *garantia* reconhecida pela Resolução nº 181/2017 está ligada umbilicalmente à Súmula Vinculante 14, que se refere ao direito de acesso à investigação criminal.[13] Em sendo assim, também as limitações presentes naquela súmula se aplicam ao PIC, quais sejam, demonstrar que o defensor efetivamente representa a pessoa investigada (tal como exige o artigo 6º), e a inviabilidade de acesso a diligências ainda não documentadas.

■ Dever de Sigilo

A garantia de acesso aos autos, por parte da pessoa investigada e de seu defensor, faz-se acompanhar do dever de ambos manterem o sigilo em relação à existência de ao conteúdo da investigação acessada. E nem poderia ser diferente.

Como apontado acima, embora as hipóteses autorizadoras do sigilo não correspondam àquelas previstas constitucionalmente, por certo que estas poderão ser invocadas para igualmente afastar a publicidade do PIC. Logo, a defesa da intimidade poderá justificar o sigilo dessa

---

[11] Artigo 129, VIII – requisitar diligências investigatórias e a instauração de inquérito policial, indicados os fundamentos jurídicos de suas manifestações processuais.

[12] Há respeitável doutrina que, inclusive, exige essa fundamentação para o ajuizamento da denúncia. Nesse sentido, ver: SILVÉRIO JÚNIOR, João Porto. *Processo Penal Fraterno. O Dever de Fundamentar o Provimento Acusatório pelo Ministério Público no Sistema Processual Brasileiro.* Curitiba: Juruá, 2014.

[13] Súmula Vinculante 14: "É direito do defensor, no interesse do representado, ter acesso amplo aos elementos de prova que, já documentados em procedimento investigatório realizado por órgão com competência de polícia judiciária, digam respeito ao exercício do direito de defesa".

investigação criminal, sendo que tal intimidade não está relacionada somente àquela da pessoa investigada, mas também de qualquer outra pessoa envolvida no PIC, sendo exemplos disso eventuais testemunhas e a própria vítima.

A responsabilização da pessoa investigada e de seu defensor, ao desrespeitarem o sigilo imposto no PIC, não decorrerá, portanto, somente de atos que busquem dar publicidade à investigação criminal para atingir a elucidação do fato investigado ou o interesse público, senão também, a imagem das pessoas que, de alguma maneira, figurem naquela investigação, a que título for.

▪ Direito a Certidão

A Resolução nº 181/2017 inova ao trazer a solução para um problema de ordem prática que não foi objeto de nossa legislação processual penal e da Súmula Vinculante 14 do Supremo Tribunal Federal. Referimo-nos à compatibilização do direito de a pessoa interessada obter certidão relativa à existência de um PIC com o sigilo imposto a essa investigação criminal, a partir da invocação dos fundamentos previstos naquela resolução ou, de forma mais abrangente como visto acima, na própria Constituição Federal.

O desconhecimento quanto à existência de um PIC coberto pelo sigilo poderia alarmar setores mais liberais de nossa doutrina ou jurisprudência. Entretanto, esse desconhecimento já se faz notar em diversos procedimentos investigatórios presididos pela polícia judiciária, como fazem exemplo as interceptações telefônicas. O problema que vemos é que, ao se dirigir a um determinado setor do Ministério Público (estadual ou federal), a pessoa interessada ou o seu procurador buscarão informações que não poderão ser fornecidas, caso o sigilo haja sido imposto. Sendo assim, a simples negativa em fornecer tal certidão já dará conta da existência de algo em tramitação contra aquela pessoa, daí decorrendo, contraditoriamente, um sério prejuízo à investigação, mesmo que essa pessoa não saiba de seu conteúdo. Isso decorre, por óbvio, da natural proibição de o Ministério Público *mentir* quanto à inexistência de um PIC envolvendo aquela pessoa que buscou tal certidão, pois o parágrafo único do artigo 16 somente autoriza a omissão informativa.

Por fim, ao contrário do que se possa imaginar, a previsão dessa vedação em certidões não possui qualquer mácula constitucional, por ferir o inciso I do artigo 22 da Carta Maior. Tal vedação atinge um ato de natureza administrativa (emissão de certidões), estando passível, portanto, de regulamentação por parte do Conselho Nacional do Ministério Público.

■ Bibliografia

ANDRADE, Mauro Fonseca. A Atuação do Ministério Público Frente às Medidas Cautelares Pessoais. *Revista da Seção Judiciária do Rio de Janeiro*, Rio de Janeiro, vol. 20, nº 38, p. 209-225, dez. 2013.

——. *Ministério Público e sua Investigação Criminal*. 2. ed. Curitiba: Juruá, 2006.

——. *Sistemas Processuais Penais e seus Princípios Reitores*. 2. ed. Curitiba: Juruá, 2013.

FERRAJOLI, Luigi. *Derecho y Razón.Teoría del garantismo penal*. 5. ed. Tradução de Perfecto Andrés Ibañez *et alli*. Madrid: Trotta, 2001.

SILVÉRIO JÚNIOR, João Porto. *Processo Penal Fraterno. O Dever de Fundamentar o Provimento Acusatório pelo Ministério Público no Sistema Processual Brasileiro*. Curitiba: Juruá, 2014.

Resolução nº 181 do CNMP – artigo 17

CAPÍTULO VI
DOS DIREITOS DAS VÍTIMAS

Art. 17. O Membro do Ministério Público que preside o procedimento investigatório criminal esclarecerá a vítima sobre seus direitos materiais e processuais, devendo tomar todas as medidas necessárias para a preservação dos seus direitos, a reparação dos eventuais danos por ela sofridos e a preservação da intimidade, vida privada, honra e imagem.

§ 1º O membro do Ministério Público velará pela segurança de vítimas e testemunhas que sofrerem ameaça ou que, de modo concreto, estejam suscetíveis a sofrer intimidação por parte de acusados, de parentes deste ou pessoas a seu mando, podendo, inclusive, requisitar proteção policial em seu favor.

§ 2º O membro do Ministério Público que preside o procedimento investigatório criminal, no curso da investigação ou mesmo após o ajuizamento da ação penal, deverá providenciar o encaminhamento da vítima ou de testemunhas, caso presentes os pressupostos legais, para inclusão em Programa de Proteção de Assistência a Vítimas e a Testemunhas ameaçadas ou em Programa de Proteção a Crianças e Adolescentes Ameaçados, conforme o caso.

§ 3º Em caso de medidas de proteção ao investigado, as vítimas e testemunhas, o membro do Ministério Público observará a tramitação prioritária do feito, bem como providenciará, se o caso, a oitiva antecipada dessas pessoas ou pedirá a antecipação dessa oitiva em juízo.

§ 4º O membro do Ministério Público que preside o procedimento investigatório criminal providenciará o encaminhamento da vítima e outras pessoas atingidas pela prática do fato criminoso apurado à rede de assistência, para atendimento multidisciplinar, especialmente nas áreas psicossocial, de assistência jurídica e de saúde, a expensas do ofensor ou do Estado.

CHARLES EMIL MACHADO MARTINS

Doutorando em Ciências Jurídico-Criminais pela FDL
Mestre em Direito pela UNISC
Professor em Direito Processual Penal na UNISINOS e FMP
Promotor de Justiça/RS

- **Da Previsão na Resolução 13/2006.**

Não havia dispositivo semelhante na Resolução nº 13, de 2 de outubro de 2006, do Conselho Nacional do Ministério Público.

■ Introdução: "a redescoberta da vítima" e seus antecedentes legislativos

Desde o sistema acusatório de cunho privatista, verificado na Antiguidade, passando pelo sistema inquisitivo da Idade Média, até chegarmos ao atual sistema acusatório público, com o advento do Estado Moderno, o indivíduo que é vítima de crime passou de *protagonista* à condição de mero *coadjuvante* da persecução criminal.

Em nossa realidade atual, a vítima, nas mais das vezes, é concebida ou tratada como mera noticiante do crime ou fonte de elementos informativos e de prova para se alcançar o – assim majoritariamente considerado - proeminente interesse estatal em cumprir as finalidades do Direito Penal.

Nada obstante, já faz muito tempo que a "restauração da vigência da norma jurídica violada" – e, por conseguinte, da "confiança no Direito" –, mediante a mera aplicação da punição estatal, deixou de ser considerada suficiente para satisfazer as pretensões das vítimas, as quais, por diferentes modos de pressão política e social, passaram a exigir do Estado a construção de mecanismos de proteção, informação e participação na persecução criminal.

Segundo a doutrina especializada, a tendência de (re)valorização desses interesses da vítima pode ter o seu início demarcado a partir dos efeitos do genocídio ocorrido na 2ª Guerra Mundial, mediante a consequente associação feita entre o Direito Penal e a proteção e promoção dos Direitos Humanos.

Igualmente, os estudos da Vitimologia também trouxeram importantes contributos nesse sentido, pois, ao mesmo tempo em que despertaram no Direito Penal a necessidade de estudar a contribuição da vítima na ocorrência do crime, também colocaram ao Direito Processual Penal a questão da necessidade da assistência material, moral e psicológica para os vitimizados.

Em termos legislativos, foi a Declaração Universal dos Direitos Humanos da ONU, de 1948, que em seu art. 3º pioneiramente estatui: "Todo indivíduo tem direito à vida, à liberdade e à segurança pessoal". Sendo semelhante a previsão da Convenção Europeia de Direitos Humanos, de 1950, que em seu artigo 5º dispõe: "Toda pessoa tem direito à liberdade e à segurança". No mesmo sentido, seguiu-se a previsão da Convenção Americana de direitos Humanos (Pacto de San José da Costa Rica), de 1969, em que em seu art.7º estabelece: "Direito à liberdade pessoal – 1. Toda pessoa tem direito à liberdade e à segurança pessoais". Como colorário, a ONU aprovou a Resolução nº 40/34, de 1985, proclamando diversos direitos das vítimas e testemunhas, por meio da

Declaração dos Princípios Básicos de Justiça Relativos às Vítimas da Criminalidade e de Abuso de Poder.

Entre nós, chegou tarde essa propensão legislativa em dar atenção à vítima, podendo-se estabelecer como primeiro diploma legal, que marca essa guinada, a Lei nº 9.099/1995, a qual, ao propor um novo modelo de justiça criminal, fundado no diálogo e no consenso, em vários pontos prestigia os interesses das vítimas, estabelecendo como objetivo, sempre que possível, a reparação dos seus danos (art. 62). Logo após, adveio a Lei nº 9.807/99, que estabelece normas para a organização e a manutenção de programas especiais de proteção a vítimas e a testemunhas ameaçadas. Mais recentemente, surgiu a Lei 11.340/2006 (Lei Maria da Penha), que veio a ser um emblema do empoderamento das vítimas da violência de gênero. Por último, em 2008, na linha das reformas do CPP, essa tendência de olhar, escutar, proteger e garantir direitos foi estendida para todas as vítimas, por meio da Lei 11.690/08.

Agora, de forma condizente com a sua atuação timoneira na proteção dos Direitos Fundamentais, o Ministério Público brasileiro incorpora a proteção das vítimas na disciplina da sua investigação criminal, o que merece ser recebido com alvíssaras.

■ O conceito de vítima.

No plano jurídico, ao qual circunscrevemos a nossa análise, o conceito de "vítima" pode ser concebido num sentido amplo ou restrito. No sentido amplo, vítimas são todas as pessoas que sofrem algum tipo de dano, prejuízo ou lesão, em decorrência da violação, por parte de outrem, a uma norma de direito substantivo, conceito no qual estão incluídas, para além das vítimas dos crimes, as vítimas dos ilícitos de índole civil, trabalhista, comercial, etc. Já no sentido estrito, a vítima restringe-se à pessoa atingida pela violação de uma norma de Direito Penal, ou seja, à vítima de um delito.

Todavia, em termos legais, no Brasil, até o CP de 1890, em razão da tradição lusitana, o vocábulo "vítima" era marcantemente preterido em favor do vocábulo "ofendido". Conforme leciona Moura Bittencourt,[1] apenas a partir do vigente CP, em 1940, o termo "vítima" passou a ser preferencialmente adotada pelo nosso legislador. É a partir desse marco legal que o referido autor estabelece uma maior precisão terminológica, afirmando que, entre nós, o termo "vítima" é utilizado em "sentido penal-estrito", e se refere à pessoa sobre a qual recai o comportamento penalmente típico, ou seja, ao "sujeito passivo" no qual se

[1] BITTENCOURT, Edgar de Moura. *Vítima*. São Paulo: Universitária de Direito, 1971, p. 52.

materializa diretamente as consequências pela violação da norma penal, ou seja, a pessoa, física ou jurídica, que sofre os efeitos negativos ou fica em situação de perigo em razão da ação ou omissão do "sujeito ativo", que é o autor do delito.[2]

O conceito *ofendido*, por outro lado, entre nós igualmente não é expresso em lei, e também vem a ser obtido na doutrina. Conforme os clássicos, ofendido é o titular de bem jurídico ou interesse tutelado, mediata ou imediatamente, pela norma incriminadora prevista no Direito Penal. Enfim, é a pessoa titular de algum bem jurídico penal que a conduta delitiva atingiu diretamente.[3]

O sujeito passivo da conduta delitiva nem sempre será necessariamente a pessoa titular do bem jurídico tutelado pela norma, ou seja, o ofendido. Nessa linha de raciocínio, por exemplo, o mero possuidor da coisa furtada deve ser considerado "vítima-penal". Já o proprietário dessa mesma coisa será considerado o "ofendido". Essa distinção tem consequências processuais penais relevantes, pois somente esse pode ter a expectativa de conformar, de algum modo, a resposta penal ao delito, oferecendo representação, constituindo-se em assistente da acusação ou querelante, conforme a espécie de ação penal.

Ademais, oportuno diferenciar o ofendido da figura do *lesado*, que é o indivíduo prejudicado pela prática do delito pelo prisma da responsabilidade civil que dele igualmente verte. Assim, por exemplo, será considerado apenas lesado, ou *prejudicado*, o proprietário do veículo emprestado à vítima de um crime de lesões corporais de trânsito. O ofendido até pode ser o lesado, o que é o mais comum, diga-se de passagem, mas conceitualmente aquele se distingue deste porquanto aquele detém a titularidade de interesse atingido pelo fato enquanto ilícito penal, e este detém a titularidade de interesse atingido pelo fato enquanto ilícito civil.

---

[2] Note-se, nesse diapasão, que na dogmática do Direito Penal também é comum se apontar a vítima como sendo o "sujeito passivo particular" ou "eventual" do delito, isso porque alguns autores sustentam que existem "crimes sem vítimas", e ademais, é bastante comum a compreensão de que o Estado é considerado, antes de tudo, o principal interessado em reprimir a violação da norma penal, ao ponto de ser apontado por muitos doutrinadores do Direito Penal como sendo o "sujeito passivo genérico" e "eminente" de todo e qualquer crime. Assim, entre os penalistas é comum a distinção entre "sujeito passivo particular" e "sujeito passivo genérico", o que se constata desde a doutrina mais tradicional, como se pode ver em Basileu Garcia (GARCIA, Basileu. *Instituições de Direito Penal*. São Paulo: Max Limonad, 1954. v. 1. p. 217).

[3] Nesse sentido, é o conceito de Magalhães Noronha: "O ofendido é o titular do bem jurídico lesado pelo delito" (NORONHA, Magalhães Edgard. *Curso de Direito Processual Penal*. São Paulo: Saraiva, 1969, p. 152). Na Itália, entre os clássicos, pode-se verificar o mesmo conceito em Bettiol, o qual afirma que ofendido é a "pessoa que é efetivamente titular daquele interesse específico e concreto que o crime nega" (BETTIOL, Giuseppe. *Direito Penal*. São Paulo: Revista dos Tribunais. vol. III, 1976, p. 46). No mesmo sentido Em Portugal: SANTOS, Beleza dos. Partes Particularmente Ofendidas em processo criminal. *Revista de Legislação e Jurisprudência*, ano 57º, 1924-1925, *passim*.

Por fim, há que se ter bem presente a distinção entre vítima direta e indireta, trazida pela Declaração dos Princípios Básicos de Justiça Relativos às Vítimas da Criminalidade e de Abuso de Poder, proclamada pela Assembleia Geral das Nações Unidas por meio da sua Resolução 40/34, de 29 de novembro de 1985. Confira-se:

> Entendem-se por "vítimas" as pessoas que, individual ou coletivamente, tenham sofrido um prejuízo, nomeadamente um atentado à sua integridade física ou mental, um sofrimento de ordem moral, uma perda material, ou um grave atentado aos seus direitos fundamentais, como consequência de atos ou de omissões violadores das leis penais em vigor num Estado membro, incluindo as que proíbem o abuso de poder.

Em seguida, a Declaração esclarece que:

> Poderá considerar-se "vítima" uma pessoa, de acordo com a presente Declaração, independentemente de que se identifique, capture, processe ou condene o perpetrador, e independentemente da relação familiar entre o perpetrador e a vítima. Na expressão "vítima" se inclui, além disso, neste caso, os familiares ou pessoas encarregadas que tenham relação imediata com a vítima direta e as pessoas que tenham sofrido danos ao intervir para assistir a vítima em perigo ou para prevenir a vitimização.

Nessa contextura, em epítome, atualmente é possível compreender a expressão vítima num *conceito amplo*, como sendo um *gênero* que engloba as seguintes espécies: a) o "sujeito passivo" (ou vítima em sentido estrito ou em sentido penal), que é a pessoa sobre a qual recaiu diretamente o atentado à integridade física ou psíquica e que, nas mais das vezes, corresponderá, no âmbito do processo penal, à figura do ofendido, mas que eventualmente poderá não ostentar tal condição; b) o "ofendido" (que também poderia ser denominado de vítima em sentido processual penal), que é a pessoa titular de bem jurídico protegido, imediata ou mediatamente, pela normal penal incriminadora, tendo, ou não, ela sofrido danos pela prática do delito. Nem sempre o ofendido será o sujeito passivo da conduta delitiva, pese embora na maioria dos casos o seja; c) o lesado (que também pode ser denominado de prejudicado), pessoa que sofre danos ocasionados pela prática da infração penal, reparáveis sob a ótica da responsabilidade civil, a qual poderá, ou não, coincidir com a figura do ofendido e/ou do sujeito passivo da conduta delitiva; d) vítima indireta , pessoa que, conquanto não se enquadre nas espécies anteriores, sofre diretamente um dano físico, psíquico, moral, material, *inter alia*, como consequência, imediata ou mediata, do comportamento típico penalmente.

Nada obstante, considerando que o nosso CPP não define quem pode ser considerado vítima, ofendido, e lesado – ao contrário de outros códigos, como os de Portugal e Espanha – a doutrina processual penal brasileira, de um modo geral, não se detém em procurar uma nota distintiva entre essas figuras. Nesse sentido, apenas para ilustrar, Tourinho Filho diz: "Ofendido, ou vítima, é o sujeito passivo da infração penal. E sujeito passivo é o titular do direito lesado ou posto em perigo pelo crime".[4] No mesmo diapasão segue Nucci: "Conceito de ofendido: é o sujeito passivo do crime – a vítima –, ou seja, a pessoas que teve diretamente o seu interesse ou bem jurídico violado pela prática da infração penal".[5]

É certo que essa sobreposição dos conceitos de ofendido e vítima foi, nos últimos tempos, favorecida pelo nosso legislador, o qual, notadamente a partir do final da última centúria – talvez em razão dessa indistinção conceitual verificada na doutrina, ou, se talvez, em decorrência da notável popularização do vocábulo vítima –, ao fazer alterações pontuais dentro do CPP, passou a utilizar a expressão vítima nitidamente como sinônimo de "ofendido", embora ainda tenha usado esse último vocábulo, de tal forma que abandonou aquela primeira exatidão terminológica mais acentuada.

A Resolução segue essa senda, pois não alcança o conceito amplo defendido pela doutrina especializada, tampouco prima por uma precisão terminológica, pois fala de "número elevado de ofendidos" (art. 1º, § 1º), quando possivelmente queira tratar de vítimas, bem como se refere a "outras pessoas atingidas pela prática do fato criminoso" (art. 17º, § 4º), como se elas não estivessem incluídas no conceito de vítima indireta.

■ Os direitos da vítima.

A dogmática penal de matriz individual-iluminista, que marcou fortemente os séculos XIX e XX, forjou a humanização do processo penal na perspectiva da pessoa do acusado pela prática do delito, o qual, dessarte, deixou de ser tratado como "objeto da persecução criminal", característico do sistema inquisitivo de antanho, e passou a ser tratado como "sujeito de direitos", apanágio do sistema acusatório contemporâneo.

Esse movimento teve como efeito colateral o olvidamento, no seio do processo penal, dos direitos e interesses da vítima. No Brasil, esse efeito colateral é reforçado pela aceitação massiva e acrítica da doutrina garantista capitaneada por Luigi Ferrajoli, para quem o Direito Penal tem apenas duas finalidades: a prevenção geral dos delitos, em favor da sociedade, e a prevenção geral da aplicação de penas arbitrárias ou desmedidas, em favor do autor do delito.[6] Logo, para essa linha dou-

[4] TOURINHO FILHO, Fernando da Costa. *Processo Penal*. 26º ed. São Paulo: Saraiva, 2004, p. 452.

[5] NUCCI, Guilherme Souza. *Código de Processo Penal Comentado*. 11ª ed. São Paulo: RT, 2012, p. 462.

[6] FERRAJOLI, Luigi. *Direito e razão: teoria do garantismo penal*. São Paulo: RT, 2002, p. 269.

trinária, os interesses e os objetivos da vítima não devem ser considerados preocupações dignas do sistema de justiça criminal e, tais como "fatores residuais", deveriam ser relegados para outros ramos do Direito ou outros meios de resolução dos conflitos sociais.

Contudo, como já foi dito, desde a metade do século passado por plúrimos fatores, surgiu uma tendência mundial de revalorização e proteção dos interesses da vítima no seio da persecução criminal, inclinação que aos poucos ainda vem se sedimentando no Brasil.

Nesse contexto, é sumamente importante se ter bem presente que, se a prática do crime causa vítimas (vitimização primária), o procedimento investigatório não deve provocar a revitimização, ou seja, a violação de outros direitos das vítimas (vitimização secundária, que outra coisa não é senão a violência, a humilhação ou descaso daqueles que integram o aparato institucional de persecução criminal).

A partir da perspectiva de Roger de Melo Rodrigues, podemos colocar os direitos das vítimas em três grandes classes: o direito à *participação no processo*, o direito à *proteção dos seus interesses* e o direito à *informação sobre o desenvolvimento da persecução criminal*.[7]

A Resolução, até mesmo porque tem como foco a investigação preliminar, não se refere, naturalmente, à primeira classe. Já a segunda classe de direitos, para efeitos didáticos, podemos esquematizar em: 1) direito ao tratamento respeitoso; 2) direito à segurança; 3) direito à privacidade; 4) direito ao atendimento multidisciplinar, especialmente nas áreas de assistência jurídica, social e de saúde física e psíquica; e 5) direito ao amparo financeiro, pelo agressor ou, supletivamente, pelo Estado.

Por fim, a terceira classe, no Brasil, pode ser resumida em:[8] 1) direito à informação relativa ao ingresso e à saída do ofensor da prisão; 2) comunicação sobre a audiência; e 3) ciência sobre o resultado processo, ou seja, da sentença e dos respectivos acórdãos.

De um modo especial, a Resolução ainda se refere às denominadas "vítimas e testemunhas ameaçadas".[9] Nos estreitos limites dessa quadra não cabe uma maior digressão sobre como funcionam os programas de proteção existentes, tanto nem nível Federal com em nível Estadual, mas há que se registrar o louvável avanço da previsão feita pela Resolução, muito embora se saiba que, na realidade da vida, em muitas unidades da federação seja precário ou ineficiente o desempe-

---

[7] Para maiores desenvolvimentos, ver: RODRIGUES, Roger de Melo. *A Tutela da Vítima no Processo Penal Brasileiro*. Curitiba: Juruá, 2014, p. 67 e ss.

[8] A partir dos estritos termos do art. 201 do CPP.

[9] A matéria é tratada pela Lei Federal nº 9.807/99, regulamentada pelo Decreto nº 3.518/00.

nho desses programas, como se pode ver na doutrina que se debruçou sobre a questão, a qual não detecta, na atuação das autoridades competentes, uma preocupação adequada e efetiva acerca da importância de tais programas.[10]

■ Bibliografia.

BETTIOL, Giuseppe. *Direito Penal*. São Paulo: Revista dos Tribunais. 1976. vol. III.

BITTENCOURT, Edgar de Moura. *Vítima*. São Paulo: Universitária de Direito Ltda., 1971.

FERRAJOLI, Luigi. Direito e razão: teoria do garantismo penal. São Paulo: RT, 2002.

GARCIA, Basileu. *Instituições de Direito Penal*. São Paulo: Max Limonad, 1954. v. 1.

NORONHA, Magalhães Edgard. *Curso de Direito Processual Penal*. São Paulo: Saraiva, 1969.

NUCCI, Guilherme Souza. *Código de Processo Penal Comentado*. 11ª ed. São Paulo: RT, 2012.

RODRIGUES, Roger de Melo. *A Tutela da Vítima no Processo Penal Brasileiro*. Curitiba: Juruá, 2014.

SANTOS, Beleza dos. Partes Particularmente Ofendidas em processo criminal. *Revista de Legislação e Jurisprudência*, Portugal, ano 57º, 1924-1925.

TOURINHO FILHO, Fernando da Costa. *Processo Penal*. 26ª ed. São Paulo: Saraiva, 2004.

[10] SANTOS, Jorge Luiz Oliveira dos; TEIXEIRA, Luan Rosas Lima Uma análise crítica ao programa de assistência às vítimas e às testemunhas ameaçadas (PROVITA). Canoas: *REDES – Revista Eletrônica Direito e Sociedade*, vol. 4, n.1, 2016, p. 97. No mesmo sentido: SILVEIRA, José Braz. *A proteção à testemunha & o crime organizado no Brasil*. Curitiba: Juruá, *passim*.

Resolução nº 181 do CNMP – artigo 18

Capítulo VII
DO ACORDO DE NÃO-PERSECUÇÃO PENAL

Art. 18. Não sendo o caso de arquivamento, o Ministério Público poderá propor ao investigado acordo de não persecução penal, quando, cominada pela mínima inferior a 4 (quatro) anos e o crime não for cometido com violência ou grave ameaça, o investigado tiver confessado formal e circunstanciadamente a sua prática, mediante as seguintes condições, ajustadas cumulativa ou alternativamente:
I – reparar o dano ou restituir a coisa à vítima, salvo impossibilidade de fazê-lo;
II – renunciar voluntariamente a bens e direitos, de modo a gerar resultados práticos equivalentes aos efeitos genéricos da condenação, indicados pelo Ministério Público como instrumentos, produto ou proveito do crime;
III – prestar serviço à comunidade ou a entidades públicas por período correspondente à pena mínima cominada ao delito, diminuída de um a dois terços, em local a ser indicado pelo Ministério Público;
IV – pagar prestação pecuniária, a ser estipulada nos termos do art. 45 do Código Penal, a entidade pública ou de interesse social a ser indicada pelo Ministério Público, devendo a prestação ser destinada preferencialmente àquelas entidades que tenham como função proteger bens jurídicos iguais ou semelhantes aos aparentemente lesados pelo delito.
V – cumprir outra condição estipulada pelo Ministério Público, desde que proporcional e compatível com a infração penal aparentemente praticada.
§ 1º Não se admitirá a proposta nos casos em que:
I – for cabível a transação penal, nos termos da lei;
II – o dano causado for superior a vinte salários mínimos ou a parâmetro econômico diverso definido pelo respectivo órgão de revisão, nos termos da regulamentação local;
III – o investigado incorra em alguma das hipóteses previstas no art. 76, § 2º, da Lei n. 9.099/95;
IV – o aguardo para o cumprimento do acordo possa acarretar a prescrição da pretensão punitiva estatal;
V – o delito for hediondo ou equiparado e nos casos de incidência da Lei nº 11.340, de 7 de agosto de 2006.
§ 2º A confissão detalhada dos fatos e as tratativas do acordo deverão ser registrados pelos meios ou recursos de gravação audiovisual, destinados a obter maior fidelidade das informações, e o investigado deve estar sempre acompanhado de seu defensor.
§ 3º O acordo será formalizado nos autos, com a qualificação completa do investigado e estipulará de modo claro as suas condições, eventuais valores a serem

restituídos e as datas para cumprimento, e será firmado pelo Membro do Ministério Público, pelo investigado e seu defensor.

§ 4º Realizado o acordo, a vítima será comunicada por qualquer meio idôneo, e os autos serão submetidos à apreciação judicial.

§ 5º Se o juiz considerar o acordo cabível e as condições adequadas e suficientes, devolverá os autos ao Ministério Público para sua implementação.

§ 6º Se o juiz considerar incabível o acordo, bem como inadequadas ou insuficientes as condições celebradas, fará remessa dos autos ao procurador-geral ou órgão superior interno responsável por sua apreciação, nos termos da legislação vigente, que poderá adotar as seguintes providências:

I – oferecer denúncia ou designar outro membro para oferecê-la;

II – complementar as investigações ou designar outro membro para complementá-la;

III – reformar a proposta de acordo de não persecução, para apreciação do investigado;

IV – manter o acordo de não persecução, que vinculará toda a Instituição.

§ 7º O acordo de não persecução poderá ser celebrado na mesma oportunidade da audiência de custódia.

§ 8º É dever do investigado comunicar ao Ministério Público eventual mudança de endereço, número de telefone ou e-mail, e comprovar mensalmente o cumprimento das condições, independentemente de notificação ou aviso prévio, devendo ele, quando for o caso, por iniciativa própria, apresentar imediatamente e de forma documentada eventual justificativa para o não cumprimento do acordo.

§ 9º Descumpridas quaisquer das condições no acordo ou não observados os deveres do parágrafo anterior, no prazo e nas condições estabelecidas, membro do Ministério Público deverá, se for o caso, imediatamente oferecer denúncia.

§ 10 O descumprimento do acordo de não persecução pelo investigado, também, poderá ser utilizado pelo membro do Ministério Público como justificativa para o eventual não oferecimento de suspensão condicional do processo.

§ 11 Cumprido integralmente o acordo, o Ministério Público promoverá o arquivamento da investigação, nos termos desta Resolução.

§ 12 As disposições deste Capítulo não se aplicam aos delitos cometidos por militares que afetem a hierarquia e a disciplina.

§ 13 Para aferição da pena mínima cominada ao delito, a que se refere o *caput*, serão consideradas as causas de aumento e diminuição aplicáveis ao caso concreto.

Rodrigo da Silva Brandalise

Mestre em Ciências Jurídico-Criminais pela FDUL, Portugal.
Professor de Direito Processual Penal da FMP
Promotor de Justiça /RS.

Mauro Fonseca Andrade

Doutor em Direito pela Universidad de Barcelona/Espanha
Professor Titular de Direito Processual Penal da FMP
Professor Adjunto de Direito Processual Penal da UFRGS
Promotor de Justiça/RS

- **Da Previsão na Resolução 13/2006.**

Não havia dispositivo semelhante na Resolução nº 13, de 02 de outubro de 2006, do Conselho Nacional do Ministério Público.

- **Da Previsão na Versão Original da Resolução 181/2017.**

Art. 18. Nos delitos cometidos sem violência ou grave ameaça à pessoa, não sendo o caso de arquivamento, o Ministério Público poderá propor ao investigado acordo de não-persecução penal, desde que este confesse formal e detalhadamente a prática do delito e indique eventuais provas de seu cometimento, além de cumprir os seguintes requisitos, de forma cumulativa ou não:

I – reparar o dano ou restituir a coisa à vítima;

II – renunciar voluntariamente a bens e direitos, de modo a gerar resultados práticos equivalentes aos efeitos genéricos da condenação, nos termos e condições estabelecidos pelos artigos 91 e 92 do Código Penal;

III – comunicar ao Ministério Público eventual mudança de endereço, número de telefone ou *e-mail*;

IV – prestar serviço à comunidade ou a entidades públicas por período correspondente à pena mínima cominada ao delito, diminuída de um a dois terços, em local a ser indicado pelo Ministério Público.

V – pagar prestação pecuniária, a ser estipulada nos termos do art. 45 do Código Penal, a entidade pública ou de interesse social a ser indicada pelo Ministério Público, devendo a prestação ser destinada preferencialmente àquelas entidades que tenham como função proteger bens jurídicos iguais ou semelhantes aos aparentemente lesados pelo delito.

VI – cumprir outra condição estipulada pelo Ministério Público, desde que proporcional e compatível com a infração penal aparentemente praticada.

§ 1º Não se admitirá a proposta nos casos em que:

I – for cabível a transação penal, nos termos da lei;

II – o dano causado for superior a vinte salários mínimos ou a parâmetro diverso definido pelo respectivo órgão de coordenação;

III – o investigado incorra em alguma das hipóteses previstas no art. 76, § 2º, da Lei n. 9.099/95;

IV – o aguardo para o cumprimento do acordo possa acarretar a prescrição da pretensão punitiva estatal.

§ 2º O acordo será formalizado nos autos, com a qualificação completa do investigado e estipulará de modo claro as suas condições, eventuais valores a serem restituídos e as datas para cumprimento e será firmado pelo Membro do Ministério Público, pelo investigado e seu advogado.

§ 3º A confissão detalhada dos fatos e as tratativas do acordo deverão ser registrados pelos meios ou recursos de gravação audiovisual, destinados a obter maior fidelidade das informações.

§ 4º É dever do investigado comprovar mensalmente o cumprimento das condições, independentemente de notificação ou aviso prévio, devendo ele, quando for o caso, por iniciativa própria, apresentar imediatamente e de forma documentada eventual justificativa para o não cumprimento do acordo.

§ 5º O acordo de não-persecução poderá ser celebrado na mesma oportunidade da audiência de custódia.

§ 6º Descumpridas quaisquer das condições estipuladas no acordo ou não comprovando o investigado o seu cumprimento, no prazo e condições estabelecidas, o Membro do Ministério Público deverá, se for o caso, imediatamente oferecer denúncia.

§ 7º O descumprimento do acordo de não-persecução pelo investigado, também, poderá ser utilizado pelo Membro do Ministério Público como justificativa para o eventual não-oferecimento de suspensão condicional do processo.

§ 8º Cumprido integralmente o acordo, o Ministério Público promoverá o arquivamento da investigação, sendo que esse pronunciamento, desde que esteja em conformidade com as leis e com esta resolução, vinculará toda a Instituição.

▪ Introdução – 1ª parte dos comentários.

À partida, há de ser elogiada a preocupação do Conselho Nacional do Ministério Público (CNMP) em trazer à tona um assunto que necessita ser discutido no processo penal brasileiro, qual seja, a justiça penal negociada além dos institutos da conciliação, daqueles previstos na Lei nº 9.099/95 e da colaboração processual. Em obra específica,[1] defendeu-se sua aplicabilidade, obedecidos contornos legais, considerando ser a representação da autonomia individual do acusado, a adequação a direitos concedidos a ele e a expressão de princípios processuais penais, dentre eles, a celeridade e o prazo razoável do processo, independentemente de considerações outras, como custos financeiros.

Não obstante a coincidência de opinião quanto à necessidade de se fazer mais uso da justiça penal negociada no Brasil, impossível não tecer algumas considerações, especialmente aquelas que trazem maior preocupação, haja vista a forte repercussão do novel instituto criado pelo CNMP: o acordo de não persecução penal.[2-3]

---

[1] BRANDALISE, Rodrigo da Silva. *Justiça penal negociada*. Negociação de sentença criminal e princípios processuais penais relevantes. Curitiba: Juruá, 2016.

[2] De pronto, importante fazer um alerta ao leitor: o acordo, objeto de nossa atenção nestes comentários, apresenta uma dupla forma de redação por parte do CNMP. A primeira, presente na redação original da Resolução nº 181, de 2017, referia-se a ele como *acordo de não-persecução penal* (portanto, redigido com hífen). A segunda, presente na redação alterada por força da Resolução nº 183, de 2018, refere-se a ele como *acordo de não persecução penal* (portanto, redigido sem hífen), embora não haja efetuado tal alteração no nome dado ao Capítulo VII da Resolução nº 181, de 2017. De nossa parte, a fim de uniformizar a designação a tal instituto, faremos menção a ele como *acordo de não persecução penal*.

[3] Em estudo específico, mas anterior à reforma da Resolução nº 181, de 2017, tivemos a oportunidade de apresentar algumas linhas de discussão sobre o novel instituto do *acordo de não persecução penal*, podendo tal estudo ser encontrado em: ANDRADE, Mauro Fonseca; BRANDALISE, Rodrigo da Silva. Observações preliminares sobre o acordo de não persecução penal: da inconstitucio-

Assim, a primeira parte do trabalho refletirá as impressões a partir do contexto constitucional e legal brasileiro, ao passo que a segunda parte será composta da análise do instituto em si. Adota-se tal providência por não se conhecer, até o presente momento, nenhuma decisão do Poder Judiciário brasileiro sobre o que ora se estuda.

Desde logo, já se diz que a intenção do presente comentário é trazer subsídios para discussão e aperfeiçoamento do acordo penal, pois, com certeza, este tema trará inúmeras controvérsias. A propósito, cabe dizer que, da primeira para a segunda edição desta obra, houve alterações na Resolução original, que foram por nós sugeridas. Não obstante, muitos problemas tiveram sequência, como será visto.

Duas críticas já podem ser apontadas desde agora: o *nomen juris* do novel instituto, e a restrição de sua aplicabilidade às investigações criminais somente presididas pelo Ministério público.

Quanto ao seu *nomen juris*, a designação *acordo de não persecução penal* não se explica. Aliás, ele chega a ser contraditório com o que o acordo em questão se dispõe a fazer. Na nossa forma de ver, fica evidente que (1) há persecução penal já iniciada, pois o sujeito foi investigado antes de receber a proposta, e que (2) esse sujeito segue na condição de *perseguido*, pois o procedimento investigatório criminal somente será arquivado após o cumprimento das condições ajustadas com o Ministério Público.

Por sua vez, quanto à não aplicabilidade do acordo de não persecução penal a outras formas de investigação criminal, pode-se dizer que o CNMP perdeu uma bela oportunidade de publicar uma resolução própria para a abordagem desse instituto. Preferiu ele aproveitar uma resolução que já se encontrava em fase de construção para ali inserir um tema que nada tem a ver com o objeto da aludida resolução. Basta lembrar que a Resolução nº 181, de 2017, já no seu cabeçalho deixa claro que ela "Dispõe sobre instauração e tramitação do procedimento". Logo, ela deveria tratar exclusivamente de um modelo específico de investigação criminal – a presidida pelo Ministério Público –, em lugar de ingressar em tema que guarda relação com a ação penal e uma de suas condições (o interesse de agir). Sob este ângulo, portanto, falho foi o pensamento que levou à construção de um ato normativo que transbordou ao seu propósito.

Consequência disso é que há duas formas distintas de se tratar um investigado em nosso país, a depender do modelo de investigação em que ele esteja inserido: se na investigação criminal presidida pelo Ministério Público, ou se em investigação diversa (*i.e.*, inquérito poli-

nalidade à inconsistência argumentativa. *Revista da Faculdade de Direito da UFRGS*, Porto Alegre, nº 37, p. 239-262, dez. 2017.

cial ou inquérito judicial). Quanto à primeira, os seus sujeitos passivos poderão ser beneficiados com a proposta e aceitação do acordo *criado* pelo CNMP. Quanto aos demais, essa possibilidade se vê afastada, ao menos para os membros do Ministério Público que atuem nos estritos termos da resolução em comento. Ferido estaria, pois, o princípio da igualdade, ferimento este patrocinado por ninguém menos que o CNMP.

Feitas essas notas introdutórias, passa-se aos comentários em si, específicos que serão em relação ao acordo de não persecução projetado pela Resolução nº 181, de 2017, com as alterações patrocinadas pela Resolução nº 183, de 2018.

■ O acordo de não persecução penal – 1ª parte: um exame necessário sobre sua (in)constitucionalidade. O primeiro problema (a insuficiência das chamadas *Regras de Tóquio*).

Os conflitos formam parte relevante do contexto social e podem atingir interesses individuais e sociais. Nos dias atuais, dentro do processo criminal, o conflito inicial, que se dá entre pessoas, é substituído por seus representantes, de forma que, aquele que representa a sociedade e, por extensão, a vítima, atua de tal maneira que esta última tem uma participação menor na resolução do conflito, já que substituída pelo Estado.[4] Isto, dentre outros tantos fundamentos, dá origem à dicotomia entre a obrigatoriedade e a disponibilidade da ação penal.

A obrigatoriedade no oferecimento da ação penal consiste no dever imposto ao seu titular de intentá-la em todas as ocasiões em que conhecer a notícia de um crime, a partir da presença de elementos de materialidade/existência e indícios de sua autoria. Tal tem, como objetivo, evitar o arbítrio do Estado frente ao cidadão, na medida em que todos devem ter o tratamento igualitário frente à lei, característica marcante do chamado *sistema romano-germânico*.[5] Aliás, a justificativa inicial desse princípio está vinculada à regra das penas como um fim em si, já que deve haver a aplicação da sanção a todos aqueles que

---

[4] Christie expressa alguns dos motivos para tal substituição, como a necessidade do Estado em resolver o conflito e, por consequência, proteger a vítima e a sociedade, bem como, para afirmar seu poder, especialmente se tomarmos em consideração o passado da humanidade, o que justifica o Estado receber tudo o que for determinado para a solução do conflito e que parta do ofensor (dinheiro, propriedade, trabalho) (CHRISTIE, Nils. Conflict As Property. *The British Journal of Criminology*, Oxford, v. 17, n. 1, 1977, p. 4).

[5] TORRÃO, Fernando. *A relevância político-criminal da suspensão provisória do processo*. Coimbra: Almedina, 2000, p. 125.

cometem crimes, consequência que somente pode ser alcançada se todas as notícias de fatos criminosos forem perseguidas.[6]

Por outro lado, a discricionariedade[7] é voltada para uma modificação na compreensão de prevenção e consideração de suportabilidade da criminalidade no seio social, pelo que passa o processo a ter um caráter subsidiário.[8]

Este processo dispositivo vem elencado por algumas causas que levam a ser declinado o exercício da ação penal, como, p. ex., a ausência de interesse substantivo que a justifique, quando for o acusado sujeito à efetiva persecução em outra jurisdição e/ou quando houver alternativa não criminal para sua punição[9] (além, por certo, daquilo que informa o exercício da ação penal que depende da vontade das vítimas).[10]

Dito isso, cabe considerar que, segundo assentado, o processo penal brasileiro está vinculado ao princípio da obrigatoriedade da ação penal.[11] Na essência, o controle da acusação (rejeição ou não recebimento) é feito nos termos do artigo 395 do Código de Processo Penal: se a inicial acusatória for manifestamente inepta (inciso I), se faltar pressuposto processual ou condição para seu exercício (inciso II); ou sua justa causa (inciso III).

Na atualidade, porém, o Brasil passou a conviver com formas de alcançar a resolução antes mesmo da propositura da ação penal ou, uma vez proposta, de obter sua suspensão e seu encerramento antecipado.[12] Mas, ainda assim, há a vinculação à obrigatoriedade. Isto por-

---

[6] CAEIRO, Pedro. Legalidade e oportunidade: a perseguição penal entre o mito da "justiça absoluta" e o fetiche da "gestão eficiente" do sistema. *Revista do Ministério Público*, Lisboa, ano 21, n. 84, 2000, p. 33.

[7] Não existe um conceito próprio de discricionariedade, na medida em que ela é vista por seu contraponto, a obrigatoriedade (ADÉRITO TEIXEIRA, Carlos. *Princípio da oportunidade*: Manifestações em sede processual penal e sua conformação jurídico-constitucional. Coimbra: Almedina, 2006, p. 34-35).

[8] CAEIRO, Pedro. Legalidade..., *op. cit.*, p. 33.

[9] Como consta, nos Estados Unidos, nos termos do *Standard 9-27.220* dos *Principles of Federal Prosecution.*

[10] São considerações de ordem econômica, financeira, política, religiosa, que não podem ser feitas na obrigatoriedade (SOUSA MENDES, Paulo de. *Lições de direito processual penal*. Coimbra: Almedina, 2013, p. 205).

[11] Consoante os termos vigentes do artigo 42 e do artigo 576, ambos do Código de Processo Penal brasileiro, não pode o Ministério Público desistir da ação penal, nem do recurso interposto. Além disto, cita-se a situação do artigo 357, § 1º, do Código Eleitoral, que prevê a prática de crime pelo agente do Ministério Público que não oferece a denúncia no prazo legal, para os crimes ali regulados. E, por último, o artigo 28 do Código de Processo Penal, que estabelece a possibilidade de o juiz, ao não concordar com a promoção de arquivamento, encaminhá-la para exame do Procurador-Geral do respectivo Ministério Público que pode concordar com o arquivamento, promover ele próprio a ação penal ou designar outro agente ministerial para que ela seja proposta.

[12] FERNANDES, Antonio Scarance. *Processo penal constitucional*. 7. ed. São Paulo: Revista dos Tribunais, 2012, p. 207.

que, cumpridos os requisitos objetivos, tanto a transação penal como a suspensão condicional do processo devem ser oferecidas. A alternativa é a ação penal.

Não por acaso, se o juiz não concordar com a não propositura dos benefícios citados pelo agente ministerial, deve encaminhar ao Procurador-Geral do respectivo Ministério Público, de forma assemelhada ao artigo 28 do Código de Processo Penal,[13] em respeito ao que determina o artigo 129, inciso I, da Constituição Federal.

Mas o mais relevante disto: tanto a transação como a suspensão condicional do processo decorrem de lei (Lei nº 9.099/95, artigos 76 e 89, respectivamente).[14]

Este é o norte essencial: o processo penal brasileiro é pautado por ela. Aliás, é um preceito constitucional, na medida em que a titularidade da ação penal pública conferida ao Ministério Público, de forma privativa, se exerce *nos termos da lei* (artigo 129, inciso I, da CF/88).

Sobre isso, nossa Constituição é clara: no seu artigo 22, estabelece que compete à União legislar privativamente sobre direito processual (inciso I), ao passo que, de acordo com o artigo 24, compete à União, aos Estados e ao Distrito Federal legislar concorrentemente sobre procedimentos em matéria processual (inciso XI).

Eis o primeiro problema: é evidente o caráter processual da Resolução: ela diz com o (não) exercício da ação penal! Ou, dito de outra forma, como a atividade substitutiva do Estado de administração da justiça[15] será realizada. Afinal, é no processo que se dá o confronto entre o *ius puniendi* estatal e o *ius libertatis* individual,[16] tudo o que é versado neste ponto da Resolução.

---

[13] Súmula nº 696 do Supremo Tribunal Federal: "[...] reunidos os pressupostos permissivos da suspensão condicional do processo, mas se recusando o promotor de justiça a propô-la, o juiz, dissentindo, remeterá a questão ao procurador-geral, aplicando-se por analogia o art. 28 do CPP".

[14] Em linhas próximas, a Recomendação Conjunta GPGJ/CGMP nº 1 de 14 de setembro de 2017 do Estado do Rio de Janeiro: "CONSIDERANDO que o Ministério Público, embora destinatário constitucional da titularidade da ação penal, está adstrito a critérios de legalidade estrita para mitigação (discricionariedade regrada) da obrigatoriedade da ação penal, nos termos do art. 42 do Código de Processo Penal, com exceções previstas na legislação especial (colaboração premiada, transação penal, suspensão condicional do processo etc.)".

[15] TUCCI, Rogério Lauria. *Teoria do Direito Processual Penal.* Jurisdição, ação e processo penal (estudo sistemático). São Paulo: Revista dos Tribunais, 2002, p. 18. Não é possível concordar com a opinião de que não haveria matéria processual versada na Recomendação, como consta na "Nota Técnica sobre o acordo de não-persecução penal", assinada pelo Centro de Apoio Operacional Criminal e pelo Grupo de Atuação Especial de Repressão ao Crime Organizado do Ministério Público da Paraíba.

[16] TUCCI, Rogério Lauria. *Teoria..., op. cit.*, p. 165. O fato de a Resolução ainda versar sobre a fase de investigação não afasta tal consideração, na medida em que ela está a dizer sobre o fim para o qual a investigação se destina, qual seja, o de embasar a acusação futura.

Não ao acaso, e desde 1941, o nosso Código de Processo Penal é expresso em dizer que o processo será regido por ele (artigo 1º, *caput*[17]), sendo que a lei processual penal aplicar-se-á desde logo (artigo 2º). Em suma: regras de processo somente podem ser criadas por lei formalmente constituída, obedecido ao processo legislativo constitucional.

Como se vê, o texto expedido pelo CNMP é uma *resolução* e, como tal, tutela – ou deveria tutelar – um interesse ou assunto interno.[18] Logo, deve estar em consonância com a lei processual, não podendo a ela se sobrepor.

A edição de normas pelo CNMP não obedece ao processo legislativo constitucionalmente estabelecido. A propósito, nossa Constituição Federal, em seu, artigo 130-A, § 2º, inciso I, autoriza que o CNMP expeça atos regulamentares no âmbito de sua competência, para controle da atuação administrativa e financeira do Ministério Público e do cumprimento dos deveres funcionais de seus membros.[19]

O CNMP não possui autorização constitucional para alterar lei formal, pois de Poder Legislativo, em sua essência, não se trata.[20] Aliás, qual dos atos deverá ser seguido se o Conselho Nacional de Justiça (CNJ) resolver regulamentar o acordo de não persecução também, por discordar dos termos da presente Resolução?

Caminhando um pouco mais nas polêmicas: e se o Conselho Federal da Ordem dos Advogados do Brasil (OAB) resolver editar um provimento sobre a matéria, em absoluta dissonância não apenas com

---

[17] Em comentários ao artigo, refere a doutrina: "Por fim: em matéria de Lei, os critérios de interpretação mais adequados seguem sendo aqueles constantes do decantado tripé da *cronologia* (lei posterior revoga a anterior); da *especialidade* (lei especial afasta a aplicação da geral e vice-versa); e da *hierarquia* (supremacia da Constituição)" (PACELLI, Eugênio; FISCHER, Douglas. *Comentários ao Código de Processo Penal e sua* jurisprudência. 9ª ed., rev. e atual.. São Paulo: Atlas, 2017, p. 7).

[18] MONTORO, André Franco. *Introdução à Ciência do Direito*. 28ª ed., rev. e atual.. São Paulo: Revista dos Tribunais, 2009, p. 387.

[19] Cabe dizer que o "cunho normativo primário" (fundamento também expressado na "Nota Técnica sobre o acordo de não-persecução penal", assinada pelo Centro de Apoio Operacional Criminal e pelo Grupo de Atuação Especial de Repressão ao Crime Organizado do Ministério Público da Paraíba) conferido aos Conselhos Nacionais, nos termos da Medida Cautelar em Ação Declaratória de Constitucionalidade nº 12-6/DF, está limitado, objetivamente, ao alcance regulatório determinado pela Carta Magna vigente. O caso que ensejou tal decisão era o de "exercício de cargos, empregos e funções por parentes, cônjuges, e companheiros de magistrados e de servidores investidos em cargos de direção e assessoramento, no âmbito dos órgãos do Poder Judiciário" (Resolução do CNJ nº 07/2005) (STF, MC em ADC nº 12-6/DF, Rel. Min. Ayres Brito, j. 16/02/2006). Em momento algum, conferiu este caráter para outras matérias, como direito penal e direito processual penal.

[20] O Supremo Tribunal Federal, na ADIN 3.367/DF, afirmou a natureza administrativa do Conselho Nacional de Justiça. Com base nesta decisão, a partir da simetria entre os dois Conselhos, a doutrina afirma que esta também é a natureza do CNMP, o que limita a atuação e a interpretação a ser feita por ele (ZIESEMER, Henrique da Rosa. *Direito Institucional*. Comentários ao Regimento Interno do Conselho Nacional do Ministério Público. 2ª ed., rev. e atual. até 10/05/2017. Rio de Janeiro: Lumen Juris, 2017, p. 7 a 9).

esta Resolução, mas também contra o CPP e contra as intenções processuais do Ministério Público? Não se esqueça de que o Conselho Federal da OAB tem competência para *editar os provimentos que julgar necessários* (Estatuto da Ordem dos Advogados do Brasil, artigo 54, inciso V). Afinal, sabido é que os advogados, em seara penal, não são obrigados a terem a mesma compreensão do Ministério Público, o que fazem na atuação necessária para cumprimento do direito constitucional de ampla defesa dos acusados em geral (CF/88, artigo 5º, inciso LV).

Sobre a capacidade legiferante dos órgãos antes citados, mais um comentário mostra-se essencial.

No ano de 2015, o CNJ expediu a Resolução 213, com ela estabelecendo previsões para a chamada *audiência de custódia*. Conforme a doutrina expressa, referida audiência tem o objetivo precípuo de prevenir ameaças, maus-tratos e a constatação de eventuais privações de liberdades ilegais e arbitrárias.[21]

Nesta linha, o próprio artigo 1º da Resolução mencionada já diz que toda pessoa presa em flagrante delito deverá ser obrigatoriamente apresentada, em até 24 horas da comunicação do flagrante, à autoridade judicial competente, e ouvida sobre as circunstâncias em que se realizou sua prisão ou apreensão.

Ao se analisar a razão da existência da audiência de custódia, de plano ressalta que, embora existam pontos onde sua constitucionalidade é questionada pela doutrina,[22] não serve a atuação do CNJ como legitimadora do poder legiferante do CNMP aqui estudado. Diz-se isto, por dois motivos evidentes:

> a) a audiência de custódia não dita o destino da ação penal! Sua realização ou não, quando muito, interferirá em um momento da análise da prisão provisória havida, mas, em hipótese alguma, a persecução penal será extinta, modificada ou desconstituída por causa de sua ausência;
> b) e, principalmente, porque sua não ocorrência sequer interfere na validade da prisão que a originara.[23]

O que se quer dizer, portanto, é que o ato regulamentador do CNJ disciplinou um momento de análise da prisão, unicamente. Em momento algum, o CNJ buscou ditar o destino final da persecução iniciada, pois isto depende de lei, como já visto. Noutro passo, fica evidente

---

[21] ANDRADE, Mauro Fonseca; ALFLEN, Pablo Rodrigo. *Audiência de custódia no processo penal brasileiro*. 2ª ed. Porto Alegre: Livraria do Advogado, 2016, p. 56-60.

[22] Idem, p. 112-120.

[23] Diz o Superior Tribunal de Justiça: "Não se vislumbra ilegalidade passível de concessão da ordem de ofício quando não realizada a audiência de custódia, uma vez que a jurisprudência desta Corte é firme no sentido de que eventual nulidade do flagrante fica superada com a superveniência do decreto de prisão preventiva (precedentes)" (STJ, RHC 85101/MG, Rel. Min. Felix Fischer, j. 15/08/2017).

que o CNMP, administrativamente, quer dizer o que justifica, o não, o ajuizamento da ação penal. São fins, objetivos e resultados absolutamente distintos.

Portanto, não se pode usar a analogia como fundamento em situações que não se comunicam em atuação legiferante,[24] seja em suas origens, seja em seus procedimentos, seja em suas consequências.[25]

Aliás, incabível usar as chamadas *Regras de Tóquio* como solução para o problema.[26] Conforme é possível analisar do seu teor em português – disponível no site do CNJ[27] –, elas surgem como uma proposta para "consolidar uma série de princípios comprometidos com a promoção e estímulo à aplicação, sempre que possível, de medidas não privativas de liberdade, são o divisor de águas entre uma cultura exclusivamente punitivista e a construção de um modelo mais humanizado de distribuição da justiça (...)".

Ou seja, são elas diretrizes sugeridas que "enunciam uma série de princípios básicos que visam promover o uso de medidas não privativas de liberdade, assim como garantias mínimas para os indivíduos submetidos a medidas substitutivas ao aprisionamento" (o primeiro de seus objetivos fundamentais, de nº 1.1).

Mas o ponto de destaque para demonstrar que, novamente, as Resoluções do CNMP estão com a eiva aqui apontada está no nº 3.1 destas Regras. Segundo ali consta, a adoção, a definição e a aplicação de medidas não privativas de liberdade devem ser prescritas por lei. Noutros termos, até mesmo o documento supranacional utilizado pelo Conselho indica a exigência de algo que nossa Constituição Federal também exige: a lei, sentido formal! A propósito, as *Regras de Tóquio* não foram recebidas como texto legislativo no Brasil.

---

24 Há parcela da doutrina que cita a regulamentação do CNJ sobre a audiência de custódia como base para fundamentar a legalidade da regulamentação pelo CNMP. Ainda, citam outros exemplos de regulamentação administrativa em matéria processual penal [dentre outros: CUNHA, Rogério Sanches; SOUZA, Renee do Ó. *A legalidade do acordo de não persecução penal (Res. 181/17 CNMP): uma opção legítima de política criminal*. Meu *site* jurídico.com, 14 de setembro de 2017, documento não paginado]. Porém, em todos eles, falta uma previsão que seja comum ao presente acordo de não persecução: nenhuma delas dá fim à persecução penal em si.

25 Como ensina a doutrina: "A analogia consiste em aplicar a um caso não previsto a norma que rege outro semelhante. [...] Não basta, porém, a semelhança de casos ou situações. É necessário que exista a mesma razão para que o caso seja decidido de igual modo. Ou, como diziam os romanos, onde existe a mesma razão da lei, cabe também a mesma disposição (*Ubi eadem legis ratio, ibi eadem legis dispositio*) [...]" (MONTORO, André Franco. *Introdução..., op. cit.*, p. 431).

26 As chamadas *Regras de Tóquio* (Regras Mínimas Padrão das Nações Unidas para a Elaboração de Medidas Não Privativas de Liberdade) foram elencadas como um dos *Considerandos* para justificar a adoção de racionalização do sistema punitivo brasileiro pela Resolução nº 183, de 24 de janeiro de 2018, do CNMP (estranha-se terem sido elas desconhecidas quando da Resolução nº 181).

27 Disponível em: <http://www.cnj.jus.br/files/conteudo/arquivo/2016/096ab7922434499259ffca0729122b2d38.pdf>.

Outro ponto deve ser analisado com relação à analogia. É possível verificar que o acordo estudado quer ser uma forma de colaboração processual.[28] Como apresenta a doutrina,[29] esta pode ser caracterizada como uma conduta de cooperação por parte daquele que é investigado ou processado criminalmente, de forma a auxiliar na obtenção de provas para a persecução penal.

As exigências do artigo 18 quanto à confissão formal e circunstanciada (antes, era definida como 'formal e detalhada') da prática do delito e a indicação de eventuais provas de seu cometimento também são previstas para o acordo de colaboração processual previsto na Lei nº 12.850/13, artigo 4º, incisos do *caput*,[30] e §14. Contudo, o artigo 4º, § 4º, incisos I e II, da Lei nº 12.850/13 indica quando há a possibilidade legal para o não oferecimento da denúncia, qual seja, não ser o investigado o líder da organização criminosa e for o primeiro a prestar efetiva colaboração.

O fim objetivado pela Lei nº 12.850/13 é claro: serve como meio de obtenção de prova para apuração de crimes praticados por organizações criminosas (artigo 3º, inciso I). O que o legitima é a percepção estatal de que existem crimes cujo resultado final de condenação suporta a possibilidade de que algum integrante da organização não seja punido porque auxilia na preservação do interesse estatal maior. Por ser um benefício para situações específicas, deve ser interpretado restritivamente, a teor do que dispõe o artigo 114 de nosso Código Civil. E a restrição interpretativa se justifica, pois importa em verdadeira discricionariedade da ação penal pública, verdadeira exceção em nosso sistema.[31]

Pode-se perceber que não há a mesma simetria na Resolução. Assim, descabe analogia entre eles como fundamento de legitimação.

---

[28] Uma nota cabe ser feita: quando se falar em "colaboração processual", implicitamente também estará sendo tratada a "delação premiada", pois para ela também pode a lei, mesmo que futuramente, previr hipótese de não oferecimento da ação penal como uma de suas retribuições. Como refere a doutrina, não há maior sentido em buscar uma distinção entre os dois conceitos, a partir das intenções previstas na Lei nº 12.850/13 sobre a colaboração em si (FONSECA, Cibele Benevides Guedes da. *Colaboração premiada*. Belo Horizonte: Del Rey, 2017, p. 90).

[29] ESSADO, Tiago Cintra. Delação premiada e idoneidade probatória. *Revista Brasileira de Ciências Criminais*, São Paulo, v. 21, n. 101, 2013, p. 4.

[30] Nos termos legais: "I – a identificação dos demais coautores e partícipes da organização criminosa e das infrações penais por eles praticadas; II – a revelação da estrutura hierárquica e da divisão de tarefas da organização criminosa; III – a prevenção de infrações penais decorrentes das atividades da organização criminosa; IV – a recuperação total ou parcial do produto ou do proveito das infrações penais praticadas pela organização criminosa; V – a localização de eventual vítima com a sua integridade física preservada".

[31] Essado afirma tratar-se de verdadeira hipótese de aplicação do princípio da oportunidade dentro do processo penal brasileiro (ESSADO, Tiago Cintra. Delação premiada..., *op. cit.*, p. 212).

Em suma, e concretamente, como previsão de nova forma de procedimento para atuação ministerial no encerramento do processo penal, há forte possibilidade de a Resolução ser formalmente inconstitucional,[32] o que deve ser tido como grave fonte de preocupação. Entende-se que a intenção expressada pelo CNMP deveria ter servido, desde logo, como (início de) projeto de lei[33] junto às nossas casas legislativas – seja pelo que foi antes citado, seja pelo que será visto no ponto seguinte.

- **O acordo de não persecução penal – 1ª parte: um segundo problema. A prova nova surgida após seu cumprimento.**

Este problema ainda remanesce insolúvel, mesmo com a alteração da Resolução nº 181 pela de nº 183, de 24 de janeiro de 2018. Como será visto, não pode o CNMP resolvê-lo.

Desnecessário explicar, novamente, que a Resolução não se trata de lei conforme o processo legislativo constitucional. Por conta disto, não pode ela alterar o Código Penal e o Código de Processo Penal, bem como, as leis penais e processuais penais extravagantes. Assim, avizinha-se outro problema de grande monta.

Ilustra-se com um exemplo hipotético: dois sujeitos, "A" e "B" são investigados no mesmo expediente. Ao final da investigação, conclui-se que o sujeito "A" cometeu um homicídio qualificado e um furto qualificado; e o sujeito "B", o mesmo furto qualificado. O sujeito "B" realiza o acordo de não persecução penal, o que não é possibilitado ao sujeito "A", dados os crimes por ele cometidos.

---

32 Não por acaso, a Recomendação Conjunta GPGJ/CGMP nº 1 de 14 de setembro de 2017 do Estado do Rio de Janeiro assim se expressa: "CONSIDERANDO a necessidade de aprofundar o debate sobre a legitimidade constitucional da inovação, quanto ao poder normativo em matéria penal".

33 Uma decisão posterior do STF ratifica o que aqui se afirma. Na medida cautelar em ação de descumprimento de preceito fundamental (ADPF) nº 482/DF, proposta pela Procuradoria-Geral da República, foi conferida liminar suspendendo os efeitos do pedido de providências nº 0.00.000.000229/2015-39 do CNMP, o qual estabeleceu as balizas para a permuta nacional entre membros dos Ministérios Públicos dos Estados e do Distrito Federal. Dentre outros fundamentos, o requerente da ADPF sustenta que não consta autorização legal para a permuta versada na decisão do CNMP, seja na Lei Orgânica do Ministério Público da União (Lei Complementar 75/1993), seja na Lei Orgânica Nacional (Lei 8.626/1993), tratando-se o acórdão impugnado de ato não apenas inconstitucional, mas também ilegal. Foi deferida a liminar pelo Ministro Alexandre de Moraes, dentre outras, por que "(...) leis complementares da União e dos Estados, cuja iniciativa é facultada aos respectivos Procuradores-Gerais, estabelecerão a organização, as atribuições e o estatuto de cada Ministério Público (...)". Assim: o Presidente do CNMP não aceita que o Conselho fira iniciativa legislativa dos Procuradores-Gerais, mas aceita e estimula que seja usurpada função que é do Poder Legislativo. Mas, mais ainda, a Procuradoria-Geral da República diz que não pode o CNMP atuar quando não houver lei ou texto constitucional que o permita (de ser dito que a decisão é liminar, já que o mérito da ADPF não foi julgado ainda). É exatamente o que se sustenta neste trabalho.

O sujeito "B" cumpre as condições impostas no acordo, e é pedido o arquivamento quanto a ele por tal motivo (§ 11), antes do encerramento da instrução do processo ao qual o sujeito "A" responde.

Finalizada a instrução do, agora, réu "A", percebe-se que não se tratava de um homicídio qualificado em concurso com um crime de furto qualificado. Na verdade, o fato havido foi um latrocínio, e o sujeito "B" era partícipe deste mesmo crime, cometido com violência e que não poderia ter sido objeto de acordo de não persecução penal (*caput* do artigo 18). Qual a solução que a Resolução dá para este caso? Pode ser reaberta a persecução penal contra o sujeito "B"? Não é à toa o questionamento.

O § 9º do artigo 18 expressa que, descumpridas quaisquer das condições estipuladas no acordo ou não cumprindo o previsto no § 8º, o membro do Ministério Público deverá, se for o caso, imediatamente oferecer denúncia. Só que, no caso exemplificado, houve o cumprimento das condições exigidas.

Como visto, o § 11º do presente artigo fala em "arquivamento", desde que cumprido o acordo (antes, era quando estivesse em conformidade com as leis e com esta resolução). No exemplo citado, descobriu-se a falta de requisito para o acordo após o arquivamento havido.

Temos de buscar orientação em outras hipóteses assemelhadas. E, como será visto, elas não são uniformes e não servem para equacionar a questão ora vertida.

O artigo 18 de nosso CPP permite a reabertura das investigações se surgidas novas provas.[34] Seria o caso de sua aplicação como solução ao problema? Ocorre que este permissivo não é interpretado de forma irrestrita.

Quando o arquivamento envolve a tipicidade, o entendimento consolidado é de que ele faz coisa julgada formal e material.[35] Assim, a confecção do acordo e seu posterior arquivamento significará uma forma indireta de *arquivamento por atipicidade da conduta*, na medida em que o Estado assume o risco (um *dolo eventual*) de não perseguir um crime mais grave?

---

[34] Na mesma linha, Súmula nº 524 do Supremo Tribunal Federal: "Arquivado o inquérito policial, por despacho do juiz, a requerimento do promotor de justiça, não pode a ação penal ser iniciada, sem novas provas".

[35] LIMA, Renato Brasileiro de. *Manual de processo penal*. 4ª edição rev., ampl. e atual., Salvador: Jus Podium, 2016, p. 162. Neste sentido: "[...] Não se revela cabível a reabertura das investigações penais, quando o arquivamento do respectivo inquérito policial tenha sido determinado por magistrado competente, a pedido do Ministério Público, em virtude da atipicidade penal do fato sob apuração, hipótese em que a decisão judicial – porque definitiva – revestir-se-á de eficácia preclusiva e obstativa de ulterior instauração da "persecutio criminis", mesmo que a peça acusatória busque apoiar-se em novos elementos probatórios. Inaplicabilidade, em tal situação, do art. 18 do CPP e da Súmula 524/STF" (STJ, HC 84156, Rel. Min. Celso de Mello, j. 26/10/2004).

Poder-se-á responder ao questionamento de fundo com a alegação de que a nova capitulação faria surgir o interesse processual[36] que antes não havia. O interesse é tido como uma das condições da ação, e compreende a necessidade de utilização da ação penal para satisfação do direito material almejado.[37] Por ser condição da ação, o arquivamento fundado em tal inexistência faz, apenas, coisa julgada formal,[38] o que poderia fazer com que a matéria fosse rediscutida.

Aqui, surgem duas situações essenciais e que necessitam respostas:

a) pode o Ministério Público pedir a revisão dos pressupostos de existência e de validade de um acordo já cumprido, sendo que ele próprio deu causa ao acordo, ao assumir o risco de que surgisse a prova nova? Amolda-se que não, salvo se lei surgir para excetuar a disposição do artigo 565 do CPP;[39]

b) caso seja possível, como serão tratadas, futuramente, as condições integralmente cumpridas? Se for, os cumprimentos havidos em decorrência do acordo servirão para detração futura da pena?

Voltando ao exemplo antes descrito: e se buscarmos responder a questão com a transação penal e com a suspensão condicional do processo? Se tomarmos elas como referência, chegaremos à conclusão de que não se trata de arquivamento do acordo de não persecução penal, mas de uma causa de extinção da punibilidade (Lei nº 9.099/95, artigo 89, § 5º). Nos termos da Súmula Vinculante nº 35 do STF, se a transação penal for cumprida, obstado estará o oferecimento da ação penal.

Compreende-se o silêncio da Resolução quanto a isto: extinção da punibilidade é situação de direito penal material, que somente pode estar prevista por força de lei, dado o princípio da legalidade penal (CF/88, artigo 5º, incisos XXXIX e XL).

Se tratarmos o instituto aqui analisado como forma de extinção da punibilidade, nada poderá mais ser feito. Aliás, se for tido como forma de extinção da punibilidade, norma material mais benéfica, trará consigo o problema da retroatividade (CF/88, art. 5º, inciso XL).

---

[36] É o que se interpreta daquilo que a própria Corregedoria Nacional do Ministério Público expôs em seus estudos que embasaram a presente Resolução: "Conforme a proposta aqui apresentada, o Ministério Público – uma vez cumprido o acordo – deixaria de ter *interesse processual* na propositura da ação penal, tendo em conta que já estaria suficientemente satisfeita a pretensão punitiva Estatal, existindo, pois, a possibilidade de arquivamento da investigação" (BRASIL. Corregedoria Nacional do Ministério Público. *Autos nº 01/2017*. Brasília: Conselho Nacional do Ministério Público, 2017, p. 31 – sem grifo no original).

[37] TUCCI, Rogério Lauria. *Teoria...*, *op. cit.*, p. 93.

[38] LIMA, Renato Brasileiro de. *Manual...*, *op. cit.*, p. 161-162.

[39] "Nenhuma das partes poderá argüir nulidade a que haja dado causa, ou para que tenha concorrido (...)".

Ocorre que não se pode analisar o acordo, unicamente, pela visão do benefício que possa causar ao investigado.[40] Também há de ser vista a compreensão e os interesses sociais, notadamente de eficiência e segurança.[41]

Assim, cabe dizer que a lei se mostra essencial para a definição dos acordos por uma razão simples: a revisão criminal *pro societate* não é possível em nosso sistema,[42] e isto molda diversas interpretações dentro do processo. Entretanto, como aduz a doutrina, a nossa Constituição Federal vigente não previu a revisão criminal como direito e garantia individual,[43] pelo que sua vedação *pro societate* se dá por consequência de lei. Se lei nova surgir, todas as questões aqui veiculadas podem ser resolvidas.

Se é certo que o legislador pode manter o *estado atual da arte*, é o próprio legislador quem pode solucionar, por um texto expresso, as dificuldades inerentes de um sistema que se quer criado de maneira infralegal.

Afinal, ainda que se invoque a Convenção Interamericana de Direitos Humanos, esta somente veda a revisão contra o acusado absolvido com decisão transitada em julgado.[44] No caso ora estudado, não se trata de absolvição, mas de arquivamento decorrente de falta de condição da ação ou de causa extintiva da punibilidade, como visto acima. A Resolução não pode inovar ao texto legal, seja na criação do acordo em si, seja nas suas consequências.

Não se pode esquecer que o Ministério Público é o titular privativo da ação penal pública, *na forma da lei* (CF/88, artigo 129, inciso I), diferentemente do que ocorre na tutela dos direitos coletivos em matéria civil. Ou seja, não pode ele dispor da ação penal ao seu talante. Nunca é demais relembrar que o CNMP também deve zelar pelo respeito ao

---

[40] Na linha de visão como benefício ao acusado, dentre outros: CUNHA, Rogério Sanches; SOUZA, Renee do Ó. *A legalidade..., op. cit.*, documento não paginado.

[41] "Em nossa *compreensão (integral) dos postulados garantistas*, o Estado deve levar em conta que, na aplicação dos direitos fundamentais (individuais e sociais), há a necessidade de garantir também ao cidadão a *eficiência e segurança*" [FISCHER, Douglas. O que é garantismo penal (integral)? In CALABRICH, Bruno; FISCHER, Douglas; PELELLA, Eduardo. *Garantismo penal integral*. Questões penais e processuais, criminalidade moderna e a aplicação do modelo garantista no Brasil. 2ª ed., rev., ampl. e atual.. Salvador: JusPodium, 2013, p. 40].

[42] Conforme o artigo 623 de nosso CPP, "a revisão poderá ser pedida pelo próprio réu ou por procurador legalmente habilitado ou, no caso de morte do réu, pelo cônjuge, ascendente, descendente ou irmão".

[43] BADARÓ, Gustavo Henrique. *Manual dos recursos criminais*. 2ª ed., rev., atual. e ampl.. São Paulo: Revista dos Tribunais, 2017, p. 472.

[44] De acordo com o artigo 8, nº 4, da Convenção: "o acusado absolvido por sentença passada em julgado não poderá ser submetido a novo processo pelos mesmos fatos".

princípio da legalidade na atuação dos membros do Ministério Público brasileiro (CF/88, art. 130-A, § 2º, inciso II).[45]

Reitere-se: a intenção expressada pelo CNMP deveria ter servido, desde logo, como (início de) projeto de lei junto às nossas casas legislativas, especialmente por conta do principio da legalidade.[46]

■ O acordo de não persecução penal – 1ª parte: um terceiro problema. A questão de homologação judicial prévia (uma meia solução).

Neste tópico, é possível notar que o CNMP entendeu a crítica que expusemos na primeira edição desta obra. Entretanto, por melhor que tenha sido a boa intenção da Resolução nº 183, ainda remanesce um problema essencial.

Como se vislumbra da leitura da Resolução, de maneira adequada, o acordo proposto deve ser realizado entre o Ministério Público e o investigado. Não cabe a participação do juiz na negociação em si.

Quando da primeira edição, assim foi exposto:

> Não obstante, o legislador brasileiro firmou compreensão de que o juízo deve homologar ou decidir os acordos entabulados. Podemos indicar, sem prejuízo de outras situações, a Lei nº 9.099/95, artigo 74 (caso de composição civil), artigo 76, § 4º (caso de transação penal), artigo 89, § 1º (caso de suspensão condicional do processo). Ainda, a Lei nº 12.850/13, artigo 4º, § 7º (caso de homologação de acordo celebrado em colaboração processual).
>
> Em todas as hipóteses elencadas, a homologação ou decisão, para a devida produção de seus efeitos, antecede o cumprimento da pactuação. Sucintamente, esta atuação judicial está presente para fins de aferição da regularidade, legalidade e voluntariedade expressada nos acordos.[47]
>
> (...)
>
> Aliás, o próprio CNMP entende ser caso de arquivamento junto ao Poder Judiciário, momento em que seria aplicada a hipótese do artigo 28 do CPP.[48] No entanto, o CNMP

---

[45] Como aponta a doutrina: "[...] Vale lembrar que enquanto órgão público que é, o Conselho Nacional do MP está vinculado e adstrito a todos os princípios constitucionais elencados no art. 37 da Constituição da República" (ZIESEMER, Henrique da Rosa. *Direito Institucional..., op. cit.*, p. 29).

[46] Esta compreensão é diferente daquela que se tem quanto à possibilidade de acordos em ações de improbidade administrativa, na medida em que a legislação civil e a processual civil que se sucedeu à Lei nº 8.429/92 trouxe hipóteses que admitem a aplicação de convenções sobre a matéria de improbidade, notadamente quando são observados os termos do acordo de leniência e do novel Código de Processo Civil, sem prejuízo de outros fundamentos. Sobre isto: BRANDALISE, Rodrigo da Silva. É possível fazer uma releitura do artigo 17, § 1º, da Lei de Improbidade Administrativa a partir do novo Código de Processo Civil? In SILVA, Cláudio Barros; BRASIL, Luciano de Faria. *Reflexões sobre o novo Código de Processo Civil.* 2ª edição, revista. Porto Alegre: Livraria do Advogado, 2016, p. 375-400.

[47] BRANDALISE, Rodrigo da Silva. *Justiça penal negociada..., op. cit.*, p. 183.

[48] "De tal maneira, uma vez cumprido o acordo, o Ministério Público estaria autorizado a promover o arquivamento da investigação. Seria precisamente nesse momento que o Poder Judiciário

inovou frente à legislação: por sua Resolução, não haverá homologação prévia do acordo pelo juiz. No entanto, o CNMP inovou frente à legislação: por sua Resolução, não haverá homologação prévia do acordo pelo juiz (...).

Não suficiente o que foi exposto acima, usa-se novo exemplo: o Ministério Público realiza acordo de não-persecução com o único sujeito investigado, identificado como "A". Para fins de embasamento do acordo, entende-se ter ele praticado um delito de furto, sem haver concurso de agentes. O beneficiado com o acordo cumpre com todas as condições firmadas, o que justifica o pedido de arquivamento pelo Ministério Público a ser apresentado em juízo. Até então, não houve qualquer participação judicial (pela resolução, reitere-se, somente após o adimplemento dele é que terá o juiz contato com todas as definições).

Ao fazer a apreciação do pedido de arquivamento, o juiz constata que o fato típico não era de furto, mas de roubo. Ou, então, percebe a presença de uma causa de não admissão dos acordos, nos termos dos incisos do § 1º do artigo 18 aqui estudado. Como a Resolução resolve isto? Afinal:

a) pode haver a revisão dos pressupostos de existência e de validade de um acordo já cumprido, sendo que o próprio Ministério Público deu causa a ele (artigo 565 do Código de Processo Penal)?;

b) caso seja possível, como serão tratadas, futuramente, as condições integralmente cumpridas?

c) estará vinculado o Procurador-Geral (§ 8º) aos termos de um acordo que, segundo sua verificação, não poderia ter sido realizado, dada a natureza do crime?[49] Se a resposta for negativa, como parece ser o adequado, volta-se às duas questões anteriores. É imperioso que o juiz tome conhecimento do conteúdo do acordo antes de seu adimplemento, na medida em que fiel da legalidade, da regularidade e da voluntariedade dos pactos.[50]

Com a nova redação, nos termos do § 4º, parte final, realizado o acordo, os autos serão submetidos à apreciação judicial. Sendo tidos como adequados e suficientes os termos do acordo, o juiz devolverá os autos ao Ministério Público para sua implementação (§ 5º).

---

faria o controle sobre os acordos de não persecução penal, podendo provocar o Procurador-Geral de Justiça, com base no art. 28 do CPP, quando realizados em desconformidade com os limites estabelecidos pela Resolução" (BRASIL. Corregedoria Nacional do Ministério Público. *Autos nº 01/2017*. Brasília: Conselho Nacional do Ministério Público, 2017, p. 31).

[49] A Recomendação Conjunta GPGJ/CGMP nº 1, de 14 de setembro de 2017, do Estado do Rio de Janeiro também assim se justifica: "CONSIDERANDO a necessidade de aprimorar, no nível local, o sistema de controle (homologação/revisão) com a prerrogativa natural do Procurador-Geral de Justiça em matéria de política criminal, compatibilizando-o com o art. 28 do Código de Processo Penal, a teor do que dispõe o art. 18, § 8º, in fine, da indigitada Resolução do Conselho Nacional".

[50] Sobre a importância da fiscalização judicial frente à atuação ministerial na etapa da formação da opinião sobre o delito, ver os comentários sobre o arquivamento previsto na Resolução. Porém, cumpre referir a preocupação também presente na Recomendação Conjunta GPGJ/CGMP nº 1 de 14 de setembro de 2017 do Estado do Rio de Janeiro: "CONSIDERANDO que o acordo de não persecução-penal, trazendo aplicação imediata de pena não privativa de liberdade, se cumprido, produziria autêntico efeito impeditivo da punibilidade, aniquilando, no mérito, a pretensão punitiva do Estado, o que exige algum mecanismo de controle (*interna corporis* ou via função judicial anômala, a teor do art. 28 do Código de Processo Penal)".

Também com a nova redação, o § 6º passa a estabelecer que o juiz deve remeter os autos ao Procurador-Geral respectivo quando entender incabível o acordo, ou quando verificar que seus termos são inadequados ou insuficientes.

A redação destes três últimos parágrafos mostra que o CNMP enxergou a falha da redação original. Afinal, cabe ao juízo a fiscalização do interesse estatal representado pelo exercício da ação penal.

Porém, permanece e ressalta mais um problema de ordem constitucional: os juízes estão atrelados ao CNJ, nos termos do artigo 103-B, § 4º, de nossa Carta Maior,[51] o que nos remete à pergunta: e se o CNJ resolver editar uma regra própria sobre o que ora se debate, qual deve ser cumprida?

Se o CNMP não pode impor regras de atuações aos juízes, a submissão dos magistrados ao conteúdo dos acordos somente pode-se dar por aquilo que é cogente e obrigatório a magistrados, membros do Ministério Público, defensores e advogados: a lei!

Novamente: a intenção expressada pelo CNMP deveria ter servido, desde logo, como (início de) projeto de lei junto às nossas casas legislativas!

- **O acordo de não persecução penal – 1ª parte: um quarto e um quinto problema. As ações penais já em andamento e a ação penal privada subsidiária da pública.**

Da leitura dos *Estudos* que embasaram a presente Resolução, é possível verificar que o principal motivo que justifica o acordo de não persecução penal é o "interesse processual na propositura da ação penal". Uma vez cumpridas suas condições, não haveria mais *interesse*, pelo que o caminho a ser dado à investigação será seu arquivamento com este fundamento.[52]

Da conjunção desta percepção com o primeiro problema estudado supra, exsurge outro que é capital: como serão tratadas as ações penais em tramitação sobre fatos típicos e com condições objetivo-subjetivas que justificam o acordo aqui versado? Aos olhos do CNMP, não haveria, aqui, interesse no seguimento dela, verdadeira condição da ação!

Poderá, assim, o Ministério Público desistir da ação penal proposta? Se a resposta for positiva, a Resolução revogou expressamente os

[51] "Compete ao Conselho o controle da atuação administrativa e financeira do Poder Judiciário e do cumprimento dos deveres funcionais dos juízes (...)".

[52] BRASIL. Corregedoria Nacional do Ministério Público. *Autos nº 01/2017*. Brasília: Conselho Nacional do Ministério Público, 2017, p. 31 (a literalidade dos termos foi exposta em nota anterior).

artigos 42[53] e 576,[54] ambos do Código de Processo Penal. Não apenas colocará abaixo toda a regra de hierarquia das normas, mas tornará inócua a letra expressa do artigo 129, inciso I, da Constituição Federal, citado anteriormente no trabalho. Literalmente, o CNMP sobrepor-se-á ao legislador e ao poder constituinte originário.

Por outro lado, alternativa diversa poderia ser invocada para solucionar o problema levantado. Referimo-nos, portanto, ao momento em que as condições da ação poderiam ser averiguadas pelo juiz, existindo, para tanto, duas linhas teóricas: a teoria da apresentação (ou *prospettazione*), que prega a análise em abstrato das condições da ação, assim que a ação penal for ajuizada; e a teoria da análise em concreto, que defende a possibilidade de essa análise ocorrer ao longo de todo o processo.[55] Entretanto, também aqui haveria que superar a previsão do artigo 395 do Código de Processo Penal, em razão de ele somente fazer menção ao fato de as condições da ação penal ser analisadas quando da decisão de recebimento ou rejeição da acusação.

Ainda neste plano do *interesse*, outras e graves questões exsurgem do fato de o CNMP haver permitido a realização do acordo de não persecução somente para os crimes sem violência e grave ameaça.

De início, o CNMP elegeu um critério de política criminal para dizer o que pode, ou não, ser objeto da atuação criminal do Ministério Público nacional. E, aqui, fica a pergunta: qual foi o critério adotado para esse *ponto de corte*, que contraria, inclusive, um indicativo já dado pelo Poder Legislativo (Projeto de Lei do Senado nº 156/2009 e Projeto de Lei nº 8.045/2010), ao eleger os crimes punidos com até 8 anos de pena privativa de liberdade como atingíveis pelo que está se propondo como novo procedimento sumário para o país. Deram-se mostras, portanto, que o CNMP pretendeu ser mais legislador que o próprio legislador, não só por criar um instituto processual, em claro ferimento ao artigo 22, inciso I, da Constituição Federal (como já explorado acima), mas também, por estipular um critério que o legislador sequer aventou nos projetos de lei em que, por meio de legítima atividade legislativa, está procurando inserir em nosso ordenamento jurídico.

De igual forma, tem-se a questão da invocação do próprio argumento do *interesse processual* para justificar o não ajuizamento da ação penal pública. Ora, a existência, ou não, de interesse processual não está vinculada ao *quantum* de pena em abstrato imposta a determinada modalidade delitiva. Quando muito, ao impacto que tal ou qual infra-

---

[53] "O Ministério Público não poderá desistir da ação penal."

[54] "O Ministério Público não poderá desistir de recurso que haja interposto."

[55] Nesse sentido, ver: GRINOVER, Ada Pellegrini. *As Condições da Ação Penal*. São Paulo: José Bushatsky, 1977.

ção penal gerou em seu meio social, mas, quanto a isso, há décadas que essa interpretação já vem sendo feita pelo Ministério Público nacional, em nada contribuindo a Resolução nº 181 para isso.

Com isso, quer-se dizer que, se a realização e cumprimento de acordos entre o Ministério Público e o investigado importarem na perda do interesse do acusador público em oferecer sua ação penal de natureza condenatória, essa perda de interesse poderá se dar em toda e qualquer modalidade delitiva, independentemente do apenamento previsto para a infração penal objeto do acordo. Mais claramente, o interesse processual, entendido de acordo com a visão do CNMP, nunca esteve vinculado a um determinado *quantum* de pena, muito menos a certas modalidades delitivas. Isso faz com que haja uma profunda contradição entre a invocação da perda de interesse para o ajuizamento da ação penal e a fixação de um critério autorizador para a realização do acordo de não perseguição (crimes sem violência ou grave ameaça).

Essa situação traz consigo duas consequências lógicas: primeira, sob o ponto de vista estritamente dogmático, os membros do Ministério Público nacional não estão vinculados aos critérios definidos pelo CNMP para a celebração de qualquer acordo voltado à não perseguição (leia-se, não acusação) da pessoa investigada, pois não será esse Conselho a primeira nem a última palavra sobre o conteúdo de um instituto de ordem processual, analisado há décadas pela doutrina processualista brasileira e estrangeira; segundo, ao impor um *ponto de corte* ao acordo (crimes sem violência ou grave ameaça), o CNMP estará pautando a atuação do Ministério Público nacional, impondo-lhes uma delimitação interpretativa do que significa ou até aonde iria uma das condições da ação (o interesse processual), ferindo, com isso, de morte a um dos avanços mais importantes concebidos pela Constituição Federal de 1988, qual seja, a independência funcional de seus membros.

Por fim, também sob o ponto de vista do interesse, é de se questionar: como fica essa condição da ação em relação a quem é titular da ação penal privada subsidiária da pública?[56]

Bem sabemos que, por previsão do artigo 29 do Código de Processo Penal,[57] ela só teria cabida em caso de omissão acusatória por parte do Ministério Público. Por consequência, o fato de ele formalizar aquele acordo poderia ser interpretado como um *agir* de sua parte, demonstrando, assim, a sua não inércia e, portanto, provocando um esva-

[56] Há exposição no sentido de que o acordo impede a ação penal privada subsidiária da pública, pois não haveria inércia do Ministério Público ao celebrá-lo (CABRAL, Rodrigo Leite Ferreira. *O acordo de não-persecução penal criado pela nova Resolução do CNMP*. CONAMP: Brasília, 2017, documento não paginado).

[57] "Será admitida ação privada nos crimes de ação pública, se esta não for intentada no prazo legal (...)".

ziamento quanto à possibilidade de ajuizamento da ação penal privada subsidiária da pública.

Em que pese o respeito a ser tributado a quem assim pense, essa linha argumentativa falha em alguns pontos.

De início, ao contrário do que se imagina, nem só a omissão do Ministério Público autoriza o manejo daquele mecanismo de controle. Embora o Supremo Tribunal Federal venha, há muito tempo, chancelando a impossibilidade de ajuizamento da ação penal privada subsidiária da pública nas hipóteses em que se verifica um agir do Ministério Público, também é possível identificar em sua jurisprudência que esse agir deve estar inserido nas possibilidades legalmente previstas para uma atuação impeditiva daquela ação privada. Noutros termos, o Supremo Tribunal Federal vem realizando uma interpretação estrita em relação ao que se pode atribuir como *atuação* do Ministério Público, dela excluindo as posturas que, ainda que formalmente demonstrem uma forma de agir do acusador público, em realidade – e materialmente – não passam de subterfúgios utilizados para mascarar sua inércia acusatória.

É por isso que, em julgado daquela Corte, entendeu-se que somente diligências imprescindíveis – tratadas pelo Supremo Tribunal Federal como diligências *indispensáveis* – é que poderiam obstaculizar o ajuizamento da ação penal privada subsidiária da pública, excluindo, assim, aquelas movimentações na fase de investigação que seriam inúteis, ilegais ou destinadas a um não ajuizamento proposital da ação penal.[58] Ou seja, somente atuações pautadas por um agir fundado em justificativas legalmente previstas é que desautorizariam o ajuizamento daquela ação privada, o que nos leva a concluir que o acordo de não persecução não teria esse efeito impeditivo sobre ela, dada a sua patente e complicada não previsão legal.

Não fosse isso suficiente, a ação penal privada subsidiária da pública está assentada na premissa de o ofendido ou as pessoas legalmente legitimadas para tanto possuírem o direito à punição de seu ofensor,[59] o que justiçaria seu interesse em agir, na visão utilizada pelo CNMP. Essa lógica foi construída a partir da submissão do Ministério Público ao princípio da legalidade, daí derivando a natural obrigatoriedade do ajuizamento da ação penal nos crimes de interesse público. Com isso, a criação de um critério autorizador do não ajuizamento da acusação pública, em relação a fatos que se revestem de tipicidade e não apresentam a incidência de nenhuma das causas de exclusão da

---

[58] STF, *Habeas Corpus* nº 74.276, 1ª Turma, rel. Min. Celso de Mello, julgado em 03/09/1996.

[59] Sobre essa modalidade de ação penal, ver: FAYET JÚNIOR, Ney; VARELA, Amanda Gualtieri. *A Ação (Penal) Privada Subsidiária da Pública. Das vantagens e desvantagens da participação do ofendido na atividade jurídico-penal.* 2ª ed. Porto Alegre: Elegantia Juris, 2014.

ilicitude ou dirimentes da culpabilidade, faz com que o CNMP esteja, em realidade, esvaziando por completo um direito (ou um interesse processual, na visão daquele Conselho) que, aliás, está protegido dentre os direitos e garantias de todo o cidadão (artigo 5º, inciso LIX, da Constituição Federal).

Por fim, nem se diga que, em sendo celebrado um acordo de não persecução em descompasso com as diretrizes traçadas pela Resolução nº 181/2017, ainda assim as pessoas legitimadas ao exercício da ação penal privada subsidiária da pública estariam impedidas de ajuizá-la.

Se um agir ilegal, por parte do membro do Ministério Púbico, é visto pelo Supremo Tribunal Federal como um não impedimento ao ajuizamento daquele mecanismo de controle sobre o acusador público, com muito mais razão um agir em descompasso com a presente resolução poderá autorizar o ajuizamento daquela ação. Afinal de contas, tal ação privada foi criada para a satisfação de um interesse punitivo por parte da sociedade – aqui representada pelo ofendido ou outras pessoas reconhecidas pela lei –, como forma de contraposição a posturas omissas ou ilegais de quem deveria representá-la criminalmente em juízo.

Enfim, seja por que ângulo for, não há como salvar a invocação da perda do interesse como justificativa plausível para o não ajuizamento da ação penal pública, dadas as incongruências dogmáticas e constitucionais que tal argumento naturalmente provoca.

■ O acordo de não persecução penal – 1ª parte: a Alemanha e Portugal como paradigmas de implementação de acordo penal sem expressa previsão legal e considerações que lhe são decorrentes.

A iniciativa de implementação de acordos penais sem expressa previsão legal não é uma inovação brasileira. Pelo menos dois países podem ser citados como paradigmas neste ponto: Alemanha[60] e Portugal.

Sendo assim, faz-se necessário falar sobre as iniciativas em tais países, e as consequências que lhes seguiram, nos limites do presente trabalho.[61]

60 Aliás, como consta nos "Procedimentos de Estudos e Pesquisas", cujo proponente foi a Corregedoria Nacional do Ministério Público: "Diante desse contexto, na Alemanha, por exemplo, passou-se a desenvolver um procedimento informal de acordo penal, mesmo sem previsão em lei para tanto" (BRASIL. Corregedoria Nacional do Ministério Público. *Autos..., op. cit.*, p. 30).

61 Para maiores detalhamentos sobre os consensos na Alemanha e em Portugal, bem como na Itália e nos Estados Unidos: BRANDALISE, Rodrigo da Silva. *Justiça penal negociada..., op. cit.*

Na Alemanha, sua origem é obscura, mas remonta à década de 1970. Começou com aplicação em delitos menores, mas, por não possuir previsão legal, foi adotada sem maiores registros. Com o tempo, porém, passou a ser aplicada em delitos mais gravosos, inclusive os que envolviam violência. Em 1982, um jurista alemão utilizou-se de um pseudônimo (*Detlef Deal from Mauschelhausen*), e divulgou sua prática, até então velada. A partir de tal ponto, houve um crescimento e uma maior divulgação na sua aplicação. Em 1987, a Corte Federal Constitucional declarou não se tratar de medida inconstitucional. Dentre outras razões, porque já existia o reconhecimento, no sistema jurídico, de que a confissão se apresentava como benéfica ao acusado, desde que admitido ao acusado o direito ao julgamento justo e à definição legal de culpa.[62]

Os acordos estabeleciam que, com a confissão, haveria uma agilização do processo e uma limitação da pena a ser imposta. Conforme o conteúdo e detalhamento da confissão, não haveria a necessidade de maior ou de qualquer dilação probatória. A negociação poderia acontecer antes ou durante o julgamento, com o possível envolvimento da acusação, do juízo e da defesa.[63]

A Corte Suprema alemã (*Bundesgerichtshof* – ou, BGH), em decisão de 28 de agosto de 1997, estabeleceu os primeiros parâmetros para a viabilidade da *Absprachen*, a partir da compreensão de que o § 153a do StPO (semelhante à nossa suspensão condicional do processo) permitiu a realização de acordos quanto aos resultados do processo. Naquilo que nos interessa ao estudo, decidiu o Tribunal que:[64]

a) o resultado final da *Absprachen* deveria acontecer durante audiência pública, devidamente registrada, com o conhecimento e presença de todos os participantes. Ou, quando fora da audiência, seus fundamentos deveriam ser trazidos para registro na Corte (conforme § 274 do StPO e artigo 103, nº 1, da Lei Fundamental alemã). Tudo para que fosse possível o controle posterior dos atos praticados (tanto de forma negativa como de forma positiva);[65]

b) deveria a *Absprachen* conduzir a um julgamento que fosse condizente com a culpa do acusado na prática do delito, pelo que incabível a negociação do conteúdo da acusação,

---

[62] KOBOR, Susanne. *Bargaining in the criminal justice systems of the United States and Germany*: matter of justice and administrative efficiency within legal. Frankfurt am Main: Internationaler Verlag der Wissenschaften, 2008, p. 123-125.

[63] ALTENHAIN, Karsten. *Absprachen* in german criminal trials. In: THAMAN, Stephen C. (Org.). *World plea bargaining*: consensual procedures and the avoidance of the full criminal trial. Durham: Carolina Academic Press, 2010, p. 159-161.

[64] A partir do que expõem Altenhain (ALTENHAIN, Karsten. *Absprachen..., op. cit.*, p. 164-166) e Langer (LANGER, Máximo. From legal transplants to legal translations: the globalization of plea bargaining and the americanization thesis in criminal procedure. In: THAMAN, Stephen C. (Org). *World plea bargaining*: consensual procedures and the avoidance of the full criminal trial. Durham: Carolina Academic Press, 2010, p. 50-59).

[65] KOBOR, Susanne. *Bargaining..., op. cit.*, p. 148-149.

e a confissão deveria mitigar a sentença por auxiliar na redução do prazo do processo, em razão da colaboração do acusado, qualquer que fosse a motivação dela;

c) não poderia o juízo antecipar a pena que seria imposta (em respeito ao previsto no § 261 do StPO);[66]

d) a confissão deveria ser apenas mais um elemento de prova, não podendo ela, sozinha, determinar a culpa do acusado (consequência do princípio da investigação oficial – nos termos do artigo 102, nº 1, da Lei Fundamental alemã). Dado o princípio da livre apreciação da prova (artigo 261 da Lei Fundamental alemã), o juiz deveria estar convencido do cometimento do fato descrito na acusação;

e incabível a renúncia ao direito de apelar da decisão como condição para o acordo.

Após longo período na informalidade, em 2009, surgiu, enfim, sua regulamentação legislativa, que consta no § 257c do StPO, com aproveitamento do que a jurisprudência apontava.

Do apontado supra, poder-se-ia dizer que tal modelo se amolda à nossa realidade. Porém, há de se entender que um dos pontos de sua conformação, primeiro pela jurisprudência, depois pela legislação, é a legitimidade: *quem conduz os acordos é o juiz* (§ 257c, nº 1, do StPO), especialmente para que ele faça o controle contra uma eventual *Formalgeständnis* ou *schlankes Geständnis*, que consistem na confissão sem embasamento probatório.[67-68]

Tal situação foi tida como constitucional por julgamento realizado em 2013 pelo Tribunal Constitucional alemão (*BVerfg*).[69] Do julgamento da Corte Constitucional, conclui-se que o Ministério Público é responsável em reforçar as exigências constitucionais, *e tal controle é feito a partir de sua possibilidade de apelar das decisões embasadas nos acordos que desrespeitaram a Carta Maior.*[70]

Não fosse isto suficiente, os acordos *informais* criados na Alemanha se davam após o oferecimento da acusação. Assim se dava para que pudesse haver o controle do juízo antes e depois do cumprimento. Ou seja, nem o paradigma é o mesmo.

---

[66] É vedado ao julgador oferecer a sentença pronta quando do momento da negociação, já que não tem a devida compreensão de tudo aquilo que será apresentado perante a Corte. Podem existir outros julgadores para aquela causa, situação na qual somente o presidente participa das negociações, motivo por que não pode ele usurpar a função dos demais (KOBOR, Susanne. *Bargaining...*, *op. cit.*, p. 144-145).

[67] KOBOR, Susanne. *Bargaining...*, *op. cit.*, p. 151.

[68] Assim, a simples confissão, por mais detalhada que seja, não é suficiente para fundamentar um juízo condenatório (WEIGEND, Thomas; TURNER, Jenia Iontcheva. The constitutionality of negotiated criminal judgments in Germany. *German Law Journal*, Lexington, v. 15, n. 1, p. 81-106, feb. 2014, p. 85).

[69] BVerfG, 2 BvR 2628/10, 2 BvR 2883/10 und BvR 2155/11, vom 19.3.2013, documento não paginado.

[70] WEIGEND, Thomas; TURNER, Jenia Iontcheva. The constitutionality..., *op. cit.*, p. 96.

Portugal, o outro paradigma a ser indicado aqui, é bem mais relevante e, porque não dizer, preocupante, especialmente quando se observa a expressa previsão constitucional de uma estrutura acusatória em seu processo penal.[71]

Em nossa *pátria-mãe*, é possível[72] que a confissão integral e sem reservas (sem alegação de tese defensiva) seja vista como uma renúncia à produção da prova relativa aos fatos imputados e como consequente consideração destes como provados nas hipóteses de crimes puníveis com pena de prisão de até 5 anos (Código de Processo Penal português, artigo 344º, n°s 1, 2, alínea *a*, e 3º, alínea *c*).

Com base no regramento da confissão em Portugal, houve a intenção de inclusão do acordo negociado de sentença dentro do seu sistema jurídico por iniciativa do Ministério Público. Segundo a Orientação nº 1/2012 da Procuradoria-Geral Distrital de Lisboa, deveriam os Magistrados do Ministério Público, com assento naquele Distrito, atuar para tal fim, de forma que:

a) fosse aferida a receptividade à celebração de acordos sobre a sentença em matéria penal com os magistrados judiciais;

b) na hipótese de obtenção de uma resposta positiva, fossem concebidos previamente os procedimentos indicativos para tal adoção, sem prejuízo das adaptações que os casos concretos exigissem;

c) concretizado qualquer acordo, deveria ser ele comunicado à Procuradoria-Geral Distrital de Lisboa, com menção sintética dos procedimentos utilizados, de forma a facilitar a partilha de boas práticas e a favorecer a dinamização da utilização do instituto noutras comarcas.

Também houve o Memorando de 19 de janeiro de 2012 junto à Procuradoria-Geral Distrital de Coimbra que, além dos fundamentos semelhantes àqueles constantes na citada Orientação, justificou a sua iniciativa no artigo 344º do Código de Processo Penal (antes indicado), nos artigos 72º (hipóteses de atenuação especial de pena) e 73º (termos da atenuação especial) do Código Penal, ambos portugueses, na suspensão provisória do processo[73] e no procedimento sumariíssimo,[74] que

[71] Constituição da República de Portugal, artigo 32º, nº 5.

[72] Diz-se ser *possível* porque o Tribunal sempre tem a liberdade de determinar a produção de outras provas se não se convencer acerca do caráter livre da confissão, especialmente no que diz com suspeitas de inimputabilidade e de falta de veracidade do conteúdo confessado (CPP, art. 344º, nº 3, alínea 'b').

[73] Como consta no art. 281º, nº 1, do CPP português: "Se o crime for punível com pena de prisão não superior a 5 anos ou com sanção diferente da prisão, o Ministério Público, oficiosamente ou a requerimento do arguido ou do assistente, determina, com a concordância do juiz de instrução, a suspensão do processo, mediante a imposição ao arguido de injunções e regras de conduta [...]".

[74] CPP português, art. 392º, n. 2: "Em caso de crime punível com pena de prisão não superior a 5 anos ou só com pena de multa, o Ministério Público, por iniciativa do arguido ou depois de o ter ouvido e quando entender que ao caso deve ser concretamente aplicada pena ou medida de se-

acabariam por legitimar tal nível de acordo. Contudo, tal tema aportou ao Supremo Tribunal de Justiça português. E aqui surge a grande preocupação!

Em decisão, a citada Corte entendeu que a aceitação de acordos de sentença, dentro do contexto lusitano, fere o princípio da legalidade, dado que inexiste previsão legal expressa em tal sentido. Assim, dado que o Código de Processo Penal português, em seu artigo 126, nº 1, alínea "e", prescreve que a promessa de vantagem legalmente inadmissível é um método proibido de prova, entendeu o mesmo colegiado que a prova obtida mediante o acordo era proibida, ordenando, pois, sua reprodução, com observância do regramento jurídico existente.[75]

De notar que o *caput* do artigo 18 da Resolução impõe, como condição para o acordo, que haja a entrega de provas pelo então investigado a quem o investiga.

Como se pode observar, são extremamente assemelhadas as iniciativas do Ministério Público vivenciadas em Portugal com o que ora se analisa, com a diferença de que o tratamento da confissão, no Brasil, não tem o condão de afastar a instrução (CPP, artigos 197 e 200).[76]

Este é o risco de quando se buscam moldes no exterior sem considerar as consequências havidas na sua origem.

■ O acordo de não persecução penal – 1ª parte: o CNMP não respeita o próprio CNMP.

Outro ponto merece destaque, e bem demonstra as razões para a continuidade das críticas à Resolução.

Após a entrada em vigência da nova redação do artigo 18, o CNMP aprovou proposta de enunciado (Proposição nº 1.00961/2017-15), cuja redação afirma que 'não cabe ao CNMP conceder direito negado judicialmente ou negar direito concedido judicialmente, com formação de coisa julgada material'.

Quando se observa o conteúdo do § 1º do artigo em pauta, nota-se que não deve caber o acordo quando couber transação penal (inciso I). Ainda, quando se tratar de crime hediondo ou a ele assemelhado e os que decorrerem da Lei Maria da Penha (inc. V).

---

gurança não privativas da liberdade, requer ao tribunal que a aplicação tenha lugar em processo sumaríssimo".

[75] PORTUGAL. Supremo Tribunal de Justiça. Processo nº 224/06.7GAVZL.C1.S1, p. 46-47.

[76] Há entendimento de que a legislação processual penal portuguesa possui disposições expressas que autorizam a iniciativa de introdução dos acordos (BRANDALISE, Rodrigo da Silva. *Justiça penal negociada...*, *op. cit.*, p. 236, n.r. 1159), mas que, por opção de soberania, o Brasil não as repete.

Em momento algum, a Resolução fala no Estatuto do Idoso, o que é deveras relevante. A Procuradoria-Geral da República manejou ADIN (ADI 3096) contra o artigo 94[77] do referido Estatuto, com o fito de que não fossem conferidos benefícios como da transação penal nas hipóteses ali previstas. Ao julgá-la, definiu o STF que o dispositivo legal deve ser interpretado em favor do seu específico destinatário – o próprio idoso – e não de quem lhe viole os direitos. Com isso, os infratores não poderão ter acesso a benefícios despenalizadores de direito material, como conciliação, transação penal, composição civil de danos ou conversão da pena. Somente se aplicam as normas estritamente processuais para que o processo termine mais rapidamente, em benefício do idoso.[78]

Como se percebe da análise da Resolução, em seu artigo 18, § 1º, não há qualquer menção ao Estatuto do Idoso, o que pode fazer concluir que ela conceda direito que foi negado judicialmente. Dito de outra forma, o próprio CNMP quer conceder um direito que o Judiciário não possibilitou por decisão judicial, em descompasso com seu próprio enunciado.

▪ O acordo de não persecução penal – 2ª parte.

Não obstante o pontuado acima, a matéria ainda não foi analisada pelos Tribunais Superiores brasileiros, pelo que impossível dizer, nesse estágio, que não houve a recepção definitiva da Resolução em nosso ordenamento. Novamente, reforça-se que a intenção do Conselho Nacional deveria ter servido, desde logo, como (início de) projeto de lei junto às nossas casas legislativas.[79]

Assim, por um critério de lealdade com o leitor desse trabalho (o que já fizemos na edição anterior) e pela eventualidade, passa-se a comentar a Resolução, com sua novel redação, para a hipótese de ser tida como constitucional. Pede-se ao leitor que compreenda que os pontos que seguem sejam analisados sob esta ótica.

---

[77] Aos crimes previstos nesta Lei, cuja pena máxima privativa de liberdade não ultrapasse 4 (quatro) anos, aplica-se o procedimento previsto na Lei nº 9.099, de 26 de setembro de 1995, e, subsidiariamente, no que couber, as disposições do Código Penal e do Código de Processo Penal.

[78] Há corrente doutrinária que diz que a restrição decorrente do entendimento do STF atinge os crimes cuja pena máxima seja superior a 2 (dois) anos e inferior a 4 anos, cumulada ou não com multa. A estes, caberia, apenas, o procedimento sumaríssimo, nas as medidas despenalizadoras (LIMA, Renato Brasileiro de. *Manual de processo penal*. 6ª ed., rev., ampl. e atual., Salvador: Jus Podium, 2018, p. 1457).

[79] "[...] é imprescindível que haja a previsão legal para justificar sua implementação, pois necessita da existência de mecanismos de controle de sua aplicação e de seus reflexos" (BRANDALISE, Rodrigo da Silva. *Justiça penal negociada..., op. cit.*, p. 236).

O artigo 18 da Resolução quer estabelecer hipótese de não oferecimento da ação penal quando estiverem reconhecidos os pressupostos para seu ajuizamento,[80] via acordo de não persecução penal.[81]

O acordo será formalizado nos autos, com a qualificação completa do investigado e estipulará, de modo claro, as suas condições, eventuais valores a serem restituídos e as datas para cumprimento, sendo firmado pelo membro do Ministério Público, pelo investigado e seu advogado (§ 3º do artigo 18 da Resolução).[82]

Faz parte do acordo que haja a confissão formal e circunstanciada (antes, era detalhada) da prática do delito.[83] Por certo, somente haverá sentido quando já existirem elementos de informação contra aquele a quem se faz a proposta.

A presente Resolução pode ser interpretada com os termos da Resolução nº 118, de 1º de dezembro de 2014, do CNMP, que dispõe sobre a política nacional de incentivo à autocomposição no âmbito do Ministério Público. Isto porque, nos artigos 15 a 17, ela regulamenta a atuação ministerial frente às convenções processuais.

No ponto, o artigo 15 da Resolução nº 118 exprime que as convenções processuais são recomendadas toda vez que o procedimento deva ser adaptado ou flexibilizado para permitir a adequada e efetiva tutela jurisdicional aos interesses materiais subjacentes, bem assim, para resguardar o âmbito de proteção dos direitos fundamentais processuais.

---

[80] Como consta no *caput*: "não sendo caso de arquivamento, o Ministério Público poderá propor (...)".

[81] Remete-se o leitor à crítica que consta no início do trabalho à nomenclatura "acordo de não persecução".

[82] Possivelmente, sua fonte de inspiração foi a Lei nº 12.850/13, artigo 6º Por ela, o termo de acordo da colaboração premiada deve conter o relato da colaboração e seus possíveis resultados; as condições da proposta do Ministério Público; a declaração de aceitação do colaborador e de seu defensor; as assinaturas do representante do Ministério Público, do colaborador e de seu defensor; e a especificação das medidas de proteção ao colaborador e à sua família, quando necessário. Sempre com a compreensão de que não existe óbice para que outras condições constem no acordo, desde que essenciais a ele, como explica a doutrina (PACELLI, Eugênio; FISCHER, Douglas. *Comentários ao Código de Processo Penal e sua* jurisprudência. 8ª ed., rev. e atual.. São Paulo: Atlas, 2016, p. 354).

[83] Foi suprimida a exigência da indicação de eventuais provas de seu cometimento, o que se vê como salutar para a própria Instituição e sua investigação. A redação anterior permitia que o acordo fosse proposto sem que o investigado tivesse elementos de investigação contra si feitos, o que foge à ideia de apreciar se não é caso de arquivamento para justificação da proposta. Do contrário, quem faria a investigação pelo Ministério Público seria o próprio investigado. Não há impedimento, logicamente, de que seja proposta a apresentação de outros elementos de investigação e/ou provas contra si ou contra terceiros como condição do acordo, mas estas situações serão vistas no caso concreto, não como condição essencial.

Mas, o mais relevante, está no artigo 16 da Resolução nº 118: poderá o membro do Ministério Público, em qualquer fase da investigação ou durante o processo, celebrar acordos visando constituir, modificar ou extinguir situações jurídicas processuais (apesar da exigência ser *segundo a lei processual*, o que nos reporta à primeira parte do trabalho).

Sempre deve ficar presente que o artigo 18 é uma orientação para atuação, uma vez que os membros do Ministério Público possuem independência funcional (CF/88, artigo 127, § 1º), pelo que se pode afirmar não haver subordinação hierárquica em sua atividade-fim, ao contrário de Portugal (CRP, artigo 219, nº 4).[84]

▪ O acordo de não persecução penal – 2ª parte: de que forma de consenso se trata?

É reconhecido que a justiça negociada está devidamente estabilizada dentro do sistema penal.[85] Ela não surge como modalidade de afastamento do sistema de conflito processual, mas com o objetivo de que eles coexistam de forma em que um auxilie no aperfeiçoamento do outro.[86] Os acordos visam a legitimar resultados finais.[87]

Nos processos em geral e, em especial, no processo penal, vários são os fatores que podem influenciar o interesse na obtenção de uma determinada vantagem à parte, ainda que seja relativa ao reconhecimento de sua responsabilidade. Podem ser elencadas a possibilidade de uma punição abrandada, a preservação da imagem pessoal frente à publicidade que o processo determina, eventual interesse em ver-se desculpado junto à sociedade ou à parte adversa, buscar um desvio na percepção de sua responsabilidade, evitar gastos, dentre outros.[88]

---

84 Sobre a subordinação hierárquica no Ministério Público português, ver: BRANDALISE, Rodrigo da Silva. Escolha e exoneração do Procurador-Geral da República em Portugal e possíveis repercussões no exercício da investigação criminal. *Revista do Ministério Público*, Rio de Janeiro, Edição Comemorativa, 2015, p. 777-778.

85 TULKENS, Françoise. Justiça Negociada. In: DELMAS-MARTY, Mireille (Org). *Processos penais da Europa*. Rio de Janeiro: Lumen Juris, 2005, p. 677.

86 Consta nos *Considerandos* da Resolução: "CONSIDERANDO, por fim, a exigência de soluções alternativas no Processo Penal que proporcionem celeridade na resolução dos casos menos graves, priorização dos recursos financeiros e humanos do Ministério Público e do Poder Judiciário para processamento e julgamento dos casos mais graves e minoração dos efeitos deletérios de uma sentença penal condenatória aos acusados em geral, que teriam mais uma chance de evitar uma condenação judicial, reduzindo os efeitos sociais prejudiciais da pena e desafogando os estabelecimentos prisionais".

87 FERNANDES, Fernando. *O processo penal como instrumento de política criminal*. Coimbra: Almedina, 2001, p. 140-141.

88 BUTRÓN BALIÑA, Pedro M. *La conformidad del acusado en el proceso penal*. Madrid: McGraw-Hill, 1998, p. 182-183.

Partindo da visão americana, trata-se de uma convenção entre a acusação e a defesa em que há concessões recíprocas, com o objetivo de buscar-se a declaração de culpa do acusado (conhecida como *guilty plea*) ou a declaração de que não haverá a contestação da acusação (conhecida pelos americanos como *plea of nolo contendere*). Neste último caso, não haverá produção de efeitos no juízo cível,[89] pois não há declaração de culpa.

Ao final do acordo, haverá a aplicação de uma punição mais leniente do que aquela que poderia ocorrer caso o processo seguisse convencional andamento e condenação,[90] com o pressuposto de disposição de direitos concedidos aos sujeitos processuais.[91]

Considerando o modelo americano, portanto, o acordo de não persecução é assemelhado ao *plea of nolo contendere*. Há um reconhecimento da viabilidade acusatória, sem contestação a ela, tal como já ocorre com a transação e a suspensão condicional do processo (nestes casos, porém, não se exigem confissão). Sua aceitação e cumprimento não causam reflexos na culpabilidade do investigado, pelo que não produz efeitos civis.[92]

Mas também existe outra definição dos consensos, conhecida como *diversão*. Esta é a opção de política criminal usada para resolução dos processos penais de maneira diversa daquelas ordinariamente adotadas no processo criminal, e que consistem na solução antes de qualquer determinação ou de declaração de culpa[93] (próxima, portanto, do *plea of nolo contendere*).

É possível classificá-la[94] em *diversão simples*, quando ocorre o arquivamento do processo sem qualquer imposição ao acusado, na medida em que a persecução penal é absolutamente inócua, mesmo que estejam presentes indícios de autoria e elementos de materialidade do crime;[95] em *diversão encoberta*, que estabelece a extinção da punibilidade a partir da determinação de atos ao autor do fato, que impossibilita o oferecimento da acusação, como, p. ex., a indenização da vítima em

---

[89] ALBERGARIA, Pedro Soares de. *Plea bargaining*: aproximação à justiça negociada nos E.U.A. Coimbra: Almedina, 2007, p. 19-20.

[90] ALBERGARIA, Pedro Soares de. *Plea bargaining..., op. cit.*, p. 26.

[91] WAN, Tina. The unnecessary evil of plea bargaining: an unconstitutional conditions problem and a not-so-least restrictive alternative. *Review of Law and Social Justice*, Los Angeles, v. 17, n. 1, 2007, p. 36.

[92] O que se compreende a partir de lições da doutrina sobre o *plea of nolo contendere*. Por todos: TORRÃO, Fernando. *A relevância..., op. cit.*, p. 182.

[93] TORRÃO, Fernando. *A relevância..., op. cit.*, p. 121.

[94] FARIA COSTA, José de. *Diversão (desjudiciarização) e mediação*: que rumos? Coimbra: Almedina, 1986, p. 21-24.

[95] Faria Costa afirma que a diversão simples é que a melhor se conjuga com a noção de oportunidade (FARIA COSTA, José de. *Diversão..., op. cit.*, p. 22).

conciliação; e em *diversão com intervenção*, quando há a determinação de condições ao investigado/acusado conforme previsão legal (cujo exemplo mais próximos são os institutos da transação penal e da suspensão condicional do processo existentes no Brasil).[96]

Em suma, a *diversão* caracteriza-se por ser uma forma de resolução dos conflitos processuais penais em que não há o oferecimento da ação penal ou a descontinuidade dela com a presença de advertências ou imposição de condições a serem cumpridas pelo acusado.[97]

Como se denota da leitura do artigo 18 da Resolução, ele reflete uma hipótese de *diversão com intervenção*: surge para o não oferecimento da ação penal (logo, não há discussão de culpa) e vem acompanhada de várias condições a serem cumpridas por aquele que estava sendo investigado e se submeteu ao acordo (incisos I a VI do *caput*). Ou seja, partindo-se da ideia de *plea* americana, mostra-se próximo do *plea of nolo contendere*; considerando-se a noção de *diversão*, trata-se de uma *diversão com intervenção*.

■ O acordo de não persecução penal – 2ª parte: o que deve ser observado pelo membro do Ministério Público para poder dele participar?

Considerando que a Resolução busca a efetividade e proteção dos direitos fundamentais dos investigados e das vítimas, resta a pergunta: o que deve ser observado pelo membro do Ministério Público para poder dele participar?

De plano, evidencia-se uma exigência prioritária: para fins de acordo, não pode ser caso de arquivamento. Aqui, repete uma exigência que consta, p. ex., para a transação penal (Lei nº 9.099/95, artigo 76, *caput*).

Sinteticamente, cabe o arquivamento da investigação quando (1) o fato evidentemente não constituir crime, (2) já estiver extinta a punibilidade, (3) faltar pressuposto processual ou (4) estiver ausente uma condição exigida em lei para o regular exercício do direito de agir,[98] sem contar a ausência de indícios de autoria contra determinado investigado.[99]

---

[96] Também há a hipótese conhecida como ***diversão com repreensão num processo de mediação***, quando há a presença de um árbitro para encontro de uma solução conciliatória (FARIA COSTA, José de. *Diversão...*, *op. cit.*, p. 64; TORRÃO, Fernando. *A relevância...*, *op. cit.*, p. 122).

[97] Conforme constam, por exemplo, na Recomendação R(87) 18 do Conselho de Ministros do Conselho da Europa, e na *American Bar Association* (Estados Unidos), nos termos do *Standard* 14-4.1.

[98] RANGEL, Paulo. *Direito Processual Penal*. 21. ed.. São Paulo: Atlas, 2013, p. 205.

[99] ROSA, Inocêncio Borges. *Processo penal brasileiro*. Vol. 1. Porto Alegre: Livraria do Globo, 1942, p. 126 – mais sobre o arquivamento deve ser visto no artigo próprio.

Do que se depreende o óbvio: o arquivamento é uma medida mais benéfica ao investigado do que o acordo de não persecução, motivo pelo qual prepondera sobre o último.

Segue. Interpretando ao contrário o acordo de não persecução, este não pode ser celebrado após o oferecimento da ação penal, pois esta identifica a intenção de persecução pelo Estado (consectário do artigo 42 do Código de Processo Penal). Com isto, e procurando dar um relevo ainda maior ao novel instituto da audiência de custódia,[100] ele pode ser celebrado na mesma oportunidade em que ela se realiza (§ 7º), o que é salutar e pode trazer uma maior efetividade a este ato.

O outro ponto a ser considerado é não ser o delito cometido com violência ou com grave ameaça à pessoa (artigo 18, *caput*). Nestes casos, o CNMP entende haver necessidade de oferecimento da ação penal, a partir de percepções da realidade social atual (desnecessário tecer maiores comentários acerca da criminalidade violenta que nos cerca).[101]

Releva dizer, porém, que a limitação não é aleatória, na medida em que é uma daquelas impostas à substituição das penas privativas de liberdade por restritivas de direitos, conforme o artigo 44, inciso I, do Código Penal. E a fonte de inspiração dela encontra eco quando se observa que as condições dos incisos III e IV do artigo 18, *caput*, da Resolução são assemelhadas a tais penas. Além disso, a pena mínima para o delito investigado deve ser inferior a 4 (quatro) anos,[102] conforme o *caput*, sendo que, para sua aferição, devem ser consideradas as causas de aumento e de diminuição aplicáveis ao caso concreto (§ 13).[103]

No ponto, de ser dito que o CNMP acatou uma crítica que apontávamos em relação à redação original. Naquela vigência, não estava vedada a possibilidade de acordo em crimes hediondos e os a ele equiparados, especialmente o tráfico de entorpecentes. Dizíamos que, a despeito de este não ser cometido mediante violência e grave ameaça, é sabido por todos ser ele o fundamento de muitos delitos com estas características em todas as cidades brasileiras. Entendíamos que não era de bom alvitre ao Ministério Público deixar de promover a ação penal em tais circunstâncias.

---

[100] Considerações sobre ela já foram realizadas na primeira parte deste trabalho.

[101] Sobre a questão do interesse processual e os crimes com violência ou grave ameaça, ver ponto específico nestes comentários.

[102] Este limite não é idêntico ao previsto para as penas restritivas de direito no Brasil, conforme o Código Penal, artigo 44, inciso I, que diz que a pena não pode ser superior a 4 (quatro) anos.

[103] Em consonância com o conteúdo da Súmula 243 do Superior Tribunal de Justiça e da Súmula 723 do Supremo Tribunal Federal, que afirmam que a suspensão condicional do processo não pode ser aplicada quando a pena mínima cominada, seja pelo somatório, seja pela incidência da majorante, ultrapassar o limite legalmente previsto à benesse.

Não obstante, com a nova redação imposta pela Resolução nº 183, restou expressamente vedada a possibilidade de acordo para as hipóteses de crimes hediondos e a eles assemelhados (art. 18, § 1º, inc. V), o que mantém coerência com a *ratio* imposta pelo constituinte originário e pelo legislador para eles.

Igualmente, no mesmo inciso, e em respeito ao que aponta a legislação de regência e como já decidiu o STF, houve a inclusão de que descabe o acordo nas hipóteses de crimes que possam ser enquadrados na legislação de proteção da chamada *Lei Maria da Penha* (Lei nº 11.343/06).[104] Precisa o CNMP respeitar a si próprio, pois não pode conferir direito que não é permitido/vedado por decisão judicial transitada em julgado (Proposição nº 1.00961/2017-15).[105]

Outra vedação é a de que não se mostra cabível o acordo aos delitos cometidos por militares que afetem a hierarquia e a disciplina (§ 12), em uma aproximação ao conteúdo do art. 90-A da Lei nº 9.099/95, que veda as benesses lá dispostas ao âmbito da Justiça Militar.[106]

Um critério de discricionariedade do CNMP está presente no § 1º, inciso II, do artigo 18, que aduz não ser cabível o acordo quando o dano causado for superior a vinte salários mínimos ou a parâmetro diverso definido pelo respectivo órgão de revisão.[107] Ou seja, se superado respectivo valor, o oferecimento de denúncia se impõe.

O critério de discricionariedade também se mostra com o último requisito impeditivo da proposta: não será cabível o acordo quando sua celebração não atender ao que seja necessário e suficiente para a reprovação e prevenção do crime (§ 1º, inciso VI, do artigo 18). Ora, o que define necessidade e suficiência para o caso concreto? É um juízo de ponderação e, por ser ponderação, dependerá do critério de apreciação do membro do Ministério Público que está a atuar. Ou seja, a discricionariedade, aqui versada, é a de fazer ou não o acordo. Passa-se a compreensão, pois, que o CNMP não entende o acordo como direito público subjetivo do acusado.

Também não se admite o acordo quando a medida despenalizadora da transação penal for cabível (§ 1º, inciso I, do artigo 18), na medida

---

[104] Lei nº 11.343, de 23 de agosto de 2006, artigo 17; STF, Ação Declaratória de Inconstitucionalidade nº 4.424; STF, Ação Declaratória de Constitucionalidade nº 19.

[105] Por tal razão, não se entende a não inserção das hipóteses do Estatuto do Idoso, como apontado em item anterior do presente trabalho.

[106] Considerando que há a possibilidade de aplicação da transação e da suspensão condicional do processo quando houver participação de civis no cometimento de crimes militares, já que eles não se submetem à hierarquia e disciplina militares (LIMA, Renato Brasileiro de. *Manual de processo penal*. 6ª ed., rev., ampl. e atual., Salvador: Jus Podium, 2018, p. 1459).

[107] Como as Câmaras de Coordenação e Revisão do Ministério Público Federal (art. 43, inciso IV, da LC nº 75/93) e os Conselhos Superiores dos Ministérios Públicos Estaduais (...).

em que ela é decorrente de lei, portanto, mais benéfica, conforme Lei nº 9.099/95, artigo 76 e parágrafos (quando cabível, a denúncia somente poderá ser proposta após superada a etapa da transação penal). Ademais, como dito antes, não pode a Resolução extrapolar limites definidos em lei.

A transação também apresenta outra baliza que impede o acordo de não persecução. Agora, porém, com outra nuance: as mesmas causas que não admitem a transação[108] também impedem o acordo,[109] a saber: não cabe o acordo quando o investigado já foi condenado, pela prática de crime, à pena privativa de liberdade, por sentença definitiva; quando já foi beneficiado anteriormente, no prazo de cinco anos, pelo acordo de não persecução, nos termos deste artigo (a partir de uma interpretação conforme); e quando não indicarem os antecedentes, a conduta social e a personalidade do agente, bem como os motivos e as circunstâncias, ser necessária e suficiente a adoção da medida.

Causa estranheza o CNMP impedir o acordo de não persecução penal quando não couber a transação penal, conforme os termos do art. 76, § 2º, da Lei nº 9.099/95. A estranheza decorre (1) porque o CNMP, ao natural, está ampliando hipóteses de acordo além do que a lei prevê, o que parece ser um contrassenso; (2) porque mostra um respeito à legislação vigente que não se mostra quanto ao restante do acordo, nos termos já expostos.

Por último, não será admitida a proposta quando o aguardo para o cumprimento do acordo possa acarretar a prescrição da pretensão punitiva estatal (artigo 18, § 1º, inciso IV). Seria um contrassenso o CNMP autorizar um acordo que ocasionasse a prescrição. Haveria uma autorização administrativa para uma prevaricação? Se o Ministério Público tem como tutelar o interesse social lesado pelo crime pela ação penal, cujo recebimento da inicial interrompe a prescrição, porque estaria autorizado a beneficiar o investigado duplamente, em franca proteção insuficiente da sociedade?

No ponto, cuidou bem o CNMP de tão relevante detalhe.

■ O acordo de não persecução penal – 2ª parte: as obrigações do investigado que realiza o acordo.

O artigo 18, em seu *caput* e respectivos incisos, traz um rol de conteúdos que deverão constar no acordo de persecução penal.

108 Artigo 76, § 2º, da Lei n. 9.099/95.

109 Artigo 18, § 1º, inciso III, da presente Resolução.

Um deles já foi supramencionado e é obrigatório, nos termos do *caput*: deve haver a confissão formal e circunstanciada da prática do delito. Não há mais a necessidade de indicação de eventuais provas de seu cometimento.

De ser anotado que a confissão dos fatos e as tratativas do acordo deverão ser registradas pelos meios ou recursos de gravação audiovisual, destinados a obter maior fidelidade das informações (§ 2º), como forma de garantia para todos os envolvidos. Este parágrafo encontra paralelo no § 1º, artigo 405 do CPP.[110]

Sempre considerando que a exigência de *confissão circunstanciada* deve estar em consonância com o Código de Processo Penal, a confissão é mais um meio de prova que necessita ser cotejado com outros. Afinal, a valor da confissão se aferirá pelos critérios adotados para os outros elementos de prova, e, para a sua apreciação, deverá ser confrontada com as demais provas do processo, verificando se entre ela e estas existe compatibilidade ou concordância (artigos 197 e 200).

Importante anotar que, tanto para fins de transação penal como para de suspensão condicional do processo, não há a necessidade de confissão por parte de quem aceita um destes benefícios,[111] já que não consta tal exigência em suas previsões de regência.

Nos incisos, há a previsão de outras condições, que serão aplicadas em conjunto ou não, se proporcionais e compatíveis ao caso concreto (mesmas exigências constantes em um dos incisos do *caput*).

No inciso I, vem a reparação do dano e/ou restituição da coisa à vítima. A reparação da vítima também é vista como condição (obrigatória) da suspensão condicional do processo (Lei nº 9.099/95, artigo 89, § 1º, inciso I), bem como condição do livramento condicional (Código Penal, artigo 83, inciso IV), p. ex.

Trata-se de uma prática restaurativa estimulada pelo próprio Conselho Nacional, conforme o artigo 13 da Resolução nº 118, de 1º de dezembro de 2014. Conforme ali consta, "as práticas restaurativas são recomendadas nas situações para as quais seja viável a busca da reparação dos efeitos da infração por intermédio da harmonização entre o(s) seu(s) autor(es) e a(s) vítima(s), com o objetivo de restaurar o convívio social e a efetiva pacificação dos relacionamentos".

---

110 "Sempre que possível, o registro dos depoimentos do investigado, indiciado, ofendido e testemunhas será feito pelos meios ou recursos de gravação magnética, estenotipia, digital ou técnica similar, inclusive audiovisual, destinada a obter maior fidelidade das informações".

111 Como se deflui, p. ex., da Lei nº 9.099, art. 76, § 6º: "A imposição da sanção de que trata o § 4º deste artigo não constará de certidão de antecedentes criminais, salvo para os fins previstos no mesmo dispositivo, e não terá efeitos civis, cabendo aos interessados propor ação cabível no juízo cível".

Compreende, assim, o objetivo de reparar o dano como forma de obtenção de justiça, dano este que pode ser de cunho material, psicológico ou qualquer outra forma que tenha determinado um sofrimento à vítima, ao seu ambiente próximo e à sociedade.[112]

Em relação ao inciso II, ele é um consectário de expresso texto legal. Afinal, no Código Penal, em sua parte especial, consta que é efeito da condenação a perda, em favor da União, dos instrumentos do crime, desde que consistam em coisas cujo fabrico, alienação, uso, porte ou detenção constitua fato ilícito; e do produto do crime ou de qualquer bem ou valor que constitua proveito auferido pelo agente com a prática do fato criminoso, ressalvado o direito do lesado ou do terceiro de boa-fé (artigo 91, inciso II, *a* e *b*).

Entende-se, porém, que poderia ter sido incluída a hipótese deste mesmo efeito conforme leis especiais, já que há previsões de confisco com regramentos próprios noutros diplomas (reporta-se o leitor aos comentários sobre a "Persecução Patrimonial").

A exigência do inciso III da primeira redação deixou de ser uma exigência do acordo, o que não impede que ocorra, ainda assim, como um reflexo do § 9º, artigo 4º da Lei nº 12.850/13,[113] pois poderá o investigado, sempre acompanhado pelo seu defensor, ser ouvido pelo membro do Ministério Público responsável pelas investigações quanto a outros envolvidos. Afinal, ele continua sendo um relevante elemento de informação, uma essencial fonte e um futuro meio de prova.

Os atuais incisos III e IV estabelecem previsões de imposição de medidas assemelhadas às penas restritivas de direito constantes no artigo 43, incisos I e IV, do Código Penal, com considerações de redução de medidas insculpidas, dentre outras, no artigo 4º, *caput*, da Lei nº 12.850/13, sem prejuízo de outras tantas hipóteses de redução decorrente de colaboração.[114]

Dois pontos importantes de tais incisos: o Ministério Público indica o local onde será cumprida a prestação de serviço comunitário (inciso III); e, mais relevante ainda, a prestação pecuniária será destinada preferencialmente àquelas entidades que tenham como função proteger bens jurídicos iguais ou semelhantes aos aparentemente lesados pelo delito (inciso IV).

---

[112] WALGRAVE, Lode. Imposing restoration instead of inflicting pain: reflections on the judicial reaction to crime. In: VON HIRSCH, Andrew; ROBERTS, Julian V.; BOTTOMS, Anthony (Eds.). *Restorative justice and criminal justice*. Competing or reconcilable paradigms? Oxford: Hart Publishing, 2013, p. 61.

[113] Também não se olvide do Código de Processo Penal, art. 224: "as testemunhas comunicarão ao juiz, dentro de um ano, qualquer mudança de residência, sujeitando-se, pela simples omissão, às penas do não-comparecimento".

[114] Dentre outras: Lei nº 8.137/90, artigo 16, parágrafo único; Lei nº 9.613/98, artigo 1º, § 5º.

O inciso V é a demonstração de que o rol antes citado é exemplificativo, na medida em que é impossível regular-se a integralidade dos casos. O mundo fático é dinâmico, com o que podem existir necessidades inerentes a um determinado caso concreto aqui não contemplado. A exigência é que a nova condição seja proporcional e compatível com a infração penal aparentemente praticada, o que é devidamente pertinente (a ser analisado no caso concreto).

Isto permite a inclusão, p. ex., de cláusula coma indicação de provas para futuras investigações, a ser vista no caso concreto, conforme a compatibilidade.

Acompanha a possibilidade legal descrita no artigo 89, § 2º,[115] da Lei nº 9.099/95, em relação à suspensão condicional do processo; e na Lei 12.850/13, artigo 4º, § 1º, no que diz com a colaboração processual.[116]

■ O acordo de não persecução penal – 2ª parte: as consequências previstas.

Além das já citadas confissão formal e detalhada da prática do delito e a indicação de eventuais provas de seu cometimento, outras consequências são previstas para o acordo. Pode-se concluir que a confissão e a indicação de eventuais provas possuem função dúplice. Não pode ser pactuado sem elas, mas não resistirá se elas não forem mantidas ou confirmadas, pelo que também são consequências futuras dele.

Uma vez feito o acordo, surge uma primeira consequência ao investigado: comprovar mensalmente o cumprimento das condições, independentemente de notificação ou aviso prévio, devendo ele, quando for o caso, por iniciativa própria, apresentar imediatamente e de forma documentada eventual justificativa para o não cumprimento do acordo (§ 8º).

Afinal, conforme o Código Civil, em seu artigo 394, considera-se em mora o devedor que não efetuar o adimplemento no tempo, lugar e forma que a lei ou a convenção estabelecer. Ou seja, condizente com o ordenamento jurídico a estipulação aqui descrita.

Ainda, deve o investigado informar eventual mudança de endereço (§ 8º).

Se cumpridas as condições estabelecidas, haverá o arquivamento da investigação (§ 11), ao que se remete o leitor aos comentários ao artigo próprio da Resolução.

---

115 "O Juiz poderá especificar outras condições a que fica subordinada a suspensão, desde que adequadas ao fato e à situação pessoal do acusado".

116 "Em qualquer caso, a concessão do benefício levará em conta a personalidade do colaborador, a natureza, as circunstâncias, a gravidade e a repercussão social do fato criminoso e a eficácia da colaboração".

Não obstante, há outras consequências que decorrem do inadimplemento.

De acordo com o § 9º, descumpridas quaisquer das condições estipuladas no acordo ou não comprovando o investigado o seu cumprimento, no prazo e condições estabelecidas, o membro do Ministério Público deverá, se for o caso, imediatamente, oferecer denúncia.

Respeita a Resolução o conteúdo da Súmula Vinculante nº 35 do Supremo Tribunal Federal, por interpretação extensiva, na medida em que "a homologação da transação penal prevista no artigo 76 da Lei 9.099/1995 não faz coisa julgada material e, descumpridas suas cláusulas, retoma-se a situação anterior, possibilitando-se ao Ministério Público a continuidade da persecução penal mediante oferecimento de denúncia ou requisição de inquérito policial".

Não poderia a Resolução dar ao acordo interpretação distinta daquela feita a outro instituto consensual legalmente previsto. Somente reforça o que foi apontado na primeira parte: é o reflexo da obrigatoriedade da persecução penal.

Ademais, o *nomen júris* do acordo é de não persecução. Descumprido, a consequência inevitável é a de que a persecução ocorra ou que tenha seguimento.[117]

Outra consequência é a de que o descumprimento poderá ser utilizado pelo membro do Ministério Público como justificativa para o eventual não oferecimento de suspensão condicional do processo (§ 10). Entretanto, duas ressalvas são essenciais:

> a) o descumprimento do acordo deve ser usado como fundamento para o não oferecimento da suspensão condicional do processo desde que ele qualifique uma das causas impeditivas da suspensão prevista no artigo 89, *caput*, da Lei nº 9.099/95. Por ser uma Resolução, não pode impor mais do que a lei prevê;
>
> b) toda a recusa no oferecimento da suspensão condicional do processo, por parte do Ministério Público, submete-se ao ditame da Súmula 696 do Supremo Tribunal Federal, que diz que, "reunidos os pressupostos legais permissivos da suspensão condicional do processo, mas se recusando o promotor de justiça a propô-la, o juiz, dissentindo, remeterá a questão ao Procurador-Geral, aplicando-se por analogia o artigo 28 do Código de Processo Penal".

Por último, mas não menos importante, desde que esteja em conformidade com as leis e com esta resolução, vinculará toda a Instituição (§ 8º). Não faria sentido o acordo ser celebrado com um membro do Ministério Público e, por independência funcional, outro membro desfa-

---

117 "(...) Não há que se falar, assim, em ofensa ao devido processo, à ampla defesa e ao contraditório. Ao contrário, a possibilidade de propositura de ação penal garante, no caso, que o acusado tenha a efetiva oportunidade de exercer sua defesa, com todos os direitos a ela inerentes" (STF, RE 602072 QO-RG, Rel. Min. Cezar Peluso, j. 19/11/2009).

zê-lo. Feriria a lealdade e a boa-fé processuais entender-se de maneira contrária (aplica-se, aqui, o disposto no artigo 5º de nosso Código de Processo Civil)[118] – com as considerações conforme o ponto que segue.

- **O acordo de não persecução penal – 2ª parte: a redação final do § 8º e o princípio acusatório.**

Este tópico já era apresentado na edição anterior, mas, com o advento da Resolução nº 183, que acatou críticas que aqui fazíamos, mostram-se necessárias algumas adequações ao seu conteúdo.

Como consta na exposição de motivos da Resolução, "a Constituição de 1988 fez uma opção inequívoca pelo sistema acusatório (...) criando as bases para uma mudança profunda na condução das investigações criminais e no processamento das ações penais no Brasil".

Materialmente, a própria Constituição dá fundamento a isto no artigo 129, inciso I, da Constituição Federal. Mais uma vez, porém, cabe referir que o artigo citado é claro: é função institucional do Ministério Público promover, privativamente, a ação penal pública, *na forma da lei*! Desnecessário dizer que a Resolução de lei não se trata.

O interessante, porém, é que tínhamos dispositivo legal anterior à nossa Constituição e que já era considerado a representação do princípio acusatório no Brasil: o artigo 28 do CPP![119]

O artigo 28 do CPP funciona como um *sistema de freios e contrapesos*.[120] O juiz atua, portanto, como um fiscal do cumprimento do princípio da obrigatoriedade da ação penal[121] (em respeito ao princípio acusatório, sua função é de, unicamente, fiscal[122]).

Assim, quer-se dizer que o acordo também deve ser arquivado em juízo.

Quando da redação anterior do artigo 18, dizíamos que este é um balizador importante para o § 8º artigo 18 da Resolução. Na medida em que o acordo pode ser usado como fundamento para arquivamento,

---

[118] Com base nisto, a Suprema Corte americana, acostumada com o sistema de negociação de sentença desde longa data, já manifestou haver unidade entre os membros que integram *the staff of the prosecution*, pelo que deve ser presumido o conhecimento do acordo celebrado e devidamente praticado por um de seus integrantes, especialmente quando o acusado entabulou o acordo em uma situação mais favorável a si (Suprema Corte dos Estados Unidos. Santobello v. New York, 404 U.S. 257 (1971), documento não paginado).

[119] MARQUES, José Frederico. *Estudos de direito processual penal*. Rio de Janeiro: Forense, 1960, p. 133.

[120] RANGEL, Paulo. *Direito..., op. cit.*, p. 206.

[121] MARQUES, José Frederico. *Estudos..., op. cit.*, p. 134; POLASTRI, Marcellus. *Curso de processo penal*. 9. ed., atual. Brasília: Gazeta Jurídica, 2016, p. 147.

[122] JARDIM, Afrânio Silva. *Direito processual penal*. 4. ed., rev. e atual. Rio de Janeiro: Forense, 1991, p. 260.

nas condições estudadas anteriormente, ele somente vinculará toda a Instituição, se respeitados os termos do artigo 28 do CPP. Ou seja, o juiz somente estará vinculado aos termos do acordo se, ao não concordar com ele, for ratificado pelo Procurador-Geral respectivo. O membro do Ministério Público não pode atuar sem esta fiscalização[123] que lhe é legalmente imposta.

Como se percebe, o CNMP aceitou nossa crítica com a Resolução nº 183, ao dizer que o acordo vinculará toda a Instituição quando o Procurador-Geral, após provocação do juízo, manter o acordo de não persecução, apesar de o juiz ter tido a compreensão inicial de que ele era incabível, inadequado ou insuficiente em suas condições (§ 6º, inc. IV, parte final, do artigo 18).

Isto continua a representar o princípio acusatório: não cabe ao juiz dizer quem deve ser acusado, mas à Instituição.[124]

Especialmente na Lei nº 12.850/13, há previsões claras da forma como as convenções em processo penal devem ser controladas pelo Poder Judiciário (artigos 4º e seus parágrafos), inclusive no que diz com a homologação dos acordos antes da produção de seus efeitos[125] e demais consequências ali elencadas.

A necessidade de controle da atuação do Ministério Público é uma forma de garantia de sua autonomia (basta ver que os acordos celebrados em transação penal e em suspensão condicional do processo exigem o controle judicial prévio e posterior ao cumprimento, conforme os artigos 76 e 89 da Lei nº 9.099/95).[126]

Percebendo que havia falhas na redação original, a Resolução nº 183 apresenta que, uma vez formalizado o acordo, devidamente firmado pelo membro do Ministério Público, pelo investigado e seu defensor, o juiz deve analisar se ele é cabível e suas condições são adequadas e suficientes. Se entender que sim, devolverá os autos ao Ministério Público para sua implementação (§ 5º).

[123] Mais sobre a fiscalização, ver os comentários ao art. 19 da Resolução.

[124] Relembre-se que a acusatoriedade caracteriza-se pela efetiva separação funcional entre o julgador e o acusador, com o intuito de garantir a imparcialidade do primeiro, que funciona como um mediador dos demais sujeitos processuais (ANDRADE, Mauro Fonseca. *Sistemas processuais penais e seus princípios reitores*. 2. ed. Curitiba: Juruá, 2013, p. 111).

[125] Nosso Supremo Tribunal Federal já manifestou entendimento de que, ao relator cabe, monocraticamente, homologar acordos de colaboração premiada, oportunidade na qual se limita ao juízo de regularidade, legalidade e voluntariedade da avença. Porém, ao colegiado, resta a competência para avaliar, em decisão final de mérito, o cumprimento dos termos bem como a eficácia do acordo (STF, PET 7.074/DF, Rel. Min. Edson Fachin, j. em 21, 22, 28 e 29/06/17 – votos não disponibilizados quando da entrega do trabalho, com informação retirada do material editado "Informativo por Temas – Junho /2017").

[126] Sobre ele, reporta-se o leitor ao exame de tal ponto nos comentários próprios ao arquivamento regulado pela Resolução.

Caso não concorde com os termos do acordo, o juiz o remeterá ao Procurador-Geral ou ao órgão superior interno responsável por sua apreciação, conforme a legislação. Neste caso, poderá haver o oferecimento da denúncia pelo Procurador-Geral ou designação de membro para oferecê-la; a complementação das investigações ou a designação de membro para complementá-la; a reformulação da proposta do acordo, que deverá apreciada pelo investigado; ou a manutenção do acordo pelo Procurador-Geral ou pelo órgão de revisão, com a vinculação de toda da Instituição (§ 6º e seus incisos).

Assim, se aproxima do CPP, art. 28, e de entendimento sumulado de nossos Tribunais Superiores.[127]

Renova-se uma questão antes apontada: pode o CNMP obrigar o integrante do Poder Judiciário? A pergunta não surge ao acaso: se ele não puder obrigá-lo, pode que toda a Instituição esteja vinculada ao acordo de não persecução, e o juiz se negar a homologá-lo ainda assim. Caso isto aconteça, o investigado estará no *melhor dos mundos*: a não ser que haja uma ação penal privada subsidiária no prazo estabelecido, não haverá persecução alguma ao delito por ele, em tese, cometido.

Deve ser dito que não se trata de discutir se nosso Estado deve estar pautado pela obrigatoriedade ou pela disponibilidade da ação penal. O que importa é que haja a previsão legal das convenções, para dar-se cumprimento integral ao artigo 129, inciso I, da Constituição Federal.

Para ilustrar esta consideração, refere-se o direito processual penal italiano. A Constituição da República Italiana prevê, no artigo 112, que o Ministério Público é obrigado a exercer a ação penal.[128] Porém, no artigo 111, nº 5, a mesma Constituição estabelece que a lei deverá prever as hipóteses em que não haverá contraditório para a produção da prova por consenso do imputado.[129] Foi o que deu apoio constitucional ao *patteggiamento* (nome pelo qual restou conhecida a *applicazione della pena sulla richiesta delle parti*, prevista no artigo 444 do CPP italiano[130]).

---

[127] Na linha do que diz a Súmula nº 696 do Supremo Tribunal Federal, reunidos os pressupostos permissivos da suspensão condicional do processo, mas se recusando o promotor de justiça a propô-la, o juiz, dissentindo, remeterá a questão ao procurador-geral, aplicando-se por analogia o art. 28 do CPP.

[128] *"Il pubblico ministero ha l'obbligo di esercitare l'azione penale"*.

[129] *"La legge regola i casi in cui la formazione della prova non ha luogo in contraddittorio per consenso dello imputato (...)"*.

[130] Para maiores detalhamentos sobre o *patteggiamento*, ver: BRANDALISE, Rodrigo da Silva. *Justiça penal negociada..., op. cit.*, p. 93-103.

Afinal, nem mesmo o modelo americano, caracterizado pela disponibilidade da ação penal pelas partes, impede uma busca judicial mais aprofundada da verdade dentro do processo penal.[131-132]

■ O acordo de não persecução penal: últimas palavras.

Novamente e como se disse na primeira edição: não se é contrário à ideia da existência de acordos dentro do processo penal, até mesmo para a fixação da culpa do réu! Neste ponto, elogia-se o CNMP por trazer a matéria à discussão.

Porém, entende-se haver a necessidade de um arranjo legal específico, dentro do Poder Legislativo constituído, especificamente por todas as questões aqui referidas. Deve-se tomar cuidado com a utilização generalista de uma experiência em determinado país, pois, além do risco de não se tratar de um mesmo sistema processual, há de se conhecer a relação de *causa e efeito* que lá houve.

Como se pôde verificar até aqui, a Resolução, com sua intenção de ato criador de procedimento penal, não se conforma ao artigo 129, inciso I, de nossa Constituição Federal. Além disto, choca-se com previsões decorrentes da legislação infraconstitucional.

A matéria aqui ensejará muitas discussões e considerações. Segundo noticiado, o Conselho Pleno da OAB manifestara sua intenção em ajuizar ação direta de inconstitucionalidade contra a Resolução, por entender que há quebra da paridade com os advogados.[133] No STF, transformou-se na ADIN 5793.

---

131 Pizzi e Montagna apresentam que um dos problemas do fraco papel desempenhado pelos juízes no sistema americano decorre da confusão entre imparcialidade e passividade. Segundo eles, o sistema americano ainda não definiu qual a sua verdadeira prioridade, pois muito mais preocupado com a vitória de uma parte sobre a outra, ao invés de se focar na persecução da justiça. Observam que a estrutura recursal está muito mais focada em encontrar os erros procedimentais de quem julga do que o acerto da decisão, o que faz o juiz ficar mais distante da busca da substancialidade do processo (PIZZI, William T.; MONTAGNA, Mariangela. The battle to establish an adversarial trial system in Italy. *Michigan Journal of International Law*, Ann Arbor, v. 25, p. 429-466, 2004, p. 142, 144-145 e 222).

132 É o que se pode concluir do exame da *Rule* 102 inserta na *Federal Rules of Evidence* (*These rules should be construed so as to administer every proceeding fairly, eliminate unjustifiable expense and delay, and promote the development of evidence law, to the end of ascertaining the truth and securing a just determination*); da *Rule* 614(a) descrita na mesma *Federal Rules of Evidence* [***(a) Calling.*** *The court may call a witness on its own or at a party's request. Each party is entitled to cross-examine the witness.* ***(b) Examining.*** *The court may examine a witness regardless of who calls the witness.* ***(c) Objections.*** *A party may object to the court's calling or examining a witness either at that time or at the next opportunity when the jury is not present*]; e da *Rule* 2 presente na *Federal Rules of Criminal ProcedureI* (*These rules are to be interpreted to provide for the just determination of every criminal proceeding, to secure simplicity in procedure and fairness in administration, and to eliminate unjustifiable expense and delay*).

133 "OAB ingressará com ADI contra resolução do CNMP que quebra paridade com a advocacia". Disponível no sítio <http://oabce.org.br/2017/09/oab-ingressara-com-adi-contra-resolucao-do-cnmp-que-quebra-paridade-com-a-advocacia/>. Acesso em 01 out. 2017.

A Associação dos Magistrados do Brasil também ajuizou ADIN (5790).

Em ambas, o principal argumento é a usurpação do poder legislativo pelo CNMP,[134] como aqui também apontado (até o momento, não houve decisão liminar sobre a matéria).

Ainda, basta ver a Recomendação Conjunta PGJ CGMP nº 2, de 13 de setembro de 2017, em Minas Gerais.[135] Por ela, os órgãos de execução do Ministério Público do Estado de Minas Gerais devem se abster de celebrar acordos de não persecução penal, cujas normas gerais estão previstas no artigo 18 da Resolução CNMP n. 181/2017, até que, em oportuna revisão da Resolução Conjunta PGJ CGMP n. 3/2017, haja a competente regulamentação local das inovações previstas, como normas gerais, no ato normativo do órgão constitucional de controle externo.

Em sentido idêntico, a Recomendação Conjunta GPGJ/CGMP nº 1, de 14 de setembro de 2017, recomenda aos Promotores e aos Procuradores de Justiça do Estado do Rio de Janeiro a abstenção da celebração de "acordos de não persecução penal", nos termos dos artigos 18, § 1º, II, e 22, ambos da Resolução nº 181, de 7 de agosto de 2017, do Conselho Nacional do Ministério Público.[136]

---

[134] Interessante observar que, no dia 25 de abril de 2018, por maioria de votos, o Plenário do Supremo Tribunal Federal julgou improcedente a Ação Direta de Inconstitucionalidade (ADI) 4263, proposta pela Procuradoria-Geral da República, e declarou a validade constitucional da Resolução 36/2009, do Conselho Nacional do Ministério Público (CNMP), que dispõe sobre o pedido e a utilização das interceptações telefônicas pelos membros do Ministério Público, nos termos da Lei 9.296/1996. Como fundamento do pedido, alegou-se que o CNMP agiu além de sua competência constitucional de regulamentar, tanto com invasão da autonomia funcional dos membros do Ministério Público, como por ter inovado o ordenamento jurídico. Prevaleceu o entendimento de que a resolução se baseia na lei e, portanto, o CNMP não exorbitou do poder regulamentador que lhe foi atribuído pela Constituição Federal. Isto porque não foram criadas normas materiais de direito penal ou de direito processual penal, até porque não prevê qualquer tipo de nulidade, mas apenas eventuais sanções administrativas para o membro do Ministério Público que venha a descumpri-la (informações extraídas do *site* de notícias do STF, visto que o acórdão não foi publicado até o término deste trabalho). Em outros termos, o STF afirmou que o CNMP não pode criar normas materiais ou processuais na seara penal (como visto no trabalho, afirmamos que o CNMP, no acordo de não persecução, criou normas).

[135] Em parte de sua fundamentação: "CONSIDERANDO que o Ministério Público, embora destinatário constitucional da titularidade da ação penal, está adstrito a critérios de legalidade estrita para mitigação (discricionariedade regrada) da obrigatoriedade da ação penal, nos termos do art. 42 do Código de Processo Penal, com exceções previstas na legislação especial (colaboração premiada, transação penal, suspensão condicional do processo etc.); CONSIDERANDO que o acordo de não persecução-penal, trazendo aplicação imediata de pena não privativa de liberdade, se cumprido, produziria autêntico efeito impeditivo da punibilidade, aniquilando, no mérito, a pretensão punitiva do Estado, o que exige algum mecanismo de controle (*interna corporis* ou via função judicial anômala, a teor do art. 28, do CPP); CONSIDERANDO que divergentes regulamentações locais do disposto na parte final do inciso II do § 1º do art. 18 da Resolução CNMP n. 181/2017 poderiam comprometer a integridade federativa do Direito Penal brasileiro, cuja competência exclusiva, em matéria legislativa, está adstrita à União".

[136] Dentre outras razões: "CONSIDERANDO a necessidade de ampla discussão institucional sobre a matéria, inclusive nacionalmente no âmbito da representatividade dos Ministérios Públicos dos Estados".

Não obstante, em visão oposta à mineira, no Ministério Público do Paraná, já houve a expedição do Protocolo de Atuação nº 01/2017, que traz orientações sobre como os membros daquela Instituição devem se portar frente à imediata aplicabilidade da Resolução do CNMP. Referido Protocolo foi assinado pela Corregedoria-Geral do Ministério Público paranaense e pelo Centro de Apoio Operacional das Promotorias Criminais, do Júri e das Execuções Penais. Em sentido idêntico, tem-se a "Nota Técnica sobre o acordo de não persecução penal", assinada pelo Centro de Apoio Operacional Criminal e pelo Grupo de Atuação Especial de Repressão ao Crime Organizado do Ministério Público da Paraíba.

Sobre isto, inclusive, há de ser dito que o CNMP, em 28 de setembro de 2017, concedeu liminar em instrumento administrativo de Reclamação para Preservação da Competência e da Autoridade das Decisões do Conselho.[137] Conforme consta na decisão, foi determinada a imediata e integral aplicação do artigo 18 e seus incisos ao Ministério Público do Distrito Federal e Territórios. Foi, assim, suspensa a decisão exarada pelo Conselho Superior do Ministério Público do Distrito Federal e Territórios, que determinava a não aplicação do acordo de não persecução até que fossem adotadas medidas administrativas para análise e normatização cabível.

Aliás, no relatório da decisão liminar acima indicada, há notícia de que os atos mencionados exarados pelo Ministério Público do Rio de Janeiro e de Minas Gerais teriam sido ou serão revogados.

São estas as primeiras impressões acerca do instituto aqui versado. Resta aguardar o andamento das discussões (inclusive nos Tribunais) para que sejam verificadas as condições de amadurecimento e aperfeiçoamento do tema, sempre louvando um ponto: no mínimo, a Resolução trará à discussão uma matéria que, há muito, necessita ser legislativamente implementada no Brasil.

■ Bibliografia.

ADÉRITO TEIXEIRA, Carlos. *Princípio da oportunidade*: Manifestações em sede processual penal e sua conformação jurídico-constitucional. Coimbra: Almedina, 2006.

ALBERGARIA, Pedro Soares de. *Plea bargaining*: aproximação à justiça negociada nos E.U.A. Coimbra: Almedina, 2007.

ALTENHAIN, Karsten. *Absprachen* in german criminal trials. In: THAMAN, Stephen C. (Org.). *World plea bargaining*: consensual procedures and the avoidance of the full criminal trial. Durham: Carolina Academic Press, 2010, p. 157-179.

[137] Reclamação para Preservação da Competência e da Autoridade das Decisões do Conselho nº 1.00904/2017-09, Relator Conselheiro Orlando Rochadel Moreira.

ANDRADE, Mauro Fonseca. *Sistemas processuais penais e seus princípios reitores*. 2. ed. Curitiba: Juruá, 2013.

——; ALFLEN, Pablo Rodrigo. *Audiência de custódia no processo penal brasileiro*. Porto Alegre: Livraria do Advogado, 2016.

——; BRANDALISE, Rodrigo da Silva. Observações preliminares sobre o acordo de não persecução penal: da inconstitucionalidade à inconsistência argumentativa. *Revista da Faculdade de Direito da UFRGS*, Porto Alegre, nº 37, p. 239-262, dez. 2017.

BADARÓ, Gustavo Henrique. *Manual dos recursos criminais*. 2ª ed., rev., atual. e ampl.. São Paulo: Revista dos Tribunais, 2017.

BRANDALISE, Rodrigo da Silva. Escolha e exoneração do Procurador-Geral da República em Portugal e possíveis repercussões no exercício da investigação criminal. *Revista do Ministério Público*, Rio de Janeiro, Edição Comemorativa, p. 767-796, 2015.

——. *Justiça penal negociada*. Negociação de sentença criminal e princípios processuais penais relevantes. Curitiba: Juruá, 2016.

BRASIL. Corregedoria Nacional do Ministério Público. Autos nº 01/2017. Brasília: Conselho Nacional do Ministério Público, 2017. Disponível em: <http://www.cnmp.mp.br/portal/images/Pronunciamento_final.pdf>. Acesso em 08 set. 2017.

BUTRÓN BALIÑA, Pedro M. *La conformidad del acusado en el proceso penal*. Madrid: McGraw-Hill, 1998.

CABRAL, Rodrigo Leite Ferreira. *O acordo de não-persecução penal criado pela nova Resolução do CNMP*. CONAMP: Brasília, 2017, documento não paginado. Disponível em: <https://www.conamp.org.br/pt/biblioteca/artigos/item/1783-o-acordo-de-nao-persecucao-penal-criado-pela-nova-resolucao-do-cnmp.html?utm_campaign=artigo_o_acordo_de_nao-persecucao_penal_criado_pela_nova_resolucao_do_cnmp&utm_medium=email&utm_source=RD+Station>. Acesso em 25 set. 2017.

CAEIRO, Pedro. Legalidade e oportunidade: a perseguição penal entre o mito da "justiça absoluta" e o fetiche da "gestão eficiente" do sistema. *Revista do Ministério Público*, Lisboa, ano 21, n. 84, p. 31-47, 2000.

CHRISTIE, Nils. Conflict As Property. *The British Journal of Criminology*, Oxford, v. 17, n. 1, p. 1-15, 1977.

CUNHA, Rogério Sanches; SOUZA, Renee do Ó. *A legalidade do acordo de não persecução penal (Res. 181/17 CNMP): uma opção legítima de política criminal*. Meu *site* jurídico.com, 14 de setembro de 2017, documento não paginado. Disponível em <http://meusitejuridico.com.br/2017/09/14/legalidade-acordo-de-nao-persecucao-penal-res-18117-cnmp-uma-opcao-legitima-de-politica-criminal/>. Acesso em 16 set. 17.

ESSADO, Tiago Cintra. Delação premiada e idoneidade probatória. *Revista Brasileira de Ciências Criminais*, São Paulo, v. 21, n. 101, p. 203-218, 2013.

FARIA COSTA, José de. *Diversão (desjudiciarização) e mediação*: que rumos? Coimbra: Almedina, 1986.

FAYET JÚNIOR, Ney; VARELA, Amanda Gualtieri. *A Ação (Penal) Privada Subsidiária da Pública*. Das vantagens e desvantagens da participação do ofendido na atividade jurídico-penal. 2ª ed. Porto Alegre: Elegatia Juris, 2014.

FERNANDES, Antonio Scarance. *Processo penal constitucional*. 7. ed. São Paulo: Revista dos Tribunais, 2012.

FERNANDES, Fernando. *O processo penal como instrumento de política criminal*. Coimbra: Almedina, 2001.

FISCHER, Douglas. O que é garantismo penal (integral)? In CALABRICH, Bruno; FISCHER, Douglas; PELELLA, Eduardo. *Garantismo penal integral*. Questões penais e processuais, criminalidade moderna e a aplicação do modelo garantista no Brasil. 2ª ed., rev., ampl. e atual.. Salvador: Jus Podium, 2013.

FONSECA, Cibele Benevides Guedes da. *Colaboração premiada*. Belo Horizonte: Del Rey, 2017.

GRINOVER, Ada Pellegrini. *As Condições da Ação Penal*. São Paulo: José Bushatsky, 1977.

JARDIM, Afrânio Silva. *Direito processual penal*. 4ª ed., rev. e atual. Rio de Janeiro: Forense, 1991.

KOBOR, Susanne. *Bargaining in the criminal justice systems of the United States and Germany*: matter of justice and administrative efficiency within legal. Frankfurt am Main: Internationaler Verlag der Wissenschaften, 2008.

LANGER, Máximo. From legal transplants to legal translations: the globalization of plea bargaining and the americanization thesis in criminal procedure. In: THAMAN, Stephen C. (Org.). *World plea bargaining*: consensual procedures and the avoidance of the full criminal trial. Durham: Carolina Academic Press, 2010, p. 3-80.

LIMA, Renato Brasileiro de. *Manual de processo penal*. 4ª edição rev., ampl. e atual., Salvador: Jus Podium, 2016.

——. *Manual de processo penal*. 6ª ed., rev., ampl. e atual., Salvador: Jus Podium, 2018.

MARQUES, José Frederico. *Estudos de direito processual penal*. Rio de Janeiro: Forense, 1960.

MONTORO, André Franco. *Introdução à Ciência do Direito*. 28ª ed., rev. e atual.. São Paulo: Revista dos Tribunais, 2009.

PACELLI, Eugênio; FISCHER, Douglas. *Comentários ao Código de Processo Penal e sua* jurisprudência. 8ª ed., rev. e atual.. São Paulo: Atlas, 2016.

——. *Comentários ao Código de Processo Penal e sua jurisprudência*. 9ª ed., rev. e atual.. São Paulo: Atlas, 2017.

PIZZI, William T.; MONTAGNA, Mariangela. The battle to establish an adversarial trial system in Italy. *Michigan Journal of International Law*, Ann Arbor, v. 25, p. 429-466, 2004.

POLASTRI, Marcellus. *Curso de processo penal*. 9. ed., atual. Brasília: Gazeta Jurídica, 2016.

RANGEL, Paulo. *Direito Processual Penal*. 21. ed.. São Paulo: Atlas, 2013.

ROSA, Inocêncio Borges. *Processo penal brasileiro*. Vol. 1. Porto Alegre: Livraria do Globo, 1942.

SOUSA MENDES, Paulo de. *Lições de direito processual penal*. Coimbra: Almedina, 2013.

TORRÃO, Fernando. *A relevância político-criminal da suspensão provisória do processo*. Coimbra: Almedina, 2000.

TUCCI, Rogério Lauria. *Teoria do Direito Processual Penal*. Jurisdição, ação e processo penal (estudo sistemático). São Paulo: Revista dos Tribunais, 2002.

TULKENS, Françoise. Justiça Negociada. In: DELMAS-MARTY, Mireille (Org). *Processos penais da Europa*. Rio de Janeiro: Lumen Juris, 2005, p. 673-724.

WALGRAVE, Lode. Imposing restoration instead of inflicting pain: reflections on the judicial reaction to crime. In: VON HIRSCH, Andrew; ROBERTS, Julian V.; BOTTOMS, Anthony (Eds.). *Restorative justice and criminal justice*. Competing or reconcilable paradigms? Oxford: Hart Publishing, 2013, p. 61-78.

WAN, Tina. The unnecessary evil of plea bargaining: an unconstitutional conditions problem and a not-so-least restrictive alternative. *Review of Law and Social Justice*, Los Angeles, v. 17, n. 1, p. 33-61, 2007. Disponível em: <http://lawweb.usc.edu/why/students/orgs/rlsj/assets/docs/issue_17/07_Wan_Macro.pdf>. Acesso em: 03 set. 2017.

WEIGEND, Thomas; TURNER, Jenia Iontcheva. The constitutionality of negotiated criminal judgments in Germany. *German Law Journal*, Lexington, v. 15, n. 1, p. 81-106, feb. 2014. Disponível em <http://www.germanlawjournal.com/pdfs/FullIssues/GLJ%20Vol%2015%20No%201%20Full%20Issue.pdf>. Acesso em: 03 set. 2017.

ZIESEMER, Henrique da Rosa. *Direito Institucional.* Comentários ao Regimento Interno do Conselho Nacional do Ministério Público. 2ª ed., rev. e atual. até 10/05/2017. Rio de Janeiro: Lumen Juris, 2017.

Resolução nº 181 do CNMP – artigo 19

Capítulo VIII
DA CONCLUSÃO E DO ARQUIVAMENTO

Art. 19. Se o membro do Ministério Público responsável pelo procedimento investigatório criminal se convencer da inexistência de fundamento para a propositura de ação penal pública, nos termos do art. 17, promoverá o arquivamento dos autos ou das peças de informação, fazendo-o fundamentadamente.
§ 1º A promoção de arquivamento será apresentada ao juízo competente, nos moldes do art. 28 do CPP, ou ao órgão superior interno responsável por sua apreciação, nos termos da legislação vigente.
§ 2º Na hipótese de arquivamento do procedimento investigatório criminal, ou do inquérito policial, quando amparado em acordo de não persecução penal, nos termos do artigo anterior, a promoção de arquivamento será necessariamente apresentada ao juiz competente, nos moldes do art. 28 do Código de Processo Penal.

RODRIGO DA SILVA BRANDALISE

Mestre em Ciências Jurídico-Criminais pela FDUL, Portugal
Professor de Direito Processual Penal da FMP
Promotor de Justiça/RS

■ Da Previsão na Resolução 13/2006.

Art. 15. Se o membro do Ministério Público responsável pelo procedimento investigatório criminal se convencer da inexistência de fundamento para a propositura de ação penal pública, promoverá o arquivamento dos autos ou das peças de informação, fazendo-o fundamentadamente.

Parágrafo único. A promoção de arquivamento será apresentada ao juízo competente, nos moldes do art. 28 do CPP, ou ao órgão superior interno responsável por sua apreciação, nos termos da legislação vigente.

■ Da Previsão na Versão Original da Resolução 181/2017.

Art. 19. Se o membro do Ministério Público responsável pelo procedimento investigatório criminal se convencer da inexistência de fundamento para a propositura de ação penal pública ou constatar o cumprimento do acordo de não-persecução, nos termos do art. 17, promoverá o arquivamento dos autos ou das peças de informação, fazendo-o fundamentadamente.

Parágrafo único. A promoção de arquivamento será apresentada ao juízo competente, nos moldes do art. 28 do CPP, ou ao órgão superior interno responsável por sua apreciação, nos termos da legislação vigente.

■ A nova redação conferida ao artigo 19 da Resolução sobre o arquivamento.

Ao comparar-se a nova redação determinada ao artigo em estudo pela Resolução nº 183 do CNMP com sua versão original, é possível apontar que:

- o *caput* do artigo passa a referir-se, unicamente, ao arquivamento da investigação por falta de fundamento para a propositura da ação penal pública. A nova redação não inova em relação ao tratamento anterior;[1]
- o antigo parágrafo único passa a ser definido como § 1º. Igualmente, nada de novo foi acrescentado pelo Conselho;[2]
- há a inserção de um § 2º, que se refere ao arquivamento com base no acordo de não persecução penal, o que antes também estava previsto no *caput*. Quanto ao tratamento deste, há duas inovações importantes: (a) prevê que um inquérito policial pode ser arquivado com base no negócio jurídico antes citado; e (b) exige que o arquivamento com base em tal fundamento também seja apresentado ao juízo competente, com observância do artigo 28 do CPP.[3]

Dito isso, passa-se aos comentários específicos.

■ A falta de fundamento para a propositura da ação penal, nos termos do *caput*. O arquivamento.

Como já discorrido nos comentários ao artigo 18 da Resolução, o Brasil adota o princípio clássico da legalidade/obrigatoriedade da ação penal pública.

Entretanto, por vezes, não se mostra viabilidade de prosseguimento da persecução penal ao final de sua investigação. Assim, surge a

[1] Como não houve qualquer alteração (e nem poderia, sob pena de revogação da legislação formal processual vigente) em relação à redação original da Resolução nº 181, os respectivos comentários a serem discorridos serão os mesmos apresentados na edição anterior desta obra.

[2] Pela mesma razão, os comentários sobre o tema a serem discorridos serão os mesmos apresentados na edição anterior desta obra.

[3] Aqui, haverá os apontamentos específicos quando dos comentários próprios a este tema.

hipótese de arquivamento, que é o que está regulado no presente artigo da Resolução.

Sinteticamente, cabe o arquivamento da investigação quando (1) o fato evidentemente não constituir crime, (2) já estiver extinta a punibilidade, (3) faltar pressuposto processual ou (4) estiver ausente uma condição exigida em lei para o regular exercício do direito de agir,[4-5] sem contar a ausência de indícios de autoria contra determinado investigado.[6-7]

O arquivamento, assim, *é o término da atividade administrativa do Estado de persecução penal.*[8-9]

Para ser entendido o conteúdo do *caput* do art. 19 da Resolução ora estudada, é imperioso reportar-se ao art. 17 e ao art. 18 do CPP. De acordo com o primeiro artigo, a autoridade policial não poderá mandar arquivar autos de inquérito, na medida em que o Ministério Público é o *dominus litis* (compete-lhe a apreciação quanto à *opinio delicti*).[10] O mesmo se diga quanto à impossibilidade do arquivamento de ofício pelo juiz, especialmente quando houver necessidade de continuidade das investigações.[11-12]

---

[4] RANGEL, Paulo. *Direito Processual Penal*. 21. ed.. São Paulo: Atlas, 2013, p. 205.

[5] Pollastri explica que, para fins de arquivamento, há de ser observada a *possibilidade jurídica do pedido* (em suma, a tipicidade e a antijuridicidade da conduta), a *legitimatio ad causam* (especialmente, se for caso de ação penal privada) e *ad processum* (representação/requisição oferecida quando exigida, estar o membro do Ministério Público com atribuições e os casos de inimputabilidade), o *interesse de agir* (necessidade de punição somente por via judicial) e a *justa causa* (suporte mínimo necessário para a propositura da ação penal: indícios de autoria e prova da materialidade da conduta) (POLASTRI, Marcellus. *Curso de processo penal*. 9ª ed., atual. Brasília: Gazeta Jurídica, 2016, p. 152-154). Também cita as condições objetivas de punibilidade e as isenções de pena como situações que podem justificar o arquivamento (POLASTRI, Marcellus. *Curso..., op. cit.*, p. 156).

[6] ROSA, Inocêncio Borges. *Processo penal brasileiro*. Vol. 1. Porto Alegre: Livraria do Globo, 1942, p. 126. Nesse sentido, de ser lembrado que, nos termos do art. 41 do CPP, a denúncia ou queixa conterá, dentre outras, a exposição do fato criminoso, com todas as suas circunstâncias e a qualificação do acusado ou esclarecimentos pelos quais se possa identificá-lo.

[7] Por oportuno, também pode-se usar como parâmetro o que diz o art. 231, § 4º, do Regimento Interno do Supremo Tribunal Federal (STF) como hipóteses que justificam o arquivamento: a existência manifesta de causa excludente da ilicitude do fato; a existência manifesta de causa excludente da culpabilidade do agente, salvo inimputabilidade (pois pode levar à aplicação de medida de segurança); o fato narrado evidentemente não constituir crime; estar extinta a punibilidade do agente; ou estarem ausentes de indícios mínimos de autoria ou materialidade.

[8] RANGEL, Paulo. *Direito Processual..., op. cit.*, p. 206.

[9] Afinal, após a Constituição Federal de 1988, o Ministério Público deixou de ser um acusador público (PAES, José Eduardo Sabo. *O Ministério Público na construção do estado democrático de direito*. Brasília: Brasília Jurídica, 2003, p. 283).

[10] RANGEL, Paulo. *Direito Processual..., op. cit.*, p. 206.

[11] No sentido do texto, o STF já decidiu que o arquivamento de ofício, sem oitiva prévia do Ministério Público, fere o princípio acusatório. Isto porque, na fase pré-processual, o juiz funciona como um "magistrado de garantias", enquanto ainda não formada a *opinio delicti* do Ministério Público (STF, HC Inq 2913AgR, Rel. Min. Dias Toffoli, j. 01/03/2012).

[12] Não obstante, o STF já decidiu sobre a possibilidade de arquivamento de ofício pelo Colegiado em casos de detentores de prerrogativa de foro. Segundo nossa Corte, por falta de justa causa, diante da ausência de elementos indiciários mínimos demonstrativos da autoria e materialidade, há que se admitir, desde o seu nascedouro, seja abortada a instauração de procedimento investi-

Já o segundo prevê que o arquivamento pela autoridade judiciária dar-se-á por falta de base para a denúncia.

A doutrina afirma haver verdadeira condição suspensiva neste caso, pois se submete a um ato administrativo complexo (a promoção do Ministério Público e a decisão judicial) para que seja considerada arquivada a investigação.[13]

Como se sabe, a investigação prevista na Resolução volta-se para a apuração de determinada infração penal e de sua autoria, de maneira a que seja viabilizada a acusação por parte de seu titular (especificamente, o Ministério Público).[14]

Dessa forma, quando não houver demonstração suficiente de fundamentação para a propositura da ação penal, o caminho a ser adotado é o arquivamento da investigação.[15]

Na medida em que a própria lei fala em *razões invocadas* para o arquivamento (CPP, art. 28), não se pode admitir o chamado *arquivamento implícito*, quando, uma vez oferecida a denúncia, não há a inclusão de investigados ou de fatos, sem qualquer justificativa expressa para tanto manifestada pelo agente ministerial. Em tal silêncio, entende-se que deve o juiz devolver os autos ao órgão ministerial para que este se expresse sobre tal ocorrência e, se mantido o silêncio, deverá aplicar o disposto no art. 28 do CPP.[16]

Idêntico raciocínio deve ser aplicado quando o membro do Ministério Público, ao invés de propor a ação penal, requer o arquivamento em relação a um sujeito e/ou um fato e não se manifesta quanto a outro(s).

Afinal, se for decomposto o conteúdo da Súmula nº 524 do STF,[17] será visto que ela deixa devidamente delineado que o arquivamen-

---

gativo, quando inexistente base empírica idônea para tanto e indicação plausível do fato delituoso a ser apurado (STF, HC Inq 3847AgR, Rel. Min. Dias Toffoli, j. 07/04/2015). Particularmente, entende-se que esta deve ser a exceção, ou seja, quando ficar demonstrado, de plano, que faltam quaisquer elementos que justifiquem a instauração. Do contrário, estará sendo vedada a possibilidade de investigação por parte do Ministério Público por um juízo de valor antecipado do Poder Judiciário acerca do êxito da apuração.

[13] RANGEL, Paulo. *Direito Processual..., op. cit.*, p. 207.

[14] Como também é explicado acerca do inquérito policial. Por todos: TOURINHO FILHO, Fernando da Costa. *Processo penal.* Vol. 1. 26ª ed., rev. e atual. São Paulo: Saraiva, 2004, p. 272.

[15] Idem, p. 272-273.

[16] Por todos: BADARÓ, Gustavo Henrique. *Processo penal.* 4ª ed., rev., atual. e ampl. São Paulo: Revista dos Tribunais, 2016, p. 147-148. Importante considerar que o *arquivamento implícito* consiste em uma situação artificial no ambiente do processo penal brasileiro, já que decorre de uma omissão do membro do Ministério Público e do juiz, caso por este não seja percebida (JARDIM, Afrânio Silva. *Direito processual penal.* 4. ed., rev. e atual. Rio de Janeiro: Forense, 1991, p. 253-254).

[17] "Arquivado o inquérito policial, por despacho do juiz, a requerimento do promotor de justiça, não pode a ação penal ser iniciada, sem novas provas".

to deve ser requerido (um agir positivo) pelo membro do Ministério Público. Do contrário, seria a maneira consagrada de fraudar a compreensão de obrigatoriedade da ação penal, modelo por nós consagrado.[18-19]

Afinal, como bem apontado, a legislação pátria (e a Resolução não poderia fazer diferente) não prevê qualquer manifestação de arquivamento sem que existam fundamentos expressos. Precisa, portanto, ser devidamente requerido e fundamentado, não cabendo a previsão de arquivamento por fundamento tácito.[20]

- **A existência de fundamento para a propositura da ação penal que resulta não perseguida em juízo: o arquivamento do acordo de não persecução penal.**

Neste tema, a nova redação traz duas novidades importantes.

A primeira, diz com a possibilidade de que um inquérito policial seja arquivado com base em um acordo de não persecução.

Como explicado nos comentários ao art. 18 da Resolução, o acordo referido quer estabelecer hipótese de não oferecimento da ação penal quando estiverem reconhecidos os pressupostos para seu ajuizamento.

Segundo entendimento ali externado, o acordo de não persecução penal indica balizas para a atuação do Ministério Público quando estiver frente a alguma hipótese legal de não oferecimento da denúncia, como é o caso da colaboração processual prevista na Lei nº 12.850/13. Não há a previsão de não-persecução fora de tais hipóteses no direito brasileiro, notadamente porque a transação penal já exclui o próprio acordo (art. 18, § 1º, inc. I, da Resolução).

Assim, ao prever o acordo de não persecução também aos inquéritos policiais, o CNMP repara, tecnicamente, uma lacuna: como justificar que os acordos de não persecução não fossem aplicados aos inquéritos policiais? Que diferença deveria existir ao tratamento conferido à não persecução por conta do instrumento investigatório utilizado?

Ademais, acaba por cumprir, por linha inversa, o entendimento do STF quando fixou, em repercussão geral, o poder investigatório do Ministério Público: a investigação conduzida pelo Ministério Público deve seguir, por analogia, o procedimento previsto para o inquérito

---

18 POLASTRI, Marcellus. *Curso..., op. cit.*, p. 171-172.

19 A jurisprudência pátria já consagrou a impossibilidade do chamado *arquivamento implícito* (por todos, STF, HC 127011AgR/RJ, Rel. Min. Cármen Lúcia, j. 12/05/2015).

20 POLASTRI, Marcellus. *Curso..., op. cit.*, p. 171.

policial.[21] Logo, se deve seguir o inquérito, era intuitivo que o CNMP cuida-se dele no ponto.[22]

A outra inovação diz com a obrigatoriedade de arquivamento das investigações quando embasadas em acordo de não persecução penal perante o juiz competente, respeitada a disposição do artigo 28 do CPP.

Neste tema, adota o CNMP uma providência que já havia sido apontada como necessária nos comentários feitos na edição anterior, como segue:

> Consequentemente, como já sustentado, também o acordo deve ser submetido ao controle judicial. Especialmente na Lei nº 12.850/13, há previsões claras da forma como as convenções processuais penais devem ser controladas pelo Poder Judiciário (arts. 4º e seus parágrafos), inclusive no que diz com a homologação dos acordos antes da produção de seus efeitos[23] e demais consequências ali elencadas.
>
> Assim, inclusive o acordo de não-persecução deve ser arquivado perante o Poder Judiciário[24] (para maiores considerações sobre o tema, reporta-se o leitor aos comentários ao artigo específico sobre o acordo, assim como o tópico final do presente comentário).

Se o acordo de não persecução penal foi aceito pelo STF como constitucional, pensa-se que a apresentação da promoção de arquivamento junto ao Poder Judiciário é medida salutar, o que será melhor explicado nos próximos tópicos.

- **A fiscalização do arquivamento da investigação realizada pelo Ministério Público.**

Esse tópico ganha especial relevo no presente estudo.

---

[21] STF, RE 593.727, Rel. Min. Cézar Peluso, Redator do acórdão Min. Gilmar Mendes, j. 14/05/2015.

[22] Sobre o acordo de não-persecução penal em si e as importantes críticas que a ele devem ser feitas, reporta-se o leitor aos comentários próprios a ele nesta obra.

[23] Nosso Supremo Tribunal Federal já manifestou entendimento de que, ao relator cabe, monocraticamente, homologar acordos de colaboração premiada, oportunidade na qual se limita ao juízo de regularidade, legalidade e voluntariedade da avença. Porém, ao colegiado, resta a competência para avaliar, em decisão final de mérito, o cumprimento dos termos bem como a eficácia do acordo (STF, PET 7.074/DF, Rel. Min. Edson Fachin, j. em 21, 22, 28 e 29/06/17 – votos ainda não disponibilizados, com informação retirada do material editado "Informativo por Temas – Junho /2017").

[24] Não por acaso: "De tal maneira, uma vez cumprido o acordo, o Ministério Público estaria autorizado a promover o arquivamento da investigação. Seria precisamente nesse momento que o Poder Judiciário faria o controle sobre os acordos de não persecução penal, podendo provocar o Procurador-geral de Justiça, com base no art. 28 do CPP, quando realizados em desconformidade com os limites estabelecidos pela Resolução" (BRASIL. Corregedoria Nacional do Ministério Público. Autos nº 01/2017. Brasília: Conselho Nacional do Ministério Público, 2017, p. 32).

Como identifica a doutrina, há diferentes formas de tratamento do assunto, em que pese o CPP ter aplicabilidade em todo o território nacional (art. 1º).[25]

A primeira previsão está descrita no art. 28 do CPP.

Por ele, se o órgão do Ministério Público, ao invés de apresentar a denúncia, requerer o arquivamento do inquérito policial ou de quaisquer peças de informação (o que se estende às suas investigações), o juiz, no caso de considerar improcedentes as razões invocadas, fará remessa do inquérito ou peças de informação ao Procurador-Geral, e este oferecerá a denúncia, designará outro órgão do Ministério Público para oferecê-la, ou insistirá no pedido de arquivamento, ao qual só então estará o juiz obrigado a atender (estas previsões legais dão a linha acusatória ao processo penal pátrio[26]).

O art. 28 citado possibilita que o juiz ou acate a intenção de arquivamento ou remeta ao Procurador-Geral respectivo para apreciação desta mesma intenção. Não lhe cabe acusar ou forçar que o membro do Ministério Público acuse.[27]

Comunga-se da compreensão de que o membro do Ministério Público designado neste caso não poderá deixar de cumprir com a designação, na medida em que age a partir de decisão do Procurador-Geral.[28] Do contrário, o membro designado faria a *revisão da revisão*, ou seja, a própria compreensão do Procurador-Geral estaria submetida à revalidação de um membro do Ministério Público, o que, administrativamente, não é admissível.

Porém, no curso da ação penal pública, terá ele toda a independência funcional que lhe é pertinente para acrescentar fatos, autores/partícipes e de pedir absolvição futuramente.[29]

Veja-se que a primeira parte do parágrafo único do art. 19 da Resolução respeita tal exigência, ao dizer que a "promoção de arquiva-

---

[25] ANDRADE, Mauro Fonseca. *Ministério Público e sua investigação criminal.* 2ª ed., rev. e atual. Curitiba: Juruá, 2006, p. 300.

[26] MARQUES, José Frederico. *Estudos de direito processual penal.* Rio de Janeiro: Forense, 1960, p. 133.

[27] POLASTRI, Marcellus. *Curso..., op. cit.*, p. 148.

[28] Não se desconhece a opinião de quem sustenta que o agente ministerial designado pode não oferecer a ação penal, sob pena de violação da sua independência funcional, que é uma garantia conferida a todos o cidadão (por todos: RANGEL, Paulo. *Direito Processual..., op. cit.*, p. 211). A propósito, há quem sustente que deveria ser a delegação feita apenas à estrutura de assessoria do Procurador-Geral, pois esta exerce cargo de confiança, de molde a não violar a consciência jurídica e a independência funcional do designado (POLASTRI, Marcellus. *Curso..., op. cit.*, p. 177).

[29] PACELLI, Eugênio; FISCHER, Douglas. *Comentários ao Código de Processo Penal e sua jurisprudência.* 8ª ed., rev., atual. e ampl. São Paulo: Atlas, 2016, p. 85.

mento será apresentada ao juízo competente, nos moldes do art. 28 do CPP".

A presente compreensão também é válida para as hipóteses de *arquivamento indireto*, que consiste nas situações em que o Ministério Público não oferece denúncia por conta da incompetência do juízo ou por ausência de atribuições e se manifesta com este fundamento. Se o juiz não concordar com isto, deve aplicar a regra do art. 28 do CPP.[30]-[31]

Porém, há uma segunda parte no dispositivo da Resolução que prevê que "a promoção de arquivamento será apresentada (...) ao órgão superior interno responsável por sua apreciação, nos termos da legislação vigente". E ela se aplica às hipóteses previstas para o Ministério Público da União.[32]

Como explica a doutrina, no âmbito do Ministério Público da União, a apreciação do arquivamento deve ser feita no âmbito do Poder Judiciário. Se não houver a concordância judicial com o pedido, a reapreciação não será feita pelo Procurador-Geral, mas por Câmaras de Coordenação e Revisão, exceto nos casos de competência originária do Procurador-Geral.[33]-[34]

Conforme a Lei Complementar nº 75/93, art. 62, inc. IV, esta revisão compete às Câmaras de Coordenação e Revisão do Ministério Público Federal, no âmbito deste. De acordo com o art. 136, inc. IV da Lei Complementar nº 75/93, competirá à Câmara de Coordenação e Revisão do Ministério Público Militar, quando as investigações lhe estiverem afetas. E, nos termos do art. 171, inc. V, caberá às Câmaras de Coordenação e Revisão do Ministério Público do Distrito Federal e dos Territórios, quando a investigação for por si realizada.

---

[30] Por todos: AVENA, Norberto. *Processo Penal*. 2ª ed, rev., atual. e ampl. São Paulo: Método, 2012, p. 139.

[31] Em que pese a consagração do termo junto à doutrina, não se mostra possível concordar com a ideia de um *arquivamento indireto*. Se o membro do Ministério Público entender não haver competência do juízo ou não deter atribuições para atuação, deve fazer promoção em tal sentido, para que o juízo faça a remeta ao juízo tido como competente ou ao membro do Ministério Público com atribuições (no mesmo sentido: AVENA, Norberto. *Processo Penal, op. cit.*, p. 139). Além disto, o Código de Processo Penal dá meios para discussão sobre eventual má compreensão acerca da competência nesta etapa, qual seja, o conflito de jurisdição e ou de atribuições (arts. 113 e seguintes).

[32] Conforme o art. 24, incs. I a IV, da citada Lei Complementar nº 75/93, o Ministério Público da União compreende o Ministério Público Federal, o Ministério Público do Trabalho, o Ministério Público Militar e o Ministério Público do Distrito Federal e Territórios. Reflete texto constitucional (CF/88, art. 128, inc. I, alíneas 'a' a 'd').

[33] BADARÓ, Gustavo Henrique. *Processo penal, op. cit.*, p. 149; PACELLI, Eugênio; FISCHER, Douglas. *Comentários..., op. cit.*, p. 83; AVENA, Norberto. *Processo Penal*. Teoria e prática. Versão universitária. 2ª ed., rev., atual. e ampl. São Paulo: Método, 2013, p. 133.

[34] A propósito, há quem entenda ser caso de as Câmaras expressarem uma opinião sobre o arquivamento, cabendo a palavra final ao respectivo Procurador-Geral (LIMA, Renato Brasileiro de. *Manual de processo penal*. 4ª ed. rev., ampl. e atual. Salvador: Jus Podium, 2016, p. 167)

Não por acaso, há o Enunciado nº 07 do Ministério Público Federal, aprovado pela 3ª Sessão de Coordenação, de 31/05/2010. Segundo ele, "o magistrado, quando discordar da motivação apresentada pelo órgão do Ministério Público para o não oferecimento da denúncia, qualquer que seja a fundamentação, deve remeter os autos à 2ª Câmara de Coordenação e Revisão, valendo-se do disposto nos artigos 28, do Código de Processo Penal e 62, inc. IV, da Lei Complementar 75/93".[35]

De ser notado que, no caso dos Ministérios Públicos dos Estados, aplica-se a regra do art. 28 do CPP integralmente, na medida em que não há a estrutura de Câmara de Coordenação e Revisão no seu âmbito.[36] Portanto, incabível aplicar-se a Lei Complementar nº 75/93 de forma subsidiária (situação prevista no art. 80 da Lei nº 8.625/93).

Ainda, também deve ser analisada a questão da atribuição originária dos Procuradores-Gerais.

Nestes casos, o arquivamento, ainda que encaminhado ao Tribunal competente respectivo, não tem tratamento assemelhado ao art. 28 do CPP. Não há como o Tribunal devolver para apreciação do Procurador-Geral algo que o próprio pediu.[37]

O Tribunal, em tal caso, não poderá negar o arquivamento.[38] Por conta disto, há quem sustente que o arquivamento deva ser feito diretamente no âmbito do Ministério Público,[39] ressalvadas as questões que envolvam a atipicidade da conduta e a extinção da punibilidade, porque formam coisa julgada material.[40]

De ser notado que, quando o pedido for formulado pelo Procurador-Geral no caso do Ministério Público Estadual, eventual reapreciação será feita pelo Colégio de Procuradores de Justiça, nos termos do art. 12, inc. XI, da Lei nº 8.625/93. Este dispositivo é expresso em afirmar que cabe ao mencionado Colégio rever, mediante requerimento de legítimo interessado, a decisão de arquivamento de inquérito policial ou peças de informações determinada pelo Procurador-Geral de Justiça, nos casos de sua atribuição originária. Ou seja, o controle, dada a

[35] Também vale a referência ao Enunciado nº 29, aprovado em 09/06/2009: "Compete à 2ª Câmara de Coordenação e Revisão do Ministério Público Federal manifestar-se nas hipóteses em que o Juiz Eleitoral considerar improcedentes as razões invocadas pelo Promotor Eleitoral ao requerer o arquivamento de inquérito policial ou de peças de informação, derrogado o art. 357,§ 1º do Código Eleitoral pelo art. 62, inc. IV da Lei Complementar nº 75/93".

[36] ANDRADE, Mauro Fonseca. *Ministério Público e sua investigação..., op. cit.*, p. 301.

[37] RANGEL, Paulo. *Direito Processual..., op. cit.*, p. 207.

[38] BADARÓ, Gustavo Henrique. *Processo penal, op. cit.*, p. 148.

[39] POLASTRI, Marcellus. *Curso..., op. cit.*, p. 180.

[40] LIMA, Renato Brasileiro de. *Manual..., op. cit.*, p. 171. Na jurisprudência: STF, HC Inq 1443/SP, Rel. Min. Sepúlveda Pertence, j. 30/08/2001.

figura de quem promove o arquivamento, é realizada dentro do âmbito do Ministério Público.[41]

Noutro passo, também compete citar a previsão do art. 7º da Lei nº 1.521/51 (sobre crimes contra a economia popular), que estabelece que os juízes recorrerão de ofício[42] sempre que determinarem o arquivamento dos autos do respectivo inquérito policial.[43]

E, ainda, existe a possibilidade do art. 6º, parágrafo único, da Lei nº 1.508/51. Segundo tal artigo, quando qualquer do povo provocar a iniciativa do Ministério Público, nos termos do art. 27 do Código do Processo Penal, para o processo nela tratado (contravenção penal de jogo do bicho), a representação, depois do registro pelo distribuidor do juízo, será por este enviada, incontinenti, ao Ministério Público, para os fins legais. Nos termos do parágrafo único, se a representação for arquivada, poderá o seu autor interpor recurso no sentido estrito.

Em casos de provimentos destes dois recursos, o Tribunal remete ao Procurador-Geral respectivo, nos termos do art. 28 do CPP, para que este reaprecie a intenção de arquivamento do membro do Ministério Público.[44]

Diante das várias formas de controle aqui evidenciadas, acompanha-se a opinião de que deverá haver a necessidade de unificação do tratamento do tema em futura legislação própria e que regulamente a investigação pelo Ministério Público.[45] Sobre isto, falar-se-á no tópico seguinte.

■ Opinião: quem deve ser responsável pelo controle do arquivamento?

Em que pese o que se expôs anteriormente, no âmbito do Ministério Público Federal e do Ministério Público do Distrito Federal e Territórios, estão presentes iniciativas de fazer o arquivamento cingir-se à esfera ministerial.[46]

---

[41] RANGEL, Paulo. *Direito Processual..., op. cit.*, p. 207.

[42] Atualmente, não se usa mais a expressão *recurso de ofício*, mas *reexame necessário*, como amplamente consagrado pela doutrina. Preferiu-se, no caso, manter como consta no texto legal.

[43] Já de longa data, afirma-se que o referido recurso de ofício acaba por atenuar a linha acusatória dentro do processo penal brasileiro (MARQUES, José Frederico. *Estudos..., op. cit.*, p. 133-134), em que pese o reconhecimento de sua constitucionalidade (por todos, STF, AP 470 EI-décimos quartos-AgR/MG, Rel. Min. Joaquim Barbosa, j. 13/02/2014).

[44] POLASTRI, Marcellus. *Curso..., op. cit.*, p. 149-150.

[45] ANDRADE, Mauro Fonseca. *Ministério Público e sua investigação..., op. cit.*, p. 302.

[46] Inclusive, há sugestão para modificação do tratamento conferido ao arquivamento no PL 8.045/2010 (Projeto do Novo Código de Processo Penal), que tramita na Câmara dos Deputados, conforme segue: "Art. 39. Arquivado o inquérito policial, o Ministério Público comunicará a sua decisão à vítima, ao investigado e ao delegado de polícia. § 1º Em qualquer caso, se a vítima, ou

Em plano interno, o Conselho Superior do Ministério Público Federal estabeleceu que os autos do procedimento investigatório criminal ou das peças informativas arquivadas serão remetidos, no prazo de 5 (cinco) dias, à 2ª Câmara de Coordenação e Revisão do Ministério Público Federal (Resolução nº 77, de 14 de setembro de 2004).

Na mesma ocasião, foi aprovado o Enunciado nº 9, que refere que a promoção de arquivamento feita pelo membro do Ministério Público Federal será submetida à 2ª Câmara de Coordenação e Revisão, que se manifestará no exercício de sua competência revisional.

Também sobre isso, o Conselho Superior do Ministério Público do Distrito Federal e dos Territórios editou a Resolução nº 60, de 15 de abril de 2005. Conforme redação, os autos do procedimento de investigação criminal ou as peças informativas arquivadas serão remetidos, no prazo de 3 (três) dias, à Câmara de Coordenação e Revisão da Ordem Criminal. Referido prazo é contado da comprovação, quando for o caso, da efetiva cientificação pessoal dos interessados, por meio de publicação na imprensa oficial ou da lavratura de termo de afixação de aviso no órgão do Ministério Público, quando não localizados os que devem ser cientificados (art. 17).[47]

Saliente-se que existe eco doutrinário no sentido de que o controle do arquivamento deve ser feito no âmbito interno do Ministério Público, seja de ofício, seja por provocação do ofendido.[48] Pode-se ilustrar esta linha com o Enunciado nº 10 do MPF, cujo teor estabelece que o arquivamento promovido pelo membro do MPF deve ser por ele comunicado ao interessado, antes da remessa dos autos à 2ª Câmara para revisão.

A questão que envolve o arquivamento no âmbito interno do Ministério Público pode ser ilustrada com citação breve à realidade portuguesa.

Para melhor compreender essa situação, é indispensável voltar-se à configuração constitucional do Ministério Público em Portugal. Na Constituição da República portuguesa, encontram-se estabelecidas as

---

seu representante legal, não concordar com o arquivamento do inquérito criminal, poderá, no prazo de 30 (trinta) dias do recebimento da comunicação, provocar a revisão do arquivamento do inquérito criminal pelo órgão de revisão ministerial. § 2º Nas ações penais relativas a crimes praticados em detrimento da União, Estados, Distrito Federal e Municípios, a revisão do arquivamento do inquérito criminal poderá ser provocada pela chefia do órgão a quem couber a sua representação judicial" (MINISTÉRIO PÚBLICO FEDERAL. 2ª, 5ª e 7ª Câmaras de Coordenação e Revisão – GT Modernização da Investigação. *Modernização da investigação criminal*. Proposições legislativas. Brasília, 2016, p. 12).

[47] O parágrafo único do referido artigo foi revogado pela Resolução nº 80/08, de 24 de abril de 2008.

[48] Por todos: PACELLI, Eugênio; FISCHER, Douglas. *Comentários..., op. cit.*, p. 83.

regras da autonomia ministerial e da subordinação hierárquica (art. 219, n°s 1 e 4).

A hierarquia vem definida no art. 76, 3, do Estatuto do Ministério Público (Lei n° 47/86), e consiste na subordinação dos membros aos magistrados de grau superior, nos termos do Estatuto em questão, e na consequente obrigação de acatamento por aqueles, das diretivas, ordens e instruções recebidas.

Já a autonomia, conforme o Estatuto do Ministério Público (art. 2°, 2), caracteriza-se pela vinculação a critérios de legalidade e objetividade e pela exclusiva sujeição dos magistrados do Ministério Público às diretivas, ordens e instruções internamente previstas.[49]

Por força da legalidade lá vigente, a acusação surgirá quando houver indícios suficientes da prática do crime e de sua autoria, não lhe cabendo juízos de conveniência e de oportunidade.[50]

O art. 277° do Código de Processo Penal português diz que o Ministério Público procede, por despacho, ao arquivamento do inquérito, quando houver prova bastante de se não ter verificado crime, de o arguido não o ter praticado a qualquer título ou de ser legalmente inadmissível o procedimento (n° 1). O inquérito é igualmente arquivado se não tiver sido possível ao Ministério Público obter indícios suficientes da verificação de crime ou de quem foram os agentes (n° 2).

Quando do despacho de arquivamento, este é comunicado ao arguido (réu ou investigado), ao assistente, ao denunciante com faculdade de se constituir assistente e a quem tenha manifestado o propósito de deduzir pedido de indenização civil, bem como ao respectivo defensor ou advogado (art. 277°, n° 3).

Seguindo, o art. 278° prevê o controle dos arquivamentos no âmbito interno do Ministério Público. No prazo de 20 dias a contar da data em que a abertura de instrução já não puder ser requerida, o imediato superior hierárquico do magistrado do Ministério Público pode, por sua iniciativa ou a requerimento do assistente ou do denunciante com a faculdade de se constituir assistente, determinar que seja formulada

---

[49] Como consta em decisão do Tribunal Constitucional português, nos Processos n°s 268/09 e 287/09, Acórdão 305/2011: "O que equivale a dizer que o atributo da autonomia do Ministério Público se traduz, antes de mais, numa 'autonomia externa'. Por fim, essa autonomia externa é a garantia de isenção e objectividade, traduzindo para este corpo de magistrados o dever de agir através de uma subordinação exclusiva à lei e ao Direito. (...) a invocada 'autonomia pessoal' ou 'interna' dos agentes do Ministério Público não é garantida pela Constituição. (...) pois é seguro que a autonomia que o legislador constituinte aí pretendeu reconhecer de forma expressa foi a autonomia externa ou institucional do Ministério Público (...)" (PORTUGAL. Tribunal Constitucional. Processos n° 268/09 e 287/09. Acórdão n° 305/2011, p. 31769).

[50] ANTUNES, Maria João. *Direito Processual Penal*. Coimbra: Almedina, 2016, p. 65-66.

acusação ou que as investigações prossigam, indicando, neste caso, as diligências a efetuar e o prazo para o seu cumprimento (nº 1).

Este controle hierárquico se aplica a toda e qualquer hipótese de arquivamento formulada, na medida em que a atuação pode ser feita de ofício.[51]

Mas não consiste na única hipótese. A segunda forma de controle da decisão do Ministério Público quanto ao destino da acusação vem desenhada na revisão do arquivamento pelo juiz de instrução.

Quando não houver concordância com a decisão de arquivamento ministerial, a abertura da instrução pode ser requerida pelo assistente,[52] no prazo de 20 dias, contados da sua notificação sobre o arquivamento.[53] O pedido de abertura de instrução versa, apenas, sobre os fatos não acusados pelo Ministério Público, salvo se eles dependerem de acusação particular (art. 287º, nº 1).[54]

Dado o seu caráter facultativo, é possível dizer que o inquérito será sempre a fase preliminar, ao passo que a instrução ocorrerá somente se houver provocação para tanto, nas hipóteses cabíveis.[55] Somente são obrigatórias, em suma, as etapas do inquérito e do julgamento.[56]

---

[51] ANTUNES, Maria João. *Direito Processual Penal*. Coimbra: Almedina, 2016, p. 93.

[52] Nos termos do art. 68º, nº 1, do Código de Processo Penal português, podem constituir-se assistentes no processo penal os ofendidos, considerando-se como tais os titulares dos interesses que a lei especialmente quis proteger com a incriminação, desde que maiores de 16 anos; as pessoas de cuja queixa ou acusação particular depender o procedimento; no caso de o ofendido morrer sem ter renunciado à queixa, o cônjuge sobrevivente não separado judicialmente de pessoas e bens ou a pessoa, de outro ou do mesmo sexo, que com o ofendido vivesse em condições análogas às dos cônjuges, os descendentes e adotados, ascendentes e adaptantes, ou, na falta deles, irmãos e seus descendentes, salvo se alguma destas pessoas houver comparticipado no crime; no caso de o ofendido ser menor de 16 anos ou por outro motivo incapaz, o representante legal e, na sua falta, as pessoas indicadas na alínea anterior, segundo a ordem aí referida, ou, na ausência dos demais, a entidade ou instituição com responsabilidades de proteção, tutelares ou educativas, quando o mesmo tenha sido judicialmente confiado à sua responsabilidade ou guarda, salvo se alguma delas houver auxiliado ou participado no crime; e qualquer pessoa nos crimes contra a paz e a humanidade, bem como nos crimes de tráfico de influência, favorecimento pessoal praticado por funcionário, denegação de justiça, prevaricação, corrupção, peculato, participação econômica em negócio, abuso de poder e de fraude na obtenção ou desvio de subsídio ou subvenção (neste último caso, a doutrina define haver uma hipótese de ação penal popular – por todos, SILVA, Germano Marques da. *Curso de Processo Penal*. Vol. III. 2ª ed., rev. e actual.. Lisboa/São Paulo: Verbo, 2000, p. 141).

[53] Encontra-se aqui um dos fundamentos pelo qual se pode utilizar a expressão *quase-monopólio* concedido ao Ministério Público para a ação penal (CUNHA RODRIGUES, José Narciso de. *Em nome do povo*. Coimbra: Coimbra, 1999, p. 225).

[54] De ser salientado que não existe instrução nas formas especiais de processo, nos termos do art. 286º, nº 3, do CPP de Portugal (SOUSA MENDES, Paulo. *Lições de direito processual penal*. Coimbra: Almedina, 2013, p. 45).

[55] MOURA, José Souto de. Inquérito e instrução. In: CENTRO DE ESTUDOS JUDICIÁRIOS. *Jornadas de direito processual penal*: o novo Código de Processo Penal. Coimbra: Almedina, 1991, p. 97.

[56] ANTUNES, Maria João. *Direito Processual..., op. cit.*, p. 59.

O pedido de abertura de instrução conterá uma acusação de forma substancial, servindo, porém, de uma possibilidade por parte do assistente (deve ter as razões de fato e de direito, bem como as razões de discordância em relação à decisão do Ministério Público).[57]-[58] Assim, o juiz de instrução somente poderá exercer a autonomia investigativa dentro dos traçados delimitados quando do pedido de abertura feito pelo assistente – não pode ele ampliar a acusação em momento algum[59] (vide o art. 290º já referido).

Já conforme o art. 307º, nº 1, "encerrado o debate instrutório"[60] no juizado de instrução, "o juiz profere despacho de pronúncia[61]-[62] ou de não pronúncia". A pronúncia, pois, determina a remessa do processo a julgamento, compreensão que se tem da leitura do art. 311º, nº 2, do Código de Processo Penal. Ao pronunciar, o juiz não está a dizer que o agente praticou o crime, mas que houve um "juízo negativo de rejeição da acusação".[63]

Encerrada esta breve exposição sobre a realidade portuguesa e as iniciativas no Brasil em prol do controle do arquivamento no âmbito interno do Ministério Público, é chegado o momento de expor opinião sobre o assunto face à nossa realidade.

No ponto, considerando a realidade brasileira, acompanha-se a compreensão de que o controle deve ser feito pelo Poder Judiciário.[64]

---

[57] SILVA, Germano Marques da. *Curso..., op. cit.*, p. 139.

[58] Cabe ser apresentado que se entende que a discussão, neste caso, somente diz respeito com a matéria fática. Uma vez que o assistente possui o direito de aderir à acusação ministerial, na hipótese de ele não concordar com a qualificação jurídica atribuída pelo Ministério Público, poderá ele, em sua acusação, dizer o que entende enquanto tipificação da conduta (SOUSA MENDES, Paulo. *Lições..., op. cit.*, p. 87).

[59] MAIA COSTA, Eduardo. Requerimento para abertura da instrução (art. 287º). In: GASPAR, António da Silva Henriques *et al.*. *Código de Processo Penal Comentado*. Coimbra: Almedina, 2014, p. 1002-1003; ANTUNES, Maria João. *Direito Processual..., op. cit.*, p. 98.

[60] O debate instrutório não é uma espécie de audiência preliminar ou um pré-julgamento. Volta-se, isto sim, para a discussão sobre a decisão ministerial de arquivamento (MOURA, José Souto de. Inquérito e instrução..., *op. cit.*, p. 127).

[61] Nos termos do art. 308º, nº 1: "Se, até ao encerramento da instrução, tiverem sido recolhidos indícios suficientes de se terem verificado os pressupostos de que depende a aplicação ao arguido de uma pena ou de uma medida de segurança, o juiz, por despacho, pronuncia o arguido pelos factos respectivos (...)". Explica a doutrina que a decisão de pronúncia determina o envio dos autos ao tribunal para julgamento (CUNHA RODRIGUES, José Narciso de. *Em nome do povo, op. cit.*, p. 231).

[62] A decisão de pronúncia encerra a atuação de controle da decisão tomada pelo Ministério Público (RODRIGUES, Anabela Miranda. O inquérito no novo Código de Processo Penal. In: CENTRO DE ESTUDOS JUDICIÁRIOS. *Jornadas de direito processual penal*: o novo Código de Processo Penal. Coimbra: Almedina, 1991, p. 79).

[63] Idem, p. 79.

[64] Por todos: ANDRADE, Mauro Fonseca. *Ministério Público e sua investigação..., op. cit.*, p. 302.

A promoção privativa da ação penal pública, conferida ao Ministério Público pelo art. 129, inc. I, da Constituição Federal (CF/88), traz uma consequência natural: inexistem colegitimados para a mesma função. Assim, não se pode comparar o arquivamento havido em sede de inquérito civil com o do arquivamento de uma investigação criminal.[65]

Apesar de nas duas esferas haver a necessidade de obediência ao princípio da obrigatoriedade, no caso de arquivamento de inquérito civil, o Ministério Público está a afirmar que não vislumbra causa que justifique sua atuação.[66] Entretanto, nos casos de inquéritos civis, a manifestação ministerial em prol do arquivamento não sacrifica a possibilidade de um dos demais legitimados movimentar a ação civil pública[67] (afinal, a lei brasileira não estabelece esta consequência em momento algum).[68]

Diferentemente da esfera penal, em que o interesse lesado é estatal, no âmbito do inquérito civil, há uma lesão a interesses coletivos em sentido lato. Assim, a legitimidade ativa *concorrente* e *disjuntiva* dos demais é que confere constitucionalidade ao arquivamento do inquérito civil no âmbito do Ministério Público.[69] Ou seja, os legitimados concorrentes atuam como fiscais da atuação ministerial no inquérito civil.

---

[65] Nos termos da Lei nº 7.347/85, art. 9º, *caput*, se o órgão do Ministério Público, esgotadas todas as diligências, se convencer da inexistência de fundamento para a propositura da ação civil, promoverá o arquivamento dos autos do inquérito civil ou das peças informativas, fazendo-o fundamentadamente. Pelo § 1º do artigo em pauta, os autos do inquérito civil ou das peças de informação arquivadas serão remetidos, sob pena de se incorrer em falta grave, no prazo de 3 (três) dias, ao Conselho Superior do Ministério Público. Por força do § 2º, até que, em sessão do Conselho Superior do Ministério Público, seja homologada ou rejeitada a promoção de arquivamento, poderão as associações legitimadas apresentar razões escritas ou documentos, que serão juntados aos autos do inquérito ou anexados às peças de informação. Refere o § 3º que a promoção de arquivamento será submetida a exame e deliberação do Conselho Superior do Ministério Público, conforme dispuser o seu Regimento. E, por fim, nos termos do § 4º, deixando o Conselho Superior de homologar a promoção de arquivamento, designará, desde logo, outro órgão do Ministério Público para o ajuizamento da ação.

[66] MAZZILI, Hugo Nigro. Questões controvertidas sobre o inquérito civil. In: ALVES, Airton Buzzo; RUFINO, Almir Gasquez; SILVA, José Antônio Franco (orgs.). *Funções institucionais do Ministério Público*. São Paulo: Saraiva, 2001. p. 421.

[67] Idem, p. 421.

[68] Conforme o art. 5º e incisos da Lei nº 7.347/85, também são legitimadas para propor a ação civil pública principal e a ação cautelar a Defensoria Pública; a União, os Estados, o Distrito Federal e os Municípios; a autarquia, empresa pública, fundação ou sociedade de economia mista; e a a associação que, concomitantemente, esteja constituída há pelo menos 1 (um) ano nos termos da lei civil e inclua, entre suas finalidades institucionais, a proteção ao patrimônio público e social, ao meio ambiente, ao consumidor, à ordem econômica, à livre concorrência, aos direitos de grupos raciais, étnicos ou religiosos ou ao patrimônio artístico, estético, histórico, turístico e paisagístico. E, de acordo com a Lei nº 8.429/92 (lei de improbidade administrativa), art. 17, a ação principal, que terá o rito ordinário, será proposta pelo Ministério Público ou pela pessoa jurídica interessada, dentro de trinta dias da efetivação da medida cautelar.

[69] MAZZILI, Hugo Nigro. Questões controvertidas..., *op. cit.*, p. 421.

Assim, não se comunga da ideia de que, no âmbito criminal, possa o Ministério Público servir de fiscal de seus próprios atos, ainda que o juiz não possa obrigar o Ministério Público a acusar. Entretanto, pode ele servir de controle da atuação, nos moldes já previstos conforme o atual art. 28 do CPP, na medida em que, quanto mais distantes forem os Poderes de fiscalização em relação à Instituição que investiga, mais aperfeiçoado e melhor aceito será o sistema de investigação por parte do Ministério Público.[70]

O art. 28 do CPP funciona como um *sistema de freios e contrapesos*.[71] O juiz atua, portanto, como um fiscal do cumprimento do princípio da obrigatoriedade da ação penal[72] (em respeito ao acusatório, sua função é de, unicamente, fiscal[73]). A palavra final é e será do Ministério Público (CPP, art. 28).

Cumpre observar que nossa Constituição não estabeleceu o sistema processual penal que deveria ser adotado no Brasil, apesar de prever um sistema de garantias processuais.[74] Porém, a Carta Magna confere a titularidade da ação penal pública ao Ministério Público, nos termos do seu artigo 129, inciso I (a doutrina aponta que, como consequência, os nossos Tribunais interpretam e definem haver um sistema acusatório[75]).

Portanto, a atuação judicial baseia-se no princípio da legalidade/obrigatoriedade da ação penal, que funciona como controle da atividade ministerial e surge como proteção de influências externas sobre si mesma, pois o integrante do Ministério Público observará a lei elaborada e executará o que vem por ela determinado.[76-77]

---

[70] ANDRADE, Mauro Fonseca. *Ministério Público e sua investigação...*, *op. cit.*, p. 303-304.

[71] RANGEL, Paulo. *Direito Processual...*, *op. cit.*, p. 206.

[72] MARQUES, José Frederico. *Estudos...*, *op. cit.*, p. 134; POLASTRI, Marcellus. *Curso...*, *op. cit.*, p. 147.

[73] JARDIM, Afrânio Silva. *Direito processual...*, *op. cit.*, p. 260. Relembre-se que a acusatoriedade caracteriza-se pela efetiva separação funcional entre o julgador e o acusador, com o intuito de garantir a imparcialidade do primeiro, que funciona como um mediador dos demais sujeitos processuais (ANDRADE, Mauro Fonseca. *Sistemas processuais penais e seus princípios reitores*. 2. ed. Curitiba: Juruá, 2013, p. 111).

[74] ANDRADE, Mauro Fonseca. O sistema acusatório proposto no projeto de novo *codex* penal adjetivo. *Revista de Informação Legislativa*, Brasília, ano 46, n. 183, jul./set. 2009, p. 169-170.

[75] ANDRADE, Mauro Fonseca. *Teoria da gestão da prova: um confronto consigo mesma*. Porto Alegre: AMPRS, 2010, p. 2.

[76] KERCHE, Fábio. Agências responsáveis pela ação penal: um estudo comparativo. *Revista Brasileira de Ciências Criminais*, v. 54, 2005, p. 129.

[77] Há de ser relatado que os *District Attorneys*, conforme o sistema americano, também não estão vinculados aos Poderes constituídos, visto que eleitos diretamente pelos cidadãos americanos da região onde atuarão. O controle (*accountability*) não é feito, apenas, pelo conteúdo legal, mas também pelos eleitores, dada a franca possibilidade de o cargo ser utilizado para destinos políticos outros. Por conta disto, possuem os *District Attorneys* alto grau de discricionariedade na atuação

E isto não frustra a ideia de sistema acusatório.

Sobre o tema, também cumpre dizer que o Ministério Público deve ser fiscalizado por um Poder com o qual se aproxima. Primeiro, porque, na estrutura estatal brasileira, o Ministério Público possui as mesmas garantias concedidas ao Poder Judiciário (vitaliciedade, inamovibilidade e irredutibilidade de subsídios – CF/88, art. 128, § 5º, inc. I, alíneas *a* a *c*).

Segundo, porque o direito estrangeiro nos dá considerações importantes sobre essa proximidade.

Na Itália, p. ex., o Ministério Público compreende uma magistratura, com as mesmas garantias concedidas aos juízes, que se diferencia pelas funções exercidas por magistrado (definidas aos *magistrati giudicanti* e aos *magistrati requirente*), mas a carreira e a forma de ingresso são idênticas, regidas pelo mesmo estatuto.[78] Todos estão submetidos à orientação e à disciplina do *Consiglio Superiore della Magistratura*, responsável pelo autogoverno da magistratura e da qual faz parte também o Procurador-Geral do Tribunal Supremo.[79]

A seu turno, o Código de Processo Penal português, em seu art. 1º, alínea *b*, define que devem ser compreendidos, como "autoridade judiciária", o juiz, o juiz de instrução e o Ministério Público, cada um relativamente aos atos processuais que cabem na sua competência.

Assim, demonstra-se a proximidade adequada e correta da fiscalização pelo Poder Judiciário.

Ademais, o Poder Judiciário tem a plena condição de fazer a fiscalização de maneira muito mais integral do que as vítimas, seja porque estas desconhecem o sistema de justiça penal, seja porque estas estão sempre em condição de vulnerabilidade em razão do crime que sofrera, notadamente pela violência que campeia nos dias atuais.

De ser dito que deve ser prevista situação semelhante para as hipóteses de competência originária do Procurador-Geral. Também as promoções de arquivamento por ele lançadas devem ser fiscalizadas pelo Tribunal respectivo, qualquer que seja o fundamento.

Em linhas específicas, o legislador de 1941 foi muito preciso em sua compreensão exposta no art. 28 do CPP, seja ao prever quem fiscaliza, seja em prever quem deve definir, peremptoriamente, a divergência quanto ao arquivamento (previsão final que deve ser sempre no plano do Ministério Público).

(KERCHE, Fábio. Agências responsáveis pela ação penal..., *op. cit.*, p. 135.). Afinal, recebem mandato diretamente do povo. Não é o modelo brasileiro, nem se cogita isto pelo texto constitucional.

[78] KERCHE, Fábio. Agências responsáveis pela ação penal..., *op. cit.*, p. 129.

[79] Constituição da República Italiana, art. 104.

Alterar esse *estado das coisas* trará uma consequência inevitável: a necessidade de conferir a legitimidade para outrem, seja como consta no inquérito civil, seja como consta no modelo português. E isto pode ser extremamente pernicioso frente à imagem de autonomia funcional e administrativa constitucionalmente deferida à Instituição (CF/88, art. 127, § 2º). Até mesmo pode ser perniciosa à sua própria existência.

Salutar, assim, a manutenção do art. 28 do CPP. E se entende pertinente a extensão aos casos de competência originária do Procurador-Geral. Para tanto, deve haver a adequação legal para que o arquivamento seja remetido ao Tribunal respectivo, que poderá, em não concordando com ela, remetê-la para revisão por órgão colegiado do Ministério Público.[80]-[81]

■ Referências bibliográficas.

ANDRADE, Mauro Fonseca. *Ministério Público e sua investigação criminal*. 2ª ed., rev. e atual. Curitiba: Juruá, 2006.

——. O sistema acusatório proposto no projeto de novo *codex* penal adjetivo. *Revista de Informação Legislativa*, Brasília, ano 46, n. 183, p. 167-188, jul/set. 2009.

——. *Sistemas processuais penais e seus princípios reitores*. 2ª ed. Curitiba: Juruá, 2013.

——. *Teoria da gestão da prova:* um confronto consigo mesma. Porto Alegre: AMPRS, 2010b. Disponível em: <http://www.paginasdeprocessopenal.com.br/attachments/article/26/Teoria%20da%20gest%C3%A3o%20da%20prova.pdf>. Acesso em 20 abr. 2017.

ANTUNES, Maria João. *Direito Processual Penal*. Coimbra: Almedina, 2016.

AVENA, Norberto. *Processo Penal*. 2ª ed., rev., atual. e ampl. São Paulo: Método, 2012.

——. *Processo Penal*. Teoria e prática. Versão universitária. 2ª ed., rev., atual. e ampl. São Paulo: Método, 2013.

BADARÓ, Gustavo Henrique. *Processo penal*. 4ª ed., rev., atual. e ampl. São Paulo: Revista dos Tribunais, 2016.

BRASIL. Corregedoria Nacional do Ministério Público. Autos nº 01/2017. Brasília: Conselho Nacional do Ministério Público, 2017. Disponível em: <http://www.cnmp.mp.br/portal/images/Pronunciamento_final.pdf>. Acesso em 08 set. 2017.

CUNHA RODRIGUES, José Narciso de. *Em nome do povo*. Coimbra: Coimbra, 1999.

FERNANDES, Antonio Scarance. *Processo penal constitucional*. 7ª ed. São Paulo: Revista dos Tribunais, 2012.

JARDIM, Afrânio Silva. *Direito processual penal*. 4ª ed., rev. e atual. Rio de Janeiro: Forense, 1991.

KERCHE, Fábio. Agências responsáveis pela ação penal: um estudo comparativo. *Revista Brasileira de Ciências Criminais*, v. 54, p. 127-141, maio 2005.

[80] Neste caso, o órgão colegiado referendará a promoção de arquivamento do Procurador-Geral ou designará outro órgão do Ministério Público para oferecer denúncia ou complementar diligências. Por se tratar de colegiado, não poderia ele próprio oferecer a denúncia, por razões evidentes.

[81] De lembrar que o art. 12, inc. XI, da Lei nº 8.625/93, prevê a revisão pelo Colégio de Procuradores nos Ministérios Públicos estaduais. Porém, a revisão depende de manifestação do legítimo interessado, sem prever a possibilidade de revisão pelos Tribunais.

LIMA, Renato Brasileiro de. *Manual de processo penal*. 4ª ed. rev., ampl. e atual., Salvador: Jus Podium, 2016.

MAIA COSTA, Eduardo. Requerimento para abertura da instrução (art. 287º). In: GASPAR, António da Silva Henriques *et al*. *Código de Processo Penal Comentado*. Coimbra: Almedina, 2014. p. 1001 a 1003.

MARQUES, José Frederico. *Estudos de direito processual penal*. Rio de Janeiro: Forense, 1960.

MAZZILI, Hugo Nigro. Questões controvertidas sobre o inquérito civil. In: ALVES, Airton Buzzo; RUFINO, Almir Gasquez; SILVA, José Antônio Franco (orgs.). *Funções institucionais do Ministério Público*. São Paulo: Saraiva, 2001. p. 401-431.

MINISTÉRIO PÚBLICO FEDERAL. 2ª, 5ª e 7ª Câmaras de Coordenação e Revisão – GT Modernização da Investigação. *Modernização da investigação criminal*. Proposições legislativas. Brasília, 2016. Disponível em: <http://www.mpf.mp.br/atuacao-tematica/ccr2/publicacoes/relatorios/011_16_modernizacao_investigacao_criminal_online_4.pdf>. Acesso em 20 abr. 2017.

MOURA, José Souto de. Inquérito e instrução. In: CENTRO DE ESTUDOS JUDICIÁRIOS. *Jornadas de direito processual penal*: o novo Código de Processo Penal. Coimbra: Almedina, 1991. p. 83-145.

PACELLI, Eugênio / FISCHER, Douglas. *Comentários ao Código de Processo Penal e sua jurisprudência*. 8ª ed., rev., atual. e ampl. São Paulo: Atlas, 2016.

PAES, José Eduardo Sabo. O Ministério Público na construção do estado democrático de direito. Brasília: Brasília Jurídica, 2003.

POLASTRI, Marcellus. *Curso de processo penal*. 9ª ed., atual. Brasília: Gazeta Jurídica, 2016.

RANGEL, Paulo. *Direito Processual Penal*. 21ª ed. São Paulo: Atlas, 2013.

RODRIGUES, Anabela Miranda. O inquérito no novo Código de Processo Penal. In: CENTRO DE ESTUDOS JUDICIÁRIOS. *Jornadas de direito processual penal*: o novo Código de Processo Penal. Coimbra: Almedina, 1991. p. 61-79.

ROSA, Inocêncio Borges. *Processo penal brasileiro*. Porto Alegre: Livraria do Globo, 1942. vol. 1.

SILVA, Germano Marques da. *Curso de Processo Penal*. Vol. III. 2ª ed., rev. e actual. Lisboa/São Paulo: Verbo, 2000.

SOUSA MENDES, Paulo. *Lições de direito processual penal*. Coimbra: Almedina, 2013.

TOURINHO FILHO, Fernando da Costa. *Processo penal*. 26ª ed., rev. e atual. São Paulo: Saraiva, 2004. Vol. 1.

Resolução nº 181 do CNMP – artigo 20

Art. 20. Se houver notícia da existência de novos elementos de informação, poderá o membro do Ministério Público requerer o desarquivamento dos autos, providenciando-se a comunicação a que se refere o artigo 5º desta Resolução.

ANTONIO HENRIQUE GRACIANO SUXBERGER

Doutor em Direito pela Universidade Pablo de Olavide, Espanha
Mestre em Direito pela Universidade de Brasília
Professor Titular do Programa de Mestrado e Doutorado em Direito do Centro Universitário de Brasília – UniCEUB
Professor da Fundação Escola Superior do MPDFT
Professor da Escola Superior do MPU
Promotor de Justiça/DFT

■ Disposição Anterior.

O artigo 20 da Resolução reproduz a redação do art. 16 do ato revogado. Assim, em relação ao desarquivamento do Procedimento Investigatório Criminal, a Resolução de 2017 não trouxe maiores inovações. Confira-se a redação anterior:

Art. 16. Se houver notícia de outras provas novas, poderá o membro do Ministério Público requerer o desarquivamento dos autos, providenciando-se a comunicação a que se refere o artigo 5º desta Resolução.

■ Desarquivamento do Procedimento Investigatório Criminal (PIC).

O artigo 20 cuida do desarquivamento do Procedimento de Investigação Criminal (PIC). Diante da notícia de outras provas sobre o fato que ensejou a instauração do Procedimento, o membro do Ministério Público pode determinar o desarquivamento do PIC, que voltará a tramitar nos termos dos artigos anteriores da Resolução. O artigo em comento estabelece apenas duas exigências: que haja notícias de outras provas novas e que, determinado o desarquivamento do PIC, essa providência seja comunicada à chefia do respectivo Ministério Público ou quem lhe faça as vezes para os atos de controle relativos à investigação criminal.

Vejamos cada uma dessas exigências e como elas se materializam em face do arcabouço legal hoje existente sobre a investigação preliminar a cargo do Ministério Público.

▪ Notícia de Novas Provas.

O arquivamento do PIC, que é procedimento administrativo e destina-se a amparar o exercício do direito de ação penal em juízo, não tem aptidão de constituir coisa julgada e, portanto, não se reveste de imutabilidade. Assim, como regra geral, é sempre permitido o prosseguimento de diligências para apuração de infração penal de natureza pública, isto é, que sejam processadas mediante ação penal promovida pelo Ministério Público.

A única condição para que haja interesse do Ministério Público na apuração de infrações penais de natureza pública é a presença de punibilidade, isto é, que a punibilidade do fato não esteja extinta, máxime, pela prescrição. Assim, se o fato ainda se mostra punível, a investigação poderá ser reaberta pelo Ministério Público, sem que isso configure ato ilegal ou mesmo constrangimento em face dos possíveis suspeitos da infração penal que justifica o PIC.

A exigência do artigo 20 da Resolução reproduz, com mais apuro terminológico, o que igualmente exige o artigo 18 do Código de Processo Penal para o desarquivamento do inquérito policial. Para o desarquivamento da investigação, nos termos do CPP, basta que a autoridade policial "de outras provas" tenha notícia.

Desse modo, para o desarquivamento, não se faz necessária a formalização do elemento de informação em si. Basta que haja a notícia de outras provas novas, isto é, "a perspectiva de obtenção, mediante novas diligências, de provas".[1] Novas provas, como veremos a seguir, são exigidas para a deflagração da ação penal. No entanto, para que sejam feitas novas investigações ou, de modo mais específico, para o desarquivamento do PIC, exige-se a mera *notícia* da existência dessas provas.

O Supremo Tribunal Federal teve oportunidade de se debruçar sobre o tema de modo detido. Nos autos da RCL 20.132 AgR, o Ministro Dias Toffoli destacou que, para o desarquivamento da investigação

---

[1] ESPÍNOLA FILHO, Eduardo. *Código de Processo Penal brasileiro anotado.* 4ª ed. Rio de Janeiro: Borsoi, 1954.vol. 1, p. 312.

preliminar, não basta "a mera revaloração das provas nele produzidas, exigindo-se, repita-se, notícia de prova substancialmente nova". Na mesma linha, o Ministro Gilmar Mendes, a partir da leitura do art. 18 do CPP, mencionou que, "*contrario sensu*, a reabertura da investigação não pode decorrer da simples mudança de opinião ou reavaliação da situação. É indispensável que haja novas provas ou, ao menos, novas linhas de investigação em perspectiva".[2]

■ **A Comunicação do Desarquivamento e os Respectivos Prazos.**

O artigo 20 da Resolução exige, tão logo realizado o desarquivamento do PIC, que tal providência seja comunicada ao Procurador-Geral de Justiça (ou seus equivalentes no Ministério Público Militar e Ministério Público Federal). Tal preocupação deriva da necessidade de atrair ao PIC desarquivado todo o regime de publicidade e controle impostos ao PIC originário.

Desse modo, desarquivado o PIC, a partir dessa providência, incidem não só as regras internas de distribuição previstas para o sistema de divisão dos serviços na unidade respectiva do Ministério Público, nos termos do § 5º do art. 3º da Resolução. O recebimento da notícia de outras provas novas deve ser processado e encaminhado com a respectiva indicação de providências no prazo de 30 dias estabelecido no § 6º do art. 3º da Resolução.

Não é toda indicação de elemento de informação que substanciará notícia de nova prova a autorizar o pronto desarquivamento do PIC. Em rigor, incide, também para a tramitação da notícia de outra prova nova, a previsão do já mencionado § 6º do art. 3º da Resolução n. 181, isto é, as notícias, representações, requerimentos, petições e peças de informação em geral que cheguem ao conhecimento do membro do Ministério Público e que versem sobre fato que já foi objeto de PIC arquivado deverão ser apreciadas no prazo de 30 dias ou, nos casos em que

[2] STF, Rcl 20132 AgR-segundo, Rel. Min. Teori Zavascki, Rel. p/ acórdão Min. Gilmar Mendes, 2. Turma, julgado em 23/02/2016, DJe 28/04/2016. No caso noticiado, o Tribunal divergiu sobre a presença ou não de notícias de novas provas para autorizar a reabertura das investigações. Discutiram se o reenquadramento jurídico dos fatos e a ampliação das datas atinentes aos fatos apurados ensejavam, ou não, a notícia de nova prova que autoriza o desarquivamento. O julgamento resultou num empate, que, por decisão do colegiado a respeito da previsão regimental específica sobre *habeas corpus*, favoreceu a defesa e determinou a inviabilidade do desarquivamento na espécie. Para a lição aqui reproduzida, não se mostra relevante aferir o acerto o desacerto da conclusão do Tribunal, até porque a divergência na Corte se deu sobre os fatos. A lição jurídica extraída do caso permanece: o desarquivamento não pode decorrer de compreensão distinta sobre fatos que já foram entendidos como insuficientes para lastrear uma ação penal; o desarquivamento dá-se a partir de notícia de novas provas sobre os fatos que foram até então apurados.

haja manifestação fundamentada sobre a necessidade de prorrogação desse prazo, em até 90 dias.

Se o membro do Ministério Público entender que a provocação por ele recebida não enseja notícia de prova nova hábil a autorizar o desarquivamento do PIC, procederá ao arquivamento dessas peças tal qual realiza o arquivamento de peças de informação que entenda não serem hábeis a ensejar a instauração de PIC. Assim, também nos casos de notícia de prova nova, poderá o Procurador-Geral, ou quem lhe faça as vezes por delegação, discordar de tal arquivamento e, para apuração, determinar o desarquivamento do PIC. Cuida-se, pois, de aplicar a essas notícias de provas novas o mesmo regime normativo previsto no § 2º do art. 3º da Resolução.

Se o art. 4º da Resolução determina que a Portaria que instaura o PIC deve ser fundamentada "com a indicação dos fatos a serem investigados e deverá conter, sempre que possível, o nome e a qualificação do autor da representação e a determinação das diligências iniciais", tal regime normativo mostra-se igualmente aplicável à determinação de desarquivamento do PIC. Em outras palavras, a determinação de desarquivamento do PIC, ainda que não reclame "nova" Portaria, deverá ser formalizada, *mutatis mutandis*, nos mesmos termos exigidos para a instauração de novo PIC.

Desarquivado o PIC, incide igualmente o regime normativo dos prazos para conclusão da investigação. Assim, nos termos do art. 13, aplicável ao PIC desarquivado, o procedimento deverá ser concluído no prazo de 90 dias e eventuais prorrogações por igual período desse prazo são possíveis, desde que indicada fundamentadamente a necessidade desse elastério temporal para a formação da *opinio delicti* pelo titular da ação penal.

■ Desarquivamento do PIC e a Súmula 524 do STF.

O Supremo Tribunal Federal, no distante ano de 1969, editou o enunciado 524 de sua súmula que versa exatamente sobre desarquivamento da investigação preliminar e o subsequente exercício da ação penal pelo Ministério Público. Diz o enunciado 524 da súmula do STF: "Arquivado o inquérito policial, por despacho do juiz, a requerimento do promotor de justiça, não pode a ação penal ser iniciada, sem novas provas".

Embora num primeiro olhar a redação do enunciado de súmula se assemelhe com o que dispõe o artigo 20 da Resolução n. 181 do CNMP (e também o artigo 18 do CPP), os preceitos têm âmbitos de aplicação distintos e inconfundíveis. A referência legislativa para edição do enunciado é mesmo o artigo 18 do CPP, mas sua redação e a lição ali estabelecida não deixam margem de que a orientação do Tribunal versa sobre tema distinto. Com efeito, o Enunciado 524 tem por tema a ação penal, e não mais o procedimento de investigação preliminar. Para além das disposições sobre a ação penal – os requisitos da petição, tal como enumerados no artigo 41 do CPP; as possibilidades excepcionais de rejeição pelo juízo criminal, nos termos do art. 395 do CPP etc. –, o STF estabeleceu um requisito específico para que seja instaurado um processo-crime a respeito de um fato que já tenha sido objeto de investigação arquivada.

A decisão que aprecia a ação penal sobre o fato que já foi objeto de investigação arquivada deve necessariamente considerar que haja *prova nova* em relação as que já se encontravam formalizadas por ocasião do arquivamento da investigação. O cuidado do preceito sumular reside na compreensão de que o exercício da ação penal, em relação ao fato que já ensejou investigação arquivada, não derive apenas de uma mudança de opinião ou olhar diverso sobre o que angariado na investigação preliminar. Esse cuidado, aliás, deriva da própria segurança que deve orientar os atos formalizados pelos atores da persecução penal, com especial destaque ao membro do Ministério Público no exercício da titularidade da ação penal.

Por isso, a exigência de que, se uma ação penal é deflagrada em relação a um fato sobre o qual, anteriormente, se entendeu que não havia possibilidade para deflagrar persecução penal em juízo, se indiquem as provas novas em face daquelas que já existiam e a respeito das quais se concluiu pela inviabilidade da ação penal.

Essa distinção foi bem apontada por José Antonio Paganella Boschi, a respeito do cotejo entre o artigo 18 do CPP e o Enunciado 524 da súmula do STF, quando destaca que "estamos frente a situações bastante diversas".[3] Na sequência, "a ação penal somente poderá ser instaurada, na linha do preconizado pela Súmula n. 524, do STF, se houver efetiva produção da prova nova".[4] Ainda que compreensível a razão que justifica o enunciado sumular do STF, é bom lembrar que essa exigência de novas provas não é isenta de críticas.

Tourinho Filho, para criticar o Enunciado 524 da súmula do STF, faz paralelo com a possibilidade de provocação do Procurador-Geral de Justiça (ou da República, conforme o caso) pelo Juiz criminal. Se o Procurador-Geral pode, discordando da promoção de arquivamento do membro do Ministério Público em primeira instância, ofertar ação penal sem que tal providência implique indicação de nova prova, por que razão não poderia o mesmo Procurador-Geral, de ofício, realizar a

[3] BOSCHI, José Antônio Paganella. *Persecução Penal*. Rio de Janeiro: Aide, 1987, p. 198.

[4] Ibid., p. 199.

mesma providência? Tourinho Filho critica o fato de que, a depender da existência de prévia provocação do Juiz criminal, a possibilidade de deflagrar ação penal exija, ou não, indicação de nova prova. De modo irônico, afirma: "Por que charadística razão pode quando provocado e não pode *ex officio*? Pois não é exato que o mesmo motivo inspirador da provocação inspira a iniciativa do *dominus litis*?".[5]

Além disso, há quem sustente que a consideração da investigação preliminar, como suficiente ou não para a admissibilidade da ação penal, nem sempre considere a indicação de nova prova. Por exemplo, imagine-se que a decisão de arquivamento derive de um exame desidioso, má formação do membro do Ministério Público que realiza essa apreciação ou, em caso extremado, de orientação para diminuição de acervo e racionalização do trabalho. Sem aqui perquirir sobre o caráter lícito ou acertado dessa orientação, tome-se como claro, para o que interessa à presente explanação, que o arquivamento do PIC se deu por situação distinta da insuficiência da apuração para lastrear o exercício de ação penal. Em casos assim, poder-se-ia afirmar que a apreciação da necessidade de "nova prova", para eventual manejo de ação penal, deve derivar de apreciação caso a caso. Marcellus Polastri de Lima, com precisão, indica que, nestes casos, "não há que se exigir novas provas, pois as provas já existiam, não podendo prevalecer a burla à lei e ao princípio da obrigatoriedade da ação penal pública".[6]

De qualquer forma, como regra geral, prevalece a lição estabelecida no enunciado 524 da súmula do STF: se um fato que já foi objeto de procedimento investigatório arquivado, num segundo momento, enseja o ajuizamento de ação penal, deve-se justificar o manejo da ação penal pelo surgimento de novas provas, consideradas estas como elementos de informação distintos daqueles que autorizaram o anterior arquivamento do PIC. Ainda que tal preceito sumular enseje críticas ou mesmo implique situações fáticas de análise mais detida, para eventual distinção da base fática presente no caso concreto em face do que se pretendeu tutelar por meio do preceito sumular, tal lição seguramente fortalece a seriedade do ato de arquivamento do PIC realizado pelo membro do Ministério Público.

- **Titularidade do Desarquivamento.**

Embora a redação do art. 20 da Resolução utilize o verbo "requerer", o desarquivamento do do PIC pelo membro do Ministério Público

[5] TOURINHO FILHO, Fernando da Costa. *Processo Penal*. 21ª ed. São Paulo: Saraiva, 1999. vol. 1. p. 405.

[6] LIMA, Marcellus Polastri .*Curso de Processo Penal*. 8ª ed. Brasília: Gazeta Jurídica, 2014, p. 158.

não deriva de pedido ou solicitação. Trata-se de verdadeira determinação. Como já visto, o arquivamento pode ocorrer tanto internamente, caso em que o arquivamento é submetido aos órgãos internos de revisão do Ministério Público, quanto em Juízo.

Quando o arquivamento ocorre internamente, a depender da normatização interna de cada Ministério Público, os autos do PIC arquivado estarão sob guarda do próprio ofício titularizado pelo membro do Ministério Público em primeira instância, na Câmara de Coordenação e Revisão da Ordem Jurídica quando se cuidar de atuação de algum dos ramos do Ministério Público da União, quais sejam o Ministério Público Federal,[7] Militar[8] ou do Distrito Federal e Territórios,[9] ou na Procuradoria-Geral de Justiça nos casos de atribuição dos Ministérios Públicos estaduais.[10] A providência cartorária do desarquivamento, isto é, a retirada dos autos do PIC do lugar onde se encontram para que novamente tramitem a partir do desarquivamento não traduz ato decisório. A decisão refere-se à providência de desarquivamento e essa é tomada nos termos que exige o art. 4º da Resolução n. 181, ou seja, por meio de ato próprio que indique a notícia de prova nova e que igualmente proceda à comunicação desse desarquivamento.

Assim, o desarquivamento "físico" dos autos do PIC não se confunde com a determinação de desarquivamento da investigação. Esta, sim, traduz ato decisório do membro do Ministério Público e reclama formalização com exigências formalmente estabelecidas pela Resolução n. 181 do CNMP. Nesse ponto, é bom rememorar, a Resolução n. 181 destaca a priorização para a tramitação do procedimento por meio eletrônico, o que torna essa distinção ainda mais relevante.

Raciocínio análogo se refere ao desarquivamento do PIC quando ele deriva de homologação judicial. Como já mencionado, a promoção de arquivamento do PIC e de peças de informação pode se dar por meio de promoção dirigida ao Juízo criminal, que apreciará o arquivamento nos termos do art. 28 do CPP, homologando-o ou recusando o arquivamento para seguinte remessa dos autos ao Procurador-Geral de Justiça.[11]

---

[7] Art. 62, inc. IV, da Lei Complementar n. 75/1993.

[8] Art. 136, inc. IV, da Lei Complementar n. 75/1993.

[9] Art. 171, inc. IV e V, da Lei Complementar n. 75/1993.

[10] Como já destacado, ausente a previsão de Câmaras nos Ministérios Públicos estaduais, o Procurador-Geral de Justiça exercita sua atribuição exatamente nos termos do que dispõe o art. 28 do CPP, isto é, sem manifestação prévia e opinativa de órgão setorial. Nesse sentido, ANDRADE, Mauro Fonseca. *Ministério Público e sua investigação*. 2ª ed. rev. atual. Curitiba: Juruá, 2006, p. 301.

[11] A discordância do Juiz enseja a determinação de remessa ao Procurador-Geral de Justiça, nos termos do art. 28 do CPP, ou a uma das Câmaras de Coordenação e Revisão da Ordem Jurídica, quando se cuidar especificamente da atuação dos ramos do Ministério Público da União (MPM, MPDFT ou MPF).

Assim, quando o arquivamento ocorre em juízo, isto é, não ocorre internamente no Ministério Público, os autos do PIC ou as peças de informação se encontrarão arquivadas exatamente perante o juízo que homologou a promoção de arquivamento. A providência cartorária de desarquivamento, nesse caso, não deriva de ato exatamente decisório. Uma vez mais, a decisão estará presente no ato do membro do Ministério Público que vislumbra e assim determina o desarquivamento no caso. Tal esclarecimento se faz necessário porque, em rigor, a eventual negativa de desarquivamento dos autos que se encontrem sob guarda do juízo não desafia espécie recursal propriamente dita e prevista no CPP, mas sim providência correicional com previsão específica nos atos regimentais de cada Tribunal.[12]

Embora a determinação de arquivamento derive do Juiz criminal, quando a ele submetido a respectiva promoção do Ministério Público, não conduz ao raciocínio de que o desarquivamento deva ser submetido ao Judiciário. Por isso, a crítica quanto ao uso do verbo "requerer" no art. 20 da Resolução n. 181 do CNMP. Na expressão de Marcellus Polastri Lima, "é o Ministério Público que sempre dará a última palavra quanto à pertinência ou não do arquivamento", e, consequentemente, também a ele, Ministério Público, cabe decidir sobre o desarquivamento.[13] Nesse ponto, veja-se que a Resolução de 2017 reproduz a mesma expressão infeliz que a revogada Resolução n. 13 trazia.

É importante destacar, então, que tanto no Código de Processo Penal como na Resolução do CNMP que versa sobre a investigação preliminar dirigida diretamente pelo membro do Ministério Público, a adoção do controle da promoção de arquivamento da investigação pelo Juiz não significa que o desarquivamento da investigação se submeta ao controle judicial. Assim como não é dado ao Juiz obrigar o exercício da ação penal pelo *dominus litis* (por isso, a previsão do art. 28 do CPP), a ele também é defeso obstar o desarquivamento da investigação quando determinado pelo membro do Ministério Público.

Assim como o membro do Ministério Público com atribuição para o caso pode determinar o desarquivamento do PIC, vê-se que também o órgão incumbido de revisão dos atos desse arquivamento detém titularidade para o desarquivamento. Nos casos de recusa injustificada de desarquivamento pelo membro do Ministério Público com atribuição em primeira instância, não há óbice a que a providência derive de determinação da própria Câmara de Coordenação e Revisão da Ordem

---

[12] Trata-se da chamada Reclamação correicional ou Correição parcial, remédios previstos nos regimentos internos dos Tribunais, deduzidos contra ato jurisdicional que contenha erro de procedimento e que, à falta de recurso específico, possa resultar em dano irreparável ou de difícil reparação à parte.

[13] LIMA, Marcellus Polastri. *Curso de Processo Penal*. 8ª ed. Brasília: Gazeta Jurídica, 2014, p. 159.

Jurídica, quando se cuidar de ramo do Ministério Público da União, ou do próprio Procurador-Geral de Justiça nos Ministérios Públicos estaduais. O importante, pois, é destacar o caráter que tem o arquivamento e, por conseguinte, a facilitada exigência de desarquivamento em favor da observância da obrigatoriedade da ação penal e da promoção da persecução de fatos que ainda se mostrem puníveis.

■ Bibliografia.

ANDRADE, Mauro Fonseca. *Ministério Público e sua investigação criminal.* 2ª ed. rev. atual. Curitiba: Juruá, 2006.

BOSCHI, José Antônio Paganella. *Persecução Penal.* Rio de Janeiro: Aide, 1987.

BRASIL. Supremo Tribunal Federal. Reclamação n. 20.132 (segundo Agravo Regimental), São Paulo. 2. Turma. Relator Min. Teori Zavascki, Relator para o acórdão Min. Gilmar Mendes. Julgamento em 23/02/2016. DJe 28/04/2016.

ESPÍNOLA FILHO, Eduardo. *Código de Processo Penal brasileiro anotado.* 4ª ed. Rio de Janeiro: Borsoi, 1954. vol. 1.

LIMA, Marcellus Polastri. *Curso de Processo Penal.* 8ª ed. Brasília: Gazeta Jurídica, 2014.

TOURINHO FILHO, Fernando da Costa. *Processo Penal.* 21ª ed. São Paulo: Saraiva, 1999. vol. 1.

Resolução nº 181 do CNMP – artigo 21

Capítulo IX
DAS DISPOSIÇÕES FINAIS E TRANSITÓRIAS

Art. 21. No procedimento investigatório criminal serão observados os direitos e garantias individuais consagrados na Constituição da República Federativa do Brasil, bem como as prerrogativas funcionais do investigado, aplicando-se, no que couber, as normas do Código de Processo Penal e a legislação especial pertinente.

FAUZI HASSAN CHOUKR

Pós-Doutor pela Universidade de Coimbra (2013)
Doutor (1999) e Mestre (1994) em Processo Penal pela Faculdade de Direito da Universidade de São Paulo
Especializado em Direito Processual Penal pela Universidade Castilla La Mancha – Espanha (2007)
Especializado em Direitos Humanos pela Universidade de Oxford – New College (1996)
Promotor de Justiça/SP

▪ Da Previsão na Resolução 13/2006.

Art. 17. No procedimento investigatório criminal serão observados os direitos e garantias individuais consagrados na Constituição da República Federativa do Brasil. aplicando-se, no que couber, as normas do Código de Processo Penal e a legislação especial pertinente.

▪ Da Previsão na Versão Original da Resolução 181/2017.

Art. 21. No procedimento investigatório criminal serão observados os direitos e garantias individuais consagrados na Constituição da República Federativa do Brasil, aplicando-se, no que couber, as normas do Código de Processo Penal e a legislação especial pertinente.

Parágrafo único. É direito do defensor, no interesse do representado, ter acesso amplo aos elementos de informação que, já documentados em procedimento investigatório realizado pelo Ministério Público, digam respeito ao exercício do direito de defesa.

- **Contextualização da relação entre investigação criminal e direitos e garantias individuais.**

O modelo investigativo brasileiro foi arquitetado de modo a cumprir um papel eminentemente repressivo-seletivo, e constitui um dos grandes gargalos normativo-operacionais da persecução penal, colidindo frontalmente com as bases constitucionais e convencionais, pois fragiliza, com sua opção sistêmica e baixa densidade de regulamentação, a atuação de mecanismos investigativos quer pela ótica da futura acusação penal, quer pela atuação de concretos mecanismos defensivos e desatende, ainda, a própria necessidade de dar às vítimas o direito a uma tutela penal efetiva,[1] o que leva à constatação de *denegação de justiça* sob a ótica de qualquer de seus intervenientes ou destinatários.

Esse modelo preponderantemente policial de investigação, formalmente severo e funcionalmente precário, possuía, na sua mais profunda dimensão política, o domínio absoluto do Poder Executivo sobre as atividades investigativas projetando-se na redução da investigação à forma do inquérito policial, alijando direitos defensivos, minava qualquer participação de controle da vítima sobre o desfecho da etapa investigativa e deixava o titular da acusação aparentemente presente e substancialmente desamparado de qualquer intervenção eficaz no curso da apuração.

Nesse cenário de precariedade normativa, produz-se o que MISSE denominou de "desvios da lei geridos institucionalmente, através de acordos e pactos informais que envolvem a polícia, o Ministério Público e até o Judiciário e que são mantidos em nome da racionalidade do sistema".[2]

Elegantemente definido como "racionalidade", trata-se, isso sim, de efetiva ausência de atuação substancial do sistema penal. Os números, sempre pouco disponíveis e precários como regra, demonstram o alheamento do modelo investigativo para com direitos fundamentais de pessoas suspeitas e vítimas, em igual medida.

---

[1] Alijar a vítima da persecução penal não significa dizer que ela não tenha o direito a ver prestada a tutela penal da forma mais abrangente e íntegra possível. E, diversamente do quanto existe de dominante na literatura processual brasileira, essa prestação de tutela penal não se satisfaz com a instauração formal de uma investigação – sob qualquer controle –, mas, sim, com a atuação da jurisdição penal. Essa é uma das manifestações do tema, a partir da cultura do sistema interamericano de direitos humanos. A ver, por exemplo, no âmbito da Comissão Interamericana de Direitos Humanos, o caso Simone Diniz x Brasil. Relatório nº 66/06 CASO 12.001 e, em particular, o seguinte tópico (132): "Além da impossibilidade de buscar a tutela judicial penal, dito arquivamento também encerrou para a vítima a possibilidade de obter uma reparação civil pelo dano moral sofrido. Isso é assim por que, no sistema judicial brasileiro, não obstante haver independência de ritos e a vítima estar obrigada a provar o dano sofrido em uma eventual ação civil, o arquivamento de uma denúncia penal, fragiliza qualquer pedido de reparação moral na esfera civil".

[2] MISSE, M. *Reflexões sobre a investigação brasileira através do inquérito policial*. Ministério da Justiça [S.I.: s.n], 2009.

Com efeito, observados, por exemplo, os dados da Estratégia Nacional de Segurança Pública (ENASP), cujo diagnóstico mostrou a avassaladora realidade da impunidade dos crimes dolosos contra a vida no Brasil, tem-se que, até 31/12/2007, existiam quase 135.000 casos de homicídio – ou inicialmente tipificados como tal – sem qualquer solução, aqui entendida a formação do convencimento do Ministério Público para ajuizar a ação penal ou promover o arquivamento do inquérito. Da mesma forma, inviabilizam a devida prestação jurisdicional às vítimas se desejassem, ainda que contra o Estado, se insurgir patrimonialmente.

Sobressai, do cumprimento desta meta, quer o baixíssimo índice de ajuizamento de ações penais quer o de arquivamento das investigações, sendo que, ao final, o resultado alcançado com essa mobilização foi, na larga maioria, a inconclusividade da investigação com a volta dos autos à unidade policial para *diligências*.[3]

Ainda na linha dos crimes dolosos contra a vida, instigante pesquisa efetuada na cidade do Recife mostra o inadmissível tempo decorrido entre o fato a ser apurado e a formalização da investigação para casos de crimes dolosos contra a vida ocorridos em 2007, que "foi, em média, de 88 dias, no conjunto do período estudado".[4]

Esse tempo para instauração da investigação que, em alguns casos, chegou a oito anos[5] é tão afrontoso à substancialidade dos direitos fundamentais quanto a tardia intervenção do Ministério Público: "a média de dias até a remessa para o Ministério Público é bastante alta, 199 dias, quase sete vezes maior do que o previsto legalmente para os casos nos quais o indiciado estiver solto".[6]

De forma mais abrangente, a denegação substancial da tutela penal, com o que se tem a negação da fruição concreta de direitos e garantias fundamentais, aparece no seguinte quadro consolidado pelo Conselho Nacional do Ministério Público (CNMP) com dados de 2013:[7] "As investigações ainda sem solução, incluindo todos os tipos de crimes, chegam

---

[3] Dos 151.665 inquéritos movimentados, 108.542 foram devolvidos para "diligências". Daqueles que mereceram conclusão, (43.123) apenas 19% foram objeto de denúncia, e 78%, de arquivamento. A desclassificação apareceu em 3% dos casos. <http://www.cnmp.mp.br/portal/images/stories/Enasp/relatorio_enasp_FINAL.pdf>.

[4] RATTON, José Luiz; TORRES, Valéria ; BASTOS, Camila. Inquérito policial, sistema de justiça criminal e políticas públicas de segurança: dilemas e limites da governança. Soc. estado. [*online*]. 2011, vol.26, n.1 [cited 2017-05-08], pp. 29-58. Available from: <http://www.scielo.br/scielo.php?script=sci_arttext&pid=S0102-69922011000100003&lng=en&nrm=iso>. ISSN 0102-6992. <http://dx.doi.org/10.1590/S0102-69922011000100003>.

[5] RATTON *et alli, op. cit.*

[6] Idem, ibidem.

[7] Informações extraídas do sítio do CNMP: https://aplicativos.cnmp.gov.br/cnmpind/relatorio/relatorioGeral.jsf e analisadas em <http://www.brasil247.com/pt/247/brasil/110335/Modelo-de-investiga%C3%A7%C3%A3o-criminal-brasileiro-%C3%A9-ineficiente.htm>.

a 4,1 milhões (77%). Em relação aos crimes contra a vida, dos 468 mil inquéritos em instaurados, 25 mil (5,3%) foram arquivados e 35 mil (7%) tinham elementos para embasar denúncias pelo Ministério Público. No âmbito do Ministério Público Federal (MPF), que recebe a maioria dos procedimentos da Polícia Federal, o diagnóstico do CNMP também é assustador. Dos 361 mil casos recebidos, 27 mil (7%) foram arquivados e apenas 12 mil (3%) resultaram em denúncias oferecidas à Justiça. Se considerados apenas os crimes contra a vida, os números são ainda mais pífios. Dos 1.833 inquéritos recebidos, 114 (6,2%) foram arquivados e só 39 (2%) serviram para embasar denúncias. Nada menos que 1.680 ainda estão pendentes".

Sob qualquer ângulo, pois, a necessidade da refundação do modelo investigativo, percepção que, desde um ponto de vista prático, foi sentida de há muito pelo Ministério Público, sobretudo, quando as condutas a serem investigadas estavam ligadas a graves violações de direitos humanos.

O precedente que se afigura como um grande marco na discussão da investigação pelo Ministério Público como necessária à tutela de direitos fundamentais é o HC 48728[8] que apreciou a investigação feita pelo então Procurador de Justiça Hélio Bicudo, especialmente designado pela Procuradoria-Geral de Justiça de SP,[9] sobre a atuação do Delegado de Polícia do DOPS de São Paulo, Sérgio Paranhos Fleury,[10] e suas atividades no denominado Esquadrão da Morte.[11]

O então Ministro-Relator Luiz Gallotti reconheceu a possibilidade da investigação ser conduzida pelo Ministério Público, tema que gerou dissidências na Corte, em especial o voto do Min. Amaral dos Santos que via, sobretudo, a impossibilidade do mesmo órgão do Ministério Público que havia investigado, vir a oferecer a acusação.[12]

Nada obstante esse emblemático caso, a CR/1988, dada sua gênese e a composição da Assembleia Constituinte de 1987/1988, que contava com largos herdeiros do estado de exceção, ao mesmo tempo em que alocou de forma ampla o Ministério Público no novo texto consti-

---

[8] STF – RHC: 48728 SP, Relator: Min. LUIS GALLOTTI, Data de Julgamento: 26/05/1971, Tribunal Pleno, Data de Publicação: DJ 20-11-1972 PP-07668 Ement. vol-00893-02 PP-00465 RTJ 63-03/299.

[9] Portaria de 23 de julho de 1970, designação essa que também foi discutida no acórdão mencionado na nota anterior. Esse aresto contém elementos que, anos mais tarde, dariam vazão ao chamado "promotor natural".

[10] Para contextualização desse episódio, ver: CHOUKR, F. H. *Transição e Consolidação da Democracia*. 1ª ed. Florianópolis: Empório do Direito, 2016. v. 01. 112p, especialmente cap. 1.

[11] As condutas seriam, também, investigadas por Inquérito Policial Militar.

[12] Afirmação que viria a ser repetida décadas mais tarde, quando houve o adensamento da discussão sobre a condução da investigação pelo Ministério Público. In: MACHADO, Luiz Alberto. Conversa com a polícia judiciária. *A & C Revista de Direito Administrativo & Constitucional*, v. 01, n. 04, p. 45-59, Curitiba: Juruá, 2000.

tucional, reservou espaço destacado às forças policiais, sua estrutura e atividades, dentre elas, a investigação.

Mais do que aparar arestas jurídicas entre Ministério Público e Polícia, o texto de 1988 criou outros cenários de conflito institucional, sobretudo com a constatação, cada vez mais evidente, do fracasso do modelo investigativo policial na forma como os números acima demonstram.

A baixa operacionalidade acarretou tentativas de insurgência por parte do Ministério Público contra esse modelo, as quais foram reconhecidas em maior ou menor grau em vários precedentes[13] até o julgamento, pelo Supremo Tribunal Federal, do Recurso Extraordinário (RE) 593.727, depois de superada a chamada PEC 37 que visava a apor, no artigo 144, o advérbio privativamente, com o que, as formas de investigação seriam reduzidas à modalidade inquérito policial.[14]

Ao longo do histórico de casos que culminaram com a consolidação do poder investigativo do Ministério Público, detectam-se situações de conflito de entendimentos entre o acusador e o investigador, não raras vezes com preponderância material deste último que, na modalidade inquérito policial *preside* a investigação, até a constatação da necessidade de efetiva investigação de determinados crimes, notadamente, os que envolvem violência ou corrupção estatal.

Mas, efetivamente, é nos crimes que denotam violência do Estado, como a permanência noticiada dos *esquadrões da morte*, a prática da tortura – factualmente reconhecida, mas irrelevante nas estatísticas persecutórias – ao lado, mais recentemente, da investigação nas condutas lesivas ao patrimônio público, que a investigação pelo Ministério Público se consolida como um instrumento a dar concretude a direitos fundamentais.

- **Observância dos direitos e garantias individuais a partir da CR e dos compromissos internacionais.**

O artigo 17 da Resolução nº 13 fala em observância dos direitos e garantias fundamentais consagrados na Constituição, deixando de lado, entretanto, a incidência das garantias e direitos previstos nos textos internacionais adotados no direito interno.

Recorde-se que as condições políticas após o fim da Guerra Fria propiciaram o surgimento de uma fase de expansão de compromissos

---

[13] Muitos dos quais abordados por BARROSO, L. R.. Investigação pelo Ministério Público. Argumentos contrários e a favor. A síntese possível e necessária. Parecer. *Revista Brasileira de Direito Público*, Belo Horizonte, v. 7, n.7, p. 213-227, 2004.

[14] A redação proposta era: "A apuração das infrações penais de que tratam os §§ 1º e 4º deste artigo, incumbem privativamente às polícias federal e civis dos Estados e do Distrito Federal, respectivamente". Autor da PEC, deputado Lourival Mendes (PT do B – MA).

internacionais voltados para a proteção dos *direitos humanos* que, malgrado a polissemia que lhes cerca não se trata, reduzidamente, de uma noção "confusa, ilusória" e, possivelmente, "efeito de uma incultura, e de uma regressão da ciência jurídica",[15] mesmo porque, em nome dessa "incultura", vidas humanas são valorizadas e se tenta (re)construir, também no âmbito judiciário,[16] uma rede de mecanismos que vai muito além daquela estabelecida no período anterior ao da própria criação do tecido internacional que uniria nações em torno de uma organização, malgrado as condições políticas peculiares a cada situação possam servir, ainda, de freio à plena efetividade desses direitos.[17]

Melhor, portanto, acompanhar Bobbio, ao se referir ao marco inicial dessa "incultura", a dizer, a Declaração Universal, quando afirma que, "Com essa declaração, um sistema de valores é – pela primeira vez na história – universal, não em princípio, mas de fato, na medida em que o consenso sobre sua validade e sua capacidade para reger os destinos da comunidade futura de todos os homens foi explicitamente declarado. (...) Somente depois da Declaração Universal é que podemos ter a certeza histórica de que a humanidade – toda a humanidade – partilha alguns valores comuns; e podemos, finalmente, crer na universalidade dos valores, no único sentido em que tal crença é historicamente legítima, ou seja, no sentido em que universal significa não algo dado objetivamente, mas subjetivamente acolhido pelo universo dos homens".[18]

Compartilhamento de valores que, reconhecidos normativamente desde um plano exterior (mundial, regional ou comunitário) se reproduz no plano interno e, por tal razão, passa a ser concebido como *fundamental* um direito que, inicialmente fora concebido como *humano*.

Neste ponto, o Brasil, como integrante do sistema interamericano de direitos humanos,[19] assina e ratifica[20] a convenção interamericana de direitos humanos,[21] bem como, aceita a competência da corte interame-

---

[15] E esse é somente o início da crítica. VILLEY, Michel. *O direito e os direitos humanos*. São Paulo: Martins Fontes, 2007, p. 17.

[16] A propósito: LUTZ, Ellen; SIKKINK, Kathryn. The Justice Cascade: The Evolution and Impact of Foreign Human Rights Trials in Latin America. *Chicago Journal of International Law*. 2 (1):1-34, 2001.

[17] RATNER, Steven R.; ABRAMS, Jason S. Accountability for Human Rights Atrocities. In: *International Law: Beyond the Nuremberg Legacy*. New York: Oxford University Press, 1997.

[18] BOBBIO, Norberto. *A era dos direitos*. Rio de Janeiro: Campus, 1992. p. 28

[19] O sistema interamericano de proteção dos direitos humanos teve seu início formal com a Declaração Americana dos Direitos e Deveres do Homem, aprovada pela Nona Conferência Internacional Americana (Bogotá, Colômbia, 1948), durante a qual também foi criada a Organização dos Estados Americanos – OEA.

[20] Ratificada pelo Brasil em 25.09.1992.

[21] O sistema interamericano fortaleceu-se com a Convenção Interamericana, assinada em San José, Costa Rica, em 22 de novembro de 1969, tendo entrado em vigor em 18 de julho de 1978, nos termos do artigo 74, inciso 2, da Convenção, quando foi depositado o décimo primeiro instrumento

ricana de direitos humanos desde 1998.[22] Ao mesmo tempo, é signatário e ratificador do pacto de direitos civis e políticos de Nova Iorque,[23] bem como, adere às Convenções de Genebra referentes ao denominado "direito internacional humanitário"[24] e, de resto, integra formalmente toda uma ordem internacional voltada para a defesa dos direitos humanos.[25]

Particularmente sensível no que diz respeito à proteção dos direitos humanos, a estrutura normativa internacional acima mencionada se projeta para o direito interno não apenas nas dimensões de compatibilidade (texto internacional em cotejo com direito interno[26]), forma de sua inserção (texto internacional incorporado ao direito interno[27]) ou inserção vertical do texto internacional (posição hierárquica em relação à Constituição e demais textos normativos) mas, de forma expressa, como condi-

---

de ratificação e registrado na ONU em 27 de agosto de 1979, sob o Nº 17 955. No texto será designada também por CADH.

22 Desde 10 de dezembro de 1998.

23 Adotado pela Resolução nº 2.200-A da Assembleia Geral das Nações Unidas, em 16 de dezembro de 1966. Aprovado pelo Decreto Legislativo nº 226, de 12.12.1991. Ratificado pelo Brasil em 24 de janeiro de 1992. Em vigor no Brasil em 24.4.1992. Promulgado pelo Decreto nº 592, de 6.7.1992.

24 Adotada a 12 de agosto de 1949 pela Conferência Diplomática destinada a Elaborar as Convenções Internacionais para a proteção das Vítimas da Guerra, que reuniu em Genebra de 21 de abril a 12 de Agosto de 1949, com entrada em vigor na ordem internacional: 21 de outubro de 1950 tendo havido a adesão pelo Brasil em 29 de junho de 1957.

25 Assim, por exemplo: Convenção sobre Asilo (assinada em 1928; ratificação ou adesão em 3 de setembro de 1929); Convenção sobre Asilo Político (assinada em 1933; ratificada em 23 de fevereiro de 1937); Convenção para a Prevenção e a Repressão do Crime de Genocídio (assinada em 1948 e ratificada em 4 de setembro de 1951; Convenção (nº 98); Convenção Relativa ao Estatuto dos Refugiados (assinada em 1951 e ratificada em 13 de agosto de 1963); Convenção sobre Asilo Diplomático (assinada em 1954; ratificação ou adesão em 17 de setembro de 1957); Convênio Suplementar sobre a Abolição da Escravidão, do Tráfico de Escravos e das Instituições e Práticas Análogas à Escravidão (assinada em 1956; adesão em 6 de janeiro de 1966); Protocolo sobre o Estatuto dos Refugiados (1966; assinado em 1967; adesão em 7 de março de 1972); Convenção contra a Tortura e Outros Instrumentos ou Penas Cruéis Desumanas ou Degradantes (1984; assinada em 1984 e ratificada em 28 de setembro de 1989; Convenção Interamericana Para Prevenir e Punir a Tortura (1965; assinada em 1985 e ratificada em 20 de julho de 1989).

26 Ver, dentre outros, TRINDADE, Antonio Augusto Cançado. A interação entre direito internacional e o direito interno na proteção dos direitos humanos. *Arquivos do Ministério da Justiça*, Brasília, vol. 46, nº 182, p. 27-54, jul./dez. 1993. No mesmo sentido, PIOSEVAN, Flávia. *Direitos Humanos e o Direito Constitucional Internacional*, São Paulo: Max Limonad, 1996. BASTOS, Celso; MARTINS, Yves Gandra da Silva. *Comentários à Constituição do Brasil*, São Paulo: Saraiva, 1988-1989. ROCHA, Fernando Luiz Ximenez. A incorporação dos tratados e convenções internacionais de direitos humanos no direito brasileiro. *Revista de Informação Legislativa*, a. 33, nº 130 abril/jun. 1996, p. 77-81.

27 Veja-se a posição de Carvalho Ramos que, juntamente com outros autores, anotava a auto-executoriedade dos tratados versados sobre direitos humanos e sua inserção em nível constitucional e, apoiado em vasta lição doutrinária, afirmava ter a Constituição de 1988 incorporado automaticamente as normas de tratados internacionais de direitos humanos ratificados pelo Brasil, mas, em face das divergências com a jurisprudência (vide tópico supra) e da própria doutrina sugeria a adoção de uma "terceira via", qual fosse, "a aceitação da compatibilidade das normas constitucionais com a normatividade internacional de proteção aos direitos humanos como presunção absoluta, em face dos princípios da Constituição de 1988" (Tribunal Penal Internacional In: CHOUKR Fauzi Hassan; AMBOS Kai (Orgs.). *O Estatuto do Tribunal Penal Internacional e a Constituição Brasileira*. São Paulo, RT, 2000, p. 263-264).

cionante do processo legislativo que, de um lado, (i) não pode afrontar explicitamente a tessitura internacional e, de outro, (ii) deve empreender a nova legislação com a maior conformação possível ao disposto nas normas internacionais, visando a extrair-lhe a eficácia mais abrangente com o emprego de técnicas (processuais penais, para o caso do presente texto) que assegurem esse objetivo. E, nesse plano legislativo, encontra-se, evidentemente, a formulação de normas como as contidas na Resolução.

Nesse ponto, merece especial destaque o conjunto normativo denominado "Regras de Havana", conjunto de regras e princípios que orientam a atuação dos órgãos do Ministério Público, adotada no Oitavo Congresso das Nações Unidas para a Prevenção do Crime e o Tratamento dos Delinquentes, realizado em Havana, Cuba, de 27 de agosto a 7 de setembro de 1990, que, nada obstante sua baixa força normativa, integral a cultura internacional à qual o Brasil se compromete a aderir quando aloca, entre os objetivos da República, o de inserir-se numa ordem internacional protetiva de direitos humanos. Destacam-se desse corpo de princípios o quanto contido nos itens 14 e 16:

> 14. Os magistrados do Ministério Público não encetam nem continuam investigações criminais ou fazem o possível para as suspender se um inquérito imparcial revelar que a acusação não é fundada.
>
> 16. Quando os magistrados do Ministério Público recebem contra os suspeitos provas que eles sabem ou têm motivos razoáveis para suspeitar que foram obtidas por métodos ilícitos, que constituem uma grave violação dos direitos da pessoa humana e que implicam em particular a tortura ou um tratamento ou castigos cruéis, desumanos ou degradantes, ou que tenham implicado outras violações graves dos direitos do homem, recusam utilizar essas provas contra qualquer pessoa que não seja aquela que recorreu a esses métodos, ou informam o tribunal em consequência, e tomam todas as medidas necessárias para que seja feita justiça.

Assim, podem ser destacados, desde a matriz constitucional-convencional, os seguintes direitos fundamentais minimamente tutelados:

1. Quanto à vítima:

1.1. Direito à integralidade da investigação (vide nota 2, supra), que implica no esgotamento de todas as linhas investigativas possíveis que venham a justificar o modo do exercício da tutela penal pelo Estado;

1.2. Direito à duração razoável da investigação, de modo a que possa vir a ser exercida a tutela penal;

1.3. Direito ao acesso à jurisdição para que veja seu direito material tutelado, não se confundindo jurisdição com atividade investigativa. Por tal razão, quando não houver a acusação pública, à vítima deverão ser disponibilizado meios de intervenção sobre a inação estatal como, por exemplo, de provocação de revisão do arquivamento da investigação;

1.4. Direito à indenização que não pode ser frustrado ou indefinidamente adiado pela demora injustificada na apuração.

2. Quanto à pessoa suspeita:

2.1. Direito a conhecer sua condição jurídica de suspeita prontamente, com o que de desencadeia a fruição das garantias constitucionais que, reservadas ao processo, projetam-se de forma adequada também à investigação, como: direito ao silêncio, direito de não produzir prova contra si mesma; direito à duração razoável da investigação; direito a ser imputada apenas por quem tenha o poder definido pela Constituição ou por Lei de exercer a acusação formal;

2.2. Direito de ser levada à presença do julgador natural prontamente, caso venha a ser presa;

2.3. Direito à defesa técnica constituída.

- **Integração com o Código de Processo Penal e legislação especial pertinente.**

Não sendo nova a assertiva que a investigação criminal é gênero da qual são espécies diretas o inquérito policial e a investigação pelo Ministério Público,[28] vimos sustentando, desde nossos primeiros trabalhos a conclusão da possibilidade de investigações atuadas diretamente pelo Ministério Público como também se manifestaram STRECK e FELDENS[29] e RANGEL,[30] quando se debruçaram sobre o assunto,[31] entre vários outros estudiosos sobre o tema.

Mas, se a possibilidade investigativa existe, falta-lhe a forma de regulamentação, entrando aí o papel da Resolução nº 13. Seu grande mérito está em regrar um procedimento que, se podia ser tido como administrável por mecanismos análogos ao inquérito (analogia homogênea, interna), viria a sofrer as mesmas lacunas daquela forma de investigação.

Aqui deve ser lembrado com CLÈVE,[32] que: "O exercício desse poder investigatório do Ministério Público não é, por óbvio, estranho ao Direito, subordinando-se, à falta de norma legal particular, no que couber, analogicamente, ao Código de Processo Penal, sobretudo na perspectiva da proteção dos direitos fundamentais e da satisfação do interesse social, que, primeiro, impede a reprodução simultânea de

[28] Como já sustentávamos desde a defesa de nossa dissertação de Mestrado, em 1994, sob o título *As Garantias Constitucionais na Investigação Criminal* (FADUSP: 1994). Em edição comercial, vide: CHOUKR, Fauzi Hassan. *As Garantias Constitucionais na Investigação Criminal.* 3ª ed. Rio de Janeiro: Lumen Juris, 2006.

[29] STRECK, Lenio Luiz; FELDENS, Luciano. *Crime e Constituição:* a legitimidade da função investigatória do Ministério Público. Rio de Janeiro: Forense, 2003. 120 p.

[30] RANGEL, Paulo. *Investigação criminal direta pelo Ministério Público:* visão crítica Rio de Janeiro: Lumen Juris, 2003. 272 p.

[31] Da mesma forma, MOREIRA, Rômulo de Andrade. Ministério público e poder investigatório criminal. *Informativo Jurídico Consulex,* v.15, n.2, p.7-9, 8 jan. 2001.

[32] CLÈVE, Clèmerson Merlin. Investigação criminal e Ministério Público. *Revista Eletrônica de Direito do Estado,* Salvador, Instituto de Direito Público da Bahia, nº 1, janeiro, 2004. Disponível na Internet: <http://www.direitodoestado.com.br>. Acesso em: 15.05.05.

investigações; segundo, determina o ajuizamento tempestivo dos feitos inquisitoriais e, por último, faz obrigatória oitiva do indiciado autor do crime e a observância das normas legais relativas ao impedimento, à suspeição, e à prova e sua produção".

O emprego da analogia com o Código de Processo Penal para regrar a investigação efetuada pelo Ministério Público ganhou espaço na decisão do Supremo Tribunal Federal já mencionada (RE 593.727), na qual foi reconhecida a possibilidade investigatória do Ministério Público.

Naquele aresto, o Rel. Ministro Cezar Peluso afirmou que "admito que o Ministério Público promova atividades de investigação de infrações penais, como medida preparatória para instauração de ação penal, desde que o faça nas seguintes condições: 1) mediante procedimento regulado, por analogia, pelas normas que governam o inquérito policial; 2) que, por consequência, o procedimento seja, de regra, público e sempre supervisionado pelo Poder Judiciário; 3) e que tenha por objeto fato ou fatos teoricamente criminosos, praticados por membros ou servidores da própria instituição (a), ou praticados por autoridades ou agentes policiais (b), ou, ainda, praticados por outrem, se, a respeito, a autoridade policial, cientificada, não haja instaurado inquérito policial".

Ainda foi destacado pelo Min. Luiz Fux que: "À míngua de regulamentação legal específica, aplicam-se ao lado da Resolução nº 13 de 2006 do CNMP e por analogia, os parâmetros definidos pelo Código de Processo Penal para a fase de instrução prévia, aí incluídos os prazos, regras sobre sigilo e outras formalidades cabíveis", destacando-se o emprego da expressão "instrução prévia" a referir-se à investigação criminal, locução que raramente encontra eco no direito comparado e se aproxima claramente de uma concepção inquisitiva de modelo processual penal.

No acórdão paradigmático, até mesmo a forma de documentação da investigação foi aceita empregando-se a analogia com a empregada pelo inquérito policial, posição afirmada pelo então Ministro Teori.

Deve ser frisado que, logo após a edição da Resolução nº 13, a Ordem dos Advogados do Brasil aforou ADI, que mereceu o nº 8386 no Supremo Tribunal Federal, com data da distribuição em 20/12/2006. Até o momento em que este texto foi escrito, em maio de 2017, a ação não havia sido julgada no seu mérito. O fundamento maior da petição inicial está na impossibilidade de regramento do tema por meio de Resolução, devendo tê-lo sido feito por lei ordinária federal.

■ Meios especiais de investigação e integração normativa.

Embora possa ser alocada no tópico da integração normativa, cabe destaque à parte para a integração da Resolução com legislações específicas que delineiam modos especiais de investigação, particularmente o quanto contido na Lei 13.850/2016 (lei do crime organizado) com a delação premiada e a ação controlada.

Com efeito, a delação premiada afigura-se plenamente possível de ser realizada no âmbito da investigação pelo Ministério Público diante da base legal analisada nestes comentários, submetida aos mesmos parâmetros de legalidade e estrito controle judicial.

■ **Acesso dos autos pela defesa técnica.**

A redação renovada contém a reprodução da Súmula Vinculante n. 14 com a seguinte redação: É direito do defensor, no interesse do representado, ter acesso amplo aos elementos de prova que, já documentados em procedimento investigatório realizado por órgão com competência de polícia judiciária, digam respeito ao exercício do direito de defesa.

Na verdade, a extensão desse enunciado, cuja redação literalmente o projeta para a investigação na modalidade inquérito policial, para as investigações dirigidas pelo Ministério Público já era reconhecida no campo dos precedentes, como em determinado caso no qual se decidiu que: "I – O direito ao 'acesso amplo', descrito pelo verbete mencionado, engloba a possibilidade de obtenção de cópias, por quaisquer meios, de todos os elementos de prova já documentados, inclusive mídias que contenham gravação de depoimentos em formato audiovisual. II – A simples autorização de ter vista dos autos, nas dependências do Parquet, e transcrever trechos dos depoimentos de interesse da defesa, não atende ao enunciado da Súmula Vinculante 14. III – A jurisprudência do Supremo Tribunal Federal entende ser desnecessária a degravação da audiência realizada por meio audiovisual, sendo obrigatória apenas a disponibilização da cópia do que registrado nesse ato".[33]

Ademais, repercute alteração do Estatuto da OAB, conferida pela Lei nº 13.245/2016, que altera o art. 7º do Estatuto da OAB (Lei nº 8.906/94), com o seguinte texto: "Art. 7º São direitos do advogado: (...) XIV – examinar, em qualquer instituição responsável por conduzir investigação, mesmo sem procuração, autos de flagrante e de investigações de qualquer natureza, findos ou em andamento, ainda que conclusos à autoridade, podendo copiar peças e tomar apontamentos, em meio físico ou digital".

---

[33] STF. Rcl 23101, Relator Ministro Ricardo Lewandowski, Segunda Turma, julgamento em 22.11.2016, DJe de 6.12.2016

Resolução nº 181 do CNMP – artigo 22

Art. 22. Os órgãos do Ministério Público deverão promover a adequação dos procedimentos de investigação em curso aos termos da presente Resolução, no prazo de 90 (noventa) dias a partir de sua entrada em vigor.

FAUZI HASSAN CHOUKR

Pós-Doutor pela Universidade de Coimbra (2013)
Doutor (1999) e Mestre (1994) em Processo Penal pela Faculdade de Direito da Universidade de São Paulo
Especializado em Direito Processual Penal pela Universidade Castilla La Mancha – Espanha (2007)
Especializado em Direitos Humanos pela Universidade de Oxford – New College (1996)
Promotor de Justiça/SP.

■ Da Previsão na Resolução 13/2006.

Art. 18. Os órgãos do Ministério Público deverão promover a adequação dos procedimentos de investigação em curso aos termos da presente Resolução, no prazo de 90 (noventa) dias a partir de sua entrada em vigor.

■ Força normativa das Resoluções do CNMP.

No artigo 22, há previsão expressa da adequação das normas então existentes ao texto da Resolução, o que torna necessário abordar a força cogente desse regramento.

Criado pela Emenda Constitucional nº 45, o Conselho Superior do Ministério Público, assim como o Conselho Nacional de Justiça, cuja previsão específica para entender a extensão de seus poderes normativos encontra-se no art. 103-A da CR/88, a saber:

§ 2º Compete ao Conselho Nacional do Ministério Público o controle da atuação administrativa e financeira do Ministério Público e do cumprimento dos deveres funcionais de seus membros, cabendo-lhe:

I – zelar pela autonomia funcional e administrativa do Ministério Público, podendo expedir atos regulamentares, no âmbito de sua competência, ou recomendar providências.

A adequação dos demais textos em outros âmbitos do Ministério Público, então existentes, aos termos determinados na Resolução 181, advém diretamente do inciso I acima mencionado. Neste aspecto, a Resolução funciona como norma geral, nada impedindo que textos de Ministérios Públicos Estaduais ou na esfera federal detalhem outras providências a partir da matriz desenhada.[1]

Ademais, deve ser frisado que, desde o julgamento da Ação Declaratória de Constitucionalidade nº 12, o Supremo Tribunal Federal concebeu a possibilidade dessas resoluções e sua consequente força normativa, posto que seriam atos normativos primários, "estruturados a partir da linguagem do texto Constitucional", na linguagem do, então, Ministro Ayres Brito, ao lado das resoluções do Senado Federal, das medidas provisórias e do decreto como regulamento autônomo na forma do art. 84, VI, "a", da Constituição Federal.

[1] Para uma discussão mais ampla ver: SARLET, Ingo Wolfgang; CLÈVE, Clèmerson Merlin; STRECK, Lenio Luiz. Os limites constitucionais das resoluções do Conselho Nacional de Justiça (CNJ) e Conselho Nacional do Ministério Público (CNMP). *Revista de Doutrina do Tribunal Regional Federal da 4ª Região*, 2005.